Hilkje Charlotte Hänel
Epistemische Ungerechtigkeiten

Grundthemen Philosophie

―

Herausgegeben von
Dieter Birnbacher
Pirmin Stekeler-Weithofer
Holm Tetens

Hilkje Charlotte Hänel

Epistemische Ungerechtigkeiten

—

DE GRUYTER

ISBN 978-3-11-075973-0
e-ISBN (PDF) 978-3-11-075979-2
e-ISBN (EPUB) 978-3-11-075997-6
ISSN 1862-1244

Library of Congress Control Number: 2024930110

Bibliografische Information der Deutschen Nationalbibliothek
Die Deutsche Nationalbibliothek verzeichnet diese Publikation in der Deutschen Nationalbibliografie; detaillierte bibliografische Daten sind im Internet über http://dnb.dnb.de abrufbar.

© 2024 Walter de Gruyter GmbH, Berlin/Boston
Coverabbildung: Martin Zech
Druck und Bindung: CPI books GmbH, Leck

www.degruyter.com

Vorwort

Um ganz ehrlich zu sein: Dieses Buch ist nicht einfach nur eine thematische Einführung, sondern eine *opionionated introduction* – was einerseits, meinungsbildende Einführung und, andererseits, eigenwillige Einführung bedeuten kann. Dieses Buch ist beides in einem: Meinungsbildend, weil dieses Buch versucht, davon zu überzeugen, dass die Debatte um epistemische Ungerechtigkeit größer ist als oftmals angenommen. Eigenwillig, weil es zunächst vielleicht merkwürdig erscheint, eine Einführung in eine Theorie, die in der analytischen Philosophie vor allem durch Miranda Fricker bekannt wurde, mit einem Fokus auf die epistemische Handlungsfähigkeit unterdrückter Subjekte zu gestalten. Im besten Fall regt dieses Buch – und der etwas eigenwillige Ansatz – dazu an, einiges von dem, was man für selbstverständlich gehalten hat, zu hinterfragen. Im schlimmsten Fall wird man ärgerlich, weil man das Gefühl bekommt, dass man von einer ganz bestimmten Sache überzeugt werden soll. Und das ist gar nicht so falsch, denn ich verfolge tatsächlich ein bestimmtes Ziel. Zwei sogar: Erstens möchte ich zeigen, dass die Debatte um epistemische Ungerechtigkeiten und epistemische Unterdrückung philosophisch wichtig ist – und das nicht nur in der Epistemologie. Und zweitens möchte ich deutlich machen, dass die Debatte darüber hinaus auch gesellschaftlich von Bedeutung ist; vieles könnte so viel besser sein, wenn wir auch nur einige der Erkenntnisse der hier diskutierten Literatur ernst nehmen würden.

In vielerlei Hinsicht spiegelt dieses Buch auch meinen eigenen Weg durch die Debatte der epistemischen Ungerechtigkeiten; selbst geprägt durch die (feministische) analytische Philosophie wurde mir das viel breitere Bild epistemischer Unterdrückung und die problematische Ausgrenzung – sowohl innerhalb der Philosophie als auch innerhalb der Debatte epistemischer Ungerechtigkeit – erst nach und nach bewusst. Ich lade hiermit also auch dazu ein zu erkunden, welche anderen Aspekte es in dieser Debatte noch geben kann. Wie gesagt hat mein Buch weder den Anspruch, vollständig zu sein, noch alle Ansätze im Detail zu erklären – vielmehr erwarte ich von aufmerksamen Leser*innen meines Textes, selbst aktiv zu werden und die hier diskutierten Ansätze zu benutzen, um weiterzulesen, weiterzudenken und dazu beizutragen, problematischen epistemischen Ausschlüssen weiter Widerstand zu leisten. Dieses Buch versteht sich also vor allem als Anregung für weitere Diskussionen und als Möglichkeit, einen Überblick über eine Debatte zu bekommen, die aufgrund ihrer Heterogenität und Komplexität weder hier noch irgendwo anders abschließend behandelt werden kann.

Natürlich ist das Buch von meinem eigenen Interesse an dieser Debatte geleitet. Statt also meine soziale Position oder Identität als Erklärung für mögliche Leerstellen anzuführen, die dieses Buch enthält (und ich bin mir sehr sicher, die lassen sich finden), möchte ich an dieser Stelle lieber etwas zu meinem Interesse sagen. Einerseits gibt es natürlich – wie wir gleich sehen werden – deutliche Verbindungen zwischen Interesse und sozialer Position oder Identität, andererseits – und auch darauf komme ich im Laufe des Buches zu sprechen – kann die soziale Position (oder Identität) zwar vorteilhaft für Wissensaneignung in bestimmten Kontexten sein, muss aber nicht notwendigerweise zu einem kritisch reflektierten Standpunkt führen. Forschung – und da ist dieses Buch keine Ausnahme – ist immer interessengeleitet, eine Einsicht, die leider von der klassischen oder traditionellen Philosophie häufig negiert wird. So hat zum Beispiel Alex Byrne noch vor kurzem erst wieder den folgenden Ratschlag gegeben: „Wenn jemandem persönlich stark an der Wahrheit von p gelegen ist, ist es klug, ihre Behauptung, dass p wahr ist, mit einer gewissen anfänglichen Vorsicht zu behandeln" (Byrne 2020, 16; eigene Übersetzung). Und genau wie Robin Dembroff (2021) es formuliert, sollten wir diese Frage umdrehen: Welches Interesse haben einige zu behaupten, dass sie selbst keinerlei persönliches Interesse daran haben, an einem verzerrten epistemischen System festzuhalten? Ich hoffe, dieses Buch liefert eine Antwort auf eben diese Frage.

Ich habe natürlich ein persönliches Interesse an diesem Thema, schließlich bin ich als Frau regelmäßig – innerhalb und außerhalb wissenschaftlicher Praxis – von epistemisch problematischen Handlungen betroffen und navigiere in einer Welt, die durch männliche Intelligibilitäts-Frameworks konstituiert ist. Mein Interesse ist aber auch zu verstehen, welchen Nutzen ich – oftmals auf Kosten anderer – von eben diesem problematischen epistemischen System habe – und welche Verantwortung damit einhergeht.

Finanzielle Unterstützung zu diesem Buch habe ich im Rahmen des Forschungsnetzwerks zu Beziehungen zwischen Theorien Epistemischer Ungerechtigkeiten und Anerkennungstheorie (Projektnummer: 455582105) von der DFG und von der Universität Oldenburg im Rahmen der Helene-Lange Gastprofessur am Institut für Philosophie erhalten. Die letzten Kapitel des Buches sind im Rahmen eines von der DFG geförderten Walter-Benjamin-Stipendiums (Projektnummer: 522530038) an der San Diego State University entstanden. Dankeschön an Joe Stramondo für seine Gastfreundschaft und Mentorship. Zu besonderem Dank bin ich Christine Bratu, David Löwenstein, Melanie Altanian und Nadja El Kassar für die sorgfältige Lektüre der einzelnen Kapitel verpflichtet. Außerdem meinen wunderbaren Kolleg*innen an der Universität Potsdam: Fabian Schuppert, Kerstin Reibold und Breno Santos (der zumindest für einige Monate das Büro mit mir geteilt hat); viele der hier diskutierten Aspekte sind in Gesprächen und Workshops mit euch entstanden.

Weiterhin danke ich meinen Studierenden an der Universität Potsdam, der Freien Universität Berlin und der Universität Oldenburg, die meine Überlegungen zu diesem Thema beeinflusst haben; mit Namen möchte ich gerne Nadja Möller, Peihmaneh Yaghoobifarah, Jana Stern und Rebecca Hufendieck nennen. Außerdem meinen Kolleg*innen an der Universität Oldenburg und den Mitgliedern des Intersektionalitätslesekreises, besonders Paul Blattner, Lena Westerhorstmann, Shanti Osman, Niklas Angebauer und Tilo Wesche, den Teilnehmer*innen am Forschungskolloquium für Praktische Philosophie und am FLINTA-Kolloquium für Philosophie an der Universität Oldenburg, sowie den Studierenden von David Löwenstein, die eines der Kapitel gelesen haben. David Löwenstein, Christine Bratu, Nadja El Kassar und Melanie Altanian haben zudem einen ersten Aufschlag des Buches gelesen und kommentiert. Auch dafür herzlichen Dank. Außerdem den Teilnehmenden der PhD-Workshops im März 2023 an der Universität Oslo (Dank besonders auch an Hugo Ribeiro Mota für die Organisation) und den Teilnehmer*innen beider *Decolonizing Epistemic Injustice*-Konferenzen, sowie vielen anderen Teilnehmer*innen zahlreicher Workshops zum Thema. Hervorzuheben sind auch meine Kolleg*innen vom DFG-Netzwerk zur Beziehung von Theorien der epistemischen Ungerechtigkeit und Anerkennungstheorie sowie die folgenden Personen für zahlreiche Diskussionen und Inputs (in keiner besonderen Reihenfolge): Briana Toole, Emmalon Davis, José Medina, Karen Ng, Matthew Congdon, Breno Santos, Gonçalo Marcelo, Franziska Dübgen, Christine Bratu, Fabian Schuppert, Kerstin Reibold, Robin Celikates, Kristina Lepold, Nadja El Kassar, Sally Haslanger, Mari Mikkola, Katharine Jenkins, Robin Dembroff, Melanie Altanian, Tereza Hendl, Gaile Pohlhaus, Jennifer Lackey, Elinor Mason, Serene Khader, Aidan McGlynn, Joseph Stramondo, Quill Kukla, Ezgi Sertler, Thomas Khurana, Paul Giladi, Frieder Vogelmann, Robin McKenna, Elena Ruíz, Dennis Masaka, Amandine Catala, Elad Lapidot, Désirée Lim, Karl Landström, Veli Mitova, Ekata Bakshi, Melina Duarte, Lindsay Crawford, Sergio Gallegos, Eraldo Souza dos Santos, Adrian Wilding, Candice Delmas, Daniel Loick, Linda Alcoff, Nathan Rochelle DuFord, Paul Taylor, Rocío Zambrana, Gottfried Schweiger, Stefan Gosepath, Mirjam Müller, Deborah Mühlebach, Bastian Ronge, Johanna Müller, Lisa Herzog, Maren Behrensen und Glorianne Wilkins – Leerstellen, Fehler und Verzerrungen liegen selbstverständlich in meiner Verantwortung. Und zu guter Letzt natürlich Jacob Blumenfeld, Ulrike Gerold und Wolfram Hänel für Gedanken, Korrekturen, Diskussionen, Konflikte und Versöhnungen. Kurz gesagt: Für alles.

Inhalt

Vorwort —— V

1 Einleitung —— 1

2 Was ist eigentlich Wissen? —— 12
2.1 Soziale Epistemologie und Feministische Epistemologie —— 19
2.2 Situierte wissende Subjekte —— 23
2.3 Relationales Wissen —— 27
2.4 Wissensproduktion in Gruppen und Gemeinschaften —— 31
2.5 Standpunkt-Theorie —— 37
2.6 Politische Epistemologie als nicht-ideale Epistemologie —— 46

3 Frickers Theorie Epistemischer Ungerechtigkeit —— 59
3.1 Testimoniale und hermeneutische Ungerechtigkeit —— 59
3.1.1 Testimoniale Ungerechtigkeit —— 60
3.1.2 Hermeneutische Ungerechtigkeit —— 63
3.1.3 Moralische Falschheit epistemischer Ungerechtigkeit —— 66
3.2 Begriffsklärungen —— 73
3.2.1 Identitätsmacht —— 73
3.2.2 Identitätsvorurteile —— 76
3.2.3 Hermeneutische Marginalisierung —— 79
3.2.4 Kollektive hermeneutische Ressourcen —— 82
3.2.5 Epistemische Handlungsfähigkeit und moralische Artikulation —— 87
3.3 Erweiterungen von Frickers Theorie —— 92
3.4 Zur Übersicht: Eine Landkarte —— 102
3.5 Dotsons Theorie epistemischer Unterdrückung und Gewalt —— 104

4 Epistemische Ignoranz und Unwissenheit —— 107
4.1 Epistemische Ignoranz als Soziale Praxis —— 112
4.2 Ignoranz und epistemische Vorstellungskraft —— 119
4.2.1 Medinas widerständige Vorstellungen —— 122
4.2.2 Lugones' Weltenreise und epistemischer Tourismus —— 125
4.3 Weiße Ignoranz —— 130
4.4 Hermeneutische Ignoranz, Vorsätzliche Ignoranz und Ideologische Ignoranz —— 132
4.5 Strategische Ignoranz —— 137

5 Was ist eigentlich Objektivität? —— 139

6 Epistemische Gewalt und Unterdrückung —— 144
6.1 Women of Color und Systemische Aspekte Epistemischer Ungerechtigkeit —— 145
6.1.1 Hill Collins *Black Feminist Thought* —— 147
6.1.2 Spivaks *Subaltern* —— 150
6.1.3 Ortegas Weiße Feministinnen —— 151
6.2 Epistemische Ausbeutung und Epistemische Aneignung —— 153
6.3 Indigenes Wissen und epistemische Ungerechtigkeit —— 157
6.4 Schweigen und Überleben als (epistemischer) Widerstand —— 160
6.5 Grenzdefinitionen und marginalisierte Handlungsfähigkeit —— 167
6.6 Dekoloniale und widerständige Epistemologien —— 170

7 Fragile epistemische Subjekte —— 176
7.1 Dialektische Positionierung —— 178
7.2 Vulnerabilität und Handlungsfähigkeit fragiler epistemischer Subjekte —— 184
7.3 Epistemische Ungerechtigkeit und Anerkennungsbrüche —— 192
7.4 Institutionelle Epistemologie: Andersons institutionelle epistemische Ungerechtigkeit —— 197
7.5 Zwei Beispiele fragiler epistemischer Subjekte —— 200
7.5.1 Behinderung und epistemische Ungerechtigkeit —— 203
7.5.2 Migration und Epistemische Unterdrückung —— 205

8 Schlusswort: Für andere sprechen? —— 210

Bibliographie —— 214

Register —— 234

1 Einleitung

Fangen wir ganz am Anfang an. Worum geht es hier überhaupt? Tatsächlich sind bestimmte Erfahrungen, die fast allen von uns nur zu bekannt sein sollten, der Ausgangspunkt: in einem Gespräch nicht zu Wort zu kommen, nicht ernst genommen zu werden, der eigenen Erinnerung nicht zu trauen. Erfahrungen, die mit unserer sozialen Position und unseren Identitäten zu tun haben, die historisch gewachsen und strukturell bedingt sind; Erfahrungen, die auch die Geschichte der Philosophie entschieden geprägt haben. Nehmen wir als Beispiel einen Brief des Philosophen John Stuart Mill[1], bekannt unter anderem für seine emanzipatorischen Theorien über die Gleichberechtigung von Frauen. Mill schreibt im Oktober/November 1850 an Harriet Taylor:

> [...] Ich bin durch etwas in Aufregung versetzt worden, von dem ich glaube, dass es auch dich in Aufregung versetzen wird – du weißt, dass es vor einiger Zeit in Ohio einen Frauenkongress gab, um gleiche Rechte einzufordern – (& es soll im Mai einen weiteren geben), nun, es gab gerade einen Konvent zum gleichen Zweck in Massachussets [sic] – hauptsächlich von Frauen, aber mit einer großen Anzahl von Männern, einschließlich der wichtigsten Befürworter zur Abschaffung der Sklaverei Garrison, Wendell Phillips, dem N* Douglas [sic] &c. Die New York Tribune enthält einen langen Bericht – die meisten Redner sind Frauen – & ich erinnere mich an keine öffentliche Versammlung oder Agitation, die damit vergleichbar wäre, was das Verhältnis von gesundem Menschenverstand zu Unsinn betrifft – und was den Ton betrifft, ist es fast so, als würden wir selbst sprechen – gesprochen wie Amerika, nicht ängstlich und senil wie England – nicht das kleinste Jota an Kompromiss – das ganze Prinzip durchsetzend und die ganzen Konsequenzen fordernd, ohne irgendeine der kleinen weiblichen Zugeständnisse & Reserven – die Sache wird offensichtlich nicht fallen, sondern weitergehen, bis sie Erfolg hat, & ich glaube jetzt wirklich, dass wir eine gute Chance haben zu erleben, dass etwas Entscheidendes wirklich vollbracht wird in diesem Wichtigsten von allen praktischen Themen – zu sehen, dass wir wirklich von Pisgah auf das versprochene Land herabschauen werden – wie wenig ich dachte, dass wir es jemals sehen würden. (Hayek 1951, 166–67; eigene Übersetzung)

Aber, obwohl Mill hier unter anderem über die emanzipatorische Frauenbewegung berichtet, lässt sich hier eine problematische epistemische Haltung erkennen. So argumentiert Emmalon Davis:

> Um das Ausmaß solcher epistemischen Ungleichheiten besser zu verstehen, sollten wir uns Mills Beschreibung des Kongresses in Massachusetts von 1850 genauer ansehen. Er erwähnt zwar zweimal, dass die Mehrheit der Redenden Frauen waren, aber keine der Frauen wird tatsächlich genannt. In der Tat sind die einzigen Redner, die Mill nennt, Männer. Der Kongress, auf den sich Mill bezieht (und von dem er ausdrücklich männliche Rednerinnen statt Redner

---

[1] Dieses Beispiel stammt aus Davis (2018).

> Garrison, Phillips und Douglass aufzählt), umfasste auch Reden von Harriot Kezia Hunt, Ernestine Rose, Antoinette Brown, Sojourner Truth, Abby Kelley Foster, Abby H. Price und Lucretia Mott. Durch ihre Nichtnennung werden die weiblichen Rednerinnen nicht nur von ihrer Rolle bei der Wissensproduktion losgelöst, sondern die Aufmerksamkeit wird auch auf ihre namentlich genannten männlichen Gegenstücke gelenkt. (Davis 2018, 711; eigene Übersetzung)

Und weiter:

> Wichtig ist, dass der Vorgang [dieser epistemischen Ungleichheit] in Mills Beschreibung entlang der Dimensionen des Geschlechts und auch entlang der Dimensionen der *Race* erfolgt. [...] Tatsächlich waren (und sind) Schwarze[2] Frauen in einzigartiger Weise von [problematischen epistemischen Praktiken] betroffen; ihre epistemischen Beiträge wurden (und werden) historisch von und zu Männern (vergleichsweise privilegiert durch das Geschlecht) und von und zu weißen Frauen (vergleichsweise privilegiert durch die *Race*) vereinnahmt und verzerrt. (Davis 2018, 710; eigene Übersetzung, vgl. auch Cooper 2017, 24)

Immer wieder hört man in den letzten Jahren die Behauptung, dass es eine Krise im Verhältnis von Epistemologie und Demokratie gibt. Diese Krise ist aber, zumindest wenn wir zahlreichen Theorien der epistemischen Ungerechtigkeit und Unterdrückung folgen, keineswegs neu – und beschränkt sich weder auf spezifisch demokratische Prozesse noch auf die Dimension von Geschlecht und *Race*; vielmehr finden sich tiefverwurzelte problematische epistemische Praktiken überall dort, wo sich auch andere Formen struktureller Ungerechtigkeit und Ungleichheit finden. Dieses Buch gibt einen Überblick über die gegenwärtigen Theorien epistemischer Ungerechtigkeit und zeigt darüber hinaus die Aspekte der Verschachtelung von Epistemologie und Demokratie auf, leistet somit also einen angewandten Beitrag zur Debatte um die „Krise" im Verhältnis von Wissen und Demokratie. Die grundlegende Idee ist dabei, dass problematische epistemische Praktiken zum Erhalt und zur Verfestigung von ungerechten sozialen Strukturen beitragen; in der Tradition der Kritischen Theorie kann gesagt werden, dass ideologisch verzerrte epistemische Praktiken – wie Narrative und Frameworks – unsere sozialen Praktiken intelligibel machen und so einen wichtigen Baustein innerhalb einer (materialistischen) Sozialkritik bilden.

---

2 In diesem Buch wird „Schwarz" als rassifizierte Kategorie absichtlich großgeschrieben um deutlich zu machen, dass es sich dabei um einen historischen Prozess einer sozial konstruierten Kategorie handelt. Siehe dazu unter anderem die Argumentation von Kwame Anthony Appiah (2020), der allerdings dafür plädiert auch „weiß" großzuschreiben; einem Vorschlag dem ich hier nicht folgen werde. Ich verwende außerdem durchgehend „Schwarz" statt „Afroamerikaner", weil dies ein umfassenderer Begriff ist, der sich nicht auf Schwarze US-Amerikaner*innen beschränkt.

Sowohl der Überblick, den dieses Buch liefert, als auch die Argumentation sind ganz entschieden durch die folgenden zwei Thesen beeinflusst: Erstens braucht es für ein Verständnis der Verschachtelung von Epistemologie und (demokratisch organisierten) sozialen Strukturen einen nicht-idealen Zugang. Zweitens sollte ein Fokus auf der Systematizität ungerechter epistemischer Praktiken liegen – eine Erkenntnis, die *Women of Color* ebenso wie indigene Philosoph*innen schon seit langem vertreten. Dabei wird sich zeigen, dass epistemische Ungerechtigkeit möglichst weit gefasst verstanden werden muss, um die unterschiedlichen Facetten dieser sozialen Probleme zu erkennen; die Krise(n) zwischen Wissen und Demokratie stellt eben keineswegs ein gegenwärtiges Problem dar, sondern ist allenfalls in neuer Art und Weise zum Vorschein getreten. Gleichfalls wird sich zeigen, dass die Debatte um epistemische Ungerechtigkeiten nicht erst mit Miranda Frickers wichtigem Buch (mit selbigem Titel) begonnen hat, sondern schon auf unterschiedlichste Weise Teil marginalisierter philosophischer Forschung war. Zwar beginnt mein Buch mit einer Einleitung in Frickers Theorie epistemischer Ungerechtigkeit und den allgemeingültigen Definitionen von testimonialer und hermeneutischer Ungerechtigkeit, führt dann aber weiter zu der Feststellung, dass diese Definitionen keinesfalls das gesamte Spektrum epistemischer Gewalt und Unterdrückung abbilden – und noch nicht einmal das gesamte Spektrum epistemischer Ungerechtigkeit. Indem die Definitionen stückweise betrachtet werden und Randphänomene im Detail begutachtet werden, ergibt sich eine gut verständliche breitere Theorie problematischer epistemischer Praktiken mit einem Fokus auf ihre Historizität.

Theorien der epistemischen Ungerechtigkeit, der epistemischen Unterdrückung und der epistemischen Gewalt haben in den letzten Jahren eine breite internationale Rezeption erfahren (vgl. Fricker 2007; Dotson 2011, 2012 und 2014a; Pohlhaus 2012; Kidd et al. 2017; um nur einige zu nennen). Die Texte verknüpfen normative Theorien von Gerechtigkeit und Ungerechtigkeit mit erkenntnistheoretischen Theorien und stellen damit die Art von wichtigen Fragen, die immer mehr Aufmerksamkeit erhalten – sowohl innerhalb als auch außerhalb der Wissenschaft, soziale Bewegungen wie #MeToo und #BlackLivesMatter machen das deutlich. Die wesentlichen Fragen sind die von Gaile Pohlhaus, José Medina und Ian James Kidd in ihrem *Routledge Handbook of Epistemic Injustice*: „Wer hat eine Stimme und wer nicht? Interagieren die Stimmen mit gleicher Handlungsfähigkeit und Macht? In wessen Sinne kommunizieren sie? Wer wird verstanden und wer nicht (und zu welchem Preis)? Wem wird geglaubt? Und wer wird anerkannt und mit wem verhandelt?" (2017, 1; eigene Übersetzung).

Theorien der epistemischen Ungerechtigkeit befassen sich mit ungerechter oder unfairer Behandlung, die mit Fragen des Wissens, des Verstehens und der Kommunikation zusammenhängt, zum Beispiel mit der Art und Weise, wie man von Wissen oder kommunikativen Praktiken ausgeschlossen wird, wie man zum Schweigen gebracht wird, wie die eigenen Aussagen systematisch verzerrt werden, wie man falsch gehört und falsch dargestellt wird, wie man Misstrauen erfährt – in anderen Worten: Wie man wenig bis keine epistemische Handlungsfähigkeit besitzt.

Ausgehend von Frickers Theorie der epistemischen Ungerechtigkeit haben sich viele damit befasst, die spezifische Ungerechtigkeit zu artikulieren, unter der Individuen und soziale Gruppen aufgrund ihres Status als Wissende leiden. In ihrem Buch *Epistemic Injustice* (Epistemische Ungerechtigkeit) prägt Miranda Fricker den Begriff „epistemische Ungerechtigkeit", die Vorstellung, dass „jemandem speziell in seiner Eigenschaft als Wissende Unrecht widerfährt" (Fricker 2007, 1; eigene Übersetzung). Fricker hat dabei zwei verschiedene Arten von epistemischer Ungerechtigkeit definiert: hermeneutische Ungerechtigkeit und testimoniale Ungerechtigkeit. Hermeneutische Ungerechtigkeit ist „die Ungerechtigkeit, dass ein bedeutender Bereich der eigenen sozialen Erfahrung aufgrund eines strukturellen Identitätsvorurteils in der kollektiven hermeneutischen Ressource dem kollektiven Verständnis entzogen wird" (Fricker 2007, 155; eigene Übersetzung). Testimoniale Ungerechtigkeit ist „die Ungerechtigkeit, die auftritt, wenn ein Vorurteil dazu führt, dass ein Hörer dem Wort eines Sprechers ein geringeres Maß an Glaubwürdigkeit verleiht" (Fricker 2007, 1). Es liegt auf der Hand, dass eine Person in vielen Fällen sowohl unter testimonialem als auch hermeneutischem Unrecht leidet, und beide sind oft voneinander abhängig. Beide Arten von Ungerechtigkeit stützen sich in hohem Maße auf den Begriff der Identitätsmacht, des Identitätsvorurteils und der kollektiven hermeneutischen Ressource, die Fricker respektive als „eine Form sozialer Macht, die direkt von gemeinsamen sozial-imaginativen Vorstellungen über die sozialen Identitäten derjenigen abhängt, die in die jeweilige Machtausübung involviert sind" definiert, als „ein Etikett für Vorurteile gegenüber Menschen qua sozialem Typus" (2007, 4; eigene Übersetzung) und als „unsere gemeinsamen Werkzeuge der sozialen Interpretation" (2007, 6; eigene Übersetzung).

Dabei wurde aber insbesondere der Begriff der kollektiven hermeneutischen Ressource wegen seiner Unzulänglichkeiten kritisiert. José Medina argumentiert beispielsweise, dass „die normative Bewertung des sozialen Schweigens und der epistemischen Schäden, die es hervorruft, nicht ordnungsgemäß durchgeführt werden kann ohne eine pluralistische Analyse der verschiedenen Interpretationsgemeinschaften und Ausdruckspraktiken, die in dem betreffenden sozialen Kontext koexistieren" (2012b, 201; eigene Übersetzung); hermeneutische Ressourcen erfordern eine pluralistische Analyse der verschiedenen Interpretationsgemeinschaften und -praktiken, anstatt sie als für alle gleich existent anzunehmen. In ähnlicher Weise versucht auch Rebecca Mason „die ethisch schlechten epistemischen Praktiken zu lokalisieren, die Lücken in dominanten hermeneutischen Ressourcen aufrechterhalten, auch wenn alternative Interpretationen tatsächlich von nichtdominanten Diskursen angeboten werden" (2011, 294; eigene Übersetzung).

Während Fricker ursprünglich davon ausging, dass es einen einzigen kollektiven Topf gibt, in dem alle hermeneutischen Ressourcen gespeichert sind, und dass verschiedene soziale Gruppen unterschiedlich gut positioniert sind, um zu diesem kollektiven Topf beizutragen, argumentieren Medina und Mason, dass es viele verschiedene Töpfe in verschiedenen Gemeinschaften gibt, zu denen unterschiedlich situierte Menschen auf unterschiedliche Weise beitragen beziehungsweise Zugang haben. So verfügt die Queer-Community beispielsweise über angemessene Ressourcen, um spezifische Formen sexueller Gewalt differenziert zu verstehen und zu artikulieren. Die breitere Gesellschaft hat jedoch möglicherweise keinen Zugang zu diesen Ressourcen, und den Menschen aus der Queer-Community fehlt die soziale Macht, zu anderen Ressourcen in ähnlicher Weise beizutragen. Wenn wir also – wie Fricker es tut – von einem kollektiven Topf hermeneutischer Ressourcen sprechen, ignorieren wir die Art und Weise, in der wir alle Mitglieder verschiedener sich überschneidender sozialer Gruppen mit unterschiedlichen hermeneutischen Ressourcen sind.

Kristie Dotson (2014a) spricht stattdessen von „dominanten epistemischen Ressourcen". Ihr zufolge gibt es dominante und geteilte epistemische Ressourcen, zu denen die meisten Menschen Zugang haben, diese aber sind durch die Beiträge nur einiger Menschen geprägt – was dazu führt, dass eine ganze Reihe von Erfahrungen anderer nicht vertreten sind und nicht gut artikuliert werden können. Manche Menschen gelten je nach ihrer sozialen Position und ihrer Zugehörigkeit zu einer sozialen Gruppe als glaubwürdiger als andere; und diejenigen, die als weniger glaubwürdig gelten, müssen ihre Welt mit einer Reihe von Begriffen und Annahmen navigieren, die eine Kommunikation unmöglich machen, weil sie nicht die gesamte Bandbreite der Erfahrungen dieser Personen berücksichtigen.

Ein ähnlicher Gedanke wird von Matthew Congdon geäußert, wenn er schreibt, dass wir angesichts moralischer Verletzungen oft vor ein Dilemma gestellt werden, unsere „Beschwerde entweder durch den Rückgriff auf autoritative, aber unzureichende begriffliche Ressourcen oder auf adäquate, aber nicht autoritative begriffliche Ressourcen zu artikulieren" (2016, 820; eigene Übersetzung). Der Rahmen für hermeneutische Ressourcen als *dominant* versus *marginal* kann das Problem veranschaulichen, an dem Fricker interessiert ist, ohne dabei die problematische Annahme zu machen, dass es wirklich nur *eine* kollektive Ressource gibt. Darüber hinaus wird so die Art und Weise verdeutlicht, in der verschiedene Gemeinschaften Formen des Wissens bereitstellen können, die in der allgemeinen Sozialstruktur aufgrund dominanter, aber unzureichender Ressourcen fehlen. Dies ist besonders wichtig für Theorien des Widerstands (vgl. Code 2007; Medina 2012a; Doan 2018; Sherman & Goguen 2019). Die Anerkennung der verschiedenen Wissensformen bietet somit eine fruchtbare Grundlage für den Kampf gegen die schädlichen und verzerrten, aber dominanten hermeneutischen Praktiken (vgl. Medina 2013). Es ist daher nicht überraschend, dass die Ideen von Medina, Mason, Dotson und Congdon auf eine lange Geschichte unterrepräsentierter Ansichten in der sozialen Epistemologie und der Philosophie im Allgemeinen zurückgreifen (vgl. Lorde 1984; Spelman 1988; Code 1991; Crenshaw 1991; Harding 1991; Collins 1997; Spivak 1998), wie ich in Kapitel 6 genauer ausführe.

Andere Autor*innen haben andere soziale Phänomene und ihre Beziehung zur Wissensproduktion aufgezeigt, die Frickers Analyse der epistemischen Ungerechtigkeit ergänzen. So identifiziert Chris Hookway (2010) ein breiteres Spektrum von Formen epistemischer Ungerechtigkeit, das verdeutlicht, wie Ungerechtigkeit jemanden daran hindern kann, an einer wissenschaftlicher Forschung teilzunehmen, Katharine Jenkins (2016) zeigt, wie bestimmte Mythen Individuen daran hindern können, ihre eigenen Erfahrungen angemessen zu verstehen, obwohl entsprechende konzeptionelle Ressourcen vorhanden sind, und Charlie Crerar (2016) zeigt, dass Tabus die Anwendung eines bestehenden Konzept durch eine Person in ähnlicher Weise beeinträchtigen können.

Gemeinsam mit Christine Bratu habe ich darüber hinaus eine Landkarte für hermeneutische Ungerechtigkeit vorgeschlagen, die es uns ermöglicht, verschiedene bestehende Formen zu schematisieren und neue Varianten hermeneutischer Ungerechtigkeit zu entdecken, und argumentieren zugleich, dass einige hermeneutische Ungerechtigkeiten aus einem Mangel oder einer Verzerrung der kollektiven konzeptionellen Ressource resultieren, während andere auf Probleme bei der Anwendung bestehender Konzepte zurückzuführen sind (Bratu & Hänel 2021). In ähnlicher Weise argumentiert Ishani Maitra (2018), dass Frickers Begriff der epistemischen Ungerechtigkeit diese neuen Beiträge, die oben angeführt sind, bereits erklären kann – dass einige dieser Beiträge insofern problematisch sind, als sie Verzerrungen in unser Verständnis dieser Erfahrungen aufnehmen. Andere haben einen eher angewandten Ansatz gewählt und epistemische Ungerechtigkeiten auf unterschiedliche Weise genutzt, zum Beispiel in Bezug auf Intersektionalität und Dekolonialismus (vgl. Collins 2017; Anderson 2017; Pitts 2017; Alcoff 2017), Trans*- und Behindertenrechte (vgl. Hall 2017; McKinnon 2017; Barnes 2016; Tremain 2017), indigene Rechte (vgl. Tsosie 2017), Medizin und Gesundheitsversorgung (vgl. Freeman 2015; Carel & Kidd 2017; Scrutton 2017), Recht (vgl. Sullivan 2017), Bildung (vgl. Kotzee 2017), Wissenschaft (vgl. Grasswick 2017) und Religion (vgl. Kidd 2017).

Die Theorien über epistemische Ungerechtigkeit, epistemische Unterdrückung und epistemische Gewalt werden maßgeblich vom sozialen Modell der Wissenden sowie vom sozialen Modell des Wissens und der Epistemologie beeinflusst. Zusammen mit anderen sozialen Erkenntnistheoretiker*innen haben feministische Erkenntnistheoretikerinnen für epistemische Subjekte als situierte Wissende argumentiert, oft als Reaktion auf eine vorherrschende individualistische Tradition. Diese vorherrschende Tradition vertrat die Ansicht, dass Wissen aus der sorgfältigen Ausübung der geistigen Fähigkeiten eines Individuums resultiert; dieser erkenntnistheoretische Rahmen beruht auf Formulierungen wie „S weiß, dass p", wobei S ein beliebiges epistemisches Subjekt sein kann.

Feministische und soziale Erkenntnistheoretiker*innen haben auf die Unzulänglichkeiten dieses in der Epistemologie vorherrschenden abstrakten Individualismus aufmerksam gemacht (vgl. Jaggar 1983; Code 1991; Scheman 1995). Das Problem besteht nicht nur darin, dass Wissende in erster Linie als Individuen betrachtet werden, sondern vielmehr, dass diese individuellen Wissenden selbst als generisch (oder austauschbar) und selbstgenügsam (oder fähig zur Selbstgenügsamkeit) im Wissen konzeptualisiert werden (vgl. Code 1991; Grasswick 2004). Stattdessen argumentieren feministische und soziale Epistemolog*innen, dass Wissen relational ist. So macht zum Beispiel Elizabeth Anderson deutlich, dass ein Hauptmoment der Feministischen Epistemologie bedeutet zu zeigen, „wie der soziale Standort der Wissenden das, was und wie sie wissen, beeinflusst" (Anderson 2011; eigene Übersetzung). Diese Forschungsausrichtung lenkt die Aufmerksamkeit erneut auf die Identität oder soziale Positionierung des epistemischen Subjekts, wie bereits aus frühen Arbeiten zu diesem Thema hervorgeht: *Who Knows?* (Nelson 1990), *What Can She Know?* (Code 1991) und *Whose Science? Whose Knowledge?* (Harding 1991).

Situierte Wissende wurden zu einem vielschichtigen Konzept mit Theorien, die sich auf die sozial differenzierte Natur von Wissenden konzentrieren (im Gegensatz zur generischen Natur von Wissenden im atomistischen Modell), auf die sozial interaktive Natur (im Gegensatz zur Selbstgenügsamkeit von Wissenden), auf den Prozess der Wissensproduktion innerhalb von Gruppen und die Annahme der Gemeinschaft als primäres wissendes Subjekt (im Gegensatz zum Individuum als primäres wissendes Subjekt). Viele dieser Argumente überschneiden sich und viele stützen sich auf andere Arbeiten, wie zum Beispiel Standpunkt-Epistemologie oder Theorien des Unwissens und der Ignoranz. Die Idee der situierten Wissenden lenkt die Aufmerksamkeit auf die perspektivische Natur und auf gemeinschaftsspezifische Elemente des Wissens. Feministische und soziale Erkenntnistheoretiker*innen mussten daher immer auch zeigen, wie wir überhaupt zwischen besserem und schlechterem Wissen unterscheiden können oder in der Lage sind, objektives Wissen zu identifizieren – was wiederum zu Theorien wie starker Objektivität (Hartsock 1983; Harding 1986 und 1991, Wylie 2003) oder Objektivität als (demokratischer) sozialer Prozess (Longino 1990 und 2002; Nelson 1990; Alcoff & Potter 1992; Anderson 1995) führte.

Eine Reihe anderer Wissenschaftler*innen haben sich auf die Rolle der Unwissenheit konzentriert und versucht, ein umfassenderes Bild von Wissen und dem

Einfluss von Machtverhältnissen auf epistemische Angelegenheiten zu zeichnen. Hermeneutische Ungerechtigkeit ist nur ein Beispiel dafür, wie bestimmte Formen von Wissen, die für marginalisierte Gruppen wichtig sind, schwer oder gar nicht zugänglich sind, und zwar aufgrund von Machtverhältnissen, die die Entwicklung der notwendigen konzeptionellen Ressourcen für dieses Wissen nicht unterstützen. Die allgemeine Idee sozialer Epistemologien der Unwissenheit ist, dass Unwissenheit aus systematischen Machtverhältnissen resultiert. Epistemologien der Unwissenheit gehen jedoch davon aus, dass Unwissenheit oft nicht einfach nur eine harmlose Wissenslücke ist, die es noch zu füllen gilt, sondern Unwissenheit vielmehr aktiv konstruiert wird und Zwecken der Herrschaft dienen kann (vgl. Mills 1997, 2007; Townley 2006 und 2011; Tuana & Sullivan 2006; Sullivan & Tuana 2007; Alcoff 2007; Bailey 2007; Grasswick 2011; Dotson 2011; Pohlhaus 2011; Woomer 2019).

Epistemologien der Unwissenheit bringen bestehende Ungleichheiten und Ungerechtigkeiten zwischen bestimmten sozialen Gruppen ans Licht, zum Beispiel im Fall der weißen Unwissenheit, wie sie von Ortega 2006; Mills 2007; Bailey 2007; Sullivan 2007, 2014; Sholock 2012; Milazzo 2017; Catala 2019 und Berenstain 2020 vertreten wird, wobei auch die psychologische Beziehung zwischen weißer Unwissenheit und impliziter Voreingenommenheit hervorgehoben wird (vgl. Beckles-Raymond (2019). Darüber hinaus können sie die epistemischen Diskrepanzen und schädlichen Praktiken zwischen verschiedenen Gemeinschaften und sogar Kulturen aufzeigen. Das heißt, Epistemologien der Unwissenheit zeigen, wie die Wissensproduktion oft deshalb ein ungerechtes Unterfangen ist, weil ein bestimmter Teil des Wissens aufgewertet und gleichzeitig anderes Wissen abgewertet wird.

Diese Debatte geht auf den Soziologen Boaventura de Sousa Santos zurück, der den Begriff „Epistemizid" für die systematische Zerstörung rivalisierender Wissensformen – alternativer Erzählungen zu den vorherrschenden westlichen Erzählungen – verwendete. Beim Epistemizid geht es jedoch nicht allein um Wissen, da das Wissen, das Kulturen bilden, eng mit der Identität ihrer Menschen und ihrer Art, der Welt einen Sinn zu geben, verknüpft ist, ebenso wie mit dem moralischen Rahmen, der ihre Weltsicht begleitet (vgl. de Sousa Santos 2014, 2018; Hall & Tandon 2017; Mungwini et al. 2019). Praktiken des Schweigens und des Ausschlusses von Wissen sind also nie nur epistemologisch. Vielmehr beziehen sie sich auf die sozialen und politischen Kontexte, in denen wir leben, und haben drastische und oft problematische Folgen für diese Kontexte sowie für die in ihnen lebenden sozialen Gruppen und Individuen.

Generell werden epistemische Ungerechtigkeiten in diesem Buch also in einem weiteren Sinne verstanden; es soll demnach nicht nur um die Theorie von Miranda Fricker gehen (die ohne Frage epistemische Ungerechtigkeiten in der analytischen Philosophie „salonfähig" gemacht hat), sondern um die Exklusion marginalisierter Personen von der Wissensproduktion und das damit verbundene Zum-Schweigen-bringen einiger durch andere. Das zweite und folgende Kapitel liefert einen kurzen Überblick über das Sozialmodell von Wissen und eine Landkarte über die Soziale und Feministische Epistemologie; wobei vor allem die Situiertheit und Relationalität von Wissen sowie Standpunkttheoretische Überlegungen diskutiert werden. Das Kapitel endet mit einer kurzen Argumentation, nach der Politische Epistemologie nicht nur ein wichtige Bestandteil der Sozialen Epistemologie ist, sondern auch stark durch nicht-ideale Theorie geprägt sein sollte. Im dritten Kapitel geht es um eine Übersicht und Diskussion von Miranda Frickers Theorie zu epistemischer Ungerechtigkeit. Hierbei liegt ein besonderes Augenmerkt, erstens, auf der Unterscheidung zwischen testimonialer und hermeneutischer Ungerechtigkeit, zweitens, auf der gezielten Erklärung signifikanter Begriffe innerhalb von Frickers Theorie und, drittens, auf der kritischen Diskussion von Frickers Theorie, die mit einer Ausführung zum Unterschied zu Kristie Dotsons Theorie endet. Im vierten Kapitel wird in das Feld der Theorien zu Ignoranz und Unwissen eingeführt; hierbei sollen vor allem epistemische Praktiken in den Fokus rücken, die einen wichtigen Anteil an der Diskusion zu epistemisch problematischen Praktiken haben, aber in vielerlei Hinsicht anders gelagert sind als Frickers Theorie der epistemischen Ungerechtigkeit. Auf das vierte Kapitel folgt ein kurzer Einschub, in dem die Frage diskutiert wird, was Objektivität ist. Hier verknüpfen sich einige wichtige Fragestellungen zu der Situiertheit und Relationalität von Wissen – die bereits im ersten Kapitel zur Diskussion stehen – mit den Einsichten zu Ignoranz und Unwissenheit. Im sechsten Kapitel geht es um epistemische Gewalt und Unterdrückung. Hier stehen vor allem die Vorgänger*innen von Fricker – Schwarze Philosophinnen, dekoloniale Philosophie und indigenes Wissen – im Fokus, wobei die Diskussion auch zeigt, dass Frickers Untersuchung zwar auf diesen Theorien aufbaut, aber vor allem in Bezug auf die Handlungsfähigkeit und die widerständigen epistemischen Praktiken unterdrückter Subjekte stark von diesen abweicht. Im siebten und letzten Kapitel wird eine Theorie epistemisch fragiler Subjekte entworfen, die auf den Diskussionen der vorangestellten Kapitel aufbaut und diese auf institutionelle Kontexte unserer Gesellschaft anwendet; zum einen auf die Unterbringung von behinderten Personen und zum anderen auf die Praktiken innerhalb von Asylprozessen. Die grundlegende Idee ist, dass Einsichten zur Situiertheit und Relationalität von Wissenden sowie damit verknüpften epistemischen Abhängigkeit von anderen und Vulnerabilität, sowohl positive als auch negative Konsequenzen für marginalisierte Subjekte haben kann und, dass das spezifische Wissen dieser Gruppen signifikant für die gerechte Gestaltung demokratischer Institutionen ist. Das Buch endet mit einer kurzen kritischen Diskussion meiner eigenen Rolle als Autorin dieses Buches und des Problems für andere zu sprechen.

An dieser Stelle ist zudem die folgende Anmerkung wichtig: Das Buch ist so aufgebaut, dass es eine Wanderung von Frickers Theorie der epistemischen Ungerechtigkeit hin zu Theorien der epistemischen Unterdrückung beschreibt; dabei wird sich zeigen, dass sich nicht nur eine Verschiebung von überwiegend interpersonalen epistemischen Kontexten zu systematischen Intelligibilitätsframeworks vollzieht, sondern dass Frickers Theorie auch immer weiter aufgelöst wird. Dabei wird dem*der aufmerksamen Leser*in auffallen, dass sich einige Theorien, Argumentationen und Beispiele in mehreren Kapiteln wiederholen – dies hat selbstverständlich zum einen damit zu tun, dass die hier diskutierten Theorien eng miteinander verschachtelt sind, es war aber zum anderen eine bewusste Entscheidung, das Buch so zu konzipieren, dass die einzelnen Kapitel auch für sich alleine stehen können.

Wie schon erwähnt soll dieses Buch einen Beitrag dazu leisten, die problematischen epistemischen Praktiken zu beleuchten, die Teil einer umfassenden materialistischen Sozialkritik sind, da sie unseren tagtäglichen sozialen Praktiken innerhalb einer ungerechten Sozialstruktur Bedeutung verleihen. Mit anderen Worten, weder kann eine rein materialistische Kritik erklären, warum bestimmte Praktiken in ihrer Bedeutung problematisch sind, noch kann die rein epistemische Kritik zeigen, wie epistemische Praktiken in ungerechte Sozialstrukturen eingebettet sind und diese reproduzieren. Eine gelungene Sozialkritik ist demnach auf beide Bausteine angewiesen; dieses Buch soll kein „abschließendes Wort" sein, sondern einigen Aspekten, die für eine umfangreiche Sozialkritik von Bedeutung sind sowie bislang marginalisierten Theorien einen Raum geben.

Dazu erscheint es wichtig, ein kurzes Wort zur Methode anzufügen: Sozialkritik oder kritische Theorie ist eine normative Reflexion, die historisch und gesellschaftlich kontextualisiert sein muss; schließlich lassen sich spezifische rassistische Handlungen nur vor dem geschichtlich gewachsenen Hintergrund kolonialer und imperialer Macht verstehen – so wie sich auch spezifische sexistische Handlungen nur vor dem geschichtlich veränderten Hintergrund einer patriarchaler Ordnung adäquat beschreiben lassen (und das gilt ebenso für ableistische, antisemitische und andere strukturelle Ungerechtigkeiten). Dabei geht es nicht darum, ein universelles und vom spezifischen Kontext abstrahiertes normatives System zu entwickeln, sondern spezifische Situationen, die zeitlich und kontextuell verankert sind, zu untersuchen und zu bewerten. Und eben diese Untersuchungen und Bewertungen sind gekennzeichnet von der sozialen Position und den sozialen Relationen, in denen sich die untersuchende Person befindet – ebenso wie alle, die in diesem Buch erwähnt werden, die dieses Buch irgendwann in den Händen halten und auch die, die es entsetzt wieder zur Seite legen werden; welche Fragen gestellt werden, was hervorgehoben wird, was wie beschrieben und welche Erkenntnisse wann von wem gewonnen wurden, ist zumindest teilweise von der sozialen Position gefärbt und von dem damit verbundenen Bestreben einer emanzipatorischen Sozialkritik. Ein Gedanke, der sich sicherlich nicht besser ausdrücken lässt, als es Iris Marion Young vor mittlerweile vielen Jahren getan hat:

> Ohne Gesellschaftstheorie ist die normative Reflexion abstrakt, leer und nicht in der Lage, Kritik mit einem praktischen Interesse an Emanzipation anzuleiten. [...] Die kritische Theorie geht davon aus, dass die normativen Ideale, die zur Kritik einer Gesellschaft herangezogen werden, in der Erfahrung mit und der Reflexion über eben diese Gesellschaft wurzeln und dass die Normen nirgendwo anders herkommen können. [...] Die normative Reflexion entsteht, wenn man einen Schrei des Leidens oder der Bedrängnis hört oder selbst Bedrängnis empfindet. Die Philosophin ist immer sozial verortet, und wenn die Gesellschaft durch Unterdrückungen gespalten ist, verstärkt sie diese entweder oder kämpft dagegen an. Die Philosophin hat ein emanzipatorisches Interesse. (Young 1990, 5; eigene Übersetzung)

Hier lassen sich bereits zwei Konsequenzen für die Untersuchung epistemischer Ungerechtigkeiten erahnen, die im Buch weiter ausgeführt werde. Zum einen riskieren gerade allgemeingültige Definitionen – wie sie besonders in der analytischen Philosophie und somit auch in einem großen Teil der Theorien epistemischer Ungerechtigkeit angestrebt werden –, zu weit von den tatsächlichen historisch gewachsenen Situationen zu abstrahieren und so bestimmte Phänomene auszugrenzen, die Teil der Erklärung sein sollten. Zum anderen stellt sich natürlich die Frage, inwieweit der emanzipatorische Anspruch, den unter anderem Young hier explizit macht, dann auch wirklich eingelöst wird. Dies deutet daraufhin, dass die soziale Position der Philosophin ein äußerst schmaler Grat ist; da ist zwar einerseits das emanzipatorische Interesse soweit es sich aus den eigenen Unterdrückungserfahrungen ableitet, andererseits aber ist die Philosophin damit selbst in den ideologischen Verstrickungen verankert, die es ihr nicht immer ganz leicht machen, diese adäquat zu analysieren (dazu mehr in Kapitel 6).

Das lässt sich wiederum auch als pragmatistisches Moment verstehen: Es ist nicht immer ganz eindeutig, ob die Analysen, die wir im Einklang mit unserem emanzipatorischen Interesse entwickeln, tatsächlich die richtigen Resultate hervorbringen – für uns, aber vor allem auch für andere marginalisierte oder unterdrückte Subjekte. Der Pragmatismus bietet eine Möglichkeit der moralischen Theoriebildung, die keine allgemeingültigen moralischen Prinzipien entwirft, sondern aus den bestehenden moralischen Konflikten entsteht – daraus resultierende praktische Handlungen in der Welt müssen allerdings immer wieder auf Erfüllung ihres Anspruchs getestet werden (vgl. Anderson 2014). Oder mit den Worten von Marilyn Frye: „Es ist nicht immer offensichtlich, was das Beste ist; man tut, was man kann" (1983, x; eigene Übersetzung).

2 Was ist eigentlich Wissen?

Was bedeutet es eigentlich, wenn wir davon sprechen, etwas zu wissen? Was versteckt sich hinter Aussagen wie „Ich weiß, dass du den Kuchen aufgegessen hast" oder „Lass mich das nachschauen, darüber würde ich gerne mehr wissen"? Woher wissen wir, dass die Erde um die Sonne kreist oder wie man Fahrrad fährt? Wann können wir davon sprechen, etwas zu wissen? Wie erlangen wir Wissen? Und was ist Wissen überhaupt?[1]

In diesem Kapitel werden einige Grundlagen geklärt, die notwendig sind, um Phänomene epistemischer Ungerechtigkeit zu verstehen. Dabei soll allerdings keine Einführung in die Epistemologie im Allgemeinen gegeben werden, sondern es wird vielmehr gezeigt, inwieweit gerade die feministische Kritik an klassischer Epistemologie sowie Überlegungen aus der Feministischen Epistemologie, der Wissenschaftskritik und der Sozialen Epistemologie die Grundlagen für eine Untersuchung epistemischer Ungerechtigkeiten gelegt haben.

In der Epistemologie werden gemeinhin unterschiedliche Formen von Wissen – häufig verstanden als kognitiver Erfolg[2] – unterschieden, die umgangssprachlich alle unter dem Wort „Wissen" subsumiert werden. Dazu gehört Wissen über Individuen ebenso wie das Kennen von Individuen, das „Wissen wie" und das Wissen über Fakten oder das Kennen von Tatsachen.[3] Eine kurze Erklärung scheint hilfreich: Nur weil ich viele Dinge über Simone de Beauvoir weiß, folgt daraus nicht, dass ich Simone de Beauvoir tatsächlich kannte. Ich hätte auch Simone de Beauvoir

---

[1] Statt von Wissen zu sprechen, gibt es in der Philosophie vermehrt Argumente dafür von Erkenntnis, Verständnis oder Einsicht zu sprechen. So fallen beispielsweise nicht alle Erkenntnisse unter das Wort „Wissen"; Verstehen zählt zwar als Erkenntnis, aber nicht notwendigerweise als Wissen. Während dies tatsächlich einige komplizierte Probleme vermeiden kann, die durch den Begriff Wissen entstehen, habe ich mich in dieser Einführung trotz allem dafür entschieden, den Begriff ‚Wissen' zu verwenden. Dies hat vor allem damit zu tun, dass Erkenntnis im alltagssprachlichen Gebrauch häufig nah am Relativismus liegt (und dazu in diesem Kapitel mehr); wir sagen beispielsweise, „dass ist dein Verständnis von X, ich verstehe dies aber ganz anders" oder „Was für eine Erkenntnis!". Des Weiteren beziehe ich mich auf Debatten, vor allem innerhalb der feministischen Epistemologie, die am Begriff ‚Wissen' festhalten. Ich lade die Leser*innen aber ein, statt von Wissen von Erkenntnis zu sprechen, solange dies nicht im relativistischen Sinne gemeint ist.
[2] Diese These ist aber nicht umunstritten.
[3] Und auch diese Unterscheidungen sind nicht unumstritten. Hier soll vielmehr aufgezeigt werden, was für Fragen und Probleme in Bezug auf Wissen auftreten (können). Für eine generelle Einführung in die Epistemologie ist dieses Kapitel aber nicht geeignet; es zeigt vielmehr einige wenige Aspekte, um die im Folgenden diskutierte Kritik feministischer Erkenntnistheoretiker*innen zu motivieren.

nie kennenlernen können, denn sie starb, bevor ich geboren wurde. Trotzdem weiß ich eine ganze Menge über Simone de Beauvoir, vielleicht sogar mehr, als ich über manche meiner Freunde weiß. Personen zu kennen – in diesem Fall, meine Freunde – ist also nicht dasselbe, wie etwas über eine Person zu wissen; anders ausgedrückt, etwas über eine Person zu wissen ist nicht hinreichend dafür, eine Person auch zu kennen (und anscheinend ist eine Person zu kennen auch nicht hinreichend dafür, viel über sie zu wissen). Während es in der Epistemologie ausreichend Forschung darüber gibt, was es bedeutet, Fakten über eine Person, einen Gegenstand oder einen Sachverhalt zu wissen – und dazu gleich mehr –, scheint die Frage, was es bedeutet, eine Person zu kennen, noch relativ offen; allerdings ist auch nicht klar, ob eine entsprechende Forschung allein in den Bereich der Epistemologie fallen würde.

Eine weitere Unterscheidung, die in der Epistemologie geläufig ist, ist folgende: Zu wissen, wie man etwas macht, erfordert andere Voraussetzungen, als eine bestimmte Anzahl an Fakten zu wissen. Egal wie viele Fakten wir darüber wissen, wie man Fahrrad fährt, das fahren selbst ist eine ganz andere Sache; ebenso kann es sein, dass wir keinerlei Fakten über das Fahrradfahren kennen und trotzdem Fahrrad fahren können. Zu wissen, wie man etwas macht, ist also etwas anderes, als Wissen über Fakten zu haben – oder, wie Gilbert Ryle es ausdrückt, „knowing *how*" ist nicht „knowing *that*".[4] Aber Achtung, hier geht es nicht um die Ausübung (das Fahrradfahren) selbst, sondern um die Unterscheidung zwischen Faktenwissen und dem *Know-how* zur Ausübung. Dass sich eine Ausübung von Faktenwissen unterscheidet, ist unkontrovers.

Was aber bedeutet es zu sagen, dass man Wissen über bestimmte Dinge hat? Klassischerweise wird angenommen, dass mehrere Bedingungen erfüllt sein müssen, damit wir davon sprechen können, dass ein wissendes Subjekt (S) einen Fakt (p) weiß. Zunächst muss S zumindest glauben, dass p. Wissen erfordert also, eine Überzeugung haben. Aber falsche Überzeugungen können keine Fakten ausdrücken, Wissen erfordert also auch Wahrheit. Allerdings reicht auch das noch nicht aus, denn dass S an p glaubt und p tatsächlich korrekt ist, könnte auch ein Zufall sein. Wissen erfordert also nicht nur Überzeugung, sondern gerechtfertigte Überzeugung. Hieraus folgt, dass S dann p weiß, wenn p wahr ist und S gerechtfertigterweise die Überzeugung vertritt, dass *dem so ist*. Die drei Bedingungen – Wahrheit, Überzeugung und Rechtfertigung – sind also individuell notwendig und gemeinsam hinreichend für das Wissen von Fakten.

---

4 Diese Unterscheidung ist allerdings nicht ohne Kritik geblieben, so könnte zum Beispiel argumentiert werden, dass *F zu kennen* nichts anderes ist, als zu wissen, dass eine bestimmte Person *F* ist, und zu wissen, wie man *F macht*, nichts anderes bedeutet, als zu wissen, dass eine bestimmte Handlung *F* ist (vgl. Boër & Lycan 1975; Ginet 1975; Stanley & Williamson 2001).

Damit ist jedoch noch nicht geklärt, was überhaupt als Rechtfertigung zählt; man könnte beispielsweise annehmen, dass die Überzeugung, dass *p* rational oder vernünftig ist, ausreichend ist – oder dass die Überzeugung durch zuverlässige kognitive Prozesse entstanden sein muss. Aber keine der beiden Erklärungen schafft es sicherzustellen, dass tatsächlich alle Fälle von gerechtfertigter wahrer Überzeugung auch Fälle von Wissen sind. Edmund Gettier hat mit Hilfe von Gegenbeispielen gezeigt, dass die drei Bedingungen, die wir oben diskutiert haben, nicht hinreichend sind, damit wir von Wissen sprechen können. Diese sogenannten „Gettier-Fälle" legen nahe, dass weder Rechtfertigung noch Überzeugung noch Wahrheit (noch alle drei Bedingungen gemeinsam) garantieren können, dass eine Überzeugung nicht nur durch einen glücklichen Zufall wahr ist. Ein paradigmatischer Gettier-Fall kann helfen, um das Problem zu illustrieren:

> Stellen wir uns vor, dass Smith und Jones sich auf einen bestimmten Job beworben haben. Stellen wir uns weiter vor, dass Smith gute Gründe hat anzunehmen, dass
>
> (a) *Jones den Job bekommen wird und außerdem zehn Geldstücke in seiner Hosentasche hat.*
> Es könnte beispielsweise sein, (i) dass der Präsident der Firma, bei der Smith und Jones sich beworben haben, Smith erklärt hat, dass Jones am Ende für den Job ausgewählt werden wird, und (ii) dass Smith die Geldstücke von Jones gezählt hat, bevor dieser sie in seine Hosentasche gesteckt hat. Teil von Smiths Überzeugung ist:
> (b) *Die Person, die den Job kriegt, hat zehn Geldstücke in der Hosentasche.*
> Smith kann also (b) annehmen, und zwar auf Grundlage der Evidenz für (a). Und in diesem Fall ist es klarerweise gerechtfertigt für Smith anzunehmen, dass (b) wahr ist.
>
> Stellen wir uns aber weiter vor, dass eigentlich Smith und nicht Jones den Job bekommen wird. Und dass – ohne, dass Smith darüber Kenntnis hat – er selber ebenfalls zehn Geldstücke in seiner Hosentasche hat. Das bedeutet, (b) ist wahr, obwohl (a) nicht wahr ist. Außerdem kann festgestellt werden, dass die drei Bedingungen, die eigentlich hinreichend für das Wissen von Fakten sein sollten, zutreffen: (b) ist wahr, Smith ist überzeugt, dass (b) wahr ist, und Smith ist gerechtfertigterweise überzeugt, dass (b) wahr ist. Aber offensichtlich ist auch, dass Smith eben nicht *weiß*, dass (b) wahr ist.[5]

Die Gettier-Fälle sind generalisierbar: Stellen wir uns vor, dass jemand auf eine Wiese blickt und dort etwas sieht, das aussieht wie ein Schaf. In Wirklichkeit ist jedoch das, was aussieht wie ein Schaf, ein als Schaf verkleideter Hund. Die Person ist nun der Überzeugung, dass auf der Wiese ein Schaf steht. Und tatsächlich hat die Person recht, denn in einer kleinen Senke weiter hinten auf der Wiese steht wirklich ein Schaf – allerdings vor dem Blick des Betrachters verborgen. Es ist also wahr, dass auf der Wiese ein Schaf steht, und die Person ist gerechtfertigterweise überzeugt, dass dort ein Schaf steht – schließlich sieht der Hund aus wie ein Schaf

---

5 Beispiel aus Gettier (1963); eigene Übersetzung.

und die Person sieht den Hund –, aber es wäre falsch zu sagen, dass die Person *weiß*, dass dort ein Schaf steht.[6]

Interessanterweise haben die Gettier-Probleme und viele der diskutierten Lösungsvorschläge eine Gemeinsamkeit. Sie alle gehen davon aus, dass wir etwas wissen *als Individuen*. In der Tat war die Epistemologie über einen langen Zeitraum dadurch geprägt, dass sie sich mit der Untersuchung doxastischer Eigenschaften – also zum Beispiel Überzeugungen und die Rechtfertigung eben dieser – von Individuen beschäftigt hat, ohne dabei das soziale Umfeld der Individuen zu berücksichtigen. Diese individualistische Sichtweise hat eine lange Tradition, so war beispielsweise René Descartes (1637) daran interessiert herauszufinden, wie epistemische Subjekte ihre eigenen kognitiven Fähigkeiten nutzen können, um die Wahrheit zu finden. Ebenso war John Locke (1690) überzeugt, dass Wissen nur durch intellektuelle Eigenständigkeit erlangt werden kann – in seinen Worten war die Meinung anderer Männer (sic!), die einem im Kopf herumschwirren, kein fundiertes Wissen. Nicht nur wurde also vergessen, dass jedes Individuum auch immer eingebettet ist in soziale Relationen zu anderen bzw. ein soziales Umfeld, sondern diese Tatsache wurde bewusst als hinderlich am Wissen identifiziert. Das ist aber allein schon fragwürdig angesichts der Tatsache, dass wir vieles, was wir wissen, durch andere wissen – weil unsere Eltern, unsere Lehrer*innen, unsere Freund*innen oder die Person, die ich nach dem Weg frage, uns alle etwas erzählen, dass wir dann als Wissen speichern – oder weil wir Dinge in bestimmten sozialen Zusammenhängen erfahren – den Geschmack von Wassereis lernen wir im Kindergarten kennen, Rechnen lernen wir in der Schule, den Klimawandel erlebe ich innerhalb einer kapitalistisch strukturierten Gesellschaft.

Kritiker*innen der individualistischen Epistemologie haben daher wissende Subjekte und ihre Wissenspraktiken als voneinander abhängig und relational sowie Wissen als situiert beschrieben. Dies steht im direkten Widerspruch zum in-

---

6 Dieses Beispiel stammt von Chisholm (1966, 23). Für weitere Beispiele siehe auch: Skyrms (1967); Goldman (1967); Zagzebski (1994). Zahlreiche Philosoph*innen haben versucht, das Gettier-Problem zu lösen, indem sie weitere Bedingungen zu den drei oben genannten hinzugefügt (vgl. Goldman 1967; Peirce 1905) oder die oben gelieferte Erklärung anhand der Bedingungen Wahrheit-Rechtfertigung-Überzeugung verändert haben (vgl. Dretske 1971; Nozick 1981 und andere). Dies wiederum – und ich verkürze – hat zu Debatten darüber geführt, was es eigentlich bedeutet, wenn wir davon sprechen, dass eine Überzeugung *gerechtfertigt* ist (vgl. Conee & Feldman 2008; Goldman 1986; McCain 2014 und andere). Und das – ich verkürze noch etwas radikaler – hat zu dem Punkt geführt, an dem diskutiert wurde, was das hypothetische Szenario, dass es Gehirne in Fässern gibt, zeigt und ob Rechtfertigung durch interne oder externe Faktoren bedingt ist (vgl. Chisholm 1977; Lehrer & Cohen 1983; BonJour 1985 für Internalismus, und Alston 1985 und 1988; Greco & Feldman 2005; Goldman 1999b; Kornblith 1999 sowie Srinivasan 2020 für Externalismus; siehe Kornblith 2001 für einen Überblick).

dividualistischen Bild, wonach wissende Subjekte unabhängig, atomistisch, austauschbar und sich selbst genügend sind. Nach der individualistischen Epistemologie gilt beim Satz *S weiß, dass p* demnach, dass S jedes beliebige wissende Subjekt sein kann und allein durch die eigenen kognitiven Fähigkeiten zu p kommt. Nicht nur hat die klassische Epistemologie sich also auf ein einseitiges – und im schlimmsten Fall: verfälschtes – Bild von Wissen als von Individuen generiert eingelassen, sondern darüber hinaus eine besonders problematische Interpretation von Individuen benutzt, wonach diese eben abstrakte und atomistische, generische und sich-selbst-genügende Wesen sind; weswegen das zugrundeliegende Bild der als individualistische Epistemologie beschriebenen Perspektive häufig auch als atomistische Sicht wissender Subjekte bezeichnet wird (vgl. Grasswick 2004, 85; Jaggar 1983; Scheman 1995; Code 1995).[7] Manche argumentieren, der Widerspruch zwischen individualistischer Epistemologie und Sozialer Epistemologie komme durch die Annahme zustande, dass Spielarten der Sozialen Epistemologie (wie zum Beispiel Feministische Epistemologie oder Standpunkt-Epistemologie) sich schwer tun mit objektiver Forschung oder aperspektivischen Ansätzen (vgl. Harding 1991; Antony 2006; Kukla 2006; mehr dazu in Kapitel 5) – oder auch dass es ein Spannungsverhältnis gibt zwischen der individualistischen Handlungsfähigkeit (also der Idee epistemischer Subjekte als atomistisch, generisch und austauschbar) und der Idee, dass epistemische Subjekte situiert und relational eingebunden sind, wie es einerseits von der individualistischen und andererseits von Spielarten der Sozialen Epistemologie angenommen wird (vgl. Nelson 1990 und 1993; Grasswick 2004).

Um Kritik an diesem zugrundeliegenden Bild individualistischer Epistemologie zu äußern, muss man jedoch nicht notwendigerweise einen feministischen Standpunkt einnehmen; tatsächlich haben auch viele Theoretiker*innen, die sich nicht der Feministischen Epistemologie (dazu unten mehr) zuschreiben, Kritik an diesen zugrundeliegenden Annahmen geäußert.[8] So bezeichnet Jason Stanley die tra-

---

7 Ein wohlwollender Ansatz wäre zu sagen, dass Soziale Epistemologie und individualistische Epistemologie komplementär sind; das Bild der individualistischen Epistemologie ist schlicht einseitig – es wird von zu vielen Dingen abstrahiert, so dass andere wichtige Aspekte aus dem Blick geraten – und muss durch Einsichten der Sozialen Epistemologie ergänzt werden. Wie aber an einigen Stellen aus dem Text hervorgeht, ist dieser wohlwollender Ansatz keineswegs unumstritten; so gehen viele Sozialen Erkenntnistheoretiker*innen davon aus, dass der individualistische Ansatz schlicht falsch und problematisch ist, weil er ein verfälschtes Bild epistemischer Beziehungen und damit der Welt im Allgemeinen zeichnet (vgl. Kapitel 4). Dies weist aber vor allem darauf hin, dass einige Erkenntnistheoretiker*innen individualistische Epistemologie betreiben *und zudem* explizit behaupten, damit *alle* relevanten epistemischen Phänomene zu behandeln; und dann kann man auch sagen, dass bestimmte Einsichten der individualistischen Epistemologie konträr zu bestimmten Einsichten der Sozialen Epistemologie stehen.
8 Siehe auch McKenna (2022).

ditionelle Epistemologie – die ich hier als individualistische Epistemologie beschrieben habe – als Intellektualismus, wonach Wissen und Wissenspraktiken ohne nicht-epistemische Faktoren auskommen (Stanley 2005, 6; vgl. Toole 2022 für den Vergleich zwischen Intellektualismus und Standpunkt-Epistemologie). Eine etwas detailliertere Untersuchung kann Aufschluss über das Problem der individualistischen Epistemologie geben.[9] Dabei geht es vor allem um die folgenden zwei Thesen: Erstens, um das Verhältnis des Epistemischen zum Nicht-Epistemischen; hier stellt *pragmatic encroachment* – unter anderem vertreten von Jason Stanley – heraus, dass das Nicht-Epistemische für das Epistemische wichtig ist. Und, zweitens, das Verhältnis des Epistemischen zum Sozialen. Es wird sich mit Hilfe der sozialen Epistemologie zeigen, dass auch soziale Faktoren für das Epistemische wichtig sind; ob man diese sozialen Faktoren selbst als epistemisch fasst (was in der Debatte um *peer disagreement* beispielsweise passiert), ist dabei eine separate Frage.

Tatsächlich gibt es keine konkrete Definition davon, was eine Eigenschaft epistemisch macht, allerdings liefern die paradigmatischen Beispiele epistemischer Eigenschaften Aufschluss: Beweis und Rechtfertigung, Wahrheit, Überzeugung, Zuverlässigkeit sind hiernach alles epistemische Faktoren. Wenn sich nach dem Intellektualismus Wissen notwendigerweise auf diese epistemischen Faktoren beschränkt und nicht-epistemische Faktoren keinen Einfluss auf unsere Wissenspraktiken haben, so verschreibt sich der Intellektualismus sowohl der Annahme, dass Wissen aus einer aperspektivischen Situation herrührt, als auch, dass wissende Subjekte atomistische Subjekte sind. Die grundlegende Idee ist, dass wissende Subjekte eine gottesähnliche Perspektive (im Englischen bezeichnet als: *a view from nowhere*) einnehmen können, die es ihnen mit Hilfe ihrer autonomen kognitiven Fähigkeiten erlaubt, richtige Schlüsse zu ziehen; in Lorraine Dastons Worten: Eine aperspektivische Theorie spielt mit „dem Ethos des austauschbaren und daher eigenschaftslosen Beobachters" (Daston 1992, 599 und 609; eigene Übersetzung). Es spielt also keine Rolle, ob S_1 oder S_2 etwas weiß, weil alle relevanten Eigenschaften epistemischen Charakter haben und nicht an S_1 oder S_2 gebunden sind; vereinfacht gesagt, S_1 und S_2 sind austauschbar. Die Frage lautet: Kann S_1 (oder S_2) angesichts der Belege (im Sinne von unumstößliche Beweise) wissen, dass p?

Theorien, die davon ausgehen, dass nicht-epistemische Faktoren keinerlei Rolle spielen, lassen sich allerdings häufig nicht von unseren Intuitionen bestätigen. Stellen wir uns die folgenden zwei Fälle vor:

---

9 Obwohl die Debatte, in der Stanley sich bewegt, eine Debatte zwischen traditioneller Epistemologie und „pragmatic encroachment" ist. Nach pragmatic encroachment-Theorien spielen externe Faktoren eine Rolle bei Wissenspraktiken, aber nicht im Sinne von sozialer Positionierung (wie bei vielen Theorien, die unter die Soziale Epistemologie fallen), sondern im Sinne der praktischen Kosten, die mit Unwissen verbunden sind.

> *Geringes Risiko:* Hannah und ihre Frau Sarah sind an einem Freitagnachmittag auf dem Heimweg. Sie haben vor, bei der Bank anzuhalten, um ihre Gehaltsschecks einzulösen. Es ist nicht wichtig, dass sie dies tun, da sie keine Rechnungen zu begleichen haben. Als sie an der Bank vorbeifahren, stellen sie fest, dass die Schlangen in der Bank sehr lang sind, so wie es an Freitagnachmittagen oft der Fall ist. Wissend, dass es nicht so wichtig ist, wann die Gehaltsschecks eingezahlt werden, sagt Hannah: „Ich weiß, dass die Bank morgen geöffnet sein wird, da ich erst vor zwei Wochen am Samstagmorgen dort war. Wir können unsere Gehaltsschecks also morgen früh einzahlen."
>
> *Hohes Risiko:* James und sein Mann Amir fahren an einem Freitagnachmittag nach Hause. Auf dem Heimweg wollen sie bei der Bank anhalten, um ihre Gehaltsschecks einzuzahlen. Als sie bemerken, dass die Schlangen lang sind, sagt James, dass er zwei Wochen zuvor an einem Samstagmorgen bei der Bank war und sie geöffnet hatte. Allerdings steht ein Rechnungstermin an, und ihr Konto ist leer, so dass es sehr wichtig ist, die Gehaltsschecks spätestens am Samstag einzulösen. Und Amir gibt zu bedenken, dass Banken ihre Öffnungszeiten manchmal ändern. James sagt daher: „Ich denke, du hast Recht. Ich weiß nicht, ob die Bank morgen noch offen ist."[10]

Nach Jason Stanley kann intuitiv angenommen werden, dass Hannah tatsächlich weiß, dass die Bank am nächsten Tag geöffnet hat, und dass James tatsächlich recht hat, wenn er sagt, dass er nicht sicher weiß, ob die Bank am nächsten Tag geöffnet sein wird. Hannah weiß also, dass die Bank offen ist, und James weiß nicht, ob sie offen ist. Hannah und James teilen aber dieselben epistemischen Faktoren. Daher müssen nicht-epistemische Faktoren (in diesem Fall das Risiko, das mit dem Nicht-Einlösen der Schecks verbunden ist) hier eine Rolle spielen, damit Hannah oder James etwas wissen können. Dieses Beispiel und die damit verbundene Kritik an individualistischer oder atomistischer Epistemologie (von Stanley Intellektualismus genannt) kommen ohne Bezug auf unsere sozialen Positionen oder Relationen aus. Standpunkt-Epistemologie oder Feministische Epistemologie gehen stattdessen auch noch davon aus, dass bestimmte nicht-epistemische Eigenschaften – nämlich unsere soziale Position, unsere Relationen und/oder unsere soziale Identität Einfluss darauf nehmen, was wir wissen können.

Bevor im Detail betrachtet wird, was es eigentlich bedeutet, wenn gesagt wird, dass Wissen und/oder wissende Subjekte situiert oder relational sind, soll ein kurzer Überblick über die verschiedenen Spielarten gegenwärtiger Epistemologie gegeben werden, hierzu zählen sowohl der Bereich der Sozialepistemologie, der Feministischen Epistemologie, der Angewandten Epistemologie als auch der Politischen Epistemologie.

---

10 Beide Beispiele aus Toole (2022; 5; eigene Übersetzung). Die eigentlichen Beispiele spielen – in leicht veränderter Form – bei DeRose (1992) und Stanley (2005) eine Rolle.

2.1 Soziale Epistemologie und Feministische Epistemologie

Soziale Epistemologie ist dadurch gekennzeichnet, dass sie sich nicht mit dem Wissen von abstrakten Individuen beschäftigt, sondern untersucht, wie diese Individuen Wissen *in Anbetracht ihrer sozialen Relationen* oder *mit Hilfe anderer* akkumulieren können. Das bedeutet also, dass die Soziale Epistemologie weder an abstrakten noch an von ihrem Umfeld losgelösten Individuen interessiert ist, sondern vielmehr einen Fokus legt auf die spezifischen sozialen Relationen, in denen sich spezifische Individuen befinden. Darüber hinaus untersucht die Soziale Epistemologie die Art und Weise, wie Gruppen oder Kollektive epistemisch handeln und Wissen generieren können. Ein interessanter Vorläufer der Sozialen Epistemologie lässt sich in den Soziolog*innen und Dekonstruktivist*innen finden, die es sich Mitte des 20. Jahrhunderts zur Aufgabe gemacht haben, die vorherrschende individualistische Epistemologie zu entthronen.

Nach Richard Rorty gab es keine klassische objektive Wahrheit, sondern vielmehr eine soziale Praktik der Rechtfertigungen für Überzeugungen (vgl. 1979, 377). Thomas Kuhn (1962) zeigte überzeugend, dass rein objektive Überlegungen nicht imstande waren, tiefe Meinungsverschiedenheiten zwischen konkurrierenden Theorien zu lösen, und dass daher anzunehmen war, dass wissenschaftliche Überzeugungen von sozialen Faktoren beeinflusst werden – ein Thema, das uns in Kapitel 5 genauer begegnen wird. Und Michel Foucault argumentierte zwischen 1969 und 1975, dass Praktiken der Wissensakkumulation vor allem durch Macht und soziale Herrschaft geprägt sind. Der Beginn von Sozialepistemologie als eigene philosophische Strömung wird aber unter anderem häufig mit der Publikation von Alvin Goldmans *Knowledge in a Social World* (1999a) beschrieben.[11] Viele der Themen, mit denen sich die Soziale Epistemologie beschäftigt, werden auch in diesem Buch diskutiert werden; zum Beispiel Testimony (Kapitel 3), kollektive wissende Subjekte (Kapitel 2.4) sowie angewandte Fälle sozialer Epistemologie (Kapitel 7).

Feministische Epistemologie wird häufig als eine Form der Sozialen Epistemologie mit explizit feministischen Ansprüchen beschrieben. Dies trifft allerdings nur bedingt den Kern Feministischer Philosophie; so haben viele Theorien, die innerhalb der Feministischen Epistemologie entwickelt wurden, zu Veränderungen und neuen Theorien in der Sozialen Epistemologie geführt. Des Weiteren arbeiten feministische Erkenntnistheoretiker*innen schon seit langer Zeit an einer Kritik der traditionellen (hier als individualistischen und atomistischen beschriebenen)

---

[11] Andere einflussreiche Publikationen sind Coady (1992), Craig (1990), Kitcher (1990 und 1993) sowie Gilbert (1989).

Epistemologie – zum Teil bereits länger als es die Kategorie der Sozialen Epistemologie überhaupt gibt. So gelten zwar Fullers *Social Epistemology* (1988), Schmitts *Socializing Epistemology* (1994) und Goldmans *Knowledge in a Social World* (1999a) für viele als erste Schriften mit dem erklärten Ziel, einen signifikanten Beitrag zur Sozialen Epistemologie zu liefern, jedoch sind häufig zitierte Texte in der Feministischen Epistemologie und feministischen Standpunkttheorie – wie beispielsweise Code (1981), Harding (1982 und 1986), Hartsock (1983b), Longino (1990) und Smith (1974) sowie die Sammlung von Texten in Hardings und Hintikkas *Discovering Reality: Feminist Perspectives on Epistemology, Metaphysics, Methodology and Philosophy of Science* (1983) bereits einige Jahre früher entstanden. Tatsächlich kann man sagen, dass Soziale Epistemologie erst in den späten 1980er und frühen 1990er Jahren wirklich an Bedeutung gewonnen hat wohingegen sich die Feministische Epistemologie schon früher verordnen lässt – wobei beide Strömungen wiederum auf andere und auch weit frühere Texte zurückgreifen und in Teilen sogar als direkte Kritik an diesen zu verstehen sind.

Generell hat die Feministische Epistemologie den Anspruch zu zeigen, inwieweit dominante Wissenspraktiken Frauen und andere marginalisierte soziale Gruppen benachteiligen und ausschließen; indem sie diesen den Zugang zu wissenschaftlichen Prozessen verwehren, ihnen epistemische Autorität und Autonomie absprechen – oftmals mit der Behauptung, sie seien „weniger rational" –, die Unterdrückung und Erfahrungen von Frauen und anderen marginalisierten Gruppen nicht als Untersuchungsgegenstand zulassen und epistemische Werkzeuge und Theorien entwickeln, die schlecht bis gar nicht geeignet sind, um die gelebte Realität marginalisierter Menschen adäquat darzustellen. Die Hauptidee, die bei dieser Kritik zum Tragen kommt, ist, dass Wissen immer eine bestimmte Perspektive der wissenden Person reflektiert.

Darüber hinaus beinhaltet Feministische Epistemologie allerdings sehr diverse Theorien, die sich nur schwer unter einen Nenner bringen lassen. Elizabeth Anderson beschreibt die Feministische Epistemologie als Unterfangen, das „den Einfluss von sozial konstruierten Begriffen und Normen von Geschlecht und geschlechter-spezifische Interessen und Erfahrungen innerhalb der Produktion von Wissen [untersucht]" (1995, 54; eigene Übersetzung). Helen Longino (1999) argumentiert stattdessen, dass die Feministische Epistemologie sich nicht durch einen bestimmten theoretischen Inhalt auszeichnet, sondern dadurch, dass hier Epistemologie *von Feministinnen* gemacht wird. Dies könnte zumindest der Tatsache gerecht werden, dass so unterschiedliche Richtungen – wie feministische Standpunkttheorie, feministischer Postmodernismus und feministischer Empirismus – als Feministische Philosophie gelten. Allerdings würde das auch bedeuten, dass man notwendigerweise Feministin sein muss, wenn man Feministische Philosophie macht; was wiederum schon deshalb fragwürdig sein muss, weil es alles andere als geklärt ist, was es überhaupt bedeutet, „Feministin" zu sein – schließlich argumentieren einige, dass viele selbst ernannte Feministinnen keine feministisch-emanzipativen Ziele für *alle* Frauen* selbst vertreten (vgl. zum Beispiel Khader 2019; Arruzza et al. 2019).

Wie in Kapitel 5 konkret ausgeführt wird, ist die Feministische Epistemologie stark durch feministische Wissenschaftstheorie geprägt. Grundsätzlich war das Hauptanliegen von feministischer Wissenschaftstheorie bzw. Wissenschaftskritik weit akzeptierte wissenschaftliche Methoden, Annahmen und Theorien auf ihre androzentrischen und sexistischen Vorurteile zu untersuchen. Daraus haben sich dann eigene wissenschaftliche Methoden und Werkzeuge ergeben, die feministische Perspektiven hervorheben. Dies zeigt auch die enge Verzahnung von Theorien in der Feministischen Epistemologie und der feministischen Wissenschaftskritik. Die Idee, dass Wissen notwendigerweise durch externe Faktoren – wie die soziale Position des wissenden Subjekts – beeinflusst ist, kann einerseits als Kritik an traditionellen wissenschaftlichen Theorien nutzbar gemacht werden und andererseits die besonderen Vorteile einiger Positionen zeigen.

Die Angewandte und die Politische Epistemologie sind hingegen neuere philosophische Richtungen und können – zumindest bislang – tatsächlich als spezifische Spielarten der Sozialen Epistemologie eingeordnet werden. So ist eine der Fragen, mit denen sich die Soziale Epistemologie beschäftigt, die, wie Wissen von anderen wissenden Subjekten oder Gruppen erlangt werden kann. Hierbei kann es sowohl darum gehen, welche Form des Wissenstransfers gerechtfertigterweise zu Wissen führt als auch darum, wie wir andere Individuen als wissende Subjekte ausmachen können. Letzteres ist hauptsächlich eine Frage der Anwendung und fällt daher in den Bereich der Angewandten Epistemologie.

Stellen wir uns vor, wir streben nach Wissen in einem bestimmten Kontext und befragen daher zwei Expertinnen zu diesem Kontext. Bekannterweise sind sich Expert*innen nicht immer einig, so dass wir zwei vollkommen unterschiedliche Ratschläge auf unsere Frage hin bekommen – wem sollen wir jetzt trauen? Etwas verallgemeinert lässt sich also die Frage stellen, was eine Expertin zur Expertin macht. Eine einfache Antwort besteht darin, zwischen Expert*innen und Laien zu unterscheiden, Expert*innen verfügen danach über eine größere Anzahl akkurater Informationen zu einem bestimmten (sachlichen) Thema als Laien (vgl. Goldman 2001). Das löst aber nicht das Problem, welchen Expert*innen in Fällen von Meinungsverschiedenheiten der Laie nun vertrauen sollte. Eine mögliche Strategie wäre es, nach den (wissenschaftlichen) Zeugnissen oder Referenzen der Expert*innen zu fragen – aber nicht alle Laien sind in einer entsprechenden Position, um diese Referenzen richtig einzuschätzen, und zudem sind viele wissenschaftliche Qualifikationen von einem eurozentristischen und imperialistischen Maßstab geprägt, der bestimmte Referenzen als „objektiver" einstuft als andere (dazu mehr in

Kapitel 5). Eine andere Möglichkeit ist, genauere Informationen und Argumente der Expert*innen einzuholen. Aber Laien – die ja gerade auf dem in Frage kommenden Gebiet weniger akkurate Informationen besitzen als Expert*innen – sind auch hier in einer schlechten Position, die vorhandenen Informationen und Argumente einzuschätzen und zu bewerten. Eine Möglichkeit, bei der es nicht um die Bewertung durch die Laien selbst geht, ist zu kontrollieren, welche anderen Expert*innen mit den Aussagen der befragten Expertin übereinstimmen – aber, wie wir leider alle wissen, bekommen Expert*innen nicht nur für akkurate Informationen Zustimmung, sondern sehr wohl auch für weniger akkurate Informationen, unter anderem aufgrund von Vorurteilen sowie ganz generell den Machtstrukturen in gesellschaftlichen Systemen, durch die einige qua ihrer sozialen Position oder Identität mehr Zuspruch erhalten als andere.

Die hier sehr abstrakt diskutierten Fragen sowie damit verwandte Fragen sind „angewandt", weil sie uns vor allem in ganz bestimmten Kontexten beschäftigen: Wir fragen uns, welchen medizinischen Expert*innen wir als Laien vertrauen sollen bei der Frage, ob ein Corona-Impfstoff sicher ist. Oder was beispielsweise an benevolentem Sexismus problematisch ist. Uns beschäftigt, wie politische Amtsträger*innen das Wissen von Expert*innen an Laien vermitteln können oder in welche politischen Entscheidungsprozesse Laien involviert sein könnten und sollten. Und wir fragen uns, welche epistemischen Voraussetzungen für politische oder soziale Teilhabe überhaupt gegeben sein müssen und wer von diesen aufgrund struktureller Ungleichheiten und epistemischer Asymmetrien ausgeschlossen ist.

Fragen, die nicht nur angewandt sind, sondern in einen bestimmten Bereich der Anwendung fallen – nämlich den Bereich der politischen Praktiken –, werden von der Politischen Epistemologie diskutiert. Hier geht es vor allem um die Untersuchung von politischen Ideen und Wissen als Orten, die politische Handlungen beeinflussen, als Themen, die politische Dispute hervorbringen und als Produkte von politischen Handlungen und Institutionen. Die Verbindung zwischen politischen Praktiken und Wissen besteht nicht erst seit kurzer Zeit, andere Theorien – wie beispielsweise die Kritische Theorie der Frankfurter Schule – haben sich schon früher eingehend mit den problematischen Aspekten der Relation von Wissen und Politik auseinandergesetzt. Zwei spezifische Entwicklungen aber haben vermutlich dazu beigetragen, dass das Feld der Politischen Epistemologie zum eigenständigen Bereich innerhalb der Sozialen Epistemologie geworden ist. Zum einen sind in den letzten Jahren zahlreiche Theorien und neue Forschungsinhalte sowohl in der Sozialen wie der Feministischen Epistemologie entstanden oder (wieder-)entdeckt worden, die sich besonders auch auf unser politisches Leben beziehen – somit gibt es nun einen reichen Fundus an Begriffen und theoretischen Werkzeugen, die hier zum Einsatz kommen können. Zum anderen scheinen einige gegenwärtige politische Entwicklungen nahezu nach gezielten Untersuchungen zu schreien – die

Verbreitung von Fake News, die Entwicklung von Verschwörungstheorien und -erzählungen, die politische Polarisierung sowie das Misstrauen in Expert*innen und Medien (vgl. Edenberg & Hannon 2021).

Interessanterweise – so wird sich in den folgenden Kapiteln zeigen – gab es einen bestimmten Fundus an Begriffen und theoretischen Werkzeugen allerdings schon sehr lange, vorwiegend jedoch in den Texten und Erzählungen marginalisierter Autor*innen. Um zu verstehen, warum diese Werkzeuge erst jetzt auch in den dominanten (sprich: von Kolonialismus, Imperialismus und Kapitalismus geprägten) akademischen Raum vordringen, braucht es ein Verständnis der Situiertheit von wissenden Subjekten.

2.2 Situierte wissende Subjekte

Davon zu sprechen, dass Wissen situiert ist oder dass wissende Subjekte situierte Subjekte sind, beinhaltet ganz grundsätzlich, dass unser Wissen durch externe Faktoren beeinflusst ist.[12] Diese Idee bezieht sich zunächst auf unsere Wissensansprüche und nicht auf die Frage danach, welche Wissensansprüche wahr oder gerechtfertigt – und somit Wissen – sind.[13] Die grundlegende Idee ist, dass wir Objekte in der Welt unterschiedlich verstehen können, je nachdem welche Position wir in Bezug auf das Objekt einnehmen. Stellen wir uns also vor, dass wir einen Baum beschreiben wollen: Ganz klar können wir unterschiedliche Aussagen über diesen Baum treffen, abhängig davon, ob wir hinter ihm stehen, in ihm klettern oder an einem Kite über ihn fliegen, ob wir selbst den Baum betrachten, ob uns jemand über ihn berichtet, ob wir ihn mittels einer Kamera an einer Drohne erforschen, ihn uns insgesamt ansehen oder nur einzelne Blätter, Zweige oder Früchte betrachten. Und sogar unser Interesse am Baum kann eine Auswirkung auf unsere Aussagen haben. Ob der Baum Teil unserer Apfelplantage ist und wir ein ökonomisches Interesse an ihm haben, ob wir uns an ihn als Zeugen unserer Kindheit im Garten hinter

---

[12] Achtung, beim *pragmatic encroachment* geht es um die Frage, welche Wissensansprüche wahr oder gerechtfertigt sind; also inwieweit praktische Fragen (zum Beispiel *high stakes* und *low stakes*) beeinflussen, ob Wissen vorliegt. Hier soll es zunächst aber um die Frage gehen, welche Wissensaussagen wir überhaupt treffen.

[13] Eine kurze Unterscheidung kann hier helfen: Wissen ist faktiv; es liegt also nur dann vor, wenn der Gehalt wahr ist. Wissensansprüche sind allerdings nicht unbedingt faktiv, sondern können auch Überzeugungen sein – die sich dann entweder als Wissen herausstellen, eben weil sie wahr sind, oder nicht. Damit lasse ich an dieser Stelle aber offen, ob Personen explizit von sich glauben müssen, etwas zu wissen, oder ob eine starke Überzeugung ausreichend ist, um einen Wissensanspruch zu haben.

unserem Haus erinnern oder ob wir ihn vor einer Stadtpolitik retten wollen, die ihn als Hindernis für weitere Bebauung betrachtet, all das ändert unsere Aussagen, die wir über den Baum machen.

Verallgemeinert bedeutet dies, dass wir dasselbe Objekt unterschiedlich wahrnehmen können. Einige der wichtigsten Aspekte sind dabei: Nehmen wir etwas (ein Ding, uns selbst) selber wahr oder greifen wir auf die Aussagen anderer zurück? Wie ist unser Körper, durch den wir erleben, in Raum und Zeit verortet und konstituiert? Was sind unsere Emotionen, Einstellungen, Interessen und Werte, mit denen wir uns einem Objekt nähern? Was sind unsere Hintergrundannahmen und Weltansichten? In welcher Beziehung stehen wir zum Objekt und zu anderen Betrachtern? Was sind unsere Talente und Fähigkeiten? Was sind unsere kognitiven Möglichkeiten, unsere Methoden und Werkzeuge, unsere Herangehensweisen an die Betrachtung?

Um noch einmal auf das Baumbeispiel zu kommen: An welchen Aspekten wir interessiert sind, wie wir den Baum betrachten, welche Aussagen wir treffend oder überzeugend finden (und welche nicht), ob wir vom Baum oder der Aussage über den Baum abhängig sind sowie noch andere Gesichtspunkte, die vorwiegend von unserer sozialen Situation und Position abhängen, haben einen Einfluss darauf, welche Wissensaussagen wir wie treffen. Oder erinnern wir uns an das Beispiel mit der Bank weiter oben: Welche Aussage wir darüber treffen, ob die Bank aufhat oder nicht, hängt zumindest teilweise von dem externen Faktor ab, welches Risiko unsere Aussage mit sich bringt.

In der Feministischen Epistemologie und in weiten Teilen der Sozialen und Politischen Epistemologie geht es dabei primär um unsere sozialen Positionen; was wir wissen können und wie wir wissen, was wir wissen, hat mit unserer sozialen Situation und unseren Erfahrungen und Perspektiven zu tun, die sich aus diesen Situationen ergeben. Soziale Positionen können entweder anhand von sozialen Identitäten oder der Mitgliedschaft in sozialen Gruppen – zum Beispiel: Geschlecht, race, sexuelle Orientierung, Klasse, etc. – ausbuchstabiert werden oder anhand von sozialen Relationen und Rollen. Unabhängig der spezifischen Theorie kann gesagt werden, dass Individuen durch soziale Normen und Erwartungen beschränkt sind, die wiederum Gewohnheiten, Interessen, Emotionen, Werte und viele andere Dinge beeinflussen. So ist das Geschlecht, das wir haben und das durch Relationen, soziale oder gewählte Identität und/oder Gruppenzugehörigkeit zum Ausdruck kommt, an eine Vielzahl von sozialen Bedeutungen, Normen, Erwartungen und so weiter geknüpft – wir werden beispielsweise anhand von bestimmten Normen und Erwartungen danach bewertet, ob wir unsere Rolle als Frau gut ausüben, umgangssprachlich: ob wir eine gute Frau sind. (vgl. Haslanger 2000, 2012).

Soziale Positionen – wie Geschlecht – können genauso wie andere externe Faktoren Einfluss auf unsere Wissensansprüche haben; was wissende Subjekte wissen, ist demnach zumindest teilweise beeinflusst von den Rollenansprüchen, Erwartungen, Normen, Erfahrungen etc., die mit unseren spezifischen Geschlechtern einhergehen.[14] So führt schon eine frühe Sozialisation als Mädchen oder Junge dazu, dass wir unsere Körper unterschiedlich wahrnehmen und benutzen. Später führt die Internalisierung dieser Sozialisation dazu, dass wir unterschiedliche körperliche Erfahrungen machen und die gleichen körperlichen Aufgaben und Handlungen unterschiedlich ausführen (vgl. Young 1990) – hier denke man nur an das Beispiel, wieviel Platz als Frauen sozialisierte Personen respektive als Männer sozialisierte Personen rein körperlich in öffentlichen Räumen einnehmen bzw. beanspruchen und wie groß die Überwindung ist, als Frau breitbeinig in der U-Bahn zu sitzen.

Des Weiteren stellen Repräsentationsschemata, die für geschlechtsspezifische Rollen zum Tragen kommen, unterschiedliche Informationen in den Vordergrund. Was ich als Frau wahrnehme, ist nicht notwendigerweise dasselbe, was Personen anderer sozialer Gruppen wahrnehme; genauso wie die Dinge, die ich als weiße Frau wahrnehme nicht unbedingt die sind, die Schwarze Frauen wahrnehmen. Daraus ergeben sich unterschiedliche Hintergrundannahmen, was wiederum dazu führen kann, dass Personen mit unterschiedlichen Geschlechtern allgemein zugängliche Informationen oder Erfahrungen unterschiedlich interpretieren und bewerten. Catharine MacKinnon (1989) hat beispielsweise gezeigt, dass Rechtswissenschaften und juristische Institutionen Vergewaltigung und sexuelle Belästigung lange Zeit nur aus einer männlichen Perspektive betrachtet haben, die sich stark von der Perspektive von Frauen unterscheidet. Andere haben ausgeführt, dass wir je nach sozialer Position unterschiedliche Interessen und Werte herausbilden, die einen Einfluss auf unsere Wissensäußerungen und unsere Forschung haben (vgl. Gilligan 1982; Jaggar 1989; Harding 1986, 1991, 1993, 1998, 2006, 2008; Bordo 1987; Code 1991; Flax 1983; Rooney 1991; Anderson 1995b; Rolin 2009).

Das muss keineswegs bedeuten, dass alle Wissensaussagen in gleicher Weise von unseren sozialen Positionen beeinflusst sind (oder es notwendigerweise sein müssen). Traditionelle Epistemologie nimmt als paradigmatisches Wissen einfache propositionale Aussagen über Dinge, die für (fast) alle gleichermaßen zugänglich sind, zum Beispiel „2+2=4" oder „Schwäne sind weiß". Solche Wissensaussagen sind selbstverständlich nicht durch unsere sozialen Positionen beeinflusst. Die Idee ist vielmehr, dass die Berücksichtigung von geschlechtsspezifischem Wissen Fragen beantworten kann, die aus einer Perspektive, bei der davon ausgegangen wird, dass Geschlecht (oder eben andere soziale Positionen) keinerlei Einfluss auf unser

---

14 In Kapitel 2.5 wird das hier sehr generelle Bild, nach dem beispielsweise alle Frauen aufgrund ihrer sozialen Gruppenzugehörigkeit eine bestimmte Perspektive haben, komplexer beleuchtet.

Wissen haben, nur schwer zu stellen und zu beantworten sind. Sie können entweder nur verzerrt (weil nur aus einer bestimmten Perspektive betrachtet) beantwortet oder gar nicht erst gestellt werden (weil sie nicht ins Blickfeld dieser einen Perspektive kommen). Womit wir beim Thema dieses Buches sind: Werden bestimmte Perspektiven privilegiert? Und welche Perspektiven können welche Fragen stellen und/oder beantworten?

Bevor erklärt werden soll, warum Wissen nicht nur situiert, sondern auch relational ist, soll das sehr einfache Bild, das soeben gezeichnet wurde und nach welchem bestimmte soziale Positionen unterschiedliche Perspektiven haben, von denen aus Objekte betrachtet und Wissensaussagen getätigt werden, noch etwas unterfüttert werden. Schließlich geht es hier nicht nur darum, bestimmte Aussagen (über Banken, Bäume und andere Dinge) zu treffen, sondern um Wissen; also zum Beispiel auch, was wir wie wissen können und wie wir Wissen generieren.

Die Idee ist nicht, dass unterschiedliche Positionen zu unterschiedlichen Aussagen und unterschiedlichem Wissen führen – obwohl dies von Gegnern Feministischer und Sozialer epistemologischer Positionen häufig so formuliert wird – sondern dass die Situationen, in denen wir uns befinden, aufgrund unserer sozialen Positionen sogenannte *gemeinsame Herausforderungen* schaffen. Gemeinsame Herausforderungen, die Teil der gelebten Erfahrungen wissender Subjekte sind und so zu der Perspektive beitragen, mit deren Hilfe das Subjekt sich die Welt erklärt (vgl. Alcoff 2000, 2006; Collins 2008; Pohlhaus 2012).

Natürlich teilen nicht alle Frauen allein aufgrund ihrer verallgemeinerten Position als Frau Erfahrungen, aber aufgrund der Tatsache, dass eine Frau von anderen als Frau gelesen wird, wird sie auch auf eine bestimmte Weise behandelt und teilt daher zumindest einige Situationen – die so von anderen Personen anderer sozialer Positionen nicht unbedingt geteilt werden. Wiederum kann ein Beispiel hier zur Illustration helfen: Personen, die von anderen als Frau gelesen werden, werden häufig daran erinnert „zu lächeln" – auch wenn es keinerlei Grund zum Lächeln gibt; diese Aufforderung kann dabei gleichermaßen von fremden Cis-Männern[15] kommen als auch von der eigenen Großmutter. Diese Situation führt dann wiederum zu der Herausforderung, die sexistischen Normen und Erwartungen, die zu der Aufforderung „zu lächeln" führen, zu navigieren – was bedeuten kann, diesen zu entgehen, sich ihnen zu fügen oder sich zu widersetzen. Aber die

---

[15] Cisgender (oder kurz cis) bezeichnet Personen, deren Geschlechtsidentität mit den körperlichen Merkmalen und dem dadurch bestimmten biologischen Geschlecht übereinstimmt. Cis-Männer sind also Männer, die eine männliche Geschlechtsidentität haben und die körperlichen Merkmale, die gemeinhin mit dem männlichen Geschlecht verbunden werden. Dies ist hier insofern relevant, als trans Männer häufig auf andere Erfahrungen als Cis-Männer zurückgreifen können und daher eine andere Perspektive ausbilden (können).

Tatsache, dass ein Umgang mit der Situation gefunden werden muss, ist ein kleiner Teil der spezifischen Perspektive, aus der sich Subjekte die Welt erklären; besonders weil die Aufforderung „zu lächeln" kein einmaliges Erlebnis ist, sondern ritualisiert passiert und so dazu führt, dass man potenzielle Situationen darauf überprüft, ob sie einen in diese Situation bringen und die eigene Wahrnehmung in Hinblick auf diese Situationen schärft – eine Wahrnehmung, die so nicht von Personen geteilt wird, die die Aufforderung „zu lächeln" gar nicht erst bekommen.

Zusätzlich zu diesen gemeinsamen Herausforderungen sind soziale Positionen immer auch eingebettet in existierende Machtgefüge – und zwar in einer Art und Weise, die diese Strukturen epistemisch signifikant machen. Wenn wir uns beispielsweise in sozialen Positionen befinden, in denen wir von anderen Personen abhängig oder durch andere Personen verletzbar sind, so ist es in unserem eigenen Interesse (des Selbstschutzes), dass wir wissen, was wir von eben diesen anderen Personen zu erwarten haben, was diese Personen wahrnehmen und was in deren Interesse ist. Wir müssen also nicht nur unsere eigene Perspektive entwickeln, sondern auch die Perspektive unseres Gegenübers erkennen. Anders herum ist dies jedoch nicht der Fall: Eine Person, die über andere Macht hat, hat kein besonderes eigenes Interesse daran, die Perspektive der ihr untergeordneten Person genau zu verstehen. Und schlussendlich (und dazu in Kapitel 4.4 mehr) ist es zudem so, dass die epistemischen Werkzeuge und Begriffe, die von den meisten wissenden Subjekten in einer Gesellschaft benutzt werden, weniger gut geeignet sind, die Erfahrungen von jenen, die sich in marginalisierten Positionen befinden, nachvollziehbar zu machen. Epistemische Werkzeuge, Begriffe und Sprache ganz allgemein werden immer in Relation zu der Welt entwickelt – mit der Aufgabe, diese Welt verständlich und erklärbar zu machen. Sie sollten somit möglichst brauchbar dafür sein, Wissen über die Welt (und wir sind Teil dieser Welt) zu erlangen. Aber nicht alle epistemischen Ressourcen sind in dieser Hinsicht gleichermaßen brauchbar und nicht alle Aspekte der Welt lassen sich gleichermaßen gut darstellen. Und damit sind wir bei der Idee, dass Wissen relational – oder, in anderen Worten, interdependent (vgl. Pohlhaus 2012) – ist.

2.3 Relationales Wissen

Wenn man davon spricht, dass Wissen relational oder interdependent ist, dann ist gemeint, dass die epistemischen Werkzeuge und Ressourcen, die wir benutzen, kollektiv funktionieren. Die grundlegende Idee davon wurde oben bereits diskutiert: Als wissende Personen stehen wir in bestimmten Relationen zu der (sozialen) Welt und anderen Personen. Um Wissen über diese Welt zu erlangen, erarbeiten wir gemeinsam – und eben nicht individuell und atomistisch – epistemische

Werkzeuge und Ressourcen, die es uns ermöglichen, die Welt oder zumindest spezifische Aspekte dieser Welt und unsere Erfahrungen in und mit ihr möglichst gut und akkurat zu verstehen. Hierbei handelt es sich um eine wechselseitige Relation – deswegen Interdependenz –, unsere epistemischen Werkzeuge und Ressourcen müssen auf unsere Erfahrungen Bezug nehmen und unsere Erfahrungen generieren ganz spezifische epistemische Werkzeuge und Ressourcen. Nochmal langsam: Um etwas zu wissen, braucht es bestimmte kognitive Ressourcen wie Sprache (oder andere Kommunikationswerkzeuge), Begriffe, Theorien und Maßstäbe; so gesehen gibt es kein unmittelbares Erleben, wie beispielsweise Lynn Nelson (1990, 138–9) argumentiert, wenn sie schreibt, dass jede Erfahrung, die wir machen, geprägt ist durch die kollektiven Mittel, mit denen wir Dinge organisieren, Systeme von Theoriebeziehungen aufstellen, Methoden entwerfen und Praktiken entwickeln.[16] Und diese epistemischen Werkzeuge und Ressourcen haben einen normativen Charakter, schließlich werden sie dadurch aufrechterhalten, dass wir sie anerkennen und benutzen; epistemische Werkzeuge und Ressourcen existieren unter und durch uns. Dieser Gedanke ist keineswegs neu, schon Wittgenstein hat argumentiert, dass Sprache, die nur von einer Person verstanden wird, keine Sprache ist, und ein Begriff, der nur von einer Person benutzt werden kann, kein Begriff ist.

Aber nicht alle epistemischen Werkzeuge und Ressourcen sind gleichermaßen gut geeignet, unseren spezifischen Erfahrungen Bedeutung zu geben. In Gesellschaften, in denen nicht alle dieselbe Macht und dieselben Privilegien genießen, haben eben auch nicht alle gleichermaßen Zugang zur epistemischen Ökonomie; einige Personen befinden sich in sozialen Positionen, die dazu führen, dass ihre Erfahrungen mehr zählen, wenn es um die Entwicklung und Verteilung epistemischer Ressourcen geht. Dies hat einerseits damit zu tun, dass die epistemischen Werkzeuge abhängig sind von den Dingen, die uns als wichtig in der Welt erscheinen, und andererseits dass das, was uns wichtig erscheint, je nach sozialer Position variiert. Vereinfacht: Abhängig von unseren sozialen Positionen und den damit verbundenen Interessen, Sichtweisen und Bedürfnissen erscheinen uns einige Dinge als wichtig und andere nicht. Wenn wir nun epistemische Werkzeuge entwickeln, um die Welt zu verstehen, so tun wir dies mit Blick auf die Dinge, die wir für wichtig halten – also die Dinge, die wir besser verstehen wollen –, während wir jene Dinge, die wir für unwichtig halten, ignorieren oder gar nicht erst zur Kenntnis nehmen. Und weil eben die Personen, die sich in machtvollen und privilegierten Positionen befinden, mehr Einfluss in der epistemischen Ökonomie ha-

---

[16] In der Wissenschaftstheorie wird hier von der „Theoriegeladenheit der Beobachtung" gesprochen.

ben, sind die zwar für alle zugänglichen und dominanten epistemischen Ressourcen und Werkzeuge dennoch besonders gut geeignet, eben nur die Erfahrungen dieser Personen adäquat zu repräsentieren; ein Problem, das beispielsweise Fricker mit der Beziehung zwischen hermeneutischer Marginalisierung und hermeneutischer Ungerechtigkeit beschreibt.

In einer Kritik an ihrer eigenen – „zu individualistischen" – Theorie, bemerkt Lorraine Code (2006, Vorwort), dass epistemische Subjektivität und Handlungsfähigkeit notwendigerweise sozial-kulturell erlernt sind und entsprechend praktiziert werden, so dass Gemeinschaften die Bedingung darstellen für die Produktion, Zirkulation und Anerkennung von Wissensansprüchen. Code geht aber in ihren neueren Ausarbeitungen noch einen Schritt weiter, indem sie nicht nur argumentiert, dass Wissen interdependent und wissende Subjekte somit relational verankert sind, sondern dass sozio-politische Vorstellungen konstituierende Wirkung auf epistemische Institutionen und das epistemische Leben im Allgemeinen haben, da epistemische Werkzeuge und Ressourcen, die von dominanten sozio-politischen Vorstellungen geprägt sind – wie oben beschrieben –, Gesellschaften anhand der Achsen von Macht, Autorität und Expertise strukturieren (Code 2006, 5; vgl. Alcoff 1996; Code 1987; Haraway 1989, 1991; Nelson 1990).

Dabei steht aber immer auch die Idee mit im Raum, dass epistemische Werkzeuge und Ressourcen und die damit verbundenen sozio-politischen Vorstellungen von und zwischen wissenden Subjekten ausgehandelt werden. Dies hat nicht nur eine problematische Komponente, insoweit als soziale (Identitäts-)Macht Einfluss hat auf epistemische Macht, sondern auch sehr wohl einen emanzipatorischen Effekt, da marginalisierte Gruppen durch widerständige und/oder solidarische Handlungen Teil des Aushandlungsprozesses sind, was wiederum von Bedeutung ist für epistemische Gerechtigkeitstheorie sowie epistemischen und moralischen Fortschritt. So spricht Elizabeth Anderson davon, dass unsere sozialen und moralischen Normen abhängig sind von Aushandlungs-, Kooperations- und Koordinationsprozessen (vgl. Anderson 2014). Diese Normen erwachsen also aus und in sozialen Praktiken und sind somit immer auch kritisier- und veränderbar – vor allem, wenn interpersonale Konflikte auftreten oder die Bedingungen sich ändern, auf deren Grundlage wir uns auf eine Norm „geeinigt" hatten. Aushandlungsprozesse haben primär zum Ziel, bestimmte Handlungen und ihnen zugrunde liegende Normen intelligibel zu machen bzw. so zu verändern, dass sie (wieder) intelligibel werden – hier sieht man also ein direktes Zusammenspiel zwischen unseren sozialen Praktiken, die sich an Normen ausrichten, und unseren epistemischen Werkzeugen und Ressourcen; so müssen beispielsweise neue epistemische Werkzeuge generiert werden, weil sich Hintergrundbedingungen für unsere Normen ändern, oder marginalisierte Ressourcen werden dominanter, weil sie – im Gegensatz zu anderen Ressourcen – in der Lage sind, bestimmte Handlungen intelligibel zu machen.

Tatsächlich ist Lorraine Codes früher und wichtiger Beitrag aufzuzeigen, dass es in der individualistischen Epistemologie keinen Platz gibt, um Wissen als Praxis zu verstehen und somit über wissende Subjekte als handelnde Subjekte mit Verantwortung für die Art und Weise, wie sie ihr Wissen erlangen, nachzudenken. In der individualistischen Epistemologie ist das wissende Subjekt nichts weiter als ein Platzhalter; erinnern wir uns an den formalen Satz „S weiß, dass p", in dem S ein austauschbares Subjekt ist. Das wissende Subjekt ist selbst gar nicht wirklich vorhanden, sondern Wissensansprüche kommen aus einer neutralen und von der Welt scheinbar unabhängigen Position. Und auch andere Subjekte spielen in diesem Verständnis von Wissen keine Rolle – es gibt keine zuhörenden oder beratenden Gegenüber, keine Kritiker*innen und Neinsager*innen und demzufolge auch niemanden, der Verantwortung für die gemachten Wissensansprüche trägt oder zuspricht. Code (1987, 2020) betrachtet Wissensansprüche immer in den spezifischen Kontexten, in denen sie getätigt werden, und kann so auf Aspekte in der Produktion von Wissen fokussieren, die anderenfalls nur schwer zu sehen sind. So haben wir beispielsweise eine gewisse Verantwortung dafür, zu einem bestimmten Wissen zu gelangen, und die Quellen und epistemischen Werkzeuge, die wir benutzen, um dieses Wissen zu bekommen, zu checken. Diese Verantwortung ergibt sich nicht in Bezug auf das Wissen selbst, sondern weil wir als wissende Subjekte eingebunden sind in soziale und moralisch aufgeladene Beziehungen zu anderen Personen; es ergibt sich aus diesen Relationen, dass wir als wissende Subjekte rechenschaftspflichtig sind.

Eine ganz ähnliche Idee verteidigt Naomi Scheman, wenn sie schreibt, dass Objektivität ein normativer Begriff ist, den wir benutzen, um unsere eigenen Wissensansprüche und die anderer zu evaluieren. Wenn wir unser Argument oder eine Tatsache als objektiv beschreiben, dann sprechen wir damit eine Empfehlung aus: Wir empfehlen unserem Gegenüber, die Tatsache oder das Argument zu akzeptieren – ja mehr noch, wir sagen, dass unser Gegenüber die Tatsache oder das Argument akzeptieren *sollte* (Scheman 2011, 207–8). Das heißt natürlich nicht, dass sich Objektivitätsansprüche nicht kritisieren lassen, zeigt aber, dass auch Objektivität Teil des Aushandlungsprozesses ist, mit dem wir Wissen generieren; Objektivitätsansprüche sind, genauer genommen, ein ganz bestimmter „move" in einem spezifischen Aushandlungsprozess. Scheman verbindet Objektivitätsansprüche mit Vertrauen (ein Aspekt, der in der Epistemologie häufig zu kurz kommt): „Eine nachhaltige Zuschreibung von Objektivität dient dazu, ein erhebliches Maß an – objektiv widerlegbarer – Autorität zu untermauern, und zwar durch rationale Begründung von Vertrauen" (Scheman 2011, 209; eigene Übersetzung).

Objektivitätsansprüche tun etwas. Sie geben eine starke rationale Begründung dafür, warum unser Gegenüber unserer Aussage vertrauen sollte.[17] Klarerweise funktioniert dieser „move" nur insofern, als angenommen wird, dass wissende Subjekte in ihrer Generierung von Wissen einerseits abhängig sind von anderen, und sich gleichzeitig in Relationen zu anderen befinden, vor denen sie rechenschaftspflichtig sind. Und das bringt uns wiederum zu der Art und Weise, auf die wir abhängig sind von anderen – sei es in wissenschaftlicher Forschung oder alltäglichem Wissen.

2.4 Wissensproduktion in Gruppen und Gemeinschaften

Gaile Pohlhaus beschreibt kollektive Wissensproduktion[18], indem sie die soeben diskutierten Ideen, dass Wissen sowohl situiert als auch relational ist, zusammenbringt. Hierbei argumentiert sie für eine dialektische Relation, da wir – um die Welt zu verstehen – auf epistemische Ressourcen zurückgreifen müssen, die von Interdependenz gezeichnet sind. Diese epistemischen Ressourcen aber sind – aufgrund der ungerechten Struktur unserer epistemischen Ökonomie – nicht notwendigerweise auch die richtigen oder adäquaten Ressourcen, um unsere gelebten Erfahrungen in der Welt zu verstehen (vgl. Pohlhaus 2012, 719).

Solange unsere Erfahrungen mit den epistemischen Ressourcen übereinstimmen, zeigt sich diese dialektische Relation nicht; sie tritt aber dann in den Vordergrund, wenn die epistemischen Ressourcen nicht in der Lage sind, unsere gelebten Erfahrungen adäquat zu repräsentieren oder Aspekte der Welt intelligibel zu machen. Nach Pohlhaus (2012, 719), haben marginalisierte Wissende aufgrund dieser dialektischen Relationen einen Vorteil, insofern sie eher mögliche Lücken zwischen den ihnen zur Verfügung stehenden, dominanten epistemischen Ressourcen und ihren eigenen gelebten Erfahrungen identifizieren werden. Dies ist

---

[17] Diese These ist nicht unumstritten: Man könnte auch der Meinung sein, dass die Behauptung, die eigene Aussage sei objektiv, keinerlei Begründung dafür gibt, dieser Aussage zu vertrauen. Wenn ich aber stattdessen behaupte, eine dritte Person wisse etwas und dies sei objektiv, dann verbürge ich mich für diese dritte Person und betone, dass *sie* entsprechende Begründungen liefern kann – das hat dann begründende Kraft (vg. Craig 1990).

[18] Die Fragen in diesem Kapitel betreffen die Art und Weise, in der Gruppen oder Gemeinschaften in die epistemische Ökonomie eingebettet sind, wie also Individuen in diesen Wissen generieren können und inwiefern Gruppen und Gemeinschaft selbst Wissen generieren. Diese Fragen sind nicht zu verwechseln mit der Debatte, in der es darum geht, welche Kriterien wir haben, um Wissensäußerungen von Gruppen gerechtfertigterweise zu glauben oder in welchem Maße Gruppen testimoniale Aussagen machen können (vgl. unter anderem Fricker 2012; Faulkner 2018; Townsend 2021; Lackey 2008, 2016, 2020b sowie Lackey & Sosa 2006).

einfach zu erklären, sind doch die epistemischen Ressourcen stärker von den Erfahrungen dominanter Wissender geprägt als von den Erfahrungen marginalisierter wissender Subjekte, eben aufgrund deren hermeneutischer Marginalisierung. Dominant situierte Wissende werden also entsprechend häufiger die richtigen epistemischen Ressourcen in der geteilten epistemischen Ökonomie finden, um ihren Erfahrungen Bedeutung zu geben, als marginalisierte wissende Subjekte. Der oben beschriebene Vorteil bedeutet jedoch nicht, dass marginalisierte wissende Subjekte auch im Vorteil sind, um neue epistemische Ressourcen innerhalb der ungerechten epistemischen Ökonomie zu prägen – tatsächlich ergibt sich ihr Vorteil im Hinblick auf das Identifizieren von epistemischen Lücken eben aus der Tatsache, dass sie in sozialen Positionen situiert sind, die es ihnen erschweren, Einfluss auf die epistemische Ökonomie zu nehmen.

Dies ist nicht nur ein Problem für die Generierung neuer epistemischer Ressourcen und somit von Wissen im Allgemeinen, sondern auch im Zusammenhang kleinerer Gemeinschaften. Potenzielle Lücken in den epistemischen Ressourcen können zum Beispiel dann ausgemacht werden, wenn die Mitglieder der Gemeinschaft sich in marginalisierten sozialen Positionen befinden oder wenn die Gemeinschaft aus heterogenen unterschiedlich situierten wissenden Subjekten besteht.[19] Im ersten Fall hat aber die Gemeinschaft an sich Probleme, Einfluss auf die epistemische Ökonomie zu nehmen. Im zweiten Fall ist die Gemeinschaft an sich besser positioniert, um Einfluss zu nehmen, weist aber oftmals dieselben ungerechten Strukturen auf, die auch die epistemische Ökonomie widerspiegelt – und dies auch, wenn innerhalb der Gemeinschaft die Bereitschaft besteht, eben diese Hierarchien abzubauen. So macht Pohlhaus auf das Problem aufmerksam, dass auch in Fällen, in denen die dominant situierten Wissenden offen gegenüber den epistemischen Veränderungen sind, die von weniger dominant situierten Wissenden angestoßen werden, sie dennoch neue epistemische Ressourcen oft „präventiv ablehnen" (2012, 722).

Gute epistemische Ressourcen sind geeignet, unseren gelebten Erfahrungen und der Welt, in der wir diese haben, Bedeutung zu verleihen. Wenn aber unsere soziale Position bestimmte Erfahrungen und Aspekte der Welt als unwichtig erscheinen lässt, so befördert das die Tendenz, die epistemischen Ressourcen, die diesen Aspekten Bedeutung geben, von vornherein als unwichtig zu erklären – eben weil wir die Aspekte, die damit beleuchtet werden, als unwichtig einschätzen. Es ist

---

19 Es gibt selbstverständlich auch andere Weisen, auf solche Lücken aufmerksam zu werden, z. B. neue Beobachtungen, Experimente, Ergebnisse, Beweise etc., die mit den bestehenden epistemischen Ressourcen oder Werkzeugen nicht gut gefasst werden können. Die Idee ist schlicht, dass es häufig einen Perspektivwechsel benötigt, um diese Lücken zu bemerken, und solch ein Perspektivwechsel kann unter anderem durch anders positionierte Personen ins Spiel gebracht werden.

also weniger der Fall, dass dominant situierte Wissende nicht in der Lage wären, neue epistemische Ressourcen zu verstehen, sondern dass sie ihre Positionierung, die Aspekte, die durch die epistemischen Ressourcen intelligibel gemacht werden, als unwichtig erachten lässt. Nach Pohlhaus haben wir es hier mit *gewollter hermeneutischer Ignoranz* (im Original: *willful hermeneutical ignorance*) zu tun (vgl. 2012, 722).

Naomi Scheman fragt in Bezug auf Wissensgemeinschaften explizit nach dem Verhältnis von Vertrauen und Abhängigkeit, wenn es um Wissensansprüche geht. In ihren Worten:

> Die Anerkennung des komplexen Geflechts von Abhängigkeiten – von Laien zu Wissenschaftler*innen, von Wissenschaftler*innen zu anderen Wissenschaftler*innen und von Wissenschaftler*innen zu Nicht-Wissenschaftler*innen –, die der Objektivität zugrunde liegen, bedeutet die Anerkennung der Notwendigkeit, dass in all diesen Geflechten Vertrauen sowohl psychologisch möglich als auch rational zu rechtfertigen ist. (Scheman 2011, 229; eigene Übersetzung)

Wenn wir denen, von denen wir epistemisch abhängig sind, nicht vertrauen können, dann werden wir ihren Wissensansprüchen nicht glauben, obwohl wir das durchaus tun sollten, und *vice versa*. Aber viele der Maßstäbe, die wir haben, um einzuschätzen, ob wir anderen vertrauen, liegen außerhalb der spezifischen wissenschaftlichen Normen und haben mit unseren sozialen Relationen und Positionierungen zu tun – weshalb unser Vertrauen in Bezug auf Wissen, zumindest solange es unreflektiert bleibt, immer auch potenziell problematisch ist, da es sich an ungerechten Machtstrukturen und unbewussten Vorurteilen orientiert. Unabhängig von der Größe der Wissensgemeinschaft stößt diese also an Probleme; entweder weil sie selbst durch die ungerechten Hintergrundbedingungen aus der epistemischen Ökonomie ausgeschlossen ist oder weil sie innerhalb der eigenen Gemeinschaft diese ungerechten Hintergrundbedingungen reproduzieren. Je größer die Gemeinschaft, desto wahrscheinlicher, dass sie gegebene strukturelle Ungerechtigkeiten selbst reproduziert.

Lynn Hankinson Nelson (1990, 1993) geht einen Schritt weiter, indem sie argumentiert, dass Wissen nicht nur Aushandlungsprozessen innerhalb von Gemeinschaften obliegt, sondern Wissen selbst gemeinschaftlich ist. Die Idee ist, dass Wissensansprüche nicht von Individuen *in Gemeinschaften* getätigt werden, sondern *von der Gemeinschaft als Ganzes*. In ihren Worten:

> Wenn ich behaupte, dass es Gemeinschaften sind, die Wissen konstruieren und sich aneignen, dann meine ich damit nicht [...], dass das, was als Wissen anerkannt oder „zertifiziert" wird, das Ergebnis von Kooperationen, Konsensfindung, politischen Kämpfen, Verhandlungen oder

anderen Aktivitäten von Individuen ist, die als Individuen in einem logisch oder empirisch „vorrangigen" Sinne wissen. (Nelson 1993, 124; eigene Übersetzung)

Sondern:

Die Veränderung, die ich vorschlage, betrifft die Frage, was wir als die Akteur*innen dieser Aktivitäten verstehen sollten. Meine Argumente deuten darauf hin, dass die Kolaborateur*innen, die Konsenserzieler*innen und, allgemeiner ausgedrückt, die Akteur*innen, die Wissen erzeugen, Gemeinschaften und Untergemeinschaften sind, nicht Individuen. (Nelson 1993, 124; eigene Übersetzung)

Das bedeutet nicht, dass Individuen kein Wissen haben können, sondern vielmehr, dass ihr Wissen abhängig ist von einer gemeinschaftlichen Identität bzw. in ihr begründet liegt. Nach Nelson braucht es eine Wissensgemeinschaft, die Wissen und Beweiskriterien konstruiert und teilt – und diese sind nicht etwa eine Ansammlung von unabhängigen wissenden Individuen, sondern stehen epistemologisch *vor* den Individuen. Hierfür zeigt Nelson, dass die grundlegende Annahme, die Geschichte der Wissenschaft sei eine Geschichte der wissenschaftlichen Ideen, ein vereinfachtes Bild der Wissenschaft darstellt. Denn tatsächlich ist die Geschichte wissenschaftlicher Ideen untrennbar von ihren jeweiligen sozialen Kontexten, sowohl innerhalb der Wissenschaft als auch außerhalb der wissenschaftlichen Gemeinschaft: „[untrennbar] von Kontexten der sozialen Beziehungen, Praktiken, Problemen, Zwängen, Konflikten und Unternehmen" (Nelson 1993, 136; eigene Übersetzung).

Mehr noch sind es nach Nelson eben diese Kontexte, die einen Einfluss darauf nehmen, was wir zu einem spezifischen Zeitpunkt als Beweismaßstäbe annehmen; das wiederum bedeutet, dass sogar wissenschaftliche Theorien, die scheinbar unabhängig von unseren sozialen Erfahrungen sind – wie zum Beispiel Theorien der Protonenstruktur – eingebettet sind in ein System von Theorien, Praktiken und Beweismaßstäben. Aber nicht ein Individuum hat dieses System erfunden oder erwirkt, sondern es ist Teil einer gewachsenen Gemeinschaft. Und Teil dieses Systems sind alltägliche Überzeugungen über den Nutzen von bestimmten wissenschaftlichen Werkzeugen und Maßstäben, welche wiederum auf unseren Erfahrungen aufbauen (vgl. Nelson 1993, 138). Auch hier gilt, dass diese Erfahrungen die Erfahrungen von Gemeinschaften sind und eben nicht von einzelnen Individuen. Kurz gesagt: Individuen können wissenschaftliche Systeme benutzen, aber die Systeme selbst sind kommunale Unterfangen, die es möglich machen, relevante Erfahrungen zu ordnen, die von Individuen und ihren Gemeinschaften genutzt werden, um Theorien und Annahmen zu bewerten.

Heidi Grasswick argumentiert stattdessen für eine robuste Theorie von *Individuen in Gemeinschaften* als wissende Subjekte. Hiernach sind die primären epistemischen Subjekte zwar Individuen, diese sind jedoch in ihrem Wissen abhängig von Eigenschaften ihrer Gemeinschaften. Diese Theorie hat den Vorteil, dass sie gleichzeitig den dynamischen Charakter von epistemischen Gemeinschaften wie auch die Interaktion zwischen der Handlungsfähigkeit von Individuen und der Handlungsfähigkeit von Gemeinschaften beschreiben kann – ohne dabei zu postulieren, dass für adäquates Wissen zwischen Gemeinschaften und ihren Mitgliedern notwendigerweise ein Konsens herrschen muss.

Um feministische Erkenntnisse als emanzipativ beschreiben zu können, sollten wir uns nicht auf eine Theorie verlassen, bei der Konformität zu existierenden epistemischen Praktiken „gutes" Wissen für Individuen zur Folge hat. Wenn kommunale Wissenspraktiken (oder Praktiken ganz generell) in der Lage sein sollen, sich zu verbessern und zu verändern, dann muss unsere Epistemologie gewährleisten, dass wir anerkennen, wenn Individuen und/oder Subgemeinschaften die existierenden Praktiken ablehnen oder kritisieren. Feministische Epistemologie mit emanzipatorischem Anspruch muss also etwas zur Beziehung zwischen Individuen und Gemeinschaften sagen, wobei eine positive Bewertung dieser Beziehung nicht nur bei Wissenskonsens geschehen kann.

Nach Grasswick – und kontra das atomistische oder individualistische Bild von wissenden Subjekten – sind Individuen notwendigerweise in sozialen Relationen verankert (vgl. Tuana 1995, 452). Statt atomistisch und individualistisch sind Individuen situiert und interaktiv. Dies hat Konsequenzen für unsere Evaluation guter Wissender: Gutes Wissen beinhaltet eine kritische Auseinandersetzung mit den Mitgliedern und Praktiken der eigenen Gemeinschaft und, darauf aufbauend, dem Bilden von positiven sozialen Relationen innerhalb und außerhalb dieser Gemeinschaft(en). Wichtig dabei ist die Annahme, dass es nicht nur eine wissende Gemeinschaft gibt, sondern plurale Gemeinschaften (ein Aspekt, auf den ich in Kapitel 3.2.3 weiter eingehen werde). Tatsächlich hat jede einzelne Gemeinschaft nur limitierte epistemische Ressourcen, weshalb ein plurales Bild von Gemeinschaft besondere Möglichkeiten des Wissenstransfers und der Erweiterung und Veränderung von epistemischen Ressourcen beinhaltet – nach Grasswick durch die in mehreren Gemeinschaften situierten Individuen, die Wissen von einer Gemeinschaft in eine andere Gemeinschaft tragen.

Grasswicks Model (2004, 100–106) beinhaltet dabei drei Komponenten: (1) Individuen sind Individuen-in-Gemeinschaften insofern, als sie innerhalb von Gemeinschaften aufwachsen und ihre epistemischen Fähigkeiten innerhalb von Gemeinschaften erlernen.[20] Weil Individuen ihre epistemischen Fähigkeiten innerhalb von

---

20 Hier sollte hinzugefügt werden, dass (epistemische) Gemeinschaften, nach Grasswick, keine losen Gruppierungen sind, sondern historisch gewachsene Netzwerke, die – zumindest teilweise –

Gemeinschaften ausbilden, sind (2) Individuen aufgrund ihrer Verortung und den sich daraus ergebenden spezifischen epistemischen Fähigkeiten immer auch eingeschränkt und somit auf andere wissende Subjekte angewiesen, um sich die Welt zu erschließen. Aufgrund der generellen Machtasymmetrien innerhalb von Gemeinschaften lassen sich hier allerdings auch epistemische Asymmetrien ausmachen, die wiederum negative Folgen sowohl für die einzelnen wissenden Subjekte haben, denen ein geringerer epistemischer Status zugesprochen wird, als auch für die epistemische Gemeinschaft im Allgemeinen, da signifikante epistemische Arbeit verloren geht. (3) Wissende Subjekte als Individuen-in-Gemeinschaften zu verstehen hat zudem Implikationen für eine normative Beurteilung darüber, was es bedeutet, eine „gute" wissende Person zu sein. Weil wissende Subjekte historisch und sozial situiert und in Gemeinschaften eingebunden sind, zeichnen sich „gute" Wissende dadurch aus, dass sie eine kritische Auseinandersetzung mit anderen Individuen-in-Gemeinschaften führen; hierbei sortieren und bewerten Wissende die unterschiedlichen sozialen und materiellen Inputs.[21] Dazu ist es wichtig, dass dieser kritische Reflexionsprozess nicht nur beschreibt, was eine „gute" wissende Person ausmacht, sondern auch zeigt, dass Gemeinschaften sich in einem ständigen Prozess der Aushandlung um Wissen befinden – wobei neue Bewertungsmaßstäbe, Theorien und Methoden entstehen, um auf transformierende Bedürfnisse und Interessen der Gemeinschaft einzugehen. Beim atomistischen oder individualistischen Bild hingegen ist die grundlegende Idee, dass generische und selbst genügsame Individuen, die mit den notwendigen epistemischen Fähigkeiten ausgestattet sind, dann „gute" Wissende sind, wenn sie soziale Einflüsse auf ihre epistemischen Praktiken möglichst vollständig verhindern.

Diese drei Punkte beinhalten auch, dass sich unsere Entwicklungsgeschichten innerhalb von *bestimmten* Gemeinschaften verorten und wir somit ganz bestimmte epistemische Fähigkeiten entwickeln; unabhängig von unseren natürlichen oder biologischen kognitiven Fähigkeiten entwickeln wir spezifische epistemische Fähigkeiten, um unsere soziale Welt und unsere sozialen Gemeinschaften mög-

---

gemeinsame Ziele, Interessen und Lebensweisen haben und deren Mitglieder spezifische Beziehungen untereinander pflegen. Zudem sind diese Gemeinschaften geprägt von ungleich verteilten Machthierarchien, die die epistemische Entwicklung einiger Mitglieder fördern und die von anderen einschränken (vgl. 2004, 101); allerdings sind Mitglieder selten in nur einer epistemischen Gemeinschaft unterwegs, so dass die negativen epistemischen Konsequenzen innerhalb einer Gemeinschaft von positiven Entwicklungen in einer anderen Gemeinschaft aufgefangen werden können.

21 Tatsächlich ist dieser Punkt besonders in der heutigen Zeit von Bedeutung, da die Theorie hier im Angesicht von Verschwörungstheorien und Fake News eine neue Aktualität erhält und zu erklären vermag, wie Individuen mit unterschiedlichen Wissensansprüchen in Gemeinschaften umgehen können. Siehe hierzu auch Bernecker, Flowerree und Grundmann (2021).

lichst effektiv zu navigieren. Und dies wiederum bedeutet, dass unsere epistemische Handlungsfähigkeit – unsere Fähigkeiten als aktive und reflektierte Fragesteller*innen – innerhalb von Gemeinschaften entwickelt und zum Ausdruck gebracht wird; von anderen als wissende Person anerkannt zu werden und die Erwartungen der Gemeinschaft an uns wiederum andere als wissende Personen anzuerkennen, bilden hier die notwendige Grundlage, um überhaupt individuelle epistemische Handlungsfähigkeit zu entwickeln (vgl. Grasswick 2004, 101–2; siehe dazu auch Kapitel 7.3).

In der hier nachgezeichneten Diskussion geht es weniger darum, Aussagen darüber zu tätigen, wie Gruppen sich Wissen aneignen und Überzeugungen formen können oder welche Verantwortung Gruppen in Bezug auf diese Überzeugungen zugeschrieben werden kann, sondern hauptsächlich darum zu zeigen, wie Individuen Wissen generieren. Dabei werden natürlich Überschneidungen dieser ansonsten relativ eigenständigen Debatten deutlich. So könnte man beispielsweise fragen, inwieweit den Aussagen von anderen innerhalb von epistemischen Gemeinschaften vertraut werden kann. Oder inwieweit die Überzeugungen von Gruppen nichts weiter sind als die Summe aller Überzeugungen ihrer Mitglieder, wenn vorausgesetzt wird, dass wissende Subjekte ihre Überzeugungen durch komplexe Interaktion mit anderen Individuen in diversen Gruppen und Gemeinschaften formen.

In der Debatte um Überzeugungen von Gruppen gibt es entsprechend zwei vorherrschende Theorien: Nach einer dieser Theorien sind Gruppenüberzeugungen nichts weiter als die Summe der Überzeugungen ihrer Mitglieder. Nach der anderen formen Gruppen ihre eigenen Überzeugungen durch kollektive Handlungen, wie beispielsweise dem kollektiven Zuspruch einer Gruppe zu einer bestimmten Aussage. Darüber hinaus existieren weiter Theorien, die sich in der Mitte dieser beiden Punkte verorten lassen; so argumentiert beispielsweise Jennifer Lackey dafür, dass Überzeugungen von Gruppen sowohl auf der kollektiven als auch auf der individualistischen Ebene entstehen und zum Tragen kommen (vgl. Lackey 2020b). Diese und andere Überlegungen haben eine besondere Relevanz für das Feld der Angewandten Epistemologie. Die Diskussion hierzu ist leider zu reichhaltig, um ihr an dieser Stelle gerecht zu werden, eine gute Einführung bieten Lackey (2020b, 2014 und 2008) sowie Goldberg (2010).

2.5 Standpunkt-Theorie

In jüngster Zeit ist ein erneutes Interesse an der feministischen Standpunkttheorie zu verzeichnen, das als Teil des allgemeineren Interesses an der Untersuchung sozialer Ungerechtigkeiten, einschließlich epistemischer Ungerechtigkeiten, beschrieben werden kann.²² Der Grundgedanke der feministischen Standpunkttheorie ist die Vorstellung, dass Wissende nicht austauschbar sind; vielmehr ist die soziale Position (oder Identität) der Wissenden von epistemischer Relevanz. Unterschiedliche Erfahrungen können nicht nur zu unterschiedlichen Perspektiven führen, sondern auch dazu, dass Wissende, die sich an einem anderen Ort befinden, nicht die gleiche Perspektive einnehmen können, selbst wenn sie die gleiche Erfahrung gemacht haben. Einige Beispiele für Körpererfahrungen sind recht offensichtlich – die Schmerzen bei der Geburt können von jemandem, der noch nie entbunden hat, nicht nachvollzogen werden. Dies ist unbestritten. Die feministische Standpunkttheorie hat diese Einsicht jedoch erweitert, indem sie argumentiert, dass die Unterschiede zwischen den Wissenden (wer die Erfahrung einer Geburt gemacht hat und wer nicht) nicht zufällig, sondern sozial strukturiert sind, so dass es viele Erfahrungen gibt, die sich entlang des sozialen Standorts und der Zugehörigkeit zu einer sozialen Gruppe unterscheiden.

Einerseits bedeutet dies, dass wir, wenn wir die Welt kennen und mit ihr durch unsere spezifische Perspektive interagieren, nur einen bestimmten Teil der Welt sehen und andere Erkenntnisse über sie verpassen. Unsere Perspektive prägt also nicht nur, was wir sehen und wie wir sehen, sondern schränkt auch ein, was wir sehen. Andererseits ist die Bedeutung des sozialen Standorts und der sozialen Gruppenzugehörigkeit nicht so einfach. Es ist weder so, dass unterschiedliche Erfahrungen zu unterschiedlichem Wissen führen, noch dass die soziale Verortung oder die Zugehörigkeit zu einer sozialen Gruppe notwendigerweise eine bestimmte Form von Wissen erzielt (vgl. Intemann 2010, 783–4). Vielmehr, so fasst Gaile Pohlhaus zusammen, „schaffen die Situationen, die sich aus der sozialen Positionierung ergeben, *gemeinsame Herausforderungen*, die Teil der gelebten Erfahrung des Wissenden sind und so zu dem Kontext beitragen, aus dem heraus er sich der Welt nähert" (2012, 716–7; eigene Übersetzung).²³ Das Argument ist nicht, dass es eine direkte Verbindung zwischen einer bestimmten Erfahrung, einem bestimmten sozialen Standort oder einer bestimmten Gruppenzugehörigkeit und demzufolge notwendigerweise dem Erwerb eines bestimmten Wissens gibt – was wir stattdessen entwickeln, sind „gemeinsame Herausforderungen" oder, in Heidi Grasswicks Worten, „eine Perspektive" (2018).

---

22 Die feministische Standpunkttheorie umfasst in der Tat ein breites Spektrum verschiedener Theorien (vgl. Hartsock 1983a und b; Haraway 1988; Harding 1986; Collins 2000; Sandoval 2000; für einen Überblick siehe Naples 2007 und Harding 2003), weshalb viele in letzter Zeit von Standpunkt-Epistemologie sprechen.
23 Vgl. Alcoff 2000 und 2006 sowie Collins 2000. Siehe auch die Diskussion in Kapitel 6.

Briana Toole hat diese Erkenntnisse mit Hilfe von drei Thesen zusammengefasst:

(1) These des Situierten Wissens: Für bestimmte Propositionen p gilt, dass ein epistemisches Subjekt auf nicht-epistemische, soziale Faktoren über sich selbst zurückgreifen muss, um p zu wissen.
(2) These des Epistemischen Privilegs: Es kann epistemisch vorteilhaft sein, sich in einer Position der Machtlosigkeit zu befinden.
(3) These der emanzipatorischen Leistung: Wissen, das aus einer bestimmten sozialen Position resultiert, muss erarbeitet werden und ist kein notwendiges Resultat dieser Position.[24]

Schauen wir uns diese Aspekte sowie die Art und Weise, wie sie sich entwickelt haben, genauer an. Die feministische Standpunkttheorie ist stark von der marxistischen Theorie beeinflusst. Nach marxistisch-materialistischen Theorien, wie sie z. B. von Georg Lukács entwickelt wurden, ist der soziale Standort einer Person in mindestens zweierlei Hinsicht eng mit ihrer epistemischen Position verbunden: (a) epistemische Positionen hängen von sozialen Standorten ab, (b) einige soziale Standorte bieten das Potenzial, epistemisch vorteilhaft zu sein. Die allgemeine Idee ist, dass die soziale Position einer Person in Bezug auf (ihre) Arbeit epistemisch bedeutsam ist. Das heißt, während die These des situierten Wissens (hier (1)) die Tatsache betrifft, dass nicht-epistemische soziale Fakten einen Einfluss auf Wissensansprüche haben (vgl. Toole 2022; Stanley 2005; DeRose 1992, 2002), stellt die These des epistemischen Privilegs (hier (2)) eine Behauptung nicht über nicht-epistemische soziale Tatsachen im Allgemeinen, sondern über bestimmte soziale Positionen auf.

Nach den marxistischen Gesellschaftstheorien besteht die kapitalistische Gesellschaft aus zwei antagonistischen Klassen, der Arbeiterklasse oder dem Proletariat und den Kapitalisten oder der Bourgeoisie. Die ersteren sind diejenigen, die ihre Arbeitskraft verkaufen müssen, um zu existieren, die letzteren sind diejenigen, die die Produktionsmittel besitzen; erstere werden von den letzteren in Bezug auf die Ware Arbeitskraft ausgebeutet. Als herrschende Klasse haben die Kapitalisten ein Interesse daran, ihre eigene Position aufrechtzuerhalten, und damit kein Interesse, ihre eigenen Ausbeutungshandlungen vollständig zu verstehen. Die Arbeiterklasse hingegen hat ein Interesse daran, ihre eigene Ausbeutung zu verstehen. Und aufgrund ihrer sozialen Stellung sind sie darüber hinaus in der Lage nicht nur ihr eigenes Leiden, sondern auch die Art und Weise, wie die Kapitalisten die Welt sehen, zu begreifen – schließlich müssen sie ihre eigenen Erfahrungen angemessen

---

[24] Alle Thesen aus Toole (2019, 2–3; eigene Übersetzung).

verstehen, um ihrem Leben einen Sinn zu geben, und gleichzeitig auch die Werte, Interessen und Erwartungen ihrer Ausbeuter, um auf deren Bedürfnisse eingehen zu können. Daher haben sie insofern ein epistemisches Privileg, als sie mehr über die Art und Weise wissen (können), wie die Welt strukturiert ist (und dies angemessener).

Dieser Gedanke kann verallgemeinert werden. Elizabeth Anderson schreibt zum Beispiel, dass „[Menschen in Machtpositionen] selten die charakteristischen Erfahrungen machen, durch die sie lernen würden, dass das, was sie sozial Unterlegenen antun, falsch ist" (2014, 8; eigene Übersetzung), Pohlhaus schreibt, dass „ein marginal situierter Wissender mit größerer Wahrscheinlichkeit Lücken in den vorherrschenden epistemischen Ressourcen vorfindet, um dem, was [ihm] angesichts [seiner] Situiertheit auffällt, einen Sinn zu geben" (2012, 719; eigene Übersetzung), und Charles Mills schließlich argumentiert, dass die Epistemologie der Ignoranz „ein bestimmtes Muster lokalisierter und globaler kognitiver Dysfunktionen [aufweist], das zu dem ironischen Ergebnis führt, dass Weiße im Allgemeinen nicht in der Lage sind, die Welt zu verstehen, die sie selbst geschaffen haben" (1997, 18; eigene Übersetzung). Eine Randposition zu haben, ist daher epistemisch sowohl nachteilig als auch vorteilhaft.[25] Eine solche Position bringt Umstände mit sich, bei denen die meisten der verfügbaren epistemischen Ressourcen nicht mit den eigenen Erfahrungen und Interpretationen der Welt übereinstimmen, aber sie beinhaltet auch den Vorteil, die Welt objektiver verstehen zu können, da die eigene Verwundbarkeit es ermöglicht, die Welt sowohl mit den eigenen als auch mit den Augen des Unterdrückers zu sehen – wie es W.E.B. du Bois mit dem Begriff „doppeltes Bewusstsein" erläutert hat.

Die feministische Standpunkttheorie hat diese Idee aufgegriffen und nutzt sie, um anstelle der Klassenteilung die geschlechtliche Teilung der Arbeit zu erfassen. Dorothy Smith hat für den epistemischen Vorteil von Soziologinnen argumentiert, dass sie sowohl die Soziologie als von Männern gemacht verstehen als auch ihr eigenes verkörpertes Leben als Frauen haben (vgl. Smith 1974). Lorraine Code hat argumentiert, dass das Geschlecht der Wissenden für das Verständnis geschlechtsspezifischer Machtverhältnisse epistemologisch bedeutsam ist (vgl. Code 1981 und 1991). Nancy Hartsock hat argumentiert, dass die Rolle der Frauen in der Pflegearbeit ihnen einzigartige Erfahrungen vermittelt, aus denen heraus sie patriarchale Institutionen und Ideologien verstehen können (vgl. Hartsock 1983). Patricia Hill Collins und bell hooks haben diese Ideen in einer intersektionalen Weise

---

25 Dazu mehr in Kapitel 4.5. Vergleiche auch Lugones (2006).

verwendet, indem sie für die Entwicklung eines schwarzen feministischen Denkens (vgl. Collins 2000) und für Orte des Widerstands (vgl. hooks 1990) plädieren.[26]

Wie die obige Leistungsthese zeigt, haben feministische Standpunkttheorien jedoch argumentiert, dass ein vorteilhafter Standpunkt nicht einfach aufgrund der sozialen Lage oder der Zugehörigkeit zu einer sozialen Gruppe gegeben ist. Vielmehr geht es um ein politisches Engagement, bei dem die systematische Struktur der Machtverhältnisse aufgedeckt und ein kritischer Standpunkt erreicht wird. Die Leistungsthese hat allerdings nicht die gleiche Aufmerksamkeit erbracht wie die beiden anderen Thesen, obwohl sie die Frage aufwirft, wie gut Individuen, die in Ideologien verortet sind, einen kritischen Standpunkt entwickeln können – eine kurze Untersuchung dieser These sollte hier dementsprechend nicht fehlen.

Catharine MacKinnon als eine Vertreterin der frühen feministischen Standpunkttheorie, die direkt vom Marxismus beeinflusst ist, stellt eine ausführliche Theorie darüber auf, wie Standpunkte durch bewusstseinsbildende Gruppen (sogenannte *consciousness raising groups*) aktualisiert werden können und daher nicht als selbstverständlich angesehen werden sollten (1991). Hier soll kurz näher darauf eingegangen werden, was es bedeutet, dass „Wissen, das von einem bestimmten sozialen Standort aus zugänglich ist, nicht gegeben ist, sondern erkämpft werden muss" (Toole 2019, 3; vgl. Jaggar 1983, 383–4). Erstens gibt es, wie Sandra Harding argumentiert hat, „kein typisches Frauenleben" (1991, 10–1), so dass eben nicht alle Frauen die gleichen Erfahrungen machen; daher sind die Standpunkte der gelebten Erfahrungen von Frauen notwendigerweise heterogen. Zweitens stimmen die gelebten Erfahrungen von Frauen nicht unbedingt mit feministischem Wissen über das Leben der Frauen überein (vgl. Harding 1991, 123; Hennessy 1993, 14–5). Es hat sich nämlich gezeigt, dass Frauen manchmal an ihrer eigenen Unterdrückung mitschuldig sind (in ähnlicher Weise, wie die Arbeiterklasse in die kapitalistische Ideologie eingebunden ist). Eine emanzipatorische Standpunkttheorie muss daher herausarbeiten, (1) welche sozialen Positionen besonders fruchtbar sind, um kritische Standpunkte zu generieren, und (2) auf welche Weise soziale Akteure auf der Grundlage ihrer sozialen Position einen kritischen Standpunkt erreichen können. Im Folgenden konzentriere ich mich auf (2); dennoch geben die meisten meiner Beispiele zumindest auch eine indirekte Antwort auf (1). Die Komplizenschaft mit der eigenen Unterdrückung kann für die Standpunkttheorie insofern ein ernsthaftes Problem darstellen, als sie die Art und Weise in Frage stellt, wie die Leistungsthese verwirklicht werden kann.

---

[26] Siehe auch Dror (2022) für eine Diskussion zum privilegierten Zugang marginalisierter Gruppen zu Wissen.

So zeigen sowohl Patricia Hill Collins als auch bell hooks beispielsweise, wie Schwarze Frauen zwischen Feminismus und Antirassismus hin- und hergerissen sind; tatsächlich mussten sie oft ihre feministischen Ideen und Kämpfe aufgeben, um dem teilweise verdienstvolleren Kampf gegen den Rassismus den Vorrang zu geben. Die Wahl zwischen einer feministischen und einer antirassistischen Bewegung bedeutet jedoch, dass Schwarze Frauen einen Teil ihrer Identität aufgeben (müssen), da keiner der beiden Teile ihre Identität vollständig ausmacht. Interessanterweise kam der Anstoß, dem Kampf gegen Rassismus Vorrang vor dem Kampf gegen Sexismus einzuräumen, nicht nur von Schwarzen Männern, sondern auch von Schwarzen Frauen, was darauf hindeutet, dass sie ihren Standpunkt als Schwarze Frauen nicht verwirklicht haben. Natürlich gibt es gute Gründe für Schwarze Frauen, dem Kampf gegen Rassismus Vorrang einzuräumen, einige dieser Gründe lassen sich in der Art und Weise finden, wie der Feminismus leider ausschließlich die meist weißen Frauen der Mittelschicht repräsentiert (vgl. Zack 2007 und 2005, Kapitel 1).

Mariana Ortega argumentiert für das, was sie „liebende, wissende Ignoranz" nennt, die Art und Weise, in der weiße Frauen Schwarze und Braune Frauen ausschließen, während sie sie gleichzeitig einbeziehen wollen. Die liebende Feministin „weiß (und will wissen) über" (2006, 61) Schwarze und Braune Frauen; dennoch produziert die liebende Feministin dabei (oft ungenaues) Wissen über Schwarze und Braune Frauen, um ihr eigenes Ziel zu fördern, eine inklusive und emanzipierte Feministin zu sein. Indem sie dies tut, versäumt es die liebende Feministin, Schwarze und Braune Frauen einzubeziehen und stellt deren tatsächliche Erfahrungen falsch dar; damit lässt sie das von Schwarzen und Braunen Frauen erzeugte Wissen außen vor (vgl. Ortega 2006, 58–61). In einem ähnlichen Sinn fragt Audre Lorde: „[W]elche Frau ist so sehr in ihre eigene Unterdrückung verliebt, dass sie deren Abdruck auf dem Gesicht einer anderen Frau nicht sehen kann?" (1981, 9; eigene Übersetzung) und argumentiert, dass selbst weiße Feministinnen der dritten Welle die tatsächlichen Unterschiede zwischen Frauen ignorieren (1984, 117–8; vgl. Lugones 2003 und Spelman 1990). Dies ist ein Problem der Ungerechtigkeit und ein Problem für unseren Wissenserwerb. In der Tat schreibt Gloria Anzaldúa, dass Rassismus besonders an Orten zu finden ist, in denen Wissen produziert wird (1990, xix) – und das liegt zumindest teilweise daran, dass weiße Frauen es gewohnt sind, „Gespräche über Rassismus und Sexismus in diskursiven Räumen zu führen, in denen [ihre] Wahrnehmungen unangefochten bleiben" (Bailey 2021, 59; eigene Übersetzung) und ihre eigene Position „als die *Standardposition*" zu behandeln (Spelman 1990, 13).

Vertreter*innen der Kritischen Theorie argumentieren seit langem, dass Menschen an ihrer eigenen Unterdrückung mitschuldig sein können – ähnlich wie oben beschrieben – und keinen Zugang zu dem spezifischen Wissen haben, das mit ihrer sozialen Position verbunden ist. Wilhelm Reich stellte fest: „nicht, dass der Hungernde stiehlt oder dass der Ausgebeutete streikt, ist zu erklären, sondern weshalb die Mehrheit der Hungernden nicht stiehlt und die Mehrheit der Ausgebeuteten nicht streikt" (1971[1933], 25). Kritische Theoretiker*innen in der marxistischen Tradition antworten darauf mit dem Hinweis auf die Ideologie als Produkt eines sozialen Systems, das eine Form des Bewusstseins hervorbringt, die die Subjekte daran hindert, nach ihren eigenen Interessen zu handeln; so wie Adorno schrieb, Ideologie sei „notwendiges falsches Bewusstsein" (1974, 169).

Wenn wir von falschem Bewusstsein sprechen, haben wir praktisches falsches Bewusstsein im Sinn, nicht kognitives falsches Bewusstsein oder Verzerrungen der Identität (vgl. Rosen 1996, 72 für diese Unterscheidung). Praktisches falsches Bewusstsein beschreibt die Art und Weise, „in der wir auf die Welt reagieren und in ihr agieren" (Rosen 1996, 72; eigene Übersetzung), weil unsere Überzeugungen, Wünsche, Interessen oder unser Wille, in unsere Werte, Ziele, Normen oder Emotionen verzerrt sind. Eine marxistische Erklärung dafür, warum die Hungernden nicht stehlen und die Ausgebeuteten nicht streiken, besteht also darin, dass sie ihre eigenen Interessen nicht richtig wahrnehmen; ihre Interessen und „Wünsche sind von einem System organisiert worden, das von ihrer Fügsamkeit abhängt" (Meyerson 1991, 7; eigene Übersetzung), und nach kommerziellen Werten und Konsumgütern geformt worden; hier werden ihre „unmittelbaren" Interessen für „wirkliche Interessen" gehalten (Marcuse 1964, xiii). Es geht darum, dass wir als ideologisch geprägte soziale Akteure unsere wirklichen Interessen nicht erkennen und uns stattdessen unseren unmittelbaren Interessen unterwerfen. Wie wir oben gesehen haben, tragen einige Frauen zu ihrer eigenen Unfreiheit bei, indem sie sich für unmittelbare Interessen entscheiden, wie z. B. Männern zu gefallen oder sexuell unterwürfig zu sein, um den Schutz und die (falsche) Anerkennung zu erhalten, die diese Handlungen mit sich bringen, während sie nicht erkennen, dass es in ihrem wirklichen Interesse liegt, patriarchalen und sexistischen Werten und Normen Widerstand zu leisten.

In einem umfangreichen Aufsatz über die materielle Beziehung zwischen „Frauenleben" und Wissen plädiert Rosemary Hennessy (1993) für die Wiederbelebung einer solchen marxistischen Analyse der materiellen Bedingungen der Ausbeutung gegen die allgemeine Tendenz, sich von der Analyse sozialer Strukturen abzuwenden und sich auf Glaubenssysteme zu konzentrieren. Heutzutage akzeptieren viele Sozialphilosophen*innen bzw. Standpunkt-Epistemologien die Art und Weise, in der materielle Bedingungen und soziale Strukturen Auswirkungen auf unsere Wissenspraktiken haben. Doch ähnlich wie Hennessy beklagt, ist die spezifische Beziehung zwischen der sozialen Position, die für den Wissenserwerb wichtig ist, und der Einbettung in ideologische soziale Strukturen oft unterentwickelt. Dies ist problematisch, weil sich gerade das Verständnis ideologischer

Strukturen als fruchtbar für ein angemessenes Verständnis der Leistungsthese und der Probleme erweist, die sich der Standpunkttheorie dadurch stellen. Hier soll ähnlich argumentiert werden wie bei Hennessy um eine Erklärung für das im letzten Abschnitt skizzierte Problem des falschen Bewusstseins anzubieten, indem sich auf die marxistische Analyse sozialer Unterdrückungsstrukturen und Ideologie konzentriert werden. Hennessy zufolge müssen wir uns der Ideologiekritik zuwenden – d. h. einer Kritik daran, was falsches Bewusstsein produziert – um zu sehen, wie emanzipatorische Standpunkte erreicht werden können. Unter Bezug auf die Arbeiten von Althusser und Gramsci argumentiert Hennessy, dass die Konzepte der Materialität des Wissens sowie der Hegemonie für ein materialistisches feministisches Verständnis des Standpunkts besonders fruchtbar sind.

Ähnlich wie Marx, Adorno und Lukács vertrat auch Althusser die Auffassung, dass Wissen nicht von der Materialität losgelöst ist. Wie oben gezeigt wird das, was wir wissen können, zu jedem Zeitpunkt der Geschichte von wirtschaftlichen und politischen Kräften geprägt. Wichtig an der Art und Weise, wie diese kritischen Theoretiker über Ideologie gearbeitet haben, ist die Erkenntnis, dass die soziale Realität Modi der Verständlichkeit innerhalb sozialer Praktiken beinhaltet; mit anderen Worten, was wir tun und warum wir tun, was wir tun, wird innerhalb eines ideologischen Rahmens oder einer ideologischen Landkarte verständlich gemacht. Für Hennessy impliziert dies, dass wir als soziale Akteure nicht von der Ideologie getrennt werden können. Andererseits jedoch ist unser „Leben nicht ausschließlich ideologisch" (1993, 22; eigene Übersetzung). Hennesy folgt hier Gramsci, nach dem „Hegemonie der Prozess [ist], in dem eine herrschende Gruppe zur Dominanz gelangt, indem sie den kulturellen Common Sense etabliert", d. h. „Werte und Überzeugungen, die selbstverständlich sind" (1993, 22; eigene Übersetzung). Die herrschende Gruppe diktiert allerdings nicht, was selbstverständlich ist, sondern der gesunde Menschenverstand ist ein Prozess der Aushandlung und daher immer auch umstritten. Mit anderen Worten: Ideologie ist notwendigerweise fragmentiert und umstritten und damit offen für Kritik. Mit den Worten von Hennessy,

> [...] Ideologie wird immer als ein ungleiches und umkämpftes Ensemble von Diskursen verstanden, der Raum, von dem aus Kritik geübt wird, muss nicht außerhalb der Ideologie liegen [...]. Stattdessen kann die alternative Erzählung der Kritik als ein gegenhegemonialer Diskurs gedacht werden, dessen Voraussetzungen die Widersprüche sind, die durch ausbeuterische und unterdrückerische soziale Beziehungen produziert werden [...]. (Hennessy 1993, 27; eigene Übersetzung)

Dies lässt sich besonders gut an der Position Schwarzer Frauen ablesen. Es sollte nicht überraschen, dass einige der aufschlussreichsten Schriften zum Thema Standpunkt-Epistemologie von Schwarzen Frauen verfasst wurden. Ein Leben als

Schwarze Frau bedeutet, dass sie in der Lage ist, sowohl Widersprüche in ihrem Leben als Frau als auch in ihrem Leben als Schwarze Person zu sehen. Es bedeutet auch, in der Lage zu sein, moralische Brüche und Fragmente von einem Kontext in den nächsten zu übertragen, vor allem wenn ein Teil der Position – oft der weibliche Teil – absichtlich zugunsten dessen, was wichtiger zu sein scheint, abgetan wird, wie oben von hooks und Collins beschrieben. Ein Teil der Idee hier ist – und dabei lehnen wir uns an die Intersektionalität an – dass die Position Schwarzer Frauen nie vollständig von einem ihrer Teile befreit werden kann; sie ist nicht entweder Frau oder Schwarz, sondern beides. Damit bieten sich Ressourcen, um die Widersprüche und unterschiedlichen Perspektiven dessen, was es bedeutet, eine Frau zu sein – sowohl innerhalb feministischer Kämpfe als auch in ideologischen, patriarchalen Kontexten –, und die Anfechtung des antirassistischen Widerstands innerhalb einer rassistischen Gesellschaftsstruktur insgesamt zu sehen. So schildert auch Elaine Brown ihre Erfahrungen mit Sexismus innerhalb der Black Panthers. Sie schreibt, dass „[eine] Frau in der Black-Power-Bewegung bestenfalls als irrelevant angesehen wurde", und fährt fort, „[wenn] eine schwarze Frau eine Führungsrolle übernahm, hieß es, sie untergrabe die schwarze Männlichkeit, sie behindere den Fortschritt der Schwarzen *Race*" (1992, 357; eigene Übersetzung). Hier können wir sehen, wie die Auseinandersetzung mit dem Feminismus im Leben Schwarzer Frauen zu emanzipativen Brüchen führen kann, sowohl in ihren Erfahrungen innerhalb der antirassistischen Bewegungen als auch innerhalb feministischer Bewegungen.[27]

Zudem ermöglichen standpunkttheoretische Annahmen fruchtbare Ergänzungen in anderen Bereichen der Philosophie. Dies lässt sich wiederum am besten mit Hilfe eines Beispiels zeigen. So ist es – spätestens seit den Arbeiten von Hilary Putnam und Tyler Burge in den 1970ern – eine weit verbreitete Annahme innerhalb der analytischen Philosophie, dass (wissenschaftliche) Expert*innen eine besondere Rolle in dem Herausbilden der Bedeutung unserer Worte und dem Inhalt unserer Begriffe haben; Putnam hat hierfür beispielsweise gezeigt, dass ich ‚Schimpanse' korrekt benutzen kann und damit auch tatsächlich Schimpansen betitele, auch wenn ich nicht in der Lage bin, die genauen Unterschiede zwischen Schimpansen und anderen Affen zu benennen. Angenommen, dass die Bedeutung von Begriffen auch durch soziale Faktoren determiniert ist, kann ich also über

---

[27] Auf diese Brüche wird in Kapitel 3.2.5 im Detail eingegangen. Eine andere Antwort lässt sich mit Hilfe von Sandra Hardings starker Objektivität formulieren; hiernach ist es tatsächlich nicht notwendigerweise der Fall, dass marginalisierte soziale Positionen epistemischen Privilegien zugeschrieben werden können, vielmehr braucht es eine möglichst diverse Konstellation an epistemischen Subjekten, um Lücken und Fehlinterpretationen in unseren Wissenspraktiken zu vermeiden. Mehr zu starker Objektivität in Kapitel 5.

Schimpansen reden *eben weil* ich mich auf das Wissen von Expert*innen – in diesem Fall Primatolog*innen und Zoolog*innen – verlassen kann. Dies wirft die Frage auf, wer als Expert*in gilt, und welche Eigenschaften diese Person erfüllen muss. Eine Antwort auf diese Fragen wird von der tugendhaften metasemantischen Perspektive beschrieben (vgl. Ball 2020). Hiernach erfordert eine Expertin zu sein, eine positive epistemische Position in Bezug auf den Gegenstand zu haben – wobei allerdings offengelassen wird, um was für eine positive epistemische Position es sich handelt. Bezogen auf das Schimpansen-Beispiel wäre sicher eine mögliche Antwort, dass ausgebildete Primatolog*innen oder Zoolog*innen eine solche positive epistemische Position in Bezug auf Schimpansen haben, aber nicht alle Bespiele lassen sich mit Verweis auf wissenschaftliche Expertise erklären. Standpunkt-Epistemologie liefert eine weitere Möglichkeit der Antwort, indem hier eine direkte Relation zwischen der sozialen Position von Individuen und ihren Möglichkeiten, Wissen zu erlangen, gezogen wird. So könnte man auch argumentieren, dass Schwarze Personen aufgrund ihrer Erfahrungen mit Rassismus eine wichtige Rolle in Bezug auf das Wissen über Rassismus einnehmen (sollten). Dieser Punkt wird uns auch im folgenden Abschnitt begleiten.

2.6 Politische Epistemologie als nicht-ideale Epistemologie

Bevor im nächsten Kapitel eine detaillierte Vorstellung Frickers Theorie epistemischer Ungerechtigkeit erfolgt, soll hier bereits die folgende Einordnung vorgeschlagen werden: Ich verstehe Untersuchungen zu epistemischen Ungerechtigkeiten nicht nur als Gegenstand der Sozialen und/oder Feministischen Epistemologie, sondern auch als Gegenstand der Politischen Epistemologie, insofern als viele problematische epistemische Praktiken ihren Ursprung in institutionellen Strukturen haben.[28] Da aber die Politische Epistemologie erst seit kurzer Zeit vermehrt ins Bewusstsein rückt, soll hier eine kurze Erklärung gegeben werden, die zeigen wird, dass Politische Epistemologie auch als nicht-ideale Epistemologie[29] beschrie-

---

[28] An dieser Stelle kann eine kurze Anmerkung zu den folgenden Begriffen hilfreich sein: Ich spreche im Folgenden sowohl von Intelligibilitäts-Frameworks, epistemischen Ökonomien und epistemischen Systemen. Ganz grob kann gesagt werden, dass epistemische Systeme einigermaßen kohärent zusammenhängende Strukturen sind, die sowohl epistemische Ressourcen, Werkzeuge als auch Intelligibilitäts-Frameworks beinhalten. Epistemische Ökonomien sind wiederum Strukturen verschiedener solcher Systeme. Siehe auch Kurtulmus (2020) für einen interessanten Zugang hierzu.
[29] Siehe hierzu auch McKenna (2023).

2.6 Politische Epistemologie als nicht-ideale Epistemologie

ben werden kann und weitaus stärker von Feministischer und Sozialer Epistemologie geprägt ist, als mitunter angenommen wird.[30]

Die Politische Epistemologie liegt an der Schnittstelle zwischen Politischer Philosophie und Epistemologie. Allgemein ausgedrückt, untersuchen politische Erkenntnistheoretiker*innen die Art und Weise, wie erkenntnistheoretische Fragen im Mittelpunkt unseres politischen Lebens stehen und inwieweit soziale und normative Bedingungen – politische, wirtschaftliche und kulturelle – bei der Produktion und dem Austausch von Wissen eine Rolle spielen. Trotz wichtiger Vorläufer*innen wie Mill (1991), Dewey (1957), Arendt (1967), Cohen (1986), Estlund (1993) und Gaus (1996), die erkenntnistheoretische Fragen im Kontext von Gesellschaft und Demokratie gestellt haben, ist die gegenwärtige Politische Epistemologie ein relativ neues Feld innerhalb der philosophischen Forschung. Dieses neue Interesse ist vor allem darauf zurück zu führen, dass angesichts von aktuellen Phänomenen wie Corona-Protesten, Brexit, der Wahl Trumps oder ganz allgemein der Verbreitung von Fake News, Post-Faktizität und Verschwörungstheorien (vgl. Amlinger & Nachtwey 2022; zur Einführung in Fake News und Verschwörungstheorie siehe Jaster & Lanius 2019) ein dringender Bedarf besteht, die politischen und wirtschaftlichen Bedingungen und die normativen Annahmen zu verstehen, unter denen Wissen historisch erzeugt und umgesetzt wurde. Es scheint derzeit als sei die Fähigkeit demokratischer Gesellschaften, mit Wissen verantwortungsvoll umzugehen, ernsthaft bedroht.

In den letzten Jahren ist die öffentliche Debatte tatsächlich stark geprägt von der Leugnung gesicherter wissenschaftlicher Erkenntnisse, Misstrauen gegenüber Expert*innen und einem offensichtlichen Übergewicht von – wie Amlinger und Nachtwey treffend analysieren – individuellem Narzissmus, sozialer Kränkung und

---

30 In diesem Buch wird überwiegend ein vereinfachtes Bild sozialer Ontologie verwendet, indem sich auf zwei soziale Hauptgruppen bezogen wird: die dominante Gruppe, die strukturell gesprochen soziale Macht hat, und die nicht-dominante Gruppen, die von Einschränkungen aufgrund der Machtverteilung betroffen sind. Mit diesem etwas vereinfachten Bild sollen jedoch weder diese sozialen Gruppen homogenisieren noch ihre Ansichten verallgemeinert werden; natürlich gibt es auch Individuen, die der dominanten Gruppe angehören, die gegen die Meinungen oder Praktiken ihrer Gruppe sind, und Individuen, die der nicht-dominanten Gruppe angehören und gegen die Meinung ihrer Gruppe zu einer bestimmten Praxis sind, so wie es selbstverständlich Individuen gibt, die zwischen diesen Gruppen „reisen" oder mehreren Gruppen angehören. Da jedoch die dominante Gruppe – aufgrund ihrer Positionierung – insgesamt dazu neigt, eine Ansicht zu vertreten oder dominante epistemische Ressourcen und Werkzeuge zu verwenden, während die nicht-dominante Gruppe insgesamt dazu neigt, die entgegengesetzte Ansicht zu vertreten, wird der Prägnanz halber das vereinfachte Bild verwendet, nach welchem die Mehrheit die eine Ansicht und die Minderheit die andere Ansicht vertritt.

libertärem Freiheitsverständnis[31] gegenüber verifizierbarem Faktenwissen. Anstatt sich auf Fakten zu einigen und politische Debatten über Werte und Interessen zu führen, ist oft das Wissen selbst zu einem Bereich der politischen Auseinandersetzung geworden. Demokratie basiert jedoch auf der Annahme der moralischen Gleichheit; die soziale Differenzierung und damit die epistemischen Ausschlüsse bringen ein Element der Ungleichheit mit sich – damit stellt sich die Frage, welche Ausschlüsse gerechtfertigt sind und welche eben nicht. Unabhängig von den zu untersuchenden Problemen, besteht also auch ein normatives Interesse daran, Wissen in Relation zu Demokratie zu untersuchen.

Allerdings hat die Politische Epistemologie bei dieser Untersuchung bislang den Fokus auf Fragen der Einbeziehung und Partizipation von Bürger*innen in demokratische Wissensprozesse sowie auf die Untersuchung von Wissen und Ökonomie gelegt (vgl. Edenberg & Hannon 2021; Hannon & de Ridder 2021; Herzog (forthcoming); Herzog & Lepenies (forthcoming); Omodeo 2019; Watson 2021); zum Beispiel anhand folgender Fragen: Wie können Expert*innen und Laien neue Formen der Interaktion miteinander finden, online und offline? Was bedeutet es für Expert*innen, als demokratische Bürger*innen und demokratische Fachleute zu handeln? Welche Rolle spielt die „Vermarktung" von Wissen für das Verständnis eines aktuellen Problems und wie könnten solche Probleme angegangen werden? Welche epistemische Verantwortung haben Mitglieder einer Gesellschaft? An dieser Stelle soll nun, basierend auf den Erkenntnissen um Wissen als relational und situiert, knapp umrissen werden, welche anderen Bereiche im Kontext von Wissen und Demokratie durch diesen Fokus bislang (zu) wenig Aufmerksamkeit bekommen haben und was für Schlussfolgerungen für das Feld der Politischen Epistemologie daraus zu ziehen sind. Zudem soll – wie in der Einleitung bereits kurz umrissen – gezeigt werden, dass Politische Epistemologie als nicht-ideale Epistemologie beschrieben werden kann (und sollte), also, wie ich zeigen werde, als abhängig von den Erkenntnissen der Sozialen und Feministischen Epistemologie.

Erst kürzlich hat Frieder Vogelmann (2022) einen wichtigen Beitrag in der Politischen Epistemologie geliefert, in dem er versucht zu zeigen, dass ein weitaus engerer Zusammenhang zwischen Politik und Wissen bzw. Wahrheit besteht als oftmals angenommen. Nach Vogelmann beschreiben Analysen, nach denen wir uns

---

31 Nach Amlinger und Nachtwey äußert sich das libertäre Freiheitsverständnis, indem „gewandelte gesellschaftliche Übereinkünfte als äußere Beschränkungen betrachtet" werden, „die die eigene Selbstverwirklichung auf illegitime Weise eingrenzen" (2022, 12). So wird das Tragen des Mund-Nasen-Schutzes oder die gendersensible Sprache interpretiert als Einschränkung der eigenen individuellen Entfaltung. Dabei bedeutet die Abwesenheit von staatlicher Willkür natürlich nicht, dass es uns freisteht, zu tun, was wir wollen – schließlich gibt es ja auch noch andere Personen auf der Welt, die durch mein Verhalten nicht gefährdet, belästigt oder eingeschränkt werden dürfen.

in einem „postfaktischem" Zeitalter befinden – also in einem Zeitalter, in dem der Respekt und das Interesse an Wahrheit verloren gegangen ist – das richtige Problem, liefern aber die falsche Diagnose dazu.[32] Die grundlegende Idee ist, dass wir es mit einer unzureichend verstandenem Auffassung des Verhältnisses von Wahrheit und Politik zu tun haben: „Worauf die falsche Diagnose ihren Finger legt, ist, dass wir keine angemessene Konzeption davon haben, wie Wahrheit und Politik zueinander stehen, und daher auch keinen vernünftigen Umgang mit Unwahrheiten in der Politik finden" (Vogelmann 2022, 351). Häufig wird angenommen, dass es sich bei diesem Verhältnis um ein externes Verhältnis handelt – dass wir also Wahrheit und Politik unabhängig voneinander untersuchen können –, Vogelmann argumentiert stattdessen im Anschluss an die feministische Standpunkttheorie (siehe meine detaillierte Erklärung in Kapitel 2.5), dass es sich um ein internes Verhältnis handelt; weder kann Wahrheit und Wissen ohne Bezugnahme auf Politik untersucht werden noch *vice versa.*

> Wenn Wahrheit und Wissen keinen souveränen epistemischen Standpunkt jenseits der Konflikte beziehen können, mit denen sie vollkommen unverbunden bleiben, sondern nur in diesen Konflikten selbst erkämpft werden können und daher stets selbst an einen Standpunkt und eine Perspektive gebunden sind, ohne davon entwertet zu werden, dann sind Politik und Wahrheit (und damit Wissen) intern miteinander verknüpft. (Vogelmann 2022, 365)

Wahrheit und Wissen entwickelt sich nach dieser Einsicht in konkreten und kollektiven sozialen Praktiken und ist somit niemals vollständig von politischen Kontexten loszulösen. Wissen ist, nach Vogelmann, also inhärent politisch. Dies erlaubt es uns, „postfaktische" Phänomene nicht nur als Unwahrheiten oder Unwissen zu analysieren, sondern sie auch im Hinblick auf die politische Kraft zu verstehen, die ihnen immanent ist.

An dieser Stelle sollen einige Kontexte und Fragen in den Blickpunkt rücken, in denen die politische Kraft innerhalb von (ungleichen) Wissenspraktiken besonders

---

32 Zudem stellt sich bei Analysen, die den Begriff des *Postfaktischem* benutzen, immer auch die Frage, welche zeitliche Periode hier eigentlich beschrieben wird; schließlich (und das zeigen Jaster & Lanius (2019) eindrucksvoll anhand von Fake News) lassen sich auch vor Trump, Brexit und Corona schon eine ganze Reihe an Phänomenen finden, die mit dem Ausdruck beschrieben werden könnten. Die erste wissenschaftliche Benutzung des Begriffs ist datiert auf 1985, als Frances FitzGerald (1985) den Begriff in einem Redebeitrag innerhalb einer Diskussionsrunde über die Freiheit der Presse an der New School for Social Research verwendet, sowie 1992 von dem Dramatiker Steve Tesich in einem Beitrag über die Akzeptanz der Lügen durch die nordamerikanische Öffentlichkeit, welche durch die Administration von George Bush (Senior) zur Vorbereitung auf den Irakkrieg verbreitet wurden. Interessant hierzu auch Wolfgang Streecks Argumentation (2017), nach der sich das postfaktische Zeitalter seinen Beginn bereits mit dem Neoliberalismus in den 1970er Jahren teilt.

deutlich wird und die Bestandteil einer Politischen Epistemologie bzw. der Untersuchung der Relation zwischen Wissen und Demokratie sein sollten, auch wenn (oder gerade weil) sie bislang eher vernachlässigt wurden.[33] Lani Watson beschäftigt sich in ihrer Theorie mit epistemischen Rechten. Nach ihr sind epistemische Rechte dann verletzt, wenn die Möglichkeiten, Informationen zu suchen, zu bekommen oder zurückzuweisen ungerechtfertigterweise eingeschränkt sind. Hierbei ist wichtig zu verstehen, dass Watson einen Unterschied macht zwischen Rechten, die eingeschränkt sind, und Rechten, die verletzt sind; nicht alle eingeschränkten Rechte kommen einer Verletzung der Rechte gleich (vgl. Gewirth 1981). Ein Beispiel kann helfen diese Idee zu illustrieren: Wenn du dabei bist, den Notruf zu wählen, um eine falsche Bombenwarnung für einen öffentlichen Park durchzugeben, dann kann es gerechtfertigt sein, wenn ich dir das Handy aus der Hand nehme und in den nächsten Fluss werfe – auch wenn ich damit natürlich deine Rechte, dein Handy zu benutzen, einschränke (Watson 2021, 47). Wann unsere (epistemischen) Rechte verletzt sind, hat also vor allem auch damit zu tun, was wir als gerechtfertigte Einschränkung ansehen und was nicht – und das ist gar nicht immer so leicht zu entscheiden. Ich möchte hier aber insbesondere aufzeigen, inwieweit Watsons Analyse epistemischer Rechte eine signifikante Rolle in der Politischen Epistemologie spielt. Dazu zunächst einige Erklärungen zu einem der Beispielfälle, die Watson in ihrem Buch anführt.

2007 wurde die Purdue Frederick Company Inc. sowie der Präsident des Unternehmens, der Leiter der Rechtsabteilung und der Leiter der medizinischen Forschungsabteilung der kriminellen Falschauszeichnung in Bezug auf das Opioid OxyContin angezeigt, nachdem sie zugegeben hatten, dass das Präparat mit der Intention zu betrügen vermarktet worden war. Es ist nachgewiesen, dass Purdue systematisch falsche Informationen über die Wirkung sowie die Gefahr von Missbrauch und Abhängigkeit veröffentlicht hatte, das Unternehmen hat damit also seine epistemischen Pflichten und somit die epistemischen Rechte seiner Kund*innen verletzt.

Watson argumentiert, dass in diesem Fall mindestens drei epistemische Rechte verletzt worden: Purdue hat (a) falsche Aussagen sowie (b) Fehlinformationen propagiert und (c) Informationen zurückgehalten. So hat Purdue wissentlich falsche Aussagen über die Sicherheit von OxyContin verbreitet, um medizinisches Personal davon zu überzeugen, dass OxyContin sicherer ist als andere Opioide auf dem

---

[33] Diese Liste erfüllt keinen Anspruch an Vollständigkeit, sondern soll vielmehr dazu dienen bestimmte Schlaglichter zu setzen, die einige Schlussfolgerungen zum Verständnis von Politischer Epistemologie als eigenes Feld innerhalb der Philosophie liefern können.

Markt; hierfür wurden die Vertreter instruiert, gegenüber Ärzten zu behaupten, die Gefahr von OxyContin abhängig zu werden, liege unter einem Prozent. Diese Zahl war allerdings völlig aus der Luft gegriffen, eine fiktive Zahl der Marketing-Abteilung von Purdue, und wurde durch die wissenschaftlichen Abteilungen bei Purdue nicht gedeckt (vgl. Watson 2021, 49).[34] Die Verletzung dieser epistemischen Rechte ist besonders signifikant vor dem Hintergrund der „Ausnutzung angenommener epistemischer Autorität" (Watson 2021, 51; eigene Übersetzung). Der Gedanke hierbei bezieht sich auf die allgemeine Annahme, Purdue habe epistemische Autorität über sein eigenes Medikament aufgrund der Tatsache, dass dieses Medikament eine ganze Reihe an Tests und Sicherheitskontrollen durchlaufen hat, bevor es auf den Markt gebracht wurde – und ganz sicher nicht, dass Purdue eben solche Tests, die gegen das Medikament sprachen, ignoriert und verschleiert hat. Watson fasst diesen Gedanken in Bezug auf Purdue folgendermaßen zusammen:

> Ärzt*innen, die diese Praktiken [der Fehlinformationen für Marketing-Zwecke] nicht kennen und denen von Purdue-Verkäufer*innen gesagt wird, dass OxyContin [...] ein Abhängigkeitsrisiko von weniger als 1 % hat, könnten gerechtfertigterweise und schuldlos zu entsprechenden falschen Überzeugungen gelangen und OxyContin auf dieser Grundlage verschreiben. Darüber hinaus könnten Patient*innen, die noch einen Schritt weiter entfernt sind, Ärzt*innen als epistemische Autorität in der Frage betrachten, welche Medikamente sie zur Schmerzlinderung einnehmen sollten. Infolgedessen könnten Patient*innen gerechtfertigterweise und schuldlos die falschen Überzeugungen der Ärzt*innen in Bezug auf OxyContin übernehmen und/oder auf der Grundlage dieser Überzeugungen handeln. (Watson 2021, 52; eigene Übersetzung)

Tatsächlich spielt unsere Annahme darüber, ob eine Person epistemische Autorität hat, eine große Rolle dabei, ob wir der Person Glaubwürdigkeit zusprechen oder nicht. Dies kann aber in Fällen wie bei Purdue dazu führen, dass es einen „Überschuss" an Glaubwürdigkeit gibt, der dann wiederum einen epistemischen Schaden (hier in Form der Verletzung epistemischer Rechte) sowie einen praktischen Schaden (hier in Form einer Opioid-Abhängigkeit mit epidemischem Ausmaß) nach sich zieht (vgl. Carpan 2022; Davis 2016; Lackey 2021b; Medina 2011; Yap 2017 in Bezug auf Glaubwürdigkeitsüberschuss).

Natürlich sollten die epistemischen Rechte von Patient*innen in demokratischen Gesellschaften in Bezug auf adäquate Informationen zu medizinischen Praktiken und Medikamenten gewahrt sein. Dies scheint jedoch ein generalisierbares Problem darzustellen: Besonders in Kontexten, in denen bestimmten Personen oder Unter-

---

34 Für weitere Informationen zu Purdue und der Opioid-Epidemie in den USA siehe Lembke (2016), Macy (2018), Meier (2018), Quinones (2015). Für eine größere Einordnung siehe Case und Deaton (2020).

nehmen epistemische Autorität zugesprochen wird, sollten die epistemischen Rechte derer, die von diesen Personen oder Unternehmen abhängig sind, rechtlich geschützt sein – was zumindest voraussetzt, dass auch die Interessen (angenommener) epistemischer Autoritäten Teil der Informationen sein müssen, die verbreitet werden bzw. zugänglich sind. Davon abstrahiert lässt sich hier feststellen, dass die Verknüpfung von Wissen und kapitalistisch-demokratischen Praktiken enger ist als häufig angenommen. Die Eingliederung des Gesundheitssystems (aber auch wissenschaftlicher Forschung im Allgemeinen) in die kapitalistische Logik der Profitsteigerung ist ein Kontext, in dem Wissen und Forschung häufig instrumentalisiert werden. Auch nehmen wissende Subjekte in demokratischen Aushandlungsprozessen ungleiche Positionen ein und können so von Unternehmen instrumentalisiert werden.

Ein weiterer Aspekt, in dem sich die Verknüpfung epistemischer und politischer Praktiken zeigen lässt, betrifft den Umgang mit historischer Unterdrückung. Ein konkretes Beispiel wie nationale Erinnerungspolitik koloniale und genozide Vergangenheiten verschleiern und verzerren kann, untersucht Melanie Altanian: Die problematische Erinnerungspolitik der Türkei in Bezug auf den Genozid an den Armeniern. Altanian argumentiert, dass systematische Genozidleugnung nicht nur zu einem selektiven „Vergessen" oder Wissensverlust führen kann, sondern noch viel entscheidender ist, wie existierendes Wissen und Erinnerungen an den Genozid dabei diskreditiert und unterdrückt werden. Dies geschieht vor allem durch institutionelle und soziale Prozesse und Praktiken, als deren Resultat die dominante Epistemologie und die Diskreditierung von Gegennarrativen eine bestimmte Funktion innerhalb der Gesellschaft erfüllen (vgl. Altanian 2022b). Hierbei wird deutlich, dass Genozidleugnung nicht nur eine Ungerechtigkeit gegen die Opfer und Überlebenden des Genozids darstellt, sondern eben auch gegen die zukünftigen Mitglieder der betroffenen sozialen Gruppe(n). Somit rückt Genozidleugnung sowohl in das Feld der epistemischen Ungerechtigkeiten und Unterdrückungen (mehr dazu in Kapitel 6), weil Wissen bestimmter sozialer Gruppen systematisch unterdrückt wird, als auch in das Feld der Epistemologie von Unwissen und Ignoranz als substantielle gelebte Praktik (mehr dazu in Kapitel 4, und vgl. Altanian 2021a und b).

Die politische Instrumentalisierung epistemischer Praktiken oder ganzer Epistemologien zeigt sich auch in weniger konkreten Situationen. So erfüllen bestimmte Erklärungsmuster beispielsweise den Zweck, koloniale Praktiken zu rechtfertigen oder zu verschleiern; erst kürzlich hat Howard French (2021) einen Beitrag dazu geliefert, inwieweit die vorherrschende Beschreibung der kolonialen Ziele und Praktiken der Europäer ein verzerrtes Bild aus der Zeit der Kolonialisierung zeigt, indem zum Beispiel afrikanische Völker als ungebildet und wild beschrieben werden und somit selbst der Rechtfertigung für Kolonialisierung dienen – tatsächlich waren aber viele afrikanische und asiatische Völker nicht nur

2.6 Politische Epistemologie als nicht-ideale Epistemologie — 53

„zivilisierter", sondern hatten auch eine weit fortgeschrittenere Wissenschaft als Europa.

Die Funktion, die bestimmte Epistemologien[35] zur Rechtfertigung von Kolonialismus haben, zeigt zudem einen weiteren Punkt, der als Gegenstand der Politischen Epistemologie nicht fehlen darf: Viele problematische epistemische Praktiken sind institutionalisiert, das heißt, das institutionelle System ist so aufgebaut, dass epistemische Praktiken als fester Bestandteil einer Institution eingeschrieben sind. So zeigt Ezgi Sertler (2018) beispielsweise, dass Praktiken innerhalb des Asylsystems auf eine Weise strukturiert sind, die zwangsläufig epistemische Ungerechtigkeiten hervorbringt. Asyl, so Sertler, hat vor allem die Funktion, den Institutionen innerhalb des Asylsystems – also beispielsweise den Asylgerichten – Legitimität zu geben. Diese Legitimität bezeichnet Sertler als „institutionellen Komfort" (2018, in Englisch: *institutional comfort*), der wiederum eine systematische Priorisierung der epistemischen Ressourcen des aufnehmenden Landes und eine Abwertung der epistemischen Ressourcen der geflüchteten Personen mit sich bringt (vgl. auch Sertler 2023).

Diese Untersuchungen legen nahe, dass Analysen zu epistemischen Praktiken innerhalb von Gemeinschaften nicht nur notwendigerweise auf das soziale Miteinander von unterschiedlich situierten wissenden Individuen ausgelegt sind, sondern dass viele der problematischen epistemischen Praktiken strukturell oder institutionell in Machthierarchien verankert sind. Und das ist wiederum ein Bereich, um den sich vor allem die Politische Philosophie kümmert. Zugleich zeigt sich, dass Frickers Fokus auf interpersonale Momente epistemischer Ungleichheit zu kurz greift, um ein adäquates Verständnis von institutionellen und strukturellen epistemisch problematischen Praktiken zu spiegeln. So hat auch Elizabeth Anderson (2012) darauf aufmerksam gemacht, dass ein Fokus auf interpersonalen epistemischen Szenarien einen wichtigen Aspekt komplexer epistemischer Praktiken außen vorlässt. Bei den meisten epistemischen Praktiken – sei es, ob wir eine Frage beantworten oder eine Entscheidung treffen wollen – haben wir es mit einer Vielzahl von Wissensaussagen unterschiedlicher Personen zu tun, die wir sinnvoll miteinander verbinden und bewerten müssen. Das hat zur Folge, dass nicht nur die Art und Weise, wie wir einzelne wissende Subjekte behandeln, ungerecht sein kann – zum Beispiel, indem wir ihren Aussagen weniger Glaubwürdigkeit geben als ihnen zusteht –, sondern auch die Art und Weise, wie wir die unterschiedlichen epistemischen Bausteine, miteinander verbinden.

---

35 Dotson erklärt Epistemologien mit Hilfe von Kyle Whyte (2018) als „unersetzliche Quellen der Orientierung, Zukunftsplanung und Kollektivierung" (2022, 291; eigene Übersetzung).

Dies hat primär mit den kumulativen Effekten zu tun, die unsere epistemischen Praktiken mit sich bringen; wie genau sich also unsere epistemischen Systeme aus den verschiedenen epistemischen Bausteinen und kommunikativen Handlungen zusammensetzen – und hier kann es zu Problemen kommen, auch wenn innerhalb dieses Systems keine einzelne Handlung an sich ungerecht ist. Ein Beispiel: Nach Fricker (siehe mehr dazu im folgenden Kapitel) sind nicht alle Stereotype problematisch. Tatsächlich verlassen wir uns auf eine Vielzahl von sogenannten „Markern", um Glaubwürdigkeit zu überprüfen, wovon nur einige wenige gruppenbasiert und vorurteilsbelastet sind (vgl. Fricker 2007, 71). Diejenigen, so Fricker, die weder gruppenbasiert noch vorurteilsbelastet sind, sind nicht intrinsisch ungerecht und somit auch nicht problematisch. *Bildung* scheint klarerweise ein solcher Marker zu sein. In vielen Fällen kann *Bildung* vollkommen unproblematisch zur Anwendung kommen, wenn wir einschätzen wollen, ob einer Person Glaubwürdigkeit zukommen sollte oder eben nicht. Nehmen wir an, ich möchte etwas über den Klimawandel wissen. Eine kurze Internetrecherche liefert mir eine Vielzahl von möglichen Quellen, von wissenschaftlichen Aufsätzen von Geologen und Klimaforschern über Interviews mit Mitgliedern von *Fridays for Future* bis hin zu Verschwörungstheorien über die Funktion von Klimawandel für herrschende Eliten. Hier ist es zweifellos sinnvoll, wenn ich mir ansehe, wer von diesen Personen welche Bildung in Bezug auf das relevante Feld hat; Bildung als Marker für Glaubwürdigkeit scheint demnach unproblematisch. Anderson erinnert uns nun daran, dass wir uns aber in einer Gesellschaft befinden, in der bestimmte soziale Gruppen systematisch von guter (und vor allem kritischer) Bildung ausgeschlossen werden. Obwohl der Marker *Bildung* gerade auch in unserem Fall die besten Ergebnisse liefert – schließlich wollen wir nicht irgendwelche Verschwörungstheorien als glaubwürdig einstufen –, ist dieser Marker dennoch nicht ganz unproblematisch, da er zur weiteren Ausgrenzung eben jener Gruppen führt, die keinen oder nur wenig Zugang zu Bildung haben. Hier führt also eine existierende strukturelle Ungerechtigkeit zu weiteren strukturellen Ungleichheiten in Bezug auf epistemische Handlungsmöglichkeit (vgl. Anderson 2012, 169).

Amandine Catala (2015) zeigt explizit, dass auch demokratische politische Gesellschaftssysteme nicht vor strukturellen Formen von epistemischer Ungerechtigkeit gefeit sind. So wird in den Niederlanden beispielsweise der *Zwarte Piet* (Übersetzung: schwarzer Peter) gefeiert; die bei der Mehrheitsgesellschaft beliebte Feier muss aufgrund ihrer Tradition des Blackfacings aber als rassistisch beschrieben werden. Hier verteidigt oder rechtfertigt also eine mehrheitlich weiße Gemeinschaft eine bestimmte Praxis, die von einer Minderheit der Gemeinschaft als unterdrückend empfunden und kritisiert wird. Diese Situation führt wiederum zu einer Spaltung zwischen den dominanten und den marginalisierten Gruppen innerhalb der Gemeinschaft, die eine Deliberation und potenzielle – für beide

Seiten zufriedenstellende – Lösung verhindert. Allerdings, so Catala, geht dieser Spaltung eine Situation sozialer Ungerechtigkeit voraus; eine Situation, in der die unterschiedlichen Gruppen der Gemeinschaft signifikant andere Möglichkeiten haben, sich gesellschaftlich und epistemisch zu beteiligen. Das für eine Deliberation notwendige epistemische Vertrauen ist hier also bereits gestört und die Spaltung über die sehr spezifische Situation des Zwarte Piet somit vielmehr Ausdruck oder Symptom eines ohnehin epistemisch gestörten Miteinanders, das Catala als „hermeneutische Herrschaft" (2015, 427; im Original: *hermeneutical domination*) beschreibt. Hermeneutische Herrschaft lässt sich nach Catala folgendermaßen charakterisieren:

> i. Erstens weist die dominante Mehrheit das Zeugnis der marginalisierten Minderheit zu Unrecht zurück: in diesem Fall den Versuch der Minderheit, zum kollektiven hermeneutischen Fundus beizutragen, indem sie ein alternatives Verständnis oder eine alternative Beschreibung einer bestimmten sozialen Praxis oder Erfahrung liefert. Durch diese Ablehnung behandelt die Mehrheit die Minderheit als epistemisch ungleich und das Zeugnis oder den hermeneutischen Beitrag der Minderheit als epistemisch nicht vertrauenswürdig.
>
> ii. Infolge dieser Verweigerung eines gleichberechtigten epistemischen Status wird die Minderheit der Möglichkeit beraubt, einen Beitrag zu den kollektiven hermeneutischen Ressourcen oder zum Pool der beschreibenden Bezeichnungen zu leisten, die zur Charakterisierung oder zum Verständnis dieser sozialen Praxis oder Erfahrung verwendet werden. Ihre Erfahrung oder Beschreibung der Praxis bleibt somit kollektiv missverstanden.
>
> iii. Folglich ist die Minderheit einem öffentlichen Diskurs über diese soziale Praxis oder Erfahrung ausgesetzt, der von vermeintlich kollektiven Verständnissen geprägt ist, die in Wirklichkeit vollständig von der Mehrheit formuliert und aufgezwungen werden. Die Minderheit leidet unter hermeneutischer Herrschaft.[36]

Catala verwendet hier anerkannte Theorien von Herrschaft und zeigt, welche Rolle epistemische Aspekte innerhalb von Gesellschaften spielen, die von Herrschaft geprägt sind. Nach Philip Pettit (1997) bezeichnet Herrschaft die Fähigkeit von Akteur*innen, andere Akteur*innen willkürlich und ungestraft in ihren Handlungen zu beeinträchtigen. Herrschaft setzt also immer ungleiche Machtverhältnisse voraus, die eine solche willkürliche und ungestrafte Einmischung möglich machen. In Catalas Beispiel wird eine Gruppe hermeneutisch beherrscht, weil sie willkürlicher hermeneutischer Macht ausgesetzt ist – nämlich der Macht zu definieren, dass der Schwarze Peter unproblematisch ist (vgl. Catala 2015, 430).

Es zeigt sich außerdem, dass epistemische Ungerechtigkeiten immer auch historisch situiert sind. Fricker zeigt dies anhand der Annahme, dass epistemische Ungerechtigkeit entweder in hermeneutischer Marginalisierung oder schädlichen

---

[36] Übersetzt und zusammengefasst aus Catala (2015, 427–8).

Identitätsvorurteilen (dazu mehr im folgenden Kapitel) begründet liegt; sowohl hermeneutische Marginalisierung als auch Identitätsvorurteile sind historisch gewachsene strukturelle Ungerechtigkeiten, von denen einige soziale Gruppen stärker betroffen sind als andere. Man könnte aber argumentieren, dass das Problem tiefer in kolonialen und imperialistischen Praktiken verwurzelt ist, als es bei Fricker den Anschein hat. Nora Berenstain und Elena Ruíz zeigen, inwieweit Epistemologien Macht haben und ausüben. So können „Epistemologien […] heiliges Land zu ‚Ressourcen' zum Kaufen, Verkaufen und Ausbeuten verwandeln", „Personen zu Arbeitsressourcen" und „Gewalthandlungen unbenennbar und innerhalb ihrer begrifflichen Architekturen unerkennbar machen" (Berenstain et al. 2022, 283; eigene Übersetzung) – was Kristie Dotson „böse Magie" (Berenstain et al. 2022, 290) nennt. Und so haben koloniale Epistemologien beispielsweise dafür gesorgt, dass Genozide als Fortschritt zur Zivilisation revidiert und Völker aus ihren Ländern vertrieben wurden – während sie gleichzeitig eben diese Epistemologie als einzig richtige und somit unveränderlich dargestellt haben (vgl. Berenstain et al. 2022, 283–4).

Problematische epistemische Praktiken vollführen also nicht nur eine bestimmte Funktion der Rechtfertigung, sondern *machen die Dinge so, wie sie sind*. Und koloniale epistemische Praktiken sind *im Design* ungerecht; die problematischen Aspekte dieser Praktiken sind nicht etwa unglückliche Zufälle oder, wie es oben noch bei Anderson den Anschein hatte, das unglückliche Zusammenwirken ansonsten unproblematischer Zustände, sondern sind an sich schon so konstruiert, dass sie einige soziale Gruppen systematisch ausgrenzen und unterdrücken – Kolonisierung und Landenteignungen wären schlicht nicht möglich gewesen ohne die Unterdrückung von indigenen Epistemologien (vgl. Berenstain et al. 2022, 284; siehe auch Maracle 2015; Silva 2004 und 2022; Kauanui 2018; Ruíz 2020b; Paredes 2022).

Auch Fricker (2013) hat für eine enge Beziehung zwischen problematischen epistemischen Praktiken und problematischen Aspekten politischer Gemeinschaften argumentiert, indem sie epistemische Gerechtigkeit als eine Bedingung für politische Freiheit setzt. Das von Pettit vorgeschlagene Republikanische Verständnis von politischer Freiheit – das Fricker als allgemeingültiges liberales Ideal von Freiheit versteht – setzt voraus, dass wir nur dann frei sind, wenn wir vor willkürlicher Beeinträchtigung durch andere geschützt sind; eine Aufgabe, die dem jeweiligen Staat und seinen rechtlichen Werkzeugen zukommt. Nach Pettit beinhaltet dies aber zudem auch, dass wir die Möglichkeit haben, gegen willkürliche Beeinträchtigung anderer zu protestieren, und dass unser Protest auch gehört wird.

Fricker zeigt nun, dass ungleiche epistemische Machtverhältnisse nicht nur dazu führen können, dass unser Protest nicht gehört wird, sondern auch dass dieser aufgrund der hermeneutischen Asymmetrie gar nicht erst möglich ist (vgl. Fricker 2013). Dies scheint zu implizieren, dass es eine Aufgabe demokratischer Gemeinschaften sein muss, willkürliche epistemische Beeinflussung zu unterbinden und die Voraussetzungen dafür zu schaffen, gegen eine solche Beeinflussung wirkungsvoll protestieren zu können. Wenn aber das Problem nicht nur ist, dass unsere Proteste nicht immer gleichermaßen wirkungsvoll sind – je nachdem wer sie artikuliert –, sondern dass soziale, koloniale und imperialistische Praktiken zu einer signifikanten epistemischen Asymmetrie innerhalb existierender demokratischer Gesellschaften geführt haben, dann braucht es tiefergreifende strukturelle Veränderungen, um (wirkungsvollen) Protest möglich zu machen.

Es wurde gezeigt, dass viele Aspekte epistemischer Ungerechtigkeit (oder eben epistemischer Unterdrückung) nicht nur in den Bereich des Sozialen (im weiteren Sinne) fallen – also darauf aufbauen, dass epistemische Praktiken notwendigerweise soziale Praktiken der Interaktion innerhalb von Gemeinschaften sind – sondern auch in den Bereich des Politischen, da sie institutionell innerhalb politischer Gemeinschaften verankert sind und durch politische Prozesse historisch wachsen. Falls dieser Gedanke zu abstrakt erscheint, soll hier ein weiteres Beispiel gegeben werden. Patricia Hill Collins (2000) zeigt, dass Schwarze Frauen durch sogenannte „kontrollierende Bilder" unterdrückt werden. Der Gedanke ist, dass stereotypische Bilder von Schwarzen Frauen ein Instrument sind, um Macht auszuüben und existierende Machtstrukturen zu erhalten, indem sie gesellschaftliche Werte definieren; Rassismus, Sexismus, Armut und andere soziale Ungerechtigkeiten erscheinen so als natürlich, normal und unveränderliche Aspekte des alltäglichen Lebens (Collins 2000, 69). Anhand dieser Bilder lässt sich feststellen, dass bestimmte ontologische Identitäten immer auch eine Funktion im kapitalistischen und kolonialistischen System haben. So liefert das kontrollierende Bild der Sozialhilfeempfängerin (im Original: *welfare mother* und *welfare queen*) einerseits eine Rechtfertigung dafür, warum alleinerziehenden Schwarzen Müttern nicht geholfen werden muss – schließlich, so das Bild, ist der Zustand selbst gewählt –, andererseits bietet es mit der sogenannten *Welfare Queen* auch gleich noch eine willkommene Begründung für den schlechten ökonomischen Zustand der USA (vgl. Collins 2000, 79–80).

Diese Probleme lassen sich allerdings nur dann adäquat einordnen, wenn Wissen als situiert und standpunktabhängig verstanden wird, wenn also unsere Untersuchungen auf die epistemischen Werkzeuge Sozialer und Feministischer Epistemologie zurückgreifen – und eben dieser Rückgriff lässt sich auch als Rückgriff auf nicht-ideale Methodologien verstehen. Nicht-ideale Theorie bezieht sich nicht nur auf Ungerechtigkeiten in der Welt (vgl. Shklar 1990; Sen 2009) – anstatt ideale Gerechtigkeitsprinzipien in möglichen Welten zu konstruieren – sondern tut dies auch noch mithilfe einer bestimmten Methodologie (vgl. Hänel & Müller 2022). Die Idee ist einfach: Davon ausgehend, dass (a) unsere soziale Position innerhalb von existierenden Machtstrukturen Einfluss darauf hat, wie wir Wissen gewinnen, und (b) marginalisierte und unterdrückte soziale Positionen vorteilhaft sein können in unserem Bestreben, Wissen zu erlangen, funktioniert die Zuwendung zu Themen der Ungerechtigkeit nur, wenn bereits ein bestimmter ideologiekritischer Standpunkt eingenommen wurde, der es uns erlaubt, eben jene Ungerechtigkeiten überhaupt zu sehen (Hänel & Müller 2022). Hier schließt sich der Kreis: Epistemische Ungerechtigkeit ist nicht nur ein Thema in der Sozialen und Feministischen Epistemologie, sondern vor allem auch in der Politischen Epistemologie. Aber die Politische Epistemologie muss durch nicht-ideale Methodologie (die sich vor allem aus den Erkenntnissen der Sozialen und Feministischen Epistemologie speist) gekennzeichnet sein, um sich epistemischen Ungerechtigkeiten fruchtbar zuwenden zu können.[37]

---

[37] Eine interessante Ausarbeitung nicht-idealer Epistemologie hat McKenna (2023) kürzlich gegeben.

3 Frickers Theorie Epistemischer Ungerechtigkeit

Wenn man über epistemische Ungerechtigkeiten spricht, kommt man an Miranda Frickers gleichnamiger Theorie nicht vorbei. Während in diesem Buch auch gezeigt werden soll, dass epistemische Ungerechtigkeiten ein größeres Feld bespielen, als Frickers Theorie zunächst vermuten lässt, ist es Frickers Verdienst, das Thema für die analytische Philosophie „salonfähig" gemacht zu haben und so zu der großen Aufmerksamkeit beizutragen, die das Thema mittlerweile bekommt und verdient. Das folgende Kapitel widmet sich daher vor allem Frickers Theorie epistemischer Ungerechtigkeiten und daran anschließenden Erweiterungen sowie der kritischen Rezension, die die Theorie vor allem in der analytischen Philosophie erhalten hat. Anhand der Klärung tragender Aspekte der Theorie bei Fricker soll mit den für die Theorie notwendigen Charakteristika eine Landkarte entworfen werden, die einen systematischen Überblick über die Debatte liefert.[1]

Frickers Theorie epistemischer Ungerechtigkeit lenkt unsere Aufmerksamkeit auf eine wichtige Verknüpfung epistemischer Handlungsfähigkeit als Teil eines erfüllten Lebens mit den strukturellen Ungerechtigkeiten, von denen wir aufgrund unserer sozialen Positionierung, unseren sozialen Beziehungen zu anderen sowie unserer sozialen Identität betroffen sind. Von Spielarten epistemischer Ungerechtigkeit betroffen zu sein – sei es, weil man zum Schweigen gebracht wird, sich mit Ignoranz konfrontiert sieht oder Glaubwürdigkeitsdefizite erfährt –, ist mit einer Reihe an epistemischen und moralischen Schäden verbunden: Verlust epistemischen Selbstbewusstseins, Marginalisierung und Ausgrenzung von epistemischen Praktiken und hermeneutischen Ressourcen, strukturelle Blockaden des Zirkulierens von Wissen sowie soziale Ausgrenzung aufgrund dieser epistemischen Beeinträchtigungen. Analysen dieser Spielarten epistemischer Ungerechtigkeit und der damit verbundenen Schäden sind vor allem fruchtbar für eine systematische Kritik von fehlerhaft funktionierenden sozio-epistemischen Praktiken (cf. Fricker 2007, 46–51; Congdon 2007, 243).

3.1 Testimoniale und hermeneutische Ungerechtigkeit

Epistemische Ungerechtigkeit ist nach Fricker jene Ungerechtigkeit, die uns als wissendes Subjekt widerfährt. Wenn wir nicht ernst genommen werden, wenn

---

[1] Ein wichtiger Teil dieser Landkarte wurde bereits gemeinsam mit Christine Bratu in unserem 2021 erschienen Artikel vorgestellt. Ich möchte an dieser Stelle meinen Dank für die gemeinsame Forschung ausdrücken.

unsere Erfahrungen als unwichtig oder wir selbst als hysterisch oder wütend abgetan werden, oder wenn wir bestimmte Erfahrungen gar nicht erst artikulieren können, weil es die notwendigen Worte und Begriffe nicht gibt. Die meisten von uns kennen diese Situationen (was auch die Popularität von Frickers Theorie erklärt), und einige erleben sie häufiger als andere, weil sie sie in verschiedenen sozialen Dimensionen begleiten und nicht nur in bestimmten Kontexten auftreten. Typisch ist es, wenn meine Schmerzen beim Arzt als übertrieben oder psychosomatisch abgetan werden, nur weil ich die soziale Position einer Frau haben. Oder wenn ich innerhalb von Arbeitsgesprächen immer wieder unterbrochen werde, weil ich eine Frau bin. Aber während sich meine Ungerechtigkeitserfahrungen als weiße Frau auf bestimmte Kontexte beschränken, werden Schwarze Frauen in fast allen Zusammenhängen als wütend oder hysterisch behandelt. Und behinderten Frauen[2] wird fast immer das Wissen über ihren eigenen Körper und ihre eigenen Bedürfnisse aberkannt. Nach Fricker können wir dabei je nach Situation zwischen unterschiedlichen epistemischen Ungerechtigkeiten unterscheiden, zwei dieser Ungerechtigkeiten sind dabei zentral: testimoniale Ungerechtigkeit und hermeneutische Ungerechtigkeit.[3]

3.1.1 Testimoniale Ungerechtigkeit

Testimoniale Ungerechtigkeit[4] ist ein Identitätsvorurteil-belastetes Glaubwürdigkeitsdefizit (Fricker 2007, 28; im Original: *identity-prejudicial credibility deficit*). Also die Ungerechtigkeit, die uns widerfährt, wenn wir uns (a) in einer kommunikativen Situation befinden, in der (b) eine zuhörende Person H anwesend ist, die ein Vorurteil gegenüber der sozialen Gruppe hat, der wir angehören (oder deren Angehörigkeit von H angenommen wird), und (c) unserer Aussage aufgrund dieses Vorurteils weniger Glaubwürdigkeit zuspricht als uns eigentlich zusteht. Fricker

---

2 Ich verwende den Ausdruck „behinderte Person", analog zu homosexuelle Person oder weiße Person, anstatt „Person mit Behinderung" um zum Ausdruck zu bringen, dass eine Behinderung keine natürliche Eigenschaft ist, sondern eine durch die soziale Umwelt herbeigeführte Beeinträchtigung.
3 Hierbei liegt der Fokus auf Fällen, die für bestimmte Personengruppen diskriminierend sind; vgl. Fricker 1999.
4 In der deutschen Übersetzung von Fricker wird testimoniale Ungerechtigkeit als Zeugnisungerechtigkeit übersetzt. Ich werde im Folgenden den Begriff „testimoniale Ungerechtigkeit" verwenden, da zumindest alltagssprachlich im Deutschen der Begriff „Zeugnis" enger gefasst ist als im Englischen und so leicht der Eindruck entstehen könnte, es handele sich bei Zeugnisungerechtigkeit um ein sehr spezifisches Problem und eben nicht das weitverbreitete Phänomen, das Fricker hier in den Blick nimmt.

führt zur Illustration die Gerichtsszene aus Harper Lees *Wer die Nachtigal stört* (im Original: *To Kill a Mockingbird*) an: Die Szene spielt 1935 im Gerichtssaal in Maycomb County in Alabama in den USA. Der junge Schwarze Mann Tom Robinson ist angeklagt das weiße und arme Mädchen Mayella Ewell vergewaltigt zu haben. Für alle Leser*innen wird eindeutig klar, dass Tom Robinson unschuldig ist und er durch entsprechende Beweise entlastet wird – das Mädchen hat am Tag der angeblichen Vergewaltigung Prügel von jemandem bekommen, der mit der linken Hand zugeschlagen hat, und Tom Robinsons linker Arm ist durch einen Unfall in seiner Beweglichkeit eingeschränkt. Ebenso offensichtlich sollte Robinsons Unschuld auch für alle im Gerichtssaal ein. Fricker beschreibt die sich abspielende Situation folgendermaßen:

> Die Gerichtsverhandlung ist in gewisser Weise ein Kampf zwischen der Macht der Beweise und der Macht rassistischer Vorurteile, wobei sich das Urteil der ausschließlich weißen Geschworenen letztendlich den Vorurteilen beugt. [...]
> Als es zum Showdown zwischen der Aussage eines schwarzen Mannes und der eines mittellosen weißen Mädchens kommt, sind die rassenpolitischen Gebote und Verbote im Gerichtssaal quasi mit Händen zu greifen. Die Wahrheit zu berichten, ist für Tom Robinson extrem heikel, denn wenn er das weiße Mädchen verunglimpft, wird er als anmaßender, verlogener N**** gelten; doch wenn er nicht publik macht, dass Mayella Ewell versucht hat, ihn zu küssen (so wie es in Wirklichkeit geschehen war), ist seine Verurteilung fast noch sicherer. (Fricker 2023 [2007], 50)[5]

Tatsächlich zeigt die beschriebene Verhandlung, dass alle Handlungen und Aussagen von Tom Robinson von den Geschworenen und dem Richter nur vor dem Hintergrund seines ohnehin als kriminell angesehenen Schwarzseins gewertet werden. Hier haben wir es also mit einem offensichtlichen Fall von „sozialer Autorenschaft" (Bierria 2014; siehe auch Bierria 2020) zu tun, bei der die von Tom Robinson intendierten Handlungen (Wegrennen aus Angst, Helfen aus Mitleid) aufgrund bestehender Verknüpfung zwischen Schwarzsein und Kriminalität von den weißen Geschworenen umgeschrieben werden. Oder, um es mit Katharine Jenkins Worten zu sagen, 1935 in Alabama Schwarz zu sein ist an sich schon eine ontologische Ungerechtigkeit (Jenkins 2023); es schränkt die Handlungen von Tom Robinson auf willkürliche Art und Weise *qua* seiner Identitätszuschreibung ein. Nach Fricker führen die negativen Identitätsvorurteile, denen Tom Robinson hier

---

5 Kurze Anmerkung zu den Übersetzungen: Direkte Zitate aus Frickers Buch stammen ohne Ausnahme aus der 2023 erschienen deutschen Übersetzung von Antje Korsmeier. Alle anderen Angaben zu Frickers Theorie stammen aus dem 2007 veröffentlichten Originalwerk.

ausgesetzt ist, zu einem Glaubwürdigkeitsverlust – trotz der entlastenden Beweise und der glaubwürdigen Aussagen, die er macht, wird ihm dennoch nicht geglaubt.[6]

Zunächst ist es hierbei wichtig, dass testimoniale Ungerechtigkeiten bei Fricker nur dann auftreten, wenn wir es mit Glaubwürdigkeitsdefiziten zu tun haben, nicht aber im Falle von Glaubwürdigkeitsüberschuss.[7] Dies liegt, so Fricker, daran, dass wir es in Fällen von testimonialer Ungerechtigkeit mit einer falschen Bewertung der Glaubwürdigkeit der anderen Person zu tun haben; Glaubwürdigkeit aber ist kein knappes Gut und fällt nicht unter Maßstäbe der Verteilungsgerechtigkeit, sondern kann nach Belieben vergeben werden. Ein Glaubwürdigkeitsüberschuss nimmt somit keine Glaubwürdigkeit von anderen weg und stellt sich also erst einmal auch nicht als Problem dar. Bei testimonialer Ungerechtigkeit geht es vielmehr um eine besondere Art der Ungerechtigkeit, bei der einer Person „*insbesondere in [ihrer] Eigenschaft als erkennendes Subjekt* Unrecht zugefügt wird" (Fricker 2023 [2007], 46). Es geht dennoch um eine Beleidigung oder eine Verweigerung von Respekt, die sich durch das Glaubwürdigkeitsdefizit ausdrückt (vgl. Fricker 2007, 18–20).

Weiterhin ist wichtig, dass dieses Glaubwürdigkeitsdefizit durch ein Identitätsvorurteil zustande kommt. Dies schließt also Fälle von unschuldigen Irrtümern aus. Wenn wir (in dem entsprechenden Beispiel von Fricker) einer Aussage unseres Gesprächspartners wenig Glaubwürdigkeit zugestehen, weil wir – nach einer fehlerhaften Internetrecherche – davon ausgehen, dass unser Gesprächspartner Experte auf einem anderen Gebiet als dem Thema der geführten Diskussion ist, dann leidet unser Gesprächspartner hier nicht unter testimonialer Ungerechtigkeit. Es handelt sich vielmehr einfach um einen Irrtum – unabhängig davon, ob wir uns bei der Recherche größere Mühe hätten geben sollen oder ob es für uns schlicht nicht in Erfahrung zu bringen war, dass unser Gesprächspartner tatsächlich ein Experte auf eben dem Gebiet der Diskussion ist (vgl. Fricker 2007, 21–22).

Das Problem von testimonialer Ungerechtigkeit ist in der ethisch problematischen Beurteilung der Zuhörer*innen verankert. Fricker erklärt das als Beurteilung, die auf einem Identitätsvorurteil fußt (vgl. Fricker 2007, 23). Und tatsächlich führt auch nicht jedes Vorurteil zu testimonialer Ungerechtigkeit, sondern eben nur solche, die „eine Person durch die verschiedenen Dimensionen gesellschaftlichen Handelns ‚verfolgen'" (Fricker 2023 [2007], 55); ein solches „verfolgendes" Vorurteil (im Original: *tracker prejudice*) ist an die Identität der Person geknüpft, die sich

---

[6] Gaile Pohlhaus (2012) liefert eine andere Interpretation der hier beschriebenen Szene, die enger mit den Theorien von Alisa Bierria und Katharine Jenkins verknüpft ist. Ich diskutiere diese in Kapitel 4.4 im Detail. Mehr zu Bierrias Theorie sozialer Autorenschaft findet sich in Kapitel 6.5.
[7] Sowohl José Medina (2011) als auch Jennifer Lackey (2021) und Emmalon Davis (2016) argumentieren, dass auch Glaubwürdigkeitsüberschuss zu testimonialer Ungerechtigkeit führen kann. Mehr dazu in Kapitel 3.3.

durch die unterschiedlichen Bereiche wie Ökonomie, Bildung, Sexualität, Recht, etc. bewegt. Personen, die anfällig sind für testimoniale Ungerechtigkeit, sind also immer auch anfällig für alle anderen Formen von sozialer Ungerechtigkeit – eben, weil die Vorurteile allgegenwärtig sind und verschiedene Bereiche der Gesellschaft durchdringen (vgl. Fricker 2007, 27–28). Und da wir es mit Glaubwürdigkeitsdefiziten zu tun haben, sind wir hier vor allem an negativen Identitätsvorurteilen interessiert. Bevor in den Begriffsklärungen auf einzelne Aspekte dieser Definition im Detail eingegangen wird, soll hier auch der zweite paradigmatischen Fall von epistemischer Ungerechtigkeit kurz beschrieben werden.

3.1.2 Hermeneutische Ungerechtigkeit

Hermeneutische Ungerechtigkeit bezeichnet die Ungerechtigkeit, bei der *„ein wichtiger Bereich der eigenen sozialen Erfahrung aufgrund eines in der kollektiven hermeneutischen Ressource herrschenden strukturellen Identitätsvorurteils dem kollektiven Verständnis entzogen wird"* (Fricker 2023 [2007], 212). Auch diese Definition braucht eine Erklärung. Ganz generell geht es um die Idee, dass Interpretationen von Begriffen und Deutungsbemühungen immer interessengeleitet sind und innerhalb ungleicher Machtstrukturen stattfinden – dies sollte uns aus Kapitel 2 bekannt vorkommen. Die ungleiche hermeneutische Teilhabe von bestimmten sozialen Gruppen kann so dazu führen, dass bestimmte Erfahrungen nur unzureichend interpretiert oder nur durch verzerrte oder inadäquate Begriffe abgebildet sind. Um dieses Problem zu illustrieren, liefert Fricker zwei Beispiele[8]:

> (1) Wendy Sanford, die in eine großbürgerliche republikanische Familie hineingeboren wurde, litt nach der Geburt ihres Sohnes unter Depressionen. Ihre Freundin Esther Rome, die dem jüdisch-orthodoxen Glauben anhing, schleppte sie zur zweiten MIT-Sitzung mit. Wendy hatte sich von politischen Gruppierungen ferngehalten. „Ich kam in den Saal", erzählt sie, „und es wurde über Selbstbefriedigung gesprochen. Ich habe kein Wort gesagt. Ich war schockiert, ich war fasziniert. Bei einer späteren Sitzung führte jemand vor, wie man stillt. Das hat mich nicht schockiert, doch dann haben wir uns in kleine Gruppen aufgeteilt. Ich hatte mich noch nie in meinem Leben ‚in eine kleine Gruppe aufgeteilt'. In meiner Gruppe begannen die Frauen über postnatale Depression zu sprechen. In jenen fünfundvierzig Minuten wurde mir klar, dass das, wofür ich mir selbst die Schuld gab und was mein Mann mir vorwarf, nicht mein persönliches Versagen war. Es war eine Kombination aus physiologischen Faktoren und einer realen gesellschaftlichen Angelegenheit, der Vereinsamung. Diese Erkenntnis zählte zu jenen Augenblicken, die einen für immer zur Feministin machen."

---

8 Beide Beispiele zitiert aus Fricker (2023 [2007], 203 und 204–206). Für den Fall Wendy Sanford vgl. auch Brownmiller (1990, 182) und für den Fall Carmita Wood vgl. auch Brownmiller (1990, 280–81).

(2) Carmita Wood, vierundvierzig Jahre alt, geboren und aufgewachsen in der Apfelplantagenregion des Cayuga Lake, New York, und alleinige Ernährerin von zwei ihrer Kinder, hatte acht Jahre lang in der Abteilung für Kernphysik an der Cornell University gearbeitet; im Zuge dessen war sie von einer Laborassistentin zur Bürokraft aufgestiegen, die sich um administrative Aufgaben kümmerte. Wood wusste nicht, warum sie ausgewählt worden war, oder ob sie überhaupt ausgewählt worden war, aber ein renommierter Professor schien einfach nicht die Finger von ihr lassen zu können. Wood zufolge wiegte sich der angesehene Mann in den Leisten, wenn er neben ihrem Schreibtisch stand und seine Post durchsah, oder er streifte absichtlich ihre Brüste, wenn er nach irgendwelchen Papieren griff. Eines Abends, als die Labormitarbeiter von der Weihnachtsfeier nach Hause gingen, drängte er sie im Aufzug in die Ecke und küsste sie gegen ihren Willen mehrfach auf den Mund. Nach diesem Vorfall benutzte Camilla nur noch die Treppen des Laborgebäudes, um eine wiederholte Begegnung zu vermeiden. Doch der Stress, den die heimlichen Belästigungen verursachten, und ihre Versuche, den Wissenschaftler auf Distanz zu halten, während sie sich zugleich um einen freundschaftlichen Kontakt zu seiner Frau bemühte, die sie mochte, lösten bei ihr zahlreiche gesundheitliche Beschwerden aus. Wood bekam chronische Rücken- und Nackenschmerzen. Ihr rechter Daumen kribbelte und wurde taub. Sie bat um die Versetzung in eine andere Abteilung, und als diese nicht bewilligt wurde, kündigte sie. Sie fuhr nach Florida, um sich auszuruhen und zu Kräften zu kommen. Nach ihrer Rückkehr beantragte sie Arbeitslosengeld. Als der zuständige Sachbearbeiter sie fragte, warum sie ihren Job nach acht Jahren aufgegeben hatte, wusste Wood nicht, wie sie die abscheulichen Vorfälle beschreiben sollte. Sie schämte sich und es war ihr peinlich. Unter dem Druck wiederholter Nachfragen – das Formular musste ausgefüllt werden – sagte sie, ihre Gründe seien persönlicher Natur gewesen. Ihr Antrag auf Arbeitslosenunterstützung wurde abgelehnt.[9]

Beide Beispiele zeigen eine Leerstelle in den *kollektiven hermeneutischen Ressourcen*, die dazu führt, dass zwei signifikante Erfahrungen von zwei Frauen nicht adäquat verstanden und/oder artikuliert werden können. Wendy Sanford sucht bei sich selbst die Schuld für ihre „schlechte" Rolle als Mutter (und ebenso sieht ihr Mann die Schuld bei ihr) und Carmita Wood kann nicht adäquat erklären, warum sie ihre Arbeitsstelle aufgeben musste; es fehlten die Begriffe „postnatale Depression" und „sexualisierte Belästigung am Arbeitsplatz". Zwei Erfahrungen, die von

---

[9] An dieser Stelle sollte angemerkt warden, dass Carmita Wood *keine* Schwarze Frau ist. In ihrer Kritik an Frickers Theorie hermeneutischer Ungerechtigkeit schreibt Berenstain (2016, Fußnote 20), dass Fricker an keiner Stelle erwähnt, dass Carmita Wood eine Schwarze Frau ist, und legt nahe, dass dies selbst ein Fall von epistemischer Ausbeutung ist, bei der das Wissen von Schwarzen Frauen systematisch und ohne Kompensation von weißen Frauen ausgebeutet wird. Obwohl Berenstain natürlich einen wichtigen Punkt macht, indem sie darauf aufmerksam macht, dass Schwarze Frauen in weitaus höheren Zahlen von sexualisierter Belästigung am Arbeitsplatz betroffen waren als weiße Frauen, hat ihre Kritik dazu geführt, dass viele der im Verlauf der Debatte erschienen Artikel Berenstain gefolgt sind und Wood ohne weitere Recherche als Schwarze Frau beschrieben haben (und ich nehme mich selbst hiervon nicht aus). Zu Berenstains Kritik, siehe Kapitel 6.2.

einer Vielzahl von Frauen gemacht werden. Carmita Woods Geschichte aber geht noch weiter, weil sie sich an andere Frauen wendet:

> „Die Studentinnen von Lin hatten in ihrem Seminar von unerwünschten sexuellen Annäherungsversuchen berichtet, die sie bei ihren Sommerjobs erlebt hatten", so Sauvigne [eine der anwesenden Frauen]. „Und dann kam Carmita Wood herein und erzählte Lin ihre Geschichte. Uns wurde klar, dass jede von uns – die Mitarbeiterinnen, Carmita, die Studentinnen – irgendwann eine solche Erfahrung gemacht hatte, verstehen Sie? Und keine von uns hatte je jemand anderem davon erzählt. Es war einer dieser Aha-Momente, eine echte Offenbarung."
> Die Frauen hatten ihr Thema gefunden. Meyer [eine der anwesenden Frauen] machte zwei feministische Anwältinnen in Syracuse ausfindig, Susan Horn und Maurie Heins, die sich um Carmita Woods Einspruch gegen die verwehrte Arbeitslosenunterstützung kümmerten. „Und dann", berichtet Sauvigne, „beschlossen wir, dass wir eine öffentliche Kundgebung abhalten mussten, um das Schweigen über diese Sache zu brechen."
> Die „Sache", über die sie das Schweigen brechen wollten, hatte keinen Namen. „Acht von uns saßen in einem Büro der Personalabteilung", erinnert sich Sauvigne, „und überlegten, was wir auf die Plakate für unsere Kundgebung schreiben sollten. Wir bezeichneten sie [die ‚Sache'] als ‚sexuelle Einschüchterung', ‚sexuelle Nötigung' oder ‚sexuelle Ausbeutung am Arbeitsplatz'. Aber keine dieser Bezeichnungen schien zu passen. Wir suchten nach etwas, das eine Vielzahl an subtilen und weniger subtilen gängigen Verhaltensweisen abdeckt. Jemand schlug ‚Belästigung' vor. Sexuelle Belästigung! Wir waren uns sofort einig. Genau das war es." (Fricker 2023 [2007], 205–6)

Hier zeigt sich nicht nur der Kerngedanke von Frickers Ausführungen zu hermeneutischer Ungerechtigkeit, sondern auch die Art und Weise, wie kollektive Bestrebungen dazu führen können, dass Erfahrungen, die überwiegend von marginalisierten sozialen Gruppen gemacht werden, eine adäquate Beschreibung erhalten und in die *kollektiven* Begriffsressourcen aufgenommen werden können.

Bei hermeneutischer Ungerechtigkeit ist wichtig, dass es sich bei der Leerstelle in den kollektiven hermeneutischen Ressourcen um einen kognitiven Nachteil handelt. Von diesem kognitiven Nachteil sind wir alle betroffen, es gibt jedoch einen signifikanten Unterschied in der Art und Weise, in der Wood bzw. der Professor von diesem Nachteil betroffen sind – beiden fehlt der Begriff, um die Situation adäquat zu beschreiben, aber während es in Woods Interesse ist, dass ein passender Begriff gefunden wird, ist es im Interesse des Professors, dass die Leerstelle in den kollektiven hermeneutischen Ressourcen weiter bestehen bleibt (vgl. Fricker 2007, 151).[10]

---

10 Laura Beeby (2011) hat argumentiert, dass der Unterschied zwischen Wood und dem Professor nur marginal und der Schaden vor allem epistemischer Natur ist – wovon beide Seiten betroffen sind. Ich habe in meinem (2021) dafür argumentiert, dass der Schaden nicht nur epistemischer Natur ist und dass der Professor zwar unter einem hermeneutischer Aussetzer (im Original: *hermeneutical misfire*) leidet, nicht aber unter hermeneutischer Ungerechtigkeit.

Die Tatsache, so Fricker, dass Wood von der existierenden Leerstelle Schaden trägt, zeigt aber noch nicht, dass es sich hierbei um ein Unrecht handelt. Damit es sich für Wood um eine hermeneutische *Ungerechtigkeit* handelt, muss nicht nur Schaden angerichtet werden, sondern die Situation muss auch falsch sein. Und hierfür fokussiert Fricker auf die gesellschaftlichen Rahmenbedingungen, die überhaupt erst zu der hermeneutischen Leerstelle geführt haben. Die Idee ist, dass wir es hier mit hermeneutischer Marginalisierung von Frauen zu tun haben, so dass diese nicht im gleichen Maße wie Cis-Männer an den kollektiven hermeneutischen Ressourcen mitwirken können – was nun wiederum dazu führt, dass ihre Erfahrungen – wie Erfahrungen der sexuellen Belästigung – nicht adäquat von der kollektiven hermeneutischen Ressource widergespiegelt werden. Dieser grundlegende Gedanke erinnert an die Überlegungen zur testimonialen Ungerechtigkeit; die soziale Identität der betroffenen Person hat einen Einfluss darauf, wie gut diese die gesellschaftlichen Dimensionen navigieren kann (vgl. Fricker 2007, 152).

3.1.3 Moralische Falschheit epistemischer Ungerechtigkeit

Ein grundsätzlicher Gedanke von Frickers Theorie ist der, dass wir *qua* Person einen moralischen Anspruch darauf haben, an epistemischen Praktiken teilzuhaben; und das bedeutet konkret, dass wir einen Anspruch darauf haben, als glaubwürdig zu gelten – es sei denn, es gibt starke Belege, die gegen unsere Glaubwürdigkeit sprechen (vgl. Fricker 2015). Aber diese Teilhabe ist in unserer wenig idealen Welt nicht immer und nicht für alle gegeben, was uns zum Thema der epistemischen Ungerechtigkeit bringt. Epistemische Ungerechtigkeiten können sowohl strukturellen bzw. systematischen Charakter als auch zufälligen Charakter haben. Zufällige Szenarien epistemischer Ungerechtigkeit treten dann auf, wenn der Grund für die testimoniale oder hermeneutische Ungerechtigkeit das wissende Subjekt nicht auch in anderen Kontexten „verfolgt" oder nicht an einen wichtigen Teil der eigenen Identität geknüpft ist. Stellen wir uns vor, eine Dozentin nimmt im Rahmen eines Seminars zunächst alle Studierenden dran, die etwas Grünes an sich tragen. Student X trägt nichts Grünes an sich und kommt daher erst in der zweiten Runde dazu, seinen Wortbeitrag zu machen. Student X kann also in der ersten Runde sein Wissen nicht mitteilen – obwohl er dies gerne täte –, dennoch hat dies weder mit seiner Identität zu tun noch verfolgt ihn die Tatsache, dass er nichts Grünes an sich trägt, in andere Kontexte; Studierende, die nichts Grünes an sich tragen, sind ansonsten nicht von Diskriminierung oder anderen Ungerechtigkeiten betroffen.

Systematische testimoniale Ungerechtigkeiten – und dazu weiter unten ausführlicher – sind durch geteilte Vorurteile mit anderen Formen von Ungerechtigkeit verbunden; eine Person wird nicht nur im Kontext der spezifischen testimonialen

Ungerechtigkeit aufgrund ihres Geschlechts, ihrer Herkunft, ihrer politischen oder religiösen Einstellung, ihrer ökonomischen Klasse oder ihres Bildungshintergrunds benachteiligt, sondern wird auch in den meisten anderen sozialen Kontexten aufgrund eben dieser Identitätsvorurteile benachteiligt oder unterdrückt.

Ebenso bei hermeneutischen Ungerechtigkeiten: Zufällige hermeneutische Ungerechtigkeiten sind nicht an die existierende Machtverteilung geknüpft, obwohl sie sehr wohl in besonderer Weise mit der Identität der betroffenen Person verbunden sein können. Systematische Fälle von hermeneutischer Ungerechtigkeit setzen notwendigerweise beständige und kontextübergreifende hermeneutische Marginalisierung voraus, zufällige Fälle sind nur von vorübergehender oder kontextabhängiger hermeneutischer Marginalisierung gekennzeichnet.[11] Frickers Beispiel für zufällige hermeneutische Ungerechtigkeit ist hierfür illustrativ. In Ian McEwans *Enduring Love* wird Joe von einem jungen Mann mit dem Namen Jed Perry gestalkt; da Jed Perry aber keinerlei physische Gewalthandlungen vollführt und auch nicht androht und es keine rechtliche Kategorie gibt, mit der Joes Problem adäquat beschrieben werden kann, verstehen weder Joes Partner noch die Polizei Joes Situation. Klarerweise ist dieser Fall von hermeneutischer Marginalisierung für Joe kontextspezifisch und vorübergehend; Joe ist ansonsten nicht von hermeneutischer Marginalisierung betroffen (vgl. Fricker 2007, 156–7). Aber der Fall ist trotzdem in besonderer Weise an Joes Identität geknüpft, so ist einer der Hauptgründe dafür, dass Joe mit seiner Situation nicht ernst genomen wird, die Tatsache, dass er ein Mann ist und ihm daher stereotypisch kein besonderes Bedürfnis nach Schutz vor anderen Männern zugeschrieben wird. Joe ist also von hermeneutischer Ungerechtigkeit betroffen, nicht *weil* er, sondern *obwohl* er eine bestimmte soziale Identität hat (vgl. Fricker 2007, 158). Ganz anders verhält es sich wäre Joe eine Frau. Erst kürzlich wurde in den Medien über die unterschiedliche Wahrnehmung von Frauen und Männern im Hinblick auf Sicherheit in urbanen Räumen berichtet. Diese Berichterstattung war unter anderem von Fällen ausgelöst, bei denen sich Frauen von einem Mann verfolgt gefüllt haben – obwohl die Männer nichts unternahmen, um den Frauen körperlich Schaden zuzufügen, sind sie ihnen demonstrativ und über einen längeren Zeitraum gefolgt. Da es aber zu keinem Moment zu einem tatsächlichen Zusammentreffen kam, berichteten die Frauen, dass es ihnen an einer Grundlage fehlte, um sich von anderen Personen Hilfe zu holen. Statt die psychische Belastung dieser Situation – die bei allen Frauen auch

---

[11] Tatsächlich liefert Fricker eine allgemeingültige Definition für hermeneutische Ungerechtigkeit, die sowohl Fälle systematischer als auch zufälliger Natur einschließt: Hiernach ist hermeneutische Ungerechtigkeit die Ungerechtigkeit bei der *„aufgrund hermeneutischer Marginalisierung ein wichtiger Bereich der eigenen sozialen Erfahrung dem Verständnis der Allgemeinheit entzogen wird"* (Fricker 2023 [2007], 216).

lange nach dem Erlebnis noch anhielt – anhand von Geschlechterhierarchien und der realen Bedrohung körperliche und sexualisierte Gewalt zu erleben, mit der Frauen tagtäglich umgehen müssen, richtig einzuordnen, haben sie an sich selbst gezweifelt. Das Fehlen von hermeneutischen Ressourcen über die gefühlte Sicherheit in urbanen Räumen und die Geschlechterunterschiede eben dieser, verfolgt Frauen durch unterschiedliche Kontexte und ist daher anders einzuordnen als der Fall von Joe.

Nun sind zufällige epistemische Ungerechtigkeiten natürlich trotzdem ethisch problematisch, denn auch wenn sie nur begrenzt auftreten und sich eben nicht über eine Vielzahl von Kontexten erstrecken, können sie dennoch beständig sein; beispielsweise könnte die zufällige epistemische Ungerechtigkeit im Arbeitskontext, in der Familie oder im Freundeskreis auftreten, so dass sie dazu beiträgt, dass die Person in einem für ihre Weiterentwicklung oder ihr Wohlbefinden wichtigen Kontext nicht das nötige epistemische Selbstvertrauen aufbauen kann. Nach Fricker bezeichnet die Eigenschaft *beständig* die diachrone Dimension, die den Schweregrad und die Signifikanz epistemischer Ungerechtigkeit bemisst, während *systematisch* die synchrone Dimension beschreibt; dabei gilt natürlich, dass die problematischsten epistemischen Ungerechtigkeiten sowohl beständig als auch systematisch sind.

Diese Überlegungen implizieren allerdings eine andere Frage, die in den Bereich normativer Ethik fällt. Zwar besteht Einigkeit darüber, dass epistemische Ungerechtigkeiten moralisch falsch sind, gleichzeitig aber Uneinigkeit, *was* epistemische Ungerechtigkeit moralisch falsch macht; einige versuchen, diese Frage in der Tradition kantianischer Ethik zu beantworten, andere bemühen werte-theoretische Positionen oder Sozialvertragstheorien, wieder andere Theorien der Objektifizierung oder Anerkennung. Tatsächlich liefert auch Fricker selbst keine eindeutige und auf eine Tradition zugeschnittene Antwort, sondern verbindet Aspekte unterschiedlicher Theorien. Es soll sich an dieser Stelle darauf beschränkt werden, einen groben Überblick geben[12]:

(1) Problematische Konsequenzen: Der moralische Schaden von epistemischen Ungerechtigkeiten liegt zum einen in den epistemischen und praktischen Konsequenzen, die zu Lasten der Personen gehen, die epistemisch ungerecht behandelt werden, und zum anderen in den Schäden, die in der epistemischen Ökonomie entstehen. Tatsächlich unterscheidet Fricker zwischen primären und sekundären Schäden, die eine Person erleiden kann – und es sind eben jene sekundären

---

[12] Ich folge in dieser knappen Beschreibung Congdon (2017); für eine detaillierte Diskussion sei sein Text empfohlen. In Kapitel 7.3 liefere ich ein Argument dafür, warum die moralische Falschheit von epistemischen Ungerechtigkeiten als Anerkennungsbruch verstanden werden sollte.

Schäden, die unter dem Stichwort „problematische Konsequenzen" zusammengefasst werden können. Sekundäre Schäden beschreiben hierbei die möglicherweise eintretenden Nachteile, die sich aus spezifischen Handlungen epistemischer Ungerechtigkeiten ergeben. Dabei kann wiederum zwischen praktischen und epistemischen Konsequenzen unterschieden werden.

Ein Beispiel für praktische Konsequenzen, die sich aus testimonialer Ungerechtigkeit (dazu mehr im folgenden Abschnitt) ergeben, wäre die Verurteilung einer Person, der vor Gericht aufgrund von vorurteilsbelasteten Bewertungen keine Glaubwürdigkeit zugestanden wird.[13] Beispiele für epistemische Konsequenzen finden sich in Beschreibungen, wonach Personen, die von testimonialer Ungerechtigkeit betroffen sind, mit Zweifeln an den eigenen kognitiven Fähigkeiten zu kämpfen haben. So beschreibt Linda Alcoff die Geschichte einer jungen Chicana, die sich mit einer unhaltbaren Beschwerde konfrontiert sieht und als Konsequenz daraus an ihren eigenen intellektuellen Fähigkeiten zu zweifeln beginnt:

> Linda Martín Alcoff erzählt die Geschichte einer befreundeten Philosophieprofessorin ohne feste Anstellung, einer Chicana, die Opfer der Beschwerden eines weißen männlichen Assistenten wurde, der ihr den Rang ablief. Sie glaubte, und der Geschichte zufolge hatte sie gute Gründe zu glauben, dass seine Beschwerden völlig unbegründet waren; aber Alcoff erzählt, dass diese junge Professorin dennoch von ihren Kollegen nur wenig Glaubwürdigkeit für ihre Darstellung der Angelegenheit erhielt, bis ein älterer weißer Professor die gleiche Art von Beschwerden von eben diesem Studenten zu hören bekam: „Dieser ältere Professor kam dann zu dem Schluss, dass der Student nicht wirklich ein Problem mit meiner Freundin hatte, sondern mit Autorität in jeglicher Form. Und der Rest ihrer Kollegen änderte daraufhin seine Meinung über sie und bemühte sich, sie wieder in die Gemeinschaft aufzunehmen. [...] Sie litt zwei Jahre lang unter Ängsten und Selbstzweifeln wegen dieser Blockade in ihrer Karriere. (Fricker 2007, 48; vgl. Alcoff 2000, 248; eigene Übersetzung).

Das Beispiel illustriert, wie stark und langwierig die Konsequenzen aus epistemischen Ungerechtigkeiten für die eigene Entfaltung und die eigenen Projekte sein können.

Eine andere Form problematischer Konsequenzen lässt sich in der epistemischen Ökonomie finden; epistemische Ökonomie beschreibt hier die Art und Weise, auf die wir mit Wissen handeln, Wissenspraktiken ausführen, Wissensressourcen zur Verfügung stellen und Wissen durch Austausch akquirieren. Tatsächlich wird nicht nur einzelnen Individuen oder sozialen Gruppen geschadet, wenn diese von unseren epistemischen Praktiken ausgeschlossen werden, sondern der Gemeinschaft im Allgemeinen. Durch epistemische Ausschlüsse und andere Formen epistemischer Ungerechtigkeit – sowohl in Bezug auf die Abwertung testimonialer

---

[13] Siehe hierzu Lackey (2023).

Aussagen als auch die Organisation unserer hermeneutischen Ressourcen – geht uns Wissen verloren, das in der Konsequenz nicht in die dominanten und kollektiven Wissensressourcen aufgenommen werden kann.

Wie Congdon (2017, 244–5) festhält, lässt sich dieser Gedanke nicht nur bei Fricker finden, sondern auch schon in utilitaristischen Beschreibungen, in denen es um die Unterdrückung von Gedanken und Rede geht. So warnt J.S. Mill beispielsweise davor, dass wir uns durch den Ausschluss bestimmter Gedanken der Möglichkeit berauben, falsche von wahren Aussagen zu unterscheiden (1977, 229) und wichtige Lebensexperimente nicht stattfinden, die zur Entwicklung beitragen können (1977, 260–1). Diese kollektiven Konsequenzen beschreiben die *Dysfunktion* des epistemischen Systems bzw. der epistemischen Ökonomie (vgl. Fricker 2007, 43).

Allerdings scheinen weder die kollektiven noch die oben genannten praktischen und epistemischen Konsequenzen das moralische Problem vollständig abzubilden; in Fällen epistemischer Ungerechtigkeit lässt sich eine moralische Verletzung ausmachen, die über diese utilitaristische Beschreibung hinausgeht. So zeigt Jeremy Wanderer (2012, 149–53) die folgende Situation: Aufgrund von negativen Identitätsvorurteilen ignoriert ein weißer Schwimmer die Warnungen vor Haien eines Schwarzen Rettungsschwimmers und wird in der Konsequenz von Haien attackiert.[14] Bei diesem Beispiel scheinen die praktischen Konsequenzen ausschließlich auf Seiten des weißen Schwimmers zu liegen, die Tatsache, dass er den Rettungsschwimmer falsch behandelt hat, spielt dabei keine Rolle; es muss demnach noch eine weitere moralische Bewertung der Situation geben. Dies hat Fricker, so wie auch andere, veranlasst, die oben angeführten Konsequenzen als sekundäre Schäden zu beschreiben und von sogenannten primären Schäden zu unterscheiden.

(2) Epistemische und Ethische Laster: Primäre Schäden, die sprechende Personen in Fällen testimonialer Ungerechtigkeit treffen, lassen sich dadurch beschreiben, dass die zuhörende Person eine moralisch problematische Haltung gegenüber der sprechenden Person einnimmt, eine Haltung, die den moralisch defizitären Charakter der zuhörenden Person zum Ausdruck hat; epistemische Ungerechtigkeit – in diesem Fall testimoniale Ungerechtigkeit – ist nicht nur moralisch falsch, sondern eine moralische falsche Behandlung einer *Person*.[15] So argumentiert Fricker, dass Bewertungen der Glaubwürdigkeit einer Person als Formen ethischer Wahrnehmung verstanden werden sollten (Fricker 2007, 60–85). Hiernach nehmen wir sprechende Personen direkt als glaubwürdig oder unglaubwürdig bzw. kompetent oder inkompetent wahr. Das bedeutet allerdings nicht, dass unsere direkte

---

14 Es sollte an dieser Stelle zumindest angemerkt werden, dass das Beispiel selbst auf eine sehr stereotypische aber falsche Annahme von Haien als für den Menschen äußerst gefährlichen Tieren rekurriert. Ich danke meinem 5-jährigen Sohn für diese Richtigstellung.
15 Siehe auch Tanessini (2023, 2021, 2018).

Wahrnehmung natürlicherweise gegeben ist, vielmehr ist sie das Resultat unserer Sozialisierung und kulturellen Einstellungen; innerhalb der Sozialisierung haben wir die Möglichkeit, uns zu tugendhaften Hörenden zu entwickeln oder eben nicht (Fricker 2007, 69). Fälle testimonialer Ungerechtigkeit sind demnach Fälle, in denen Identitätsvorurteile unsere Wahrnehmung einer anderen Person negativ beeinflussen und wir uns „lasterhaft" verhalten, dies zeugt wiederum von einem schlechten epistemischen und ethischen Charakter unsererseits. Die offensichtliche Lösung ist die Erarbeitung „kritischer Offenheit" (Fricker 2007, 69) beim Umgang mit anderen Personen. Angesichts der Tatsache, dass Fricker negative Identitätsvorurteile als überwiegend unterbewusst operierend beschreibt, bleibt hier allerdings fraglich, inwieweit Individuen überhaupt in der Lage sind, solche Tugenden zu erlangen – vor allem in Anbetracht der Sozialisierung innerhalb sexistischer, rassistischer und anderer problematischer Strukturen.[16]

(3) Epistemische Objektifizierung: Eine weitere Möglichkeit, den spezifischen moralischen Schaden von epistemischen Ungerechtigkeiten zu erkennen, lässt sich ausgehend von Kant formulieren. In Kants *Grundlegung zur Metaphysik der Sitten* findet sich die Unterscheidung von Handlungen, bei denen eine Person entweder als Zweck an sich oder als Mittel zum Zweck verwendet wird. Fricker folgt dieser Unterscheidung, indem sie im Hinblick auf Situationen des Wissensaustauschs zwei Möglichkeiten beschreibt, Sprechende zu behandeln: Erstens als *Informanten,* also als kompetente epistemische Handelnde, deren testimoniale Aussage als Grund gesehen wird, Glaubwürdigkeit zu schenken, und zweitens als *Informationsquelle,* also als „beobachtbares Merkmal der von anderen erlebten Umwelt, aus dem durch Wahrnehmung und Schlussfolgerung Informationen gewonnen werden können" (Congdon 2017, 247; vgl. Fricker 2007: 132; eigene Übersetzung). Während Informanten vollwertige Teilhabende in einer epistemischen Gemeinschaft sind, haben Informationsquellen nicht selbst epistemische Handlungsfähigkeit. Dies bedeutet nicht, dass Informanten und Informationsquellen sich gegenseitig ausschließen; epistemisch problematisch – und hier folgt der Rückgriff auf Kant – wird es erst dann, wenn ich eine Person *nur* als Informationsquelle benutze. Ein Beispiel kann helfen: Es ist nicht problematisch, wenn ich meinen Partner als Kopfkissen verwende, solange ich ihn eben nicht *nur* als Kopfkissen verwende (vgl Nussbaum 1995). Genauso wenig ist es problematisch, wenn ich aufgrund seiner nassen Haare darauf schließe, dass es draußen regnet. Problematisch wird dies erst dann, wenn ich auch weiterhin auf den Regen beharre, obwohl mein Partner mir erzählt, dass sein Haar nass ist, weil er gerade geduscht hat.

---

[16] Diese Frage wird in Kapitel 4 zu Unwissenheit und Ignoranz im Detail diskutiert.

Congdon hat allerdings anhand eines Beispiels gezeigt, dass wir uns nicht in allen Fällen testimonialer Ungerechtigkeit auf epistemische Objektifizierung berufen sollten. Das Beispiel liest sich folgendermaßen:

> Herr B., ein bosnischer Staatsbürger und Muslim, wird seit sieben Jahren ohne Anklage in Guantanamo festgehalten, wo er in Verhören gefoltert wird. Seine Festnahme wurde im Rahmen einer präventiven Fahndung nach Kollaborateuren bei einem Bombenanschlag in der Botschaft angeordnet. Tatsächlich war Herr B. jedoch weder an diesem Komplott noch an damit zusammenhängenden Handlungen beteiligt und hatte auch keine Kenntnis davon. Wiederholt sagt Herr B. seinen Entführern, dass er nichts weiß, was nur zu weiterer Folter führt. Herr B. macht aufrichtig und kompetent die Aussage „Ich weiß nichts", die jedoch aufgrund von Vorurteilen bezüglich seiner muslimischen Identität als unglaubwürdig eingestuft wird. (Congdon 2017, 247; eigene Übersetzung)

Hier von epistemischer Objektifizierung zu sprechen wäre irreführend, Herr B. wird schließlich vor allem *aufgrund* seines Status als wissende Person gefoltert. Die Idee dabei ist nicht, dass in diesem Beispiel trotz der moralisch schädlichen epistemischen Ungerechtigkeit auch – zumindest teilweise – epistemische Subjektivität zum Tragen kommt, sondern vielmehr, dass es scheinbar Formen epistemischer Ungerechtigkeit gibt, „die strukturell von der epistemischen Subjektivität des Sprechers *abhängen*" (Congdon 2017, 247; eigene Übersetzung)[17]; das Bild, wonach die moralische Falschheit epistemischer Ungerechtigkeit allein auf epistemische Objektifizierung zurückzuführen ist, kann daher nicht stimmen. Ohne uns notwendigerweise darauf zu einigen, welcher Aspekt testimonialer – oder allgemeiner ausgedruckt: epistemischer Ungerechtigkeit – der moralisch entscheidende Aspekt ist, können wir jedoch sagen, dass sowohl testimoniale wie auch hermeneutische Ungerechtigkeit gemeinsam haben, dass ihr primärer Schaden darin liegt, die Identität von Subjekten zu beeinträchtigen oder zu verfälschen (vgl. Fricker 168). Eine weitere Möglichkeit, diesen Schaden auszubuchstabieren, ist mithilfe von Werkzeugen der Anerkennungstheorie; was in Kapitel 7.3 im Detail gezeigt werden soll.

---

[17] Einen ganz ähnlichen Punkt macht Pohlhaus (2012 und 2014) unter Berücksichtigung von epistemischer Ausbeutung; nach ihr liegt der primäre Schaden von epistemischer Ungerechtigkeit darin, dass es eine Art *Epistemic Othering* ist. Und offensichtlich ist an dieser Stelle auch der Bezug zu Hegels Herr-Knechtschaft Dialektik: Das Bedürfnis des Herrn, dass der Knecht seine Autorität anerkennt, kann nur dann realisiert werden, wenn der Herr den Knecht auch als Autorität über eben diese Anerkennung sieht. Siehe McGlynn (2020 und 2021) für eine Verteidigung der Theorie epistemischer Objektifizierung; siehe außerdem McGlynn (im Erscheinen) für eine detaillierte Übersicht über Frickers Theorie und die moralischen Aspekte dieser Theorie.

3.2 Begriffsklärungen

Einige Begriffe, die in den obigen Ausführungen zu testimonialer und hermeneutischer Ungerechtigkeit schon benannt wurden, verdienen eine detailliertere Beschreibung, da sie entweder besonders wichtig für die Phänomene sind, die Fricker versucht, in den Fokus zu nehmen, oder weil sich hier besonders starke Kritik an den von Fricker gesetzten Definitionen entfaltet hat. Im Folgenden soll zunächst auf Identitätsmacht und Identitätsvorurteile eingegangen werden; Identitätsmacht ist der zugrundeliegende Baustein für alle Formen von epistemischer Ungerechtigkeit, und Identitätsvorurteile sind notwendig, damit eine Situation als testimoniale Ungerechtigkeit gewertet werden kann (zudem gibt es hier einige interessante psychologische Lektionen). Danach soll etwas zum Äquivalent bei hermeneutischer Ungerechtigkeit gesagt werden, nämlich der hermeneutischen Marginalisierung. Bei Fricker gilt: Ohne hermeneutische Marginalisierung keine hermeneutische Ungerechtigkeit (so wie es ohne negative Identitätsvorurteile keine testimoniale Ungerechtigkeit geben kann). Allerdings wurde gerade die Idee der hermeneutischen Marginalisierung und der daran anschließenden kollektiven hermeneutischen Ressourcen stark kritisiert, wie sich in Kapitel 3.2.3 zeigen wird.

3.2.1 Identitätsmacht

Frickers Theorie epistemischer Ungerechtigkeit baut auf der Kernidee auf, dass soziale Identität – oder die soziale Position – relevant für Machthierarchien ist. Um zu verstehen, welche Rolle (soziale) Macht und Identität in Frickers Theorie spielen, muss etwas ausgeholt werden. Nach Fricker (2007, 9–10) besteht soziale Macht darin, die Fähigkeit zu haben, Dinge in der Welt zu beeinflussen; soziale Macht kann also sowohl aktiv als auch passiv ausgeübt werden. Fricker illustriert soziale Macht mit dem Beispiel der Mitarbeiter*innen beim Ordnungsamt: Diese können Strafzettel für Falschparken ausstellen, tun sie das auch tatsächlich, dann haben wir es mit einem Fall von aktiver sozialer Macht zu tun. Aber auch wenn sie von ihrer Fähigkeit keinen Gebrauch machen, hätten sie dennoch die Macht dazu – und hier haben wir es mit einem Fall von passiver sozialer Macht zu tun; wir müssen also unsere soziale Macht nicht ausüben, um diese zu haben.

Soziale Macht ist, so Fricker, zudem dyadisch, sie verbindet die Partei, die soziale Macht ausübt, mit der Partei oder den Parteien, deren Handlungen beeinflusst werden. In diesem Fall ist soziale Macht also Handlungsmacht; eine Person oder Gruppe hat diese Macht inne. Soziale Macht kann aber auch rein strukturell ausgeübt werden, zum Beispiel wenn eine soziale Gruppe von bestimmten demokratischen Prozessen ausgeschlossen wird. In Deutschland durften beispielsweise behinderte Personen, die sich in rechtlicher Betreuung befanden, bis 2021 nicht an Wahlen teilnehmen. In diesem Fall gab es keine Einzelperson oder Gruppe, die behinderte Personen in rechtlicher Betreuung an der Wahlausübung hinderte, aber die institutionellen Regeln waren so, dass behinderte Personen von einem wichtigen Aspekt politischer Partizipation ausgeschlossen waren.[18]

Aber auch Handlungsmacht – also Machtausübung durch Subjekte – kann ein strukturelles Phänomen sein. Das hat damit zu tun, dass strukturelle und interpersonale Machtbeziehungen innerhalb von sozialen Räumen zum Tragen kommen; wir können Macht (a) nur gegenüber anderen und (b) nur innerhalb von funktionierenden gesellschaftlichen Systemen – mit Institutionen und geteilten Bedeutungen, Erwartungen etc. – ausüben. Anders gesagt: Gäbe es keine anderen, hätten wir auch keine Macht. Was wir hieraus also ableiten können, ist die Tatsache, dass es in allen Fällen von sozialer Macht ein Objekt gibt, das auf irgendeine Art und Weise kontrolliert wird – und das ist auch bei rein struktureller Macht der Fall, wenn es also kein Subjekt gibt, das die Macht ausübt (vgl. Fricker 2007, 12–13). Fricker liefert also folgende Definition von sozialer Macht:

> *Soziale Macht ist eine praktische und gesellschaftlich situierte Fähigkeit, die Handlungen anderer Personen zu beeinflussen, wobei diese Fähigkeit von bestimmten sozialen Akteuren (aktiv oder passiv) ausgeübt werden oder aber rein strukturell wirken kann.* (Fricker 2023[2007], 38)

Nach dieser Definition ist Macht nicht notwendigerweise etwas Negatives, Machtausübung muss daher auch nicht notwendigerweise jemandem schaden. Allerdings, so Fricker, zeigt die Tatsache, dass es sich bei sozialer Macht immer auch irgendwie um Kontrolle handelt, zumindest, dass wir vorsichtig sein sollten: „Wo immer Macht am Werk ist, sollten wir bereit sein zu fragen, wer oder was jemanden kontrolliert und warum" (Fricker 2023[2007], 38).

Damit haben wir zwar geklärt, was soziale Macht ist, aber noch nicht, was sich hinter dem Begriff der Identitätsmacht verbirgt, der für testimoniale Ungerechtigkeit eine tragende Rolle spielt. Nach Fricker hat soziale Macht zunächst einfach mit der praktischen Abstimmung unserer Handlungen zu tun, Identitätsmacht erfordert darüber hinaus eine „*gedankliche* soziale Koordinierung, also ein Zusammenwirken geteilter Vorstellungen" (Fricker 2023[2007], 39). Die Idee ist, dass einige Fälle von Machtausübung nicht nur etwas mit unserer sozialen Identität zu tun haben, sondern zudem voraussetzen, dass wir ähnliche begriffliche Vorstellungen hinsichtlich der relevanten sozialen Identität haben. So haben wir beispielsweise geteilte Vorstellungen darüber, was es bedeutet, eine Frau oder ein Mann zu sein,

---

[18] Anderson (2012) fokussiert explizit auf Fälle epistemischer Ungerechtigkeit, in denen wir es nicht mit Akteursmacht, sondern struktureller Macht zu tun haben; siehe dazu Kapitel 7.4.

homo- oder heterosexuell, jung oder alt, beeinträchtigt oder abled-bodied und so weiter – was sicherlich nicht heißt, dass wir uns über den genauen Inhalt unserer Vorstellungen nicht trotzdem streiten können, wie es gerade vor allem in Bezug auf den Begriff der Frau passiert.

Identitätsmacht ist jedenfalls dann am Werk, wenn Machtausübung in besonderem Maße auf „gemeinsamen Imaginationen und Begriffen von sozialer Identität beruht" (Fricker 2023[2007], 39). Ein Beispiel kann helfen: Nach Fricker findet sich Gender-Macht – also Identitätsmacht in Bezug auf das soziale Geschlecht – in Patricia Highsmith' Roman *Der talentierte Mr. Ripley* (im Original: *The Talented Mr Ripley*), wenn Mr. Greenleaf auf Marge Sherwoods Verdacht, der gemeinsame Freund Tom Ripley könne etwas mit dem Tod seines Sohnes und ihres Verlobten Dickie zu tun haben, erklärt, „Marge, es gibt weibliche Intuition, und es gibt Fakten" (vgl. Fricker 2023[2007], 9 und 14; siehe auch Minghella 2000, 130). Greenleaf bringt Marge zum Schweigen, indem er seine Identität als Mann benutzt, um ihr Verhalten (als Frau) zu beeinflussen. Und die Tatsache, dass er dies so einfach tun kann, zeigt auch schon, dass er – aufgrund der gesellschaftlichen Rahmenbedingungen und den geteilten Vorstellungen davon, was es bedeutet Frau oder Mann zu sein – diese Identitätsmacht ihr gegenüber innehat, ob er nun von ihr Gebrauch macht oder nicht. Das Beispiel zeigt, dass Identitätsmacht nicht bewusst gebraucht werden muss; tatsächlich schätzt Greenleaf Marge und stützt sich hier unbewusst auf eine kollektive Vorstellung davon, dass Frauen weniger rational und übermäßig emotional sind (vgl. Fricker 2023[2007], 15).

Es zeigt aber auch, dass Greenleafs Identitätsmacht nur deshalb funktioniert, weil es die geteilte Vorstellung davon gibt, dass Frauen eben übermäßig emotional sind; Greenleafs Macht wäre bei weitem nicht so groß, würde Marge empört reagieren und ihm vorhalten, Schwachsinn zu reden, wenn er noch nicht mitbekommen hat, dass Frauen genauso rational sind wie Männer, ja, mehr noch, dass Frau und Mann nichts weiter sind als sozial konstruierte Kategorien – etwas, was eine heutige Marge vielleicht tun würde, was aber zur Zeit des talentierten Mr Ripley schlicht undenkbar war. Dies bedeutet jedoch nicht, dass in allen Fällen von Identitätsmacht alle Beteiligten die heraufbeschworenen Identitätsbeschreibungen auch tatsächlich akzeptieren müssen; wichtig ist, dass der *modus operandi* von Identitätsmacht auf der „Ebene kollektiver sozialer Imagination" (Fricker 2023 [2007], 40) stattfindet. Und natürlich geht Identitätsmacht in fast allen Fällen Hand in Hand mit anderen Formen sozialer Macht.

Wie genau funktioniert Identitätsmacht nun in Fällen testimonialer Ungerechtigkeit? Nach Fricker ist Identitätsmacht ein integraler Bestandteil kommunikativer Situationen, insofern als die Zuhörerenden in diesen Situationen bei der Glaubwürdigkeitsbeurteilung der Sprechenden auf soziale Stereotype zurückgreifen. Nochmal langsam: Stellen wir uns vor, wir befinden uns in einem kommunikativen Austausch über eine bevorstehende Waldwanderung. Und stellen wir uns weiter vor, dass unser Gegenüber uns davor warnt, ohne Kopf- und Nackenschutz in den Wald zu gehen, weil wir sonst von einer Zecke gebissen werden könnten. Nun habe ich mehrere Möglichkeiten, diese Aussage zu bewerten. Vielleicht weiß ich, dass Zecken sich gar nicht von oben herabfallen lassen, sondern an Grashalmen, Farnwedeln oder Gebüsch sitzen, dann werde ich der Aussage wenig Beachtung schenken. Aber nehmen wir an, dass ich diese Informationen nicht habe, dann werde ich meine Bewertung sehr wahrscheinlich an der Person festmachen, die mich gewarnt hat. Vielleicht weiß ich, dass die Person Försterin ist, dann werde ich der Aussage wahrscheinlich fälschlicherweise Beachtung schenken. Aber nehmen wir an, ich weiß nicht, welchen Beruf oder welche Qualifikationen die Sprecherin hat, sehe aber, dass sie eine Frau ist und vertrete die in der Gesellschaft weit geteilte Auffassung, dass Frauen oftmals ängstlicher sind, als es nötig ist, so bewerte ich die Aussage als nicht besonders glaubwürdig. In diesem Fall wird die Sprecherin als Wissende zu Unrecht abgewertet – und dies ist sogar dann der Fall, wenn die Aussage sich – wie bei den Zecken – tatsächlich als fehlerhaft herausstellen sollte (vgl. Fricker 2007, 15–16). Im Folgenden soll detaillierter darauf eingegangen werden, was Identitätsvorurteile eigentlich sind.

3.2.2 Identitätsvorurteile

Hier interessiert uns, was Vorurteile eigentlich sind und warum sie die Glaubwürdigkeit – wie oben – beeinträchtigen können. Ganz allgemein gesprochen sind Stereotype *„weit verbreitete Assoziationen zwischen einer bestimmten sozialen Gruppe und einer oder mehrerer Eigenschaften"* (Fricker 2023 [2007], 59). Diese Bestimmung ist (a) neutral in Bezug auf die Verlässlichkeit der Stereotype, (b) breit gefasst, so dass sie sowohl Überzeugungen als auch andere kognitive Zustände zulässt, und (c) neutral in Bezug auf die positive, neutrale oder negative Wertigkeit der Stereotype. Dies lässt sich, so Fricker, an vielen Stereotypen sehen; das Stereotyp, dass Frauen intuitiv sind, kann in bestimmten Kontexten, in denen Intuition gleichgesetzt wird mit Irrationalität, abwertend sein, aber in anderen Kontexten, in denen Intuition vorteilhaft ist, jedoch aufwertend (vgl. Fricker 2007, 31).

Tatsache ist, dass es in der sozialpsychologischen Forschung mittlerweile als anerkannt gilt, dass die meisten unserer Entscheidungen nicht auf rationale und logische Entscheidungsprozesse zurückgehen, sondern vielmehr auf Stereotypen aufbauen. Das ist erstmal nicht schlimm; Stereotype helfen uns, koordiniert unseren Alltag zu navigieren, ohne dass wir vor jeder neuen Handlung zunächst eine „Denkpause" brauchen, um alle möglichen Gegebenheiten und Infos zu bewerten. Zum Beispiel hilft das sehr allgemeine Stereotyp, dass (viele) Raubtiere gefährlich sind, damit wir Raubtieren aus dem Weg gehen. Und ebenso benutzen wir Stereotype, um in Gesprächssituationen eine schnelle Beurteilung über die Glaubwürdigkeit unseres Gegenübers zu bekommen. Diese können durchaus verlässlich sein, so wie im Beispiel der Försterin, der wir aufgrund ihres Berufs Kompetenz zusprechen.

Viele Stereotype, die in kommunikativen Situationen zum Einsatz kommen, sind allerdings Identitätsvorurteile; sie haben eine negative Wertung und sind nicht verlässlich. Allerdings, so Fricker, ist die Tatsache, dass ein Stereotyp eine nichtverlässliche empirische Verallgemeinerung darstellt, noch nicht ausreichend, um davon zu sprechen, dass es sich dabei um ein Vorurteil handelt; schließlich könnte es sich auch um einen unverschuldeten Irrtum handeln (vgl. Fricker 2007, 32–33). Fricker bedient sich zur Unterscheidung zwischen unverschuldeten Irrtümern und Vorurteilen einem Beispiel von Nomy Arpaly:

> Nehmen wir Solomon. Er ist „ein Junge, der in einem kleinen, abgelegenen Bauerndorf in einem armen Land lebt" und „glaubt, dass Frauen nicht halb so kompetent wie Männer sind, wenn es um abstraktes Denken geht, oder dass sie zumindest nicht zu solchem Denken neigen". Er hat noch nie eine Frau getroffen, die sich für abstraktes Denken interessierte. In der Gemeindebücherei stammen die entsprechenden Bücher alle von Männern; er hat viele Männer getroffen, die abstrakte Denker waren, und unter diesen Männern schien es einen Konsens zu geben, dass Frauen zu einem solchen Denken nicht wirklich in der Lage sind. (Fricker 2023 [2007], 63; vgl. Arpaly 2003, 103)

Soweit verhält sich Salomon nicht besonders irrational, wenn er davon ausgeht, dass Frauen weniger gut abstrakt denken können. Aber jetzt sollen wir uns weiter vorstellen, dass Salomon auf die Universität geht und dort eine ganze Reihe von Kommilitoninnen trifft, die sehr gut abstrakt denken können. Nach Arpaly und Fricker ist Salomons Stereotyp nur ein ehrlicher Irrtum, wenn er aufgrund der Gegenbeweise seine Sichtweise über Frauen revidiert, aber ein Vorurteil, wenn er trotz der jetzt erfolgten Gegenbeweise an seiner Sichtweise hängen bleibt – in diesem Fall zeigt er dann sowohl ethische als auch epistemische Defizite (vgl. Fricker 2007, 33–34). Epistemisch problematisch, weil irrational und empirisch nicht verlässlich. Ethisch problematisch, weil seine Überzeugung nun „nicht bloß irrational wäre, sondern als motivierte Irrationalität, also als Irrationalität mit einem Grund, betrachtet werden muss, wobei der Grund (vermutlich irgendeine Form von Frauenverachtung) moralisch zu verabscheuen ist" (Fricker 2023 [2007], 63). Hier zeigt sich, so Fricker, nicht nur irgendein Vorurteil, sondern vielmehr ein negatives Identitätsvorurteil – und negative Identitätsvorurteile sind tatsächlich fast immer mit einer ethisch problematischen Motivation oder zumindest mit einem ethisch problematischen Affekt verbunden. Damit lassen sich negative vorurteilsbehaftete

Identitätsstereotype – vereinfacht: negative Identitätsvorurteile – nun folgendermaßen definieren:

> *Eine allgemein verbreitete, herabsetzende Assoziation zwischen einer sozialen Gruppe und einem oder mehreren Merkmalen, wobei diese Zuschreibung eine Verallgemeinerung verkörpert, die eine (in der Regel epistemisch verwerfliche) Resistenz gegenüber Gegenbeweisen zeigt, was auf eine ethisch fragwürdige affektive Einstellung zurückzuführen ist.* (Fricker 2023 [2007], 65)

Und eben dieser problematische Stereotyp kommt in Fällen von testimonialer Ungerechtigkeit zur Wirkung.

Wir haben gesehen, wofür wir Stereotype verwenden und warum dies in bestimmten Fällen problematisch und ethisch verwerflich sein kann. Wie aber gelangen Stereotype überhaupt in unsere Denkstrukturen? Auch wenn wir oben davon gesprochen haben, dass wir es bei negativen Identitätsvorurteilen mit einer ethisch problematischen Motivation zu tun haben, bedeutet das keinesfalls, dass diese Vorurteile bewusste Überzeugungen sind oder sich jederzeit bewusst gemacht werden können.[19] Wenn wir uns in kommunikativen Situationen befinden, so nehmen wir unser Gegenüber innerhalb der sozialen Interaktion *wahr*. Und diese Wahrnehmung ist gefärbt durch eine Vielzahl an Stereotypen, die wir benutzen, um die Glaubwürdigkeit unseres Gegenübers zu bewerten. Grob vereinfacht, können wir also mit Fricker sagen, dass wir es mit einer verzerrten Wahrnehmung der sprechenden Personen durch die hörenden Personen zu tun haben (vgl. Fricker 2007, 36). Dabei können Vorurteile sowohl auf der doxastischen als auch auf der nicht-doxastischen Ebene wirken: Doxastisch, weil das vorurteilsbehaftete Stereotyp durch Meinungen und Überzeugungen zustande kommt. Nicht-doxastisch ist schwieriger zu identifizieren, weil sich hier die Vorurteile nicht auf Überzeugungen zurückführen, sondern vielmehr „auf heimliche, verborgene Restvorurteile, deren Inhalt mitunter den eigentlichen Überzeugungen der betroffenen Person vollkommen widerspricht" (Fricker 2023 [2007], 67).

Das Problem ist aus der Implicit-Bias-Literatur[20] bekannt: Unsere Entscheidungen und Bewertungen können rassistisch oder sexistisch (etc.) sein, obwohl wir selbst uns als überzeugte Anti-Rassistinnen oder Anti-Sexistinnen verstehen. Testimoniale Ungerechtigkeit kann also *aufgrund* von Überzeugungen begangen werden, aber eben auch *trotz* unserer Überzeugungen (vgl. Fricker 2007, 36). Und hierbei spielen die geteilten sozialen Vorstellungen, die wir zu Beginn diskutiert haben, eine Rolle – soziale Vorstellungen können unser Denken unmittelbar beeinflus-

---

19 Mehr zu dem schmalen Grat zwischen unbewussten kognitiven Prozessen und ethisch problematischer Motivation oder Interesse wird in Kapitel 4 diskutiert.
20 Zur Einführung empfohlen: Brownstein (2017).

sen, unabhängig von unseren bewussten Überzeugungen. Dies kann hilfreich sein, wenn unsere bewussten Überzeugungen vorurteilsbelastet sind und unsere sozialen Vorstellungen sich durch gesellschaftliche Veränderungen von diesen Vorurteilen losgelöst haben. Es kann aber ebenso gut problematisch sein, wenn unsere sozialen Vorstellungen den eigenen Ansprüchen hinterherhinken – denn in diesem Fall ist uns oftmals nicht klar, dass wir *trotz* unserer Überzeugungen problematischen sozialen Vorstellungen folgen (vgl. Fricker 2007, 37).

3.2.3 Hermeneutische Marginalisierung

Hermeneutische Marginalisierung ist notwendig, damit wir einen Fall als hermeneutische Ungerechtigkeit einstufen können. Die Idee ist, dass eben nicht alle Fälle, in denen wir bestimmte Erfahrungen nicht adäquat verstehen oder artikulieren können, auch als hermeneutische Ungerechtigkeit zählen sollten. Vielmehr geht es bei hermeneutischer Ungerechtigkeit nur um solche Fälle, die *aufgrund der strukturellen Hintergrundbedingungen* nicht verständlich oder artikulierbar sind; also dann, wenn die Tatsache, dass es einen Begriff im dominanten Sprachgebrauch nicht gibt, mit der ungleichen hermeneutischen Beteiligung derer zu tun hat, die von diesen Erfahrungen besonders betroffen sind. Fricker versucht, das mit Hilfe eines Vergleichs zu verdeutlichen: Die Tatsache, dass Carmita Wood keinen adäquaten Begriff zur Verfügung hatte, um zu artikulieren, was ihr passiert ist, war nicht etwa epistemisches Pech, sondern hatte damit zu tun, dass es nicht im Interesse derjenigen lag, die einen besonders großen Einfluss auf die kollektive hermeneutische Ressource hatten, etwas an dieser Leerstelle in der Ressource zu verändern. Es ist im Gegenteil sogar mehr als wahrscheinlich, dass es in ihrem Interesse war, dass diese Leerstelle weiter existierte.

Wenn wir das mit einem Fall vergleichen, in dem jemand an einer Krankheit leidet, die einfach noch nicht diagnostiziert ist, zeigt sich, dass wir es im ersten Fall mit ungleichen Hintergrundstrukturen zu tun haben, nicht aber unbedingt im zweiten Fall (vgl. Fricker 2007, 153).[21] Bei Carmita Wood haben wir es also nicht nur mit einer Leerstelle zu tun, sondern zudem mit der Tatsache, dass das Füllen dieser

---

21 Wobei wir hier selbstverständlich vorsichtig sein müssen, schließlich hat beispielsweise die Tatsache, dass es kaum Forschung zu und nur wenige Diagnosen von Endometriose gibt auch mit den ungleichen gesellschaftlichen Strukturen zu tun, in denen Krankheiten, die überwiegend Frauen betreffen, weniger Aufmerksamkeit bekommen und bei Frauen häufiger auf psychosomatische Krankheiten geschlossen wird statt ihre Schmerzen ernst zu nehmen. Ebenso sind medizinische und psychologische Diagnosekriterien alles andere als unabhängig von gesellschaftlichen Einflüssen und Machtstrukturen, vgl. dazu auch Hacking (1999), Foucault (1975, 1980).

Leerstelle gleichbedeutend mit dem Kampf gegen die mahlenden Zahnräder riesiger Maschinen ist. In Frickers Worten: „Während [Carmita Wood und andere] sich allein abmühten, ihren diversen Erfahrungen des Belästigtwerdens einen angemessenen Sinn zu geben, zielte die gesamte soziale Bedeutungsmaschinerie darauf ab, diese verborgenen Erfahrungen unter Verschluss zu halten" (Fricker 2023 [2007], 209).

Marginalisierung ist immer notwendigerweise erzwungen; wenn man marginalisiert ist, wird man von anderen ausgeschlossen oder an der Beteiligung von etwas gehindert. Natürlich sind nicht alle Fälle von Marginalisierung gleichermaßen schwerwiegend. So kann man beispielsweise nur in einem bestimmten lokalen Kontext marginalisiert sein, aber nicht in anderen gesellschaftlichen Zusammenhängen, oder nur für einen bestimmten Zeitraum, und natürlich hat das mit unseren intersektionalen Identitätskategorien zu tun. Aber ebenso gibt es auch Fälle von Marginalisierung, die sich über unterschiedliche Kontexte hinweg erstrecken; in solchen Fällen haben wir es häufig mit Formen von Unterdrückung oder Beherrschung zu tun – und damit dann wieder mit einer Ungerechtigkeit, die eine Person durch verschiedene soziale Dimensionen „verfolgt".

Weiterhin ist wichtig zu sehen, dass auch Formen von nicht epistemischer Marginalisierung sich epistemisch auswirken können. Ist eine Person beispielsweise auf materieller Ebene marginalisiert, insofern als sie sich keinen Besitz aneignen kann, nur ein sehr geringes Einkommen hat oder gänzlich vom Arbeitsmarkt oder anderen ökonomischen Praktiken ausgeschlossen ist, hat auch das sehr wahrscheinlich die Konsequenz, dass sie schlechter politisch und sozial partizipieren kann, dass ihr sozialer Status geringer ist und/oder sie weniger Möglichkeiten hat, Bildung zu erlangen und somit auch von diversen epistemischen Kontexten ausgeschlossen ist.

Aufgrund der komplexen intersektionalen und sich über diverse Dimensionen erstreckenden Charakterisierung von hermeneutischer Marginalisierung ist es teilweise schwierig, diese überhaupt zu identifizieren. Emmalon Davis diskutiert dazu einen aktuellen Fall. Die Serie *Orange is the New Black*, die auf dem gleichnamigen Buch von Piper Kerman basiert. Kerman, eine weiße Frau der Mittelschicht, war fünfzehn Monate im Gefängnis, weil sie einen Koffer mit Geld geschmuggelt hatte. In ihrem Buch – und so auch in der Serie – beschreibt Kerman ihre eigenen Erfahrungen innerhalb des Gefängnisses und die Erfahrungen und Geschichten anderer Gefängnisinsassinnen – von denen viele nicht weiß sind und nicht der Mittelschicht angehören. Tatsächlich, stellt Davis richtigerweise fest, wäre Kermans Buch weitaus weniger spannend ohne diese anderen Frauen. Und zumindest Serienproduzentin Jenji Kohan ist sich dessen sehr wohl bewusst:

> In vielerlei Hinsicht war Piper mein trojanisches Pferd. Man kann nicht zu einem Sender gehen und eine Serie über wirklich faszinierende Geschichten von schwarzen Frauen, Latina-Frauen, alten Frauen und Kriminellen verkaufen. Aber wenn man ein weißes Mädchen nimmt, eine Art Fisch aus dem Wasser, und ihr folgt, kann man dessen Welt erweitern und all diese anderen Geschichten erzählen. Aber es ist schwer zu verkaufen, wenn man einfach hingeht und versucht, solche Geschichten gleich von Anfang an zu verkaufen. Das Mädchen von nebenan, die kühle Blondine, ist ein sehr einfacher Zugangspunkt, und sie ist für viele Zuschauer und viele Sender, die eine bestimmte Zielgruppe ansprechen wollen, glaubwürdig. Das ist nützlich. (Davis 2018, 715–6; eigene Übersetzung)

Kohan, so Davis, beschreibt damit die Situation von Schwarzen Frauen, Latina Frauen, trans Frauen, älteren Frauen und vielen anderen hermeneutisch marginalisierten Frauen, die nicht als wissende Subjekte (an sich) wahrgenommen werden. Kohans Annahme ist entsprechend, dass diese Frauen nur dann auch außerhalb ihrer eigenen Gemeinschaften Gehör finden, wenn sie durch die Augen einer weißen Frau beschrieben werden. So trägt die Serie zwar dazu bei, diverse Frauencharaktere zu porträtieren, diese dienen jedoch vor allem dazu, Pipers eigene Geschichte interessanter zu machen (vgl. Davis 718). Nun könnte man natürlich anführen, dass es egal ist, wie solche Geschichten aus der Marginalisierung geholt werden, so lange sie nur endlich Gehör finden. Davis argumentiert allerdings, dass es problematisch ist, wenn eine Serie die Geschichten marginalisierter Personen erzählt, jedoch weder die Hauptfigur der Serie noch die Serienmacher*innen selbst marginalisierte Erfahrungen haben oder zu marginalisierten sozialen Gruppen gehören. Tatsächlich erfüllt die Serie damit nicht die feministischen Kriterien darüber, was emanzipatorische feministische Praxis ausmacht:

> Während ein Teil dessen, was Feministinnen für Frauen wollen und fordern, das Recht ist, sich nach unserem eigenen Willen und nicht gegen ihn zu bewegen und zu handeln, ist ein anderer Teil der Wunsch und das Beharren darauf, dass wir unsere eigenen Berichte über diese Bewegungen und Handlungen geben. Denn für uns ist es wichtig, was über uns gesagt wird, wer es sagt und zu wem es gesagt wird: Die Möglichkeit zu haben, über das eigene Leben zu sprechen, darüber Rechenschaft abzulegen, es zu interpretieren, ist eine wesentliche Voraussetzung, dieses Leben zu führen, anstatt durch es geführt zu werden. (Lugones & Spelman 1983, 573; eigene Übersetzung)

Auch wenn also marginalisierte Perspektiven aus der Marginalisierung geholt werden, bedeutet dies nicht notwendigerweise, dass die Personen dadurch weniger hermeneutisch marginalisiert sind – tatsächlich werden ihre epistemischen Ressourcen durch die Perspektive nicht-marginalisierter Subjekte gefiltert.[22] Das zeigt

---

22 Für das Zitat oben, vgl. Jenji Kohan interviewt von Terry Gross für *Fresh Air*, NPR am 13. August 2013. Für das Zitat unten, vgl. Davis 2018, 718.

einerseits, dass marginalisierte Perspektiven Teil des Mainstreams werden können, ohne dass dadurch etwas an der hermeneutischen Marginalisierung der sozialen Gruppen verändert wird, und andererseits, dass die Inklusion marginalisierten Wissens nicht das einzige Ziel in unserer Strategie gegen epistemische Ungerechtigkeit sein kann.

3.2.4 Kollektive hermeneutische Ressourcen

Hermeneutische Marginalisierung hat Auswirkungen darauf, wer wie gut zur kollektiven hermeneutischen Ressource beitragen kann – und wer eben nicht oder nur unter erschwerten Bedingungen.[23] Die kollektive hermeneutische Ressource beschreibt dabei eine Sammlung von interpretativen epistemischen Ressourcen wie zum Beispiel Begriffe, Interpretationen, Geschichten, die zwischen epistemischen Subjekten geteilt werden. Folgen wir Emmalon Davis, lässt sich hierbei zwischen interkommunalen und intrakommunalen kollektiven hermeneutischen Ressourcen unterscheiden: Ein Set an Ressourcen wird *inter*kommunal geteilt, wenn die Ressourcen des Sets über unterschiedliche Gemeinschaften hinweg geteilt werden, *intra*kommunal, wenn Personen innerhalb einer Gemeinschaft oder Gruppe die Ressourcen des Sets kollektiv benutzen – unbeachtet der Frage, ob diese Ressourcen auch von Personen außerhalb dieser Gemeinschaft benutzt werden (vgl. Davis 2018, 703).

Wenn Fricker von kollektiv geteilten hermeneutischen Ressourcen spricht, dann meint sie interkommunal geteilte Ressourcen – also Ressourcen, die nicht nur innerhalb einer Gemeinschaft benutzt werden, sondern über die Grenzen dieser Gemeinschaft hinaus. Tatsächlich führt Fricker selbst diesen Unterschied aber nicht ein, so dass es eine Reihe von Kritik an ihren kollektiven hermeneutischen Ressourcen gab. Diese Kritik lässt sich folgendermaßen zusammenfassen: Während Fricker anscheinend davon ausgeht, dass es einen großen Topf mit unseren gesamten hermeneutischen Ressourcen gibt, aus dem wir uns alle – je nach Bedarf – bedienen, in den sich aber nicht alle gleichermaßen gut einbringen können (siehe hermeneutische Marginalisierung), haben Kritiker*innen angemerkt, dass es viele unterschiedliche Töpfe gibt, in die unterschiedliche Gruppen und Gemeinschaften

---

[23] Hier lässt sich im Übrigen auch das Zusammenspiel von testimonialer und hermeneutischer Ungerechtigkeit festmachen; so tragen Fälle von testimonialer Ungerechtigkeit zu größerer hermeneutischer Marginalisierung bei und verzerren damit hermeneutische Ressourcen weiter (vgl. Fricker 2016, 163; Mills 2015, 222).

sich unterschiedlich gut einpflegen und unterschiedlich davon Gebrauch machen können. Einige dieser Kritiken sollen im Folgenden genauer beleuchtet werden.

Die wohl erste Kritik an Frickers kollektiven hermeneutischen Ressourcen stammt von Rebecca Mason (2011) und José Medina (2012).[24] Mason und Medina argumentieren, dass allen zugängliche hermeneutische Ressourcen falsch beschrieben sind, wenn wir sie – wie Fricker – als kollektiv bezeichnen. Das liegt daran, dass marginalisierte soziale Gruppen oftmals bereits hermeneutische Ressourcen entwickelt haben, die ihre Erfahrungen adäquat beschreiben, diese aber nicht im Mainstream artikulierbar sind. Ein Phänomen, das auch Matthew Congdon beschreibt, wenn er sagt: „Ihre Situation hat die Form eines Dilemmas: Sie [die geschädigte Person] muss ihre Beschwerde artikulieren, indem sie entweder auf autoritative, aber unzureichende begriffliche Ressourcen oder auf adäquate, aber nicht autoritative begriffliche Ressourcen zurückgreift" (2016, 820). Und das hat wiederum, so Mason, weiterreichende Konsequenzen, da es die Möglichkeit negiert, dass marginalisierte soziale Gruppen zum Schweigen gebracht werden können, obwohl sie in der Lage sind, ihre eigenen Erfahrungen adäquat zu beschreiben. Indem Fricker also nur die Möglichkeit beleuchtet, dass marginalisierte Personen hermeneutisch ungerecht behandelt werden, weil sie ihre signifikanten Erfahrungen weder verstehen noch adäquat artikulieren können, verschleiert sie ein anderes Phänomen, bei dem marginalisierte Personen sehr wohl verstehen, was ihnen passiert, aber epistemisch und ethisch verwerfliche Ignoranz, die von Mitgliedern dominanter Gruppen ausgeübt wird, dafür sorgt, dass ihre epistemischen Ressourcen nicht interkommunal transportiert werden können (vgl. Mason 2011; Medina 2012).

Medina (2011; vgl. auch Medina 2013) zeigt zudem, dass epistemische Ungerechtigkeiten kontextuell betrachtet werden müssen; es handelt sich hierbei um (a) zeitlich ausgedehnte Ungerechtigkeiten, da ihnen entwicklungsgeschichtliche und historische Prozesse vorausgehen, und (b) um sozial ausgedehnte Ungerechtigkeiten, da sie in Mustern sozialer Beziehungen verwurzelt sind. Medina macht damit deutlich, dass Glaubwürdigkeitsdefizite immer auch abhängig sind von Glaubwürdigkeitsüberschüssen; wir werten einige Personen ab, eben indem wir andere aufwerten. Das lässt sich unter anderem auch an Tom Robinsons Fall belegen: Die Abwertung von Robinson als lügenden und unglaubwürdigen Schwarzer funktioniert unter anderem über die Aufwertung der Personen, die Tom Robinson anzeigen, als vollwertige, weil weiße, Mitglieder der (epistemischen) Gemeinschaft. Epistemische Ungerechtigkeit ist nach Medina eine komparativ soziale Ungerechtigkeit:

---

24 Für einen guten Überblick siehe auch Goetze (2018).

> [D]ie ungerechtfertigte unterschiedliche Handlungsfähigkeit, die den Mitgliedern verschiedener rassifizierter Gruppen, Weißen und Nicht-Weißen, zugestanden wird; und die epistemischen Aspekte dieser Handlungsfähigkeit werden ebenfalls unterschiedlich zugeschrieben, wobei einigen mehr und anderen weniger zugestanden wird. So wie die sozialen Vor- und Nachteile, die Rassismus mit sich bringt, gehen auch die erkenntnistheoretischen Vor- und Nachteile, die Rassismus mit sich bringt, Hand in Hand. (Medina 2011, 24; eigene Übersetzung)

Das hat ganz einfach damit zu tun, dass epistemische Ungerechtigkeiten Teil der strukturellen Ungerechtigkeiten sind, die alle Dimensionen unseres Lebens durchziehen:

> [Epistemische Ungerechtigkeiten] werden durch ein komplexes System sozialer Beziehungen und Praktiken, in dem ungerechte Ungleichheiten zwischen Gruppen aufrechterhalten werden, hervorgebracht und sind gleichzeitig innerhalb dieses Systems produktiv. (Medina 2011, 24; eigene Übersetzung)

Hermeneutische Ungerechtigkeit und ethisch verwerfliche Ignoranz sind demnach also die unterschiedlichen Seiten ein- und derselben Medaille.

Kristie Dotson (2012) folgt diesen Ausführungen und spricht statt von kollektiven hermeneutischen Ressourcen von *dominanten* hermeneutischen Ressourcen, um zum einen zu zeigen, dass epistemische Ressourcen in diversen Gemeinschaften entwickelt werden, und zum anderen, dass epistemische Praktiken Teil unserer historisch gewachsenen und situierten sozialen und strukturell ungerechten Praktiken sind. Dotson liefert aber noch einen weiteren Analysebaustein, indem sie die unterschiedlichen Ebenen aufzeigt, die im Vordergrund der Analyse von testimonialen und hermeneutischen Ungerechtigkeiten stehen. Im Fall von testimonialen Ungerechtigkeiten befinden wir uns auf der interpersonalen Ebene – die Ungerechtigkeit tritt in kommunikativen und interpersonalen Kontexten auf –, im Fall von hermeneutischen Ungerechtigkeiten befinden wir uns auf der strukturellen Ebene – die Ungerechtigkeit ist nur dann als solche identifizierbar, wenn wir es mit hermeneutischer Marginalisierung zu tun haben. Aber, so Dotson, diese zwei Fälle von epistemischer Ungerechtigkeit bilden noch nicht das gesamte Feld ab, es lässt sich mindestens eine weitere Form ausmachen, die sich auf einer dritten Ebene abspielt: *Mitwirkende* Ungerechtigkeit (im Original: *contributory injustice*) wird durch das situierte Unwissen epistemischer Akteure in Form von vorsätzlicher hermeneutischer Ignoranz verursacht, indem strukturell voreingenommene hermeneutische Ressourcen beibehalten werden, die zu einer epistemischen Schädigung der Handlungsfähigkeit wissender Subjekte führen (Dotson 2012, 31).

Mitwirkende Ungerechtigkeit wird durch zwei interagierende Phänomene erzeugt, insofern als die strukturellen Vorurteile und die verzerrten hermeneutischen Ressourcen mit dem situierten Unwissen der Akteure zusammenfallen; mitwirkende Ungerechtigkeit liegt also auf der Grenze zwischen der interpersonalen und der strukturellen Ebene. Aber mitwirkende Ungerechtigkeit unterscheidet sich explizit von Frickers Theorie. Erstens geht Fricker davon aus, dass es nur einen Topf an kollektiven hermeneutischen Ressourcen gibt, von denen wir alle gleichermaßen abhängig sind. Nach Dotson sind wir jedoch nicht alle von den gleichen Ressourcen abhängig, tatsächlich gibt es alternative und widerständige Epistemologien, Counternarrative sowie versteckte Interpretationsnetzwerke, die nur innerhalb von hermeneutisch marginalisierten Gemeinschaften aufkommen. Zudem verzerrt Frickers Bild kollektiver hermeneutischer Ressourcen die Art und Weise, in der Macht auf unsere epistemischen Ressourcen wirkt.

Während Fricker anzunehmen scheint, dass Machtrelationen Wissen über marginalisierte Erfahrungen und gelebte Realitäten für alle gleichermaßen einschränkt, zeigt Dotson – und dieser Punkt lässt sich im Anschluss an standpunkttheoretische Erkenntnisse verstehen –, dass situierte Unwissenheit nicht alle gleichermaßen betrifft, sondern marginalisierte Wissensressourcen innerhalb von marginalisierten Gemeinschaften möglich macht. Das bedeutet auch, dass machtvolle Subjekte ein Interesse daran haben, ignorant gegenüber marginalisierten epistemischen Ressourcen zu bleiben – hermeneutische Leerstellen entstehen also nicht einfach so, sondern werden durch machtvolle Subjekte aktiv erarbeitet (vgl. Dotson 2012, 31).

Zweitens geht Fricker davon aus, dass das Problem, dass sich bestimmte Erfahrungen nur schwer artikulieren lassen, ein Symptom davon ist, dass es für diese Erfahrungen an Begriffen fehlt. Dies ist nicht der Fall bei mitwirkender Ungerechtigkeit. Hier ist es vielmehr so, dass marginalisierte Subjekte ihre gelebte Realität und die darin auftretenden Unterdrückungsmuster sehr wohl verstehen und konzeptualisieren können, aber aufgrund der verzerrten dominanten hermeneutischen Ressourcen an der Vermittlung dieser Erfahrungen für nicht-marginalisierte Personen scheitern. Mitwirkende Ungerechtigkeit ist also weniger Ausdruck einer Leerstelle innerhalb der hermeneutischen Ressourcen als vielmehr Ausdruck der komprimierten Handlungsfähigkeit marginalisierter wissender Subjekte.

Fricker (2016) hat auf einige dieser Einwände allerdings erwidert, dass ihre Theorie diese Bausteine schon bereithält. So setzt sie sich insbesondere mit Medinas Kritik (2011 und 2013; und so auch vorgebracht von Mason 2011, Medina 2012 und Dotson 2012) auseinander, dass marginalisierte Gruppen innerhalb ihrer eigenen Gemeinschaften oftmals gut funktionierende und komplexe Sets interpretativer Praktiken und hermeneutischer Ressourcen sind. Fricker erklärt, dass ihre Theorie auf den interkommunikativen Aspekt abzielt insofern als diese komplexen epistemischen Ressourcen eben nur innerhalb marginalisierter Gemeinschaften existieren und nicht durch Mainstream-Ressourcen geteilt werden – was Dotson als *dominante* Ressourcen label –, so dass diese weiterhin inadäquat oder verzerrt bleiben. Und sie argumentiert, dass eben jene Mainstream-Ressourcen besonders die Erfahrungen machtvoller Personen widerspiegeln, da diese „sehr wahrscheinlich zu viel zur gemeinsamen hermeneutischen Ressource beitragen" (Fricker 2016, 166; eigene Übersetzung). Die Theorie negiert also nicht die Existenz lokaler Praktiken und Ressourcen, sondern bietet sehr wohl Raum für Medinas polyphone Perspektive von Macht und Widerstand (vgl. Medina 2012 und 2013) und somit auch Anknüpfungspunkte für die Idee, dass epistemische Ungerechtigkeiten im Sinne von Praktiken des Unwissens oder der Ignoranz weitergedacht werden können – dazu mehr in Kapitel 4.

Was also auf alle Fälle festgehalten werden kann, ist, dass es in ungerechten Gesellschaften – also Gesellschaften, in denen einige soziale Gruppen mehr soziale, materielle und politische Macht haben als andere – auf unterschiedlichen Wegen zum Teilen von hermeneutischen Ressourcen zwischen Gemeinschaften kommen kann. Davis macht die folgenden Arten interkommunal geteilter Ressourcen aus[25]:

> (a) Ressourcen werden durch Zufall geteilt; zum Beispiel als Resultat von zunehmender Interaktion zwischen mehreren Gruppen oder Gemeinschaften, ohne dass es eine bestimmte Intention gab, diese Ressourcen zu teilen.
> (b) Ressourcen werden beidseitig geteilt; zum Beispiel durch das kollektive Bedürfnis zwischen Gruppen und Gemeinschaften, sich gegenseitig besser zu verstehen oder gemeinsame Ziele zu erreichen.
> (c) Ressourcen werden durch Gewalteinwirkung geteilt; zum Beispiel aus dem Bestreben heraus, weniger machtvolle Gruppen oder weniger dominante Gemeinschaften in die eigene machtvolle Gruppe oder dominante Gemeinschaft zu assimilieren oder um weniger machtvolle Gruppen und Gemeinschaften zu mobilisieren, die Ziele der machtvollen Gruppe oder Gemeinschaft zu erfüllen.
> (d) Ressourcen werden durch widerständige Handlungen von Seiten der marginalisierten Gruppen oder Gemeinschaften geteilt; zum Beispiel um ein breiteres Verständnis der eigenen Unterdrückungserfahrungen auch innerhalb anderer Gemeinschaften zu erlangen.

Es lässt sich demnach erstens festhalten, dass viele Ressourcen zunächst intrakommunal geteilt werden, bevor sie interkommunal geteilt werden können; es ist also wichtig, genauer zu verstehen, welche Ressourcen innerhalb welcher Gemeinschaften entwickelt werden. Und zweitens, dass nicht generell gesagt werden kann, dass eine Inklusion neuer oder marginalisierter Ressourcen notwendigerweise erstrebenswert ist. Aufgrund der Beispiele, die Fricker wählt, könnte man annehmen, dass die primäre Strategie gegen hermeneutische Ungerechtigkeit diejenige ist, Personen, die hermeneutisch marginalisiert sind, dazu zu verhelfen, ihre Ressourcen der breiteren Öffentlichkeit oder anderen Gemeinschaften zur Verfü-

---

25 Diese Auflistung ist aus Davis (2018, 703–4; eigene Übersetzung) entnommen.

gung zu stellen. Dies ist aber, wenn wir Davis' unterschiedliche Formen des interkommunalen Teilens von Ressourcen ernst nehmen, nicht immer unproblematisch. Eine Theorie epistemischer Ungerechtigkeit, die anerkennt, dass wir es mit pluralistischen Wissensressourcen zu tun haben, muss also den jeweiligen Kontext und den epistemischen Prozess der Teilung genauestens betrachten, denn nicht jede Teilung marginalisierter Ressourcen verspricht epistemische Handlungsfähigkeit für marginalisierte Gruppen und Gemeinschaften.

3.2.5 Epistemische Handlungsfähigkeit und moralische Artikulation

Ein weiterer interessanter Kritikpunkt betrifft Frickers Interpretation der Verhandlung von Tom Robinson aus Harper Lees *Wer die Nachtigall stört*. Im Folgenden soll auf die Kritik von Gaile Pohlhaus fokussiert und daran anknüpfend gezeigt werden, was sich daraus für Überlegungen in Bezug auf epistemische Handlungsfähigkeit ergeben.[26] Pohlhaus (2012) argumentiert, dass die dialektische Beziehung zwischen Wissenspraktiken als situiert und als interdependent (oder, wie oben beschrieben, als relational) Raum bietet für eine Interpretation von Robinson, wobei es den Geschworenen nicht aufgrund von negativen Identitätsvorurteilen unmöglich ist, Robinson für glaubwürdig zu halten, sondern es in ihrem Interesse ist, dies eben nicht zu tun.

Wie wir in Kapitel 2 gesehen haben, befinden sich marginalisierte Subjekte sowohl in einer vorteilhaften Situation, wenn es darum geht, adäquate Beschreibungen ihrer Unterdrückungserfahrungen zu liefern, wie auch in einer nachteiligen Situation, insofern als sie hermeneutisch marginalisiert sind und somit eine soziale Position innerhalb der Machtstrukturen einnehmen, die es ihnen schwerer macht, machtvolle Personen von ihren Beschreibungen „zu überzeugen".[27] Dies hat, so Pohlhaus, auch damit zu tun, dass sogar machtvoll positionierte Personen, die die Bereitschaft haben, den Aussagen von marginalisierten Personen Aufmerksamkeit zu schenken, die epistemischen Ressourcen, die benötigt werden, um die Aussagen

---

[26] Weitere interessante Kritik an Frickers Interpretation von Tom Robinson findet sich in Medina (2011 und 2013), Curry (2017b) und Tremain (2017); Curry und Tremain fokussieren auf die Tatsache, dass Tom Robinson ein Schwarzer *behinderter* Mann ist, und liefern eine komplexere Perspektive bezogen auf die Vorurteile, die hier eine Rolle spielen.

[27] Und natürlich gibt es gute Gründe, warum marginalisierte Wissende ihre hart erarbeiteten epistemischen Ressourcen nicht mit machtvoll positionierten Personen teilen wollen (siehe z. B. Kapitel 4.5) oder die Energie nicht aufbringen wollen/können, die es erfordern würde, kooperative Beziehungen und das damit verbundene Vertrauen mit machtvoll positionierten Personen aufzubauen (vgl. Pohlhaus 2012, 721).

zu bewerten, vorsorglich ablehnen. Das bedarf einer genaueren Betrachtung: Gute epistemische Ressourcen machen unsere Erlebnisse in der Welt intelligibel „[aber] wenn die eigene Situiertheit die Aspekte der Welt, für die bestimmte Ressourcen nützlich sind, nicht hervorhebt, kann der dominant situierte Wissende diese Tatsache nutzen, um diese Ressourcen zu verwerfen, bevor er lernt, sie zu nutzen" (Pohlhaus 2012, 722; eigene Übersetzung). Heißt, epistemische Ressourcen werden nicht deshalb verworfen, weil sie keine gute Beschreibung der eigenen Erfahrungen liefern, sondern weil jemand die Erfahrungen, die sie adäquat beschreiben, schlicht nicht hat. Und das bedeutet, dass es nicht etwa unmöglich ist zu verstehen, was diese epistemischen Ressourcen beschreiben – anders als bei Fricker –, sondern, dass einem die Erfahrungen, die dort beschrieben werden, aufgrund der eigenen privilegierten Position nicht zugänglich sind. Was also benötigt wird, sind nicht bessere Ressourcen, sondern die Fähigkeit, die eigene Aufmerksamkeit auf Dinge zu lenken, die einen (auf den ersten Blick) nicht selbst tangieren (vgl. Pohlhaus 2012, 722). Nach Pohlhaus haben wir es hier mit vorsätzlicher hermeneutischer Ignoranz (im Original: *willful hermeneutical ignorance*) zu tun: „Die Negierung und das fortgesetzte Engagement der Wissenden mit der Welt, während sie sich weigern zu lernen, epistemische Ressourcen zu nutzen, die aus einer marginalisierten Situiertheit entwickelt wurden" (Pohlhaus 2012, 722; eigene Übersetzung).

Nach Pohlhaus ist Tom Robinsons Fall – den Fricker als paradigmatisch für testimoniale Ungerechtigkeit sieht – tatsächlich ein Fall von vorsätzlicher hermeneutischer Ignoranz.

> Robinson ist ein Schwarzer Mann, der zu Unrecht beschuldigt und verurteilt wird, eine arme weiße Frau, Mayella Ewell, vergewaltigt zu haben. Lees Roman, der 1934 in Alabama spielt, wird aus der Sicht von Scout erzählt, einem wissbegierigen und jungen weißen Tomboy, dessen Vater, Atticus Finch, ein Anwalt ist, der Tom Robinson verteidigt. Ewells Vater wurde Zeuge, wie seine Tochter versuchte, Robinson zu küssen, woraufhin er sie schlug und Robinson als ihren Angreifer meldete. (Pohlhaus 2012, 724; eigene Übersetzung)

Nach Fricker ist die Verurteilung von Robinson durch die weißen Geschworenen ein Fall von testimonialer Ungerechtigkeit; Robinson wird – trotz der entlastenden Gegenbeweise, die Atticus Finch präsentiert – aufgrund von Identitätsvorurteilen keine Glaubwürdigkeit zugesprochen. Mit anderen Worten, wäre Robinson weiß, hätten die Geschworenen ihm geglaubt. Pohlhaus zeigt, dass der Fall aufgrund der folgenden Aspekte komplexer ist als Frickers Interpretation zulässt: Erstens weigern sich die Geschworenen nicht nur, Robinson zu glauben, sondern sie glauben auch seinem weißen Anwalt, Atticus Finch, nicht. Zweitens negieren die Geschworenen nicht nur Robinsons Glaubwürdigkeit, sondern sie fehl-interpretieren seine Worte in einer systematischen Art und Weise (vgl. Pohlhaus 2012, 725). Pohlhaus liefert daher die folgende Interpretation:

Hier handelt es sich um einen Fall von hermeneutischen Schwierigkeiten, bei dem die ausgegrenzte Person sehr wohl weiß, was mit ihr geschieht: Sie wird reingelegt, weil eine weiße Frau sich ihr sexuell genähert hat und deren weißer Vater Zeuge davon war. Die Ökonomie der hermeneutischen Ressourcen hindert Robinson jedoch daran, dieses Wissen an die Geschworenen weiterzugeben. (Pohlhaus 2012, 725; eigene Übersetzung)

Robinsons Fall ist also weniger eine testimoniale Ungerechtigkeit als ein Fall vorsätzlicher hermeneutischer Ignoranz. Das Problem ist nicht nur, dass die Geschworenen Robinson nicht glauben, sondern dass sie sich auf epistemische Ressourcen verlassen, die Robinsons Aussage nicht verständlich machen können. Fälle von vorsätzlicher hermeneutischer Ignoranz haben eine Vorgeschichte (vgl. auch Medina 2011); die Tatsache, dass die Geschworenen sich konsequent geweigert haben, kooperative epistemische Relationen mit marginalisierten Wissenssubjekten einzugehen, resultiert aus den strukturellen Problemen, unter denen Robinson hier leidet. Vorsätzliche hermeneutische Ignoranz ist also nicht nur eine strukturelle Ungerechtigkeit, sondern lässt sich auch zurückführen auf die Entscheidungen einzelner Personen (vgl Pohlhaus 2012, 725). Pohlhaus illustriert diese Gedanken mit dem folgenden verbalen Austausch:

> „Sie tat *Ihnen* leid? Sie tat Ihnen *leid?*" Mr. Gilmer war nahe daran, in die Luft zu gehen.
>
> Der Zeuge erkannte, dass er einen Fehler gemacht hatte und rückte unbehaglich auf der Bank hin und her. Aber das Unheil war geschehen. Keinem im Saal gefiel Robinsons Antwort. Mr. Gilmer wartete eine Weile, um sie ins Bewusstsein der Geschworenen einsickern zu lassen. (Fricker 2023 [2007], 52)

Die Tatsache, dass hier von einem Fehler Robinsons die Rede ist, den er selbst erkennt, zeigt nach Pohlhaus dass es sich nicht nur um einen Fall von Glaubwürdigkeitsdefizit handelt, sondern um eine grundsätzliche Fehlinterpretation von Robinsons Worten. Tatsächlich, so Pohlhaus, haben wir es mit einer Situation zu tun, in der (fast) jede weiße Person im Raum Robinsons Worte gleichzeitig und unabhängig voneinander fehlinterpretiert – und dies ist nur möglich, weil sie sich auf die epistemischen Ressourcen weißer und patriarchaler Vorherrschaft verlassen.

> In einem klassisch-patriarchalen Umfeld ist das Leben einer armen, unverheirateten Frau wie Mayella Ewell, die sich um ihre jüngeren Geschwister und ihren alkoholkranken, verwitweten Vater kümmert, nichts Ungewöhnliches. Aus rassistischer Sicht gibt es keine Möglichkeit einer echten menschlichen Verbindung zwischen einer weißen Frau und einem schwarzen Mann. (Pohlhaus 2012, 726)

Robinsons Worten wird nicht nur keine Glaubwürdigkeit gegeben, sondern sie werden im Sinne der machtvollen Gruppe uminterpretiert, damit sie in den Rahmen weißer und patriarchaler Vorherrschaft passen. Die Geschworenen können Robinsons Aussage nicht intelligibel machen, weil sie sich weigern, epistemische Ressourcen zu verwenden, die es ihnen erlauben würden, die Welt so zu sehen, wie Robinson sie sieht – Robinsons marginalisierter Standpunkt trägt hier zu einer adäquateren Beschreibung der Situation bei, die von anderen Standpunkten aus nicht verständlich ist. Und Robinson weiß, dass dies der Fall ist. Robinson besitzt, in Du Bois Worten, ein doppeltes Bewusstsein[28] – er weiß, was tatsächlich passiert ist *und* was im Gerichtssaal vor sich geht (vgl Pohlhaus 2012, 727–8).

Das bedeutet aber auch, so Pohlhaus, dass wir es nicht einfach mit einer Leerstelle – im Sinne von hermeneutischer Ungerechtigkeit – zu tun haben, sondern mit *vorsätzlicher* Ignoranz. Wenn eine machtvolle Gruppe ein Interesse daran hat, bestimmte Teile und Aspekte der Welt zu ignorieren, kann sie sich dafür entscheiden, neue epistemische Ressourcen, die auf diese Aspekte hinweisen, aktiv zu untergraben. Und dies ist möglich, weil die neuen epistemischen Ressourcen, die auf eben jene Aspekte der Welt verweisen, die ignoriert werden sollen, ohnehin schon angefochten werden, weil sie nicht zu der Welt passen, die von der machtvollen Gruppe wahrgenommen wird. Damit werden marginalisierte Wissende, also jene Wissenden, die von ihrem Standpunkt aus sehen können, dass es keine Übereinstimmung gibt, zwischen ihren Erfahrungen und den vorhandenen und dominanten epistemischen Ressourcen weiter marginalisiert und epistemisch unterdrückt (vgl. Pohlhaus 2012, 728–9).

Die Negation dieser neuen epistemischen Ressourcen und der marginalisierten Wissenden ist nicht etwa aus einer Unmöglichkeit geboren, den Blick auf andere Aspekte zu lenken, sondern resultiert aus einer bewussten Entscheidung, den Blick vor diesen Aspekten zu verschließen: „Es handelt sich um eine vorsätzliche Weigerung, die notwendigen Instrumente zur Kenntnisnahme ganzer Teile der Welt anzuerkennen und zu erwerben" (Pohlhaus 2012, 729). Hier – wie auch bei Kristie Dotson – zeigt sich zudem, inwieweit die epistemische Handlungsfähigkeit marginalisierter Personen bewusst beschnitten wird. Bevor auf einige Erweiterungen zu Frickers Theorie eingegangen wird, soll hier daher kurz noch etwas zu epistemischer Handlungsfähigkeit angefügt werden.

Statt auf das Verhalten derjenigen zu fokussieren, die epistemische Ungerechtigkeit – bewusst oder unbewusst – ausüben, haben sich einige Theoretiker*innen der epistemischen Handlungsfähigkeit marginalisierter Wissender im Kontext von Unterdrückung zugewandt. Um zu zeigen, dass Fähigkeiten als Beziehung zwischen

---

[28] Während die Idee des doppelten Bewusstseins bei Du Bois und Fanon eine negative Rolle zugeschrieben wird, werden hier die epistemischen Vorteile ausgeschöpft, die sich aus diesem Bewusstsein ergeben können.

Körpern und Umgebung verstanden werden sollten, greift Pohlhaus auf ein Beispiel aus der Philosophie der Behinderung zurück. Nach dem sozialen Modell von Behinderung[29] führt die Umgebung innerhalb derer wir unsere Handlungen ausführen, dazu, dass *wir* eingeschränkt werden, nicht aber die Behinderung als solche. Wenn wir ein Gebäude konstruieren, in dem die Deckenhöhe bei einem Meter liegt, so werden es Personen, die kleiner als einen Meter sind, leicht haben, sich im Gebäude zu bewegen, alle anderen hingegen nicht. Wenn nun unsere Umgebung so konstruiert ist, dass diejenigen, die sie regulär navigieren, gut darin zurechtkommen, so kann es passieren, dass neue Körper – die zuvor von dieser Umgebung ausgeschlossen waren – bestimmte Aspekte der Umgebung einschränkend finden; in einer Gemeinschaft, in der alle sehr klein sind, ist es wahrscheinlich, dass die Deckenhöhe in offiziellen Gebäuden nicht besonders hoch ist, kommen aber zuvor ausgeschlossene Gemeinschaften hinzu, in denen viele Personen größer sind, so ist die geringe Deckenhöhe ein Hindernis – allerdings ein Hindernis, das von der Umgebung bestimmt ist und nicht bei den zu großen Personen selbst zu suchen ist. Natürlich ist dies ein fiktives Beispiel, wir finden jedoch schnell zahlreiche ähnliche Beispiele in unserem direkten Umfeld. Pohlhaus zeigt das am folgenden Fall:

> Eine Frau, die ihr Medizinstudium zu einer Zeit aufnahm, als zum ersten Mal Frauen zum Medizinstudium zugelassen wurden, hat vielleicht festgestellt, dass die Unterrichtsgebäude ihrer medizinischen Fakultät nur sehr wenige oder gar keine Damentoiletten hatten. Während die Gebäude denjenigen, die dort vor der Zulassung von Studentinnen gearbeitet haben, wahrscheinlich ganz gut gedient haben, zeigt der Eintritt neuer Personen in das Gebäude, dass es nicht für alle Personen geeignet ist. (Pohlhaus 2020, 6; eigene Übersetzung)

Zudem ist es häufig so, dass es den Anschein hat, als würden die „neuen" Körper das Problem überhaupt erst produzieren und nicht, wie es ja tatsächlich ist, ein existierendes Problem in der Umgebung zum Vorschein bringen (vgl. Pohlhaus 2020, 6).

Ebenso ist es mit unserer epistemischen Umgebung. Wir benötigen diverse epistemische Ressourcen und Werkzeuge, um die Welt zu verstehen – und diese Ressourcen und Werkzeuge bilden gemeinsam unsere epistemische Umgebung. Sind diese aber vor allem in Bezug auf die Erfahrungen einer bestimmten sozialen Gruppe entworfen worden, ist es kein Wunder, wenn die epistemische Umgebung für andere Subjekte beeinträchtigend ist. Zu was wir fähig sind, hat also auch mit unserer Beziehung zu anderen Akteuren und der (epistemischen) Umgebung zu tun. Und inwieweit die (epistemische) Umgebung unseren Fähigkeiten entspricht oder sie einschränkt, hat mit unserer sozialen Position zu tun (vgl. Pohlhaus 2020, 9). Das zeigt zudem, dass nicht nur die Ausgrenzung marginalisierter Wissender ein

---

[29] Zur Einführung empfohlen: Wendell (1996), Tremain (2013 und 2019); Barnes (2016).

Problem ist, sondern dass deren Inklusion auch zum Zweck der Reproduktion von Machtverhältnissen benutzt werden kann. Die Strategie der Inklusion von marginalisiertem Wissen – um beispielsweise epistemische Leerstellen zu schließen – kann daher selbst problematisch werden.

María Lugones argumentiert stattdessen dafür, dass unterdrückte und marginalisierte Akteure die dominanten Frameworks (im Original: *dominant worlds of sense*) ablehnen sollten und horizontale Praktiken des Widerstands aufbauen müssen – um so in der Lage zu sein, sowohl der Anweisung zu widerstehen, den Blick auf die Unterdrückenden und deren Erfahrungen zu halten, sowie der Anordnung, sich nicht untereinander zu vernetzen (Lugones 2003, 80). Und hier schließt sich zudem der Kreis, dass es keine kollektiven epistemischen Praktiken im Sinne von Fricker gibt, sondern dass wir es mit unterschiedlich positionierten Gemeinschaften zu tun haben, die eigene epistemische Umgebungen entwickeln – statt sich an den dominanten hermeneutischen Ressourcen zu orientieren, bestehen widerständige Praktiken darin, die eigene epistemische Handlungsfähigkeit auszubauen, indem Verbindungen mit anderen marginalisierten Subjekten geschaffen werden.[30]

3.3 Erweiterungen von Frickers Theorie

Die Literatur zu Frickers epistemischer Ungerechtigkeit ist so vielschichtig, dass jeder Versuch, die gesamte Debatte zu spiegeln, zum Scheitern verurteilt ist. Hier kann also nur ein Ausschnitt dieser Debatte gegeben werden, wobei der Text an dieser Stelle vor allem bemüht ist, interessante Erweiterungen zu Frickers Theorie vorzustellen, mit dem Fokus auf Aspekten von Anwendungsproblemen und Glaubwürdigkeitsüberschüssen, sowie der inhalts-bezogenen epistemischen Ungerechtigkeit und der willentlich epistemischen Ungerechtigkeit.[31] Diese Aspekte haben gemeinsam, dass sie Dimensionen epistemischer Ungerechtigkeit ausloten, die nicht unter Frickers enge Definition fallen, aber – zum Beispiel im Vergleich zu der im letzten Kapitel angesprochenen Kritik – ins Schema von Frickers Theorie passen.

---

[30] Weitere Theorien zu epistemischer Handlungsfähigkeit finden sich in Medina (2022), Lackey (2020a), McGlynn (2020), Mitova (2020), Catala (2020) sowie in der Einleitung zum Schwerpunkt: Radoilska (2020). Für einen Überblick zu epistemischer Handlungsfähigkeit als Thema der Epistemologie siehe Reider (2016) sowie Setiya (2013).

[31] Diese Liste ist keineswegs vollständig und die hier diskutierten Aspekte sollten als Schlaglichter verstanden werden. Die Auswahl ist vor allem durch meine eigenen Interessen begründet; zeigt aber außerdem die Möglichkeiten, die sich bieten, um Frickers Theorie weiter zu entwickeln.

1. Anwendungsprobleme: Während der Fokus bei Fricker auf sogenannten hermeneutischen Leerstellen liegt, haben unter anderem Katharine Jenkins (2016) und Charlie Crerar (2016) argumentiert, dass hermeneutische Ungerechtigkeit auch auftreten kann, weil die Anwendung adäquater Ressourcen vereitelt wird. Sowohl Jenkins als auch Crerar wenden sich realen Phänomenen zu, um zu zeigen, dass es auch bei dominant existierenden und adäquaten Begriffen zu epistemischer Ungerechtigkeit kommen kann. Jenkins argumentiert, dass sogenannte Mythen in Bezug auf Vergewaltigung und häusliche Gewalt dazu führen können, dass betroffene Personen das ihnen angetane Unrecht nicht intelligibel machen können – obwohl es ein adäquates Verständnis dieser Gewalttaten in der Gesellschaft gibt. Hierzu benutzt Jenkins den von Sally Haslanger gemachten Unterschied zwischen manifesten und operativen Begriffen (vgl. Haslanger 2012, 365–80); zwar existieren adäquate manifeste Begriffe von Vergewaltigung und häuslicher Gewalt – dies sind zum Beispiel rechtliche und/oder öffentlich zugängliche Definitionen, wie sie von Frauenhäusern und Beratungsstellen verwendet werden –, es gibt jedoch außerdem operative Begriffe, die durch Mythen verzerrt sind und von Personen im Alltag benutzt werden (vgl. Jenkins 2016, 5–7).

So zeigt die Forschung, dass Frauen sich schwerer tun, eine erlebte Vergewaltigung als solche zu beschreiben, wenn sie selber an Vergewaltigungsmythen glauben und die gelebte Erfahrung diesen Mythen entspricht; mit anderen Worten, wenn eine Frau glaubt, dass Vergewaltigungen nur von Fremden ausgeübt werden, kann es sein, dass sie ihre eigene Vergewaltigung in ihrer Ehe nicht als Vergewaltigung einordnen kann (vgl. Peterson & Muehlenhard 2004). Der operative Begriff blockt in diesen Fällen die Anwendung des existierenden manifesten Begriffs; es muss also nicht immer eine Leerstelle existieren, damit hermeneutische Ungerechtigkeit auftritt.[32]

Charlie Crerar (2016) argumentiert auf ähnliche Art und Weise, dass das Problem nicht immer mit epistemischen Leerstellen zu tun hat, sondern dass bestimmte Tabus die Anwendung von adäquaten Ressourcen verhindern können. Crerar zeigt dazu, dass das Tabu über Menstruation zu sprechen, dazu führen kann, dass junge Frauen ein verzerrtes Verständnis ihres eigenen Körpers und ihrer Menstruation haben – obwohl es ein medizinisch und sozial adäquates Verständnis gibt (vgl. Crerar 2016, 198–200). Auch hier haben wir es also mit einem Anwendungsproblem zu tun.[33] An Jenkins und Crerars Ergänzungen ist zudem spannend, dass auch sie von einem pluralistischeren Bild hermeneutischer Ressourcen aus-

---

[32] Ich habe eine ähnliche Analyse von Vergewaltigungsmythen geliefert; siehe Hänel 2018.
[33] Christine Bratu und ich argumentieren für einen weiteren Fall, der sich als Anwendungsproblem beschreiben lässt, wo dominante Narrative dafür sorgen, dass wir unsere eigenen Erfahrungen nicht adäquat verstehen können (vgl. Bratu & Hänel 2021).

gehen. Im Vergleich zu der bislang diskutierten Kritik konzentrieren sie sich allerdings auf Anwendungsprobleme – manchmal liegt das Problem nicht in der hermeneutischen Marginalisierung bestimmter Gruppen, sondern in den verzerrten Ressourcen, die der Anwendung adäquater Ressourcen im Wege stehen. Sie beziehen sich nicht auf die Kritik, dass Frickers Theorie selbst eine Verzerrung der epistemischen Umgebung darstellt, insofern sie zu negieren scheint, dass es viele epistemische Ressourcen in marginalisierten Gemeinschaften bereits gibt. Während eine solche Kritik nur schwer in Frickers Theorie zu integrieren ist, lässt sich Jenkins und Crerars Erweiterung durch einige Veränderungen in Frickers Theorie gut einfügen.

2. Glaubwürdigkeitsüberschüsse: Emmalon Davis (2016), Jennifer Lackey (2021b und c, sowie 2020 und 2023) und Medina (2011 und 2022) haben gezeigt, dass nicht nur Glaubwürdigkeitsdefizite testimoniale Ungerechtigkeit konstituieren können, sondern auch Glaubwürdigkeitsüberschüsse. Nach Davis gibt es Fälle von *durch Identitätsvorurteile bedingten Glaubwürdigkeitsüberschüssen*, die Sprecher*innen in ihrer Rolle als wissende Subjekte schädigen. Glaubwürdigkeitsüberschüsse, die oftmals durch positive Identitätsvorurteile hervorgerufen werden, können so zur epistemischen Unterdrückung marginalisierter Individuen und Gruppen beitragen. Tatsächlich ist die Annahme, dass positive Vorurteile keinen Schaden anrichten, weit verbreitet; vor allem machtvolle Gruppen vertreten oftmals die Ansicht, dass positive oder wohlwollende Vorurteile in der Regel gutartig sind oder als Komplimente verstanden werden sollten (vgl. Lambert et al. 1997; Mae & Carlston 2005; Kay et al. 2013). Beispiele hierzu sind: Personen mit asiatischem Hintergrund als besonders gut in Mathematik zu beschreiben, Frauen als besonders fürsorglich anzusehen, schwule Männer als besonders modebewusst, Schwarze Männer als besonders athletisch oder Schwarze Frauen als besonders rhythmisch und so weiter. Diese Vorurteile gelten als wohlwollend, weil sie positive Eigenschaften hervorheben. Wobei – im Gegensatz zu vielen anderen Arten von Vorurteilen – positive Vorurteile häufig eine präskriptive Form annehmen und keine deskriptive: Sie beschreiben nicht nur einen Zustand, sondern legen nahe, wie sich Personen verhalten sollten (vgl. Fiske & Stevens 1993; Heilman 2001). Davis liefert das folgende Beispiel zur Illustration:

> Eine Gruppe amerikanischer Highschool-Schüler kämpft während der Mittagspause mit einer schwierigen Algebra-Aufgabe. Nach mehreren gescheiterten Versuchen, die Aufgabe selbst zu lösen, beschließen die Schüler, sich Hilfe von außen zu holen. Die Schüler haben gehört, dass Asiaten besonders gut in Mathematik sind und bitten daher einen asiatisch-amerikanischen Schüler, der in der Nähe sitzt, um Hilfe bei der Lösung der Aufgabe. (Davis 2016, 3; eigene Übersetzung)

Glaubwürdigkeitsüberschüsse, die durch Identitätsvorurteile bedingt sind, treten also immer dann auf, wenn eine Person in einem bestimmten Kontext nur aufgrund ihrer*seiner Identität und damit korrelierender Vorurteile als glaubwürdig eingestuft wird (vgl. Davis 2016, 3). Ebenso wie Glaubwürdigkeitsdefizite sind Glaubwürdigkeitsüberschüsse ethisch mangelhaft, da die zugrundeliegende epistemische Nachlässigkeit auf eine schlechte affektive Investition zurückzuführen ist (vgl. Davis 2021, 3). Dies hat ebenso wie testimoniale Ungerechtigkeit aufgrund von Glaubwürdigkeitsdefiziten schädliche Konsequenzen; Personen, die von positiven Vorurteilen betroffen sind, werden oftmals entmutigt, Dinge auszuprobieren, die vom Vorurteil abweichen, oder in einem bestimmten Kontext härter bewertet oder bestraft, wenn ihre Leistung nicht dem Vorurteil entspricht. Wichtig ist, dass auch Glaubwürdigkeitsüberschüsse, wie hier von Davis charakterisiert, marginalisierte Personen herauspicken und als Beispiele für eine bestimmte soziale Gruppe und die damit verbundenen Fähigkeiten vorführen – Glaubwürdigkeitsüberschüsse, die auf Identitätsvorurteilen beruhen, sehen marginalisierte Personen als Informationsquellen oder „als andere" und sind daher eng mit Theorien der Objektifizierung (siehe Kapitel 5) und der epistemischen Ausbeutung (siehe Kapitel 6.2) verknüpft.

José Medina zeigt zudem die enge Verbindung zwischen eingeschränkter epistemischer Handlungsfähigkeit und Glaubwürdigkeitsüberschüssen. Häufig wird angenommen, dass Glaubwürdigkeitsdefizite unsere Handlungsfähigkeit herabsetzen, wohingegen Glaubwürdigkeitsüberschüsse uns Möglichkeiten aufmachen und somit unsere Handlungsfähigkeit erhöhen. Medina (2011) hat zunächst aufgezeigt, dass Glaubwürdigkeitsdefizite und Glaubwürdigkeitsüberschüsse die zwei unterschiedlichen Seiten einer Medaille sind – hier führt die Tatsache, dass einigen Personen mehr Glaubwürdigkeit zugesprochen wird, dazu, dass andere Personen weniger Glaubwürdigkeit bekommen.

Medina (2022) zeigt aber darüber hinaus, dass Glaubwürdigkeitsüberschüsse auch für die Personen, denen sie zugesprochen werden, schädlich sein können. Die Idee ist, dass marginalisierte Gruppen zwar an einem kommunikativen Austausch beteiligt werden, die Aufnahme ihrer Aussagen aber fehlerhaft oder mangelhaft ist – und das hat wiederum problematische Konsequenzen für ihre Möglichkeiten, sich den epistemischen Praktiken zu widersetzen. Weil die marginalisierten Personen oder Gruppen an den epistemischen Praktiken beteiligt werden, wird ihre Möglichkeit sich der epistemischen Unterdrückung zu widersetzen, neutralisiert. Dies lässt sich besonders in Fällen von epistemischer Aneignung (vgl. Davis 2018; siehe Kapitel 6.2) sehen: Taylor Rogers (2021) zeigt, dass die Verwendung und Rezeption von #MeToo durch die Mainstream-Öffentlichkeit mit einer „epistemischen Irreführung" (Davis 2018, 705; im Original: *epistemic misdirection*) einherging, von der weiße Frauen profitierten, während die Erfahrungen von Schwarzen Frauen verschleiert wurden (vgl. Rogers 2021, 734):

> Der Hashtag „#Me Too" wurde 2006 von der Afroamerikanischen Überlebenden sexueller Übergriffe und Aktivistin Tarana Burke in den sozialen Medien geprägt. Burke begann, den Begriff „Me Too" zu verwenden, um anderen Schwarzen und Braunen Frauen mit ähnlichen Erfahrungen zu helfen, für sich selbst einzutreten und gegen ungerechte Hindernisse zu kämpfen, mit denen sie konfrontiert waren, wenn sie versuchten, gegen sexuellen Missbrauch zu sprechen, und gegen die mangelnde Glaubwürdigkeit, die ihren Aussagen entgegengebracht wurde […]. Ein Jahrzehnt lang fand „#MeToo" in der Mainstream-Öffentlichkeit keinen großen Anklang. Doch 2017 [wurde #MeToo] zu einem viralen Hashtag, als weiße Frauen begannen, diesen zu nutzen, um über die Vorwürfe des sexuellen Missbrauchs durch Harvey Weinstein zu twittern und sie mit anderen Erfahrungen von sexuellem Missbrauch zu verbinden. Rogers zeigt, wie der Hashtag, als er viral wurde, weißen Opfern von sexuellem Missbrauch Aufmerksamkeit und Glaubwürdigkeit verschaffte, nicht aber Schwarzen Opfern. (Medina 2022, 326–7)

Des Weiteren war die Aneignung des Hashtags begleitet von „epistemischer Distanzierung" (Davis 2018, 705; im Original: *epistemic detachment*). Sowohl epistemische Irreführung als auch epistemische Distanzierung sind Konsequenzen epistemischer Aneignung wobei die Benutzung der marginalisierten Ressourcen durch eine Abgrenzung zu marginalisierten Subjekten passiert, so dass die Ressourcen die existierenden Machtstrukturen weiter verstärken.

Jennifer Lackey zeigt ebenfalls einen Kontext, in dem Glaubwürdigkeitsüberschüsse problematische Konsequenzen haben und als Form testimonialer Ungerechtigkeit gelten sollten. Der diskutierte Kontext ist das Strafrechtssystem in den USA. Lackey zeigt hier, dass Augenzeugenberichte (Lackey 2021c) sowie (falsche) Geständnisse (2021b) in den USA als ausgesprochen wichtige Beweise für Verurteilungen gelten; obwohl alles andere als zuverlässig, sind doch falsche Geständnisse sowie Identifizierungen von Tätern durch Augenzeugen nachweislich entscheidende Faktoren für unrechtmäßige Verurteilungen, wie DNA-Tests später häufig ergeben. Tatsächlich sind sowohl falsche Geständnisse und Augenzeugenberichte häufig durch Manipulation, Täuschung oder Drohungen erzeugte Praktiken, die dann einen Überschuss an Glaubwürdigkeit bekommen – wobei das wissende Subjekt epistemische Schäden erleidet, indem der Bericht „erzwungen" ist, und die Aussagen sowie die übermäßige Glaubwürdigkeit, die ihnen zukommt, problematische Konsequenzen für ohnehin marginalisierte Personen haben (vgl. Lackey 2021b und c, sowie 2023).

Bei falschen Geständnissen haben wir es zudem oft mit selbst stark marginalisierten Personen zu tun. Einen paradigmatischen Fall von problematischem Glaubwürdigkeitsüberschuss im Kontext von falschen Geständnissen liefert das folgende Beispiel: So argumentiert Rachel McKinney (2016), dass der Fall der Central Park Five, bei dem fünf minderjährige Schwarze und Latino Jungen für die Vergewaltigung einer Joggerin im Central Park in New York City angeklagt und verurteilt wurden, epistemisch und ethisch höchst problematisch ist, es hierbei aber nicht um die fehlende Glaubwürdigkeit der Angeklagten geht, sondern deren (erzwungene) Aussagen einen Glaubwürdigkeitsüberschuss erhielten. Hier werden also epistemische Akteure, die normalerweise von testimonialer Ungerechtigkeit betroffen sind, gezwungen, sich epistemisch zu beteiligen und die Machtstrukturen der epistemischen Ökonomie aufrechtzuerhalten. Diese Analyse liegt somit zwischen der Argumentation von Medina, nach der Glaubwürdigkeitsdefizite und -überschüsse immer zusammen auftreten, und der Analyse von Davis, nach der Glaubwürdigkeitsüberschüsse selbst schädlich für das wissende Subjekt sind.

3. Inhaltsbezogene Epistemische Ungerechtigkeit: Robin Dembroff und Dennis Whitcomb (2022) sowie Emmalon Davis (2021) haben dafür argumentiert, dass epistemische Ungerechtigkeit nicht notwendigerweise in Identitätsvorurteilen begründet liegen muss, sondern dass es auch eine Form der inhalts-basierten epistemischen Ungerechtigkeit geben kann, bei der eben nicht die Identität der wissenden Person im Vordergrund steht, sondern der Inhalt der Aussage.[34] Der grundlegende Gedanke ist, dass es sowohl Fälle gibt, in denen die Aussage von wissenden Subjekten aufgrund existierender Identitätsvorurteile nicht geglaubt wird, als auch Fälle, in denen sich die Vorurteile auf das beziehen, was kommuniziert werden soll. Zwei Beispiele sollen helfen, diese Fälle zu illustrieren:

> *Beispiel 1:* [...] Nehmen wir an, dass sich mehrere Ärzte auf einem medizinischen Kongress zu einem Umtrunk getroffen haben, um ihre Lieblingsthemen zu besprechen. Ein Arzt, Preston, beginnt der Gruppe zu berichten, was er in einer Sitzung über Fibromyalgie gelernt hat (eine Krankheit, die ihn seit kurzem interessiert, da mehrere seiner Patientinnen davon betroffen sein könnten). Gerade als Preston zu erzählen beginnt, meldet sich ein anderer Arzt, James, zu Wort: „Preston, ich muss Sie hier unterbrechen. Jeder weiß, dass diese Patientinnen nur nach Aufmerksamkeit suchen. Es gibt einen Grund dafür, dass es nur Frauen betrifft!" Preston versucht zu antworten, aber James unterbricht ihn scharf, um der Gruppe zu berichten, was er in einer Sitzung über neue Entwicklungen beim robotergestützten Gelenkersatz gelernt hat. Wie James' Kommentar deutlich macht, ist seine Ablehnung von Prestons Aussage auf eine geschlechtsspezifische Assoziation zwischen Fibromyalgie und Frauen zurückzuführen, gepaart mit einer vorurteilsbehafteten Einschätzung von Frauen (mit chronischen Schmerzen) als „Aufmerksamkeitssuchende". James lehnt Prestons Beitrag präventiv ab – und hindert Preston im Weiteren daran, der Gruppe mitzuteilen, was er über Fibromyalgie gelernt hat. Dies geschieht aufgrund von Vorurteilen, die durch den identitätskodierten Inhalt von Prestons

---

[34] Wie bei vielen Beiträgen zum Thema epistemische Ungerechtigkeit ist die grundlegende Idee inhalts-basierter epistemischer Ungerechtigkeit keineswegs neu; siehe beispielsweise The Combahee River Collective (1979), Rich (1980), Lugones (1987 und 2006), Collins (2000). Auch Dotson (2011) liefert die Beschreibung eines ähnlichen Phänomens, wobei der Inhalt einer Aussage für die Sprecher*in aufgrund der sozialen Position der zuhörenden Personen gefährlich werden kann und die Person daher auf die Aussage verzichtet.

Beitrag entstanden sind. Darüber hinaus stellt James Prestons eigene Glaubwürdigkeit in Frage, indem er unterstellt, dass sein Beitrag keinen Wert hat. (Davis 2021, 218; eigene Übersetzung)

Beispiel 2: HIV stellte in den 1980er und frühen 1990er Jahren eine enorme Bedrohung für die öffentliche Gesundheit in den Vereinigten Staaten dar und kostete Zehntausende von Menschenleben. Die Forschung zur Behandlung von HIV kam jedoch nur schleppend voran, und das nicht zufällig. Die Reagan-Regierung untergrub wiederholt die Bemühungen zur HIV-Bekämpfung und wies die eindeutigen Aussagen zahlreicher Gesundheitsexperten zurück, wonach HIV eine alarmierende Bedrohung darstellte, die sofortiges Handeln erforderte. [...] Man mag sich zwar fragen, warum jemand Expertenaussagen über eine sich schnell ausbreitende Krankheit zurückweist, aber Reagans Beamte machten aus ihren Beweggründen keinen Hehl. Indem sie HIV als „Schwulenkrankheit" bezeichneten, interpretierten sie die Unterstützung der Präventionsforschung ganz offen als Unterstützung der schwulen Gemeinschaft. Diese Interpretation war der Grund oder zumindest einer der Gründe, warum sie die Aussagen von Expert*innen ablehnten, dass die HIV-Forschung zum Schutz der öffentlichen Gesundheit notwendig sei. (Dembroff & Whitcomb 2022, 1–2; eigene Übersetzung)

Aufbauend auf diesen Beispielen lässt sich inhaltsbezogene testimoniale Ungerechtigkeit folgendermaßen beschreiben: Eine hörende Person H begeht eine inhaltsbezogene testimoniale Ungerechtigkeit, wenn H die Aussage einer sprechenden Person S zumindest teilweise aufgrund von Vorurteilen gegenüber dem Inhalt der Aussage ablehnt.[35] Davis fügt außerdem eine direkte Verknüpfung zwischen dem Inhalt und der Identität von marginalisierten Subjekten hinzu, die sich auch beim Beispiel von Dembroff & Whitcomb zeigt. Hiernach ist inhalts-bezogene Ungerechtigkeit die Ungerechtigkeit, die auftritt, wenn „Vorurteile oder andere ungerechte Einschätzungen in Bezug auf sozial identitätskodierte Inhalte [...] eines Beitrags die Bewertung der epistemischen Stellung des Beitragenden [...] durch das Publikum beeinflussen und die Bereitschaft des Publikums, den Beitragenden und seinen Beitrag zu berücksichtigen oder fair zu behandeln, beeinträchtigen" (Davis 2021, 219). Inhaltsbezogene testimoniale Ungerechtigkeit unterstützt den Erhalt der ungerechten epistemischen Ökonomie, indem bestimmte Inhalte keinen Einzug in die dominante epistemische Ressource erhalten, und führt außerdem dazu, dass die Glaubwürdigkeit der sprechenden Personen in Frage gestellt wird.

4. Willentliche Epistemische Ungerechtigkeit: Bislang gehen die meisten Philosoph*innen, die sich mit epistemischer Ungerechtigkeit und insbesondere mit testimonialer Ungerechtigkeit befassen, davon aus, dass testimoniale Ungerechtigkeit

---

35 Es sollte angemerkt werden, dass Dembroff & Whitcomb (2022) zwischen zwei Formen Inhaltsbezogener epistemischer Ungerechtigkeit unterscheiden: reaktive inhaltsbezogene Ungerechtigkeit und präventive inhaltsbezogene Ungerechtigkeit.

nicht willentlich oder absichtlich begangen werden kann, sondern stattdessen unbewusst und oft unbeabsichtigt geschieht (vgl. Hyde 2016; Munroe 2016; Piovarchy 2021; Voigt 2017; Wanderer 2012; um nur einige zu nennen). Diese Annahme liegt nahe, weil (a) testimoniale Ungerechtigkeit nach Fricker mit Identitätsvorurteilen verbunden ist und (b) Vorurteile aus der Ich-Perspektive der voreingenommenen Person in der Regel wie gute Argumente oder gerechtfertigte Überzeugungen aussehen. Und dies wiederum bedeutet, dass testimoniale Ungerechtigkeit nicht vorsätzlich sein kann (zumindest nicht in vollem Umfang), weil der oder die Akteur*in in einer Form von Unwissenheit oder Selbsttäuschung handelt.

Wie wir bereits gesehen haben, ist der zugrunde liegende Gedanke der, dass wir als soziale Akteure in den alltäglichen Austausch von Wissen verwickelt sind, bei dem wir keine bewusste Entscheidung darüber treffen, ob wir der anderen Person vertrauen oder nicht. Stattdessen nehmen wir die andere Person lediglich als vertrauenswürdig „wahr", wobei wir uns auf Hintergrundannahmen über die Person wie Stereotype und Vorurteile stützen. Identitätsvorurteile – die bei jeder systematischen testimonialen Ungerechtigkeit eine Rolle spielen – „verzerren die Wahrnehmung des Sprechers durch den Zuhörer" (Fricker 2007, 36; eigene Übersetzung). Dadurch unterscheidet sich testimoniales Unrecht in den meisten Darstellungen von anderen Formen des Unrechts, die beabsichtigt sein können – wie zum Beispiel bei Ripleys Mord an Dickie (vgl. Beispiel in Kapitel 3.2.1), der zwar nicht vorsätzlich, aber dennoch beabsichtigt ist.

Ich möchte zwei Behauptungen aufstellen. Erstens, testimoniale Ungerechtigkeit kann vorsätzlich sein.[36] Zweitens wird die vorsätzliche testimoniale Ungerechtigkeit immer noch akkurat als eine Form der testimonialen Ungerechtigkeit beschrieben, weil sie (die absichtliche Nutzung) strukturelle Identitätsvorurteile beinhaltet; hierbei ähnelt diese Ungerechtigkeit also der inhaltsbezogenen Ungerechtigkeit, die ich soeben diskutiert habe. Betrachten wir nun diese zwei Behauptungen detaillierter. Nach G.E.M. Anscombe (1979, 1957) sind Handlungen im Rahmen einer Beschreibung immer absichtlich. Greenleafs Ablehnung von Marge (siehe Beispiel in Kapitel 3.1.1) ist in der Beschreibung als „Ich schließe die Aussage von Menschen aus, die hysterisch sind und von ihren Emotionen überwältigt werden" beabsichtigt, in der Beschreibung „Ich begehe eine Ungerechtigkeit in Bezug auf Marge" jedoch unbeabsichtigt. Greenleaf will eindeutig kein testimoniales Unrecht begehen und ist sich des Identitätsvorurteils nicht bewusst, das ihn Marge von vornherein als hysterisch wahrnehmen lässt und zu dem problematischen Glaubwürdigkeitsdefizit führt, unter dem sie dann leidet.

---

[36] Das ist nicht zu verwechseln mit Pohlhaus' Theorie *vorsätzlicher hermeneutischer Ignoranz* (siehe Kapitel 4.4).

Wie wir zuvor gesehen haben, sind epistemische Praktiken sowohl (a) situiert als auch (b) relational (vgl. Pohlhaus 2012). Je nach sozialem Status der Wissenden werden einige Aspekte der Welt von den dominanten epistemischen Ressourcen besser erfasst als andere (vgl. Dotson 2014a, 116; Collins 2000, 4–8; Fricker 2007). Die zugrundeliegende Idee ist, dass einige Wissende besser in der Lage sind, zu den gemeinsamen und dominanten epistemischen Ressourcen beizutragen als andere, was zu einer asymmetrischen Beteiligung und einer Verletzung des marginalisierten Wissens führt – das natürlich nur im dominanten Kontext marginal ist, nicht aber in den spezifischen Subkontexten der marginalisierten Wissenden (vgl. Medina 2012; Mason 2011). Je mächtiger eine Person ist, desto wahrscheinlicher ist es, dass sie diese marginalen epistemischen Ressourcen nicht berücksichtigt, sowohl weil die dominanten Ressourcen das, was sie selbst erlebt, gut erfassen, als auch weil ihre soziale Position nur die Erfahrungen hervorhebt, die von den dominanten Ressourcen gut erfasst werden – und schließlich, weil die Ablehnung marginaler epistemischer Ressourcen es ihr ermöglicht, in ihrer privilegierten Weltsicht zu bleiben und die Notlage anderer zu ignorieren.

Mit anderen Worten: Unsere Erfahrungen hängen von unserer sozialen Positionierung ab, und wie Pohlhaus deutlich macht, schaffen diese Erfahrungen „gemeinsame Herausforderungen", die Teil der gelebten Erfahrung der Wissenden sind und so zu dem Kontext beitragen, aus dem heraus sie sich der Welt nähern (vgl. Pohlhaus 2012, 716). Ein Fokus auf die Situiertheit epistemischer Praktiken zeigt jedoch auch, dass unsere Praktiken fragmentiert sind; wir können nicht alles wissen, was es zu wissen gibt, wir können nicht einmal alles sehen, was es zu sehen gibt, ohne die Hilfe anderer. Daher ist Wissen auch immer relational; wir lernen die Welt nicht allein kennen, sondern in Beziehung zu anderen.

Ein Bestandteil dessen, was es bedeutet, in einer epistemischen Beziehung zu anderen zu stehen, ist, dass wir anderen gegenüber rechenschaftspflichtig sind. Zu unseren epistemischen Praktiken gehört es, gute Gründe und Rechtfertigungen dafür zu haben, was wir glauben und wen wir für glaubwürdig halten. Mit anderen Worten: Es ist nicht richtig anzunehmen, dass Vorurteile einheitlich einem gesamten sozialen Kontext entspringen, sondern sie sind ebenso fragmentiert wie andere Überzeugungen und Annahmen (vgl. Medina 2012a). Es ist daher wahrscheinlich, dass es einige dominante negative Identitätsvorurteile gibt, die in bestimmten Kontexten Gewicht haben, in anderen jedoch nicht.

Um dies zu veranschaulichen, betrachten wir das folgende Beispiel, das sowohl von Jenkins (2016) als auch von mir (2018) verwendet wird und das bereits vorausgehend kurz diskutiert wurde. In westlichen Gesellschaften sind Vergewaltigungsmythen weit verbreitet, so dass beispielsweise viele Personen glauben, Vergewaltigungen würden nur von Fremden begangen. Dieser Mythos steht im Widerspruch zu den rechtlichen Definitionen der meisten westlichen Gesellschaften, nichtsdestotrotz glauben viel daran und können daher eine Situation der Vergewaltigung in der Ehe nicht angemessen beurteilen. Andere jedoch widersetzen sich diesem Mythos und treten für eine bessere Konzeptualisierung sexueller Gewalt innerhalb unserer operativen hermeneutischen Praktiken ein. Interessanterweise verzerren Vergewaltigungsmythen nicht nur das Urteilsvermögen einer Person, sondern sie können auch zur Rechtfertigung moralisch (und oft auch rechtlich) problematischer Handlungen verwendet werden. Anders formuliert bedeutet das folgendes: Das Wissen um die Allgegenwärtigkeit bestimmter Mythen oder Vorurteile und deren Nutzung kann auch dazu beitragen, die eigenen Handlungen vor der größeren (epistemischen) Gemeinschaft zu rechtfertigen.

In einigen Beispielen kann die Existenz falscher Mythen also dafür sorgen, dass diese instrumentalisiert werden. So wird beispielsweise argumentiert, dass die Behandlung von Geflüchteten und die Gefahren, denen Geflüchtete sowohl bei der Ankunft in Europa als auch innerhalb der europäischen Grenzen ausgesetzt sind, Teil eines bewussten Systems sind, das von Europa (und anderen westlichen Staaten) entwickelt wurde, um Menschen aus nicht-europäischen Ländern fernzuhalten (vgl. Roufus 2020; Parekh 2020a und 2020b; Davis 2020). Eine plausible Erklärung für das, was hier geschieht, ist dabei folgende: Europäische Politiker*innen handeln unter der Leitlinie, möglichst viele Menschen daran zu hindern, aus den Transitländern nach Europa zu gelangen und den geschlossenen Internierungslagern an den Grenzen Europas zu entkommen. Dabei wissen die Abgeordneten des Europäischen Parlaments beispielsweise sowohl über die Politik, die Geflüchtete an der Einreise nach Europa hindert, als auch über die Bedingungen in den Lagern Bescheid; oftmals weil sie die Zustände aus erster Hand miterlebt haben (Heyer & Knobbe 2020).

Dennoch stützen sie sich auf schädliche Stereotypen (wie den Begriff der „Wirtschaftsflüchtlinge"), um die Verweigerung des Asylstatus oder der Verbesserung der Bedingungen für Geflüchtete zu rechtfertigen, damit ein schädliches und somit abschreckendes System bestehen bleibt. Was wir hier also bei den Abgeordneten sehen können, ist die Verwendung bestimmter Stereotypen sowie ein Bewusstsein für deren Status als Stereotypen. Das bedeutet, damit eine testimoniale Ungerechtigkeit vorsätzlich ist, muss eine Person P absichtlich eine vorurteilsbehaftete, aber weit verbreitete Überzeugung B verwenden, um eine nachteilige Behandlung des Sprechers zu rechtfertigen – in diesem Fall der Geflüchteten, die sich gegen die menschenunwürdigen Bedingungen in Camps und an den Grenzen Europas zur Wehr setzen.

Dies kann so verstanden werden, dass (a) B eine vorurteilsbehaftete und weit verbreitete Überzeugung über den Sprecher ist und eine Person P B absichtlich verwendet, um eine nachteilige Behandlung des Sprechers zu rechtfertigen, oder dass (b) B eine vorurteilsbehaftete und weit verbreitete Überzeugung über den

Sprecher ist und P B absichtlich verwendet, obwohl P weiß, dass B vorurteilsbehaftet ist, um eine nachteilige Behandlung des Sprechers zu rechtfertigen. Bei (a) kann man nicht davon ausgehen, dass P weiß, dass B ein Vorurteil ist oder dass sein vorurteilsbehafteter Status für die Entscheidung relevant war. Hier möchte ich die stärkere Behauptung aufstellen, nämlich dass P B absichtlich verwendet in dem Wissen, dass B nachteilig ist, um eine nachteilige Behandlung des Sprechers zu rechtfertigen. Und bestimmte Beispiele, wie die Verwendung von Vorurteilen gegenüber Geflüchteten, scheinen diese Behauptung zu unterstützen.

Im Vergleich zur testimonialen Ungerechtigkeit beruht die vorsätzliche testimoniale Ungerechtigkeit nicht darauf, dass jemand aufgrund bestehender und schädlicher Vorurteile nicht als glaubwürdig eingestuft wird, sondern auf einer vorsätzlichen Praxis, die Berichte einiger Personen zu ignorieren und diese schädliche Praxis durch die Verwendung bestehender Vorurteile, die sie für weniger glaubwürdig halten, zu rechtfertigen. Diejenigen, die vorsätzliche testimoniale Ungerechtigkeit begehen, wissen also, dass die Vorurteile falsch sind, und nutzen sie dennoch absichtlich aus. In unserem Fall: Die fraglichen Delegierten glauben nicht an rassistische Vorurteile, die die Vorstellung stützen, dass Geflüchteten selbst nicht zu trauen ist, aber sie verlassen sich darauf, dass sie diese bestehenden Vorurteile nutzen können, um ihre Untätigkeit vor der breiten Öffentlichkeit zu rechtfertigen.

Wie oben dargelegt wurde, müssen sowohl epistemische Praktiken wie auch die Entscheidung, wen man für glaubwürdig hält, gegenüber anderen in der eigenen epistemischen Gemeinschaft gerechtfertigt sein. Mythen und Vorurteile bieten eine Möglichkeit, genau das zu tun – vor allem, wenn bekannt ist, dass bestimmte Mythen oder Vorurteile (wie rassistische Sentiments gegenüber Geflüchteten) in einer Gesellschaft weit verbreitet sind und daher von der Öffentlichkeit wenig hinterfragt werden.[37]

3.4 Zur Übersicht: Eine Landkarte

Im *Routledge Handbook of Epistemic Injustice* (2017) stellt José Medina fest, dass „wir unendlich viele Varianten [hermeneutischer Ungerechtigkeiten] identifizieren können" und „es von Vorteil wäre, so viele Klassifizierungen wie möglich zu nutzen, damit wir verschiedene Elemente und Dimensionen in der Phänomenologie hermeneutischen Unrechts, das gegen Einzelpersonen, Gruppen und Öffentlichkeiten begangen wird, hervorheben können" (2017, 45; eigene Übersetzung). Medinas

---

[37] Für ein detailliertes Bild vorsätzlicher testimonialer Ungerechtigkeit siehe Hänel (2024); vorsätzliche hermeneutische Ungerechtigkeiten werden in Kapitel 4.4 zur Sprache kommen.

Aussage ist nicht nur in Bezug auf hermeneutische Ungerechtigkeiten zutreffend; tatsächlich ist es im Allgemeinen von Vorteil, einen möglichst guten Überblick der unterschiedlichen Aspekte und Formen epistemischer Ungerechtigkeit zu gewinnen. Während auf den letzten Seiten überwiegend Formen testimonialer Ungerechtigkeit im Vordergrund standen, soll hier eine Landkarte entworfen werden, die einen schematischen Überblick über epistemische Ungerechtigkeiten (im engen Frickerschen Sinne) bietet.[38] Die generelle Idee dabei ist, dass Frickers Theorie epistemischer Ungerechtigkeiten einen generellen Begriff testimonialer sowie hermeneutischer Ungerechtigkeit liefert, welche wiederum in unterschiedlichen spezifischen Begrifflichkeiten ausbuchstabiert werden können. Nochmal zur Verdeutlichung: Fricker liefert uns mit ihrer Theorie epistemischer Ungerechtigkeit einen Begriff, den wir zum besseren Verständnis problematischer epistemischer Praktiken verwenden können; dieser ist am besten beschrieben als die Ungerechtigkeit, die einer Person aufgrund ihres Status als wissende Person widerfährt. Zudem liefert uns Fricker zwei Begrifflichkeiten von epistemischer Ungerechtigkeit – testimoniale Ungerechtigkeit und hermeneutische Ungerechtigkeit –, die sie mithilfe von Definitionen genau umreißt.

Beide Begrifflichkeiten sind Formen von epistemischer Ungerechtigkeit, da sie unter die Beschreibung von epistemischer Ungerechtigkeit fallen, gleichzeitig aber sind sie weitaus enger definiert und liefern somit spezifische Beschreibungen zweier paradigmatischer Fälle von epistemischer Ungerechtigkeit. So verstanden passen sich die oben diskutierten Erweiterungen (sowie andere Erweiterungen) in das Bild ein; sie alle fallen unter die vage Umschreibung des Begriffs epistemischer Ungerechtigkeit, und bieten weitere spezifische Begrifflichkeiten des Phänomens. Während dies hilft zu verstehen, wie Frickers paradigmatische Beispiele (sowie die Erweiterungen) in ihrer Theorie zu verorten sind, liefert es keine überzeugende Verteidigung auf die Kritik, dass der Fokus auf epistemischen Tugenden eine Verschiebung zugunsten machtvoller Personen bewirkt und somit dazu beiträgt, die epistemische Unterdrückung und Handlungsfähigkeit marginalisierter Personen weiter zu untermauern. Tatsächlich soll im letzten Abschnitt dieses Kapitels gezeigt werden, dass eine Fokusverschiebung mit Frickers Theorie nur schwer zu vereinbaren ist. Dies bedeutet aber selbstverständlich nicht, dass wir Frickers Theorie gänzlich ignorieren sollten; schließlich liefert sie uns wichtige epistemische Werkzeuge, die es uns ermöglichen, epistemische Formen von Ungerechtigkeit in der Welt zu identifizieren und zu bekämpfen. Allerdings – und hier gibt Dotson

---

38 In Bezug auf den schematischen Überblick zu hermeneutischer Ungerechtigkeit bin ich Christine Bratu für zahlreiche Diskussionen dankbar; einen detaillierten Überblick liefern wir in Bratu & Hänel (2021).

(2012) eine wichtige Warnung – sollten wir vorsichtig vorangehen, denn der von Fricker gewählte Fokus sowie die engen Definitionen, die sie zur Beschreibung der Begrifflichkeiten wählt, laufen immer auch Gefahr, selbst epistemische Ungerechtigkeit auszuüben.

3.5 Dotsons Theorie epistemischer Unterdrückung und Gewalt

Fricker entwickelt eine Theorie epistemischer Ungerechtigkeit, die zwar die strukturellen Rahmenbedingungen mit einbezieht, primär aber auf interpersonale, kommunikative Handlungen von Individuen fokussiert und versucht daraus abzuleiten, was es bedeutet, eine tugendhafte Person im Bereich von Wissen zu sein mit dem Ziel problematische epistemische Praktiken zu vermeiden. Kristie Dotson liefert eine Beschreibung epistemischer Unterdrückung, indem sie vor allem auf die Strukturen und Rahmenbedingungen fokussiert, die sich hinter den problematischen epistemischen Praktiken verbergen, und diese in ihrem spezifischen Kontext unter Einbeziehung der Art und Weise beleuchtet, wie diese Strukturen historisch gewachsen sind. Dieser Fokus ist weniger daran interessiert zu erklären, was es bedeutet, tugendhaft zu sein, sondern vielmehr an der (widerständigen) Handlungsfähigkeit von unterdrückten wissenden Subjekten innerhalb von Systemen struktureller Unterdrückung. Es ist somit auch alles andere als verwunderlich, dass Dotson von *epistemischer Unterdrückung* anstatt epistemischer Ungerechtigkeit spricht; im Gegensatz zu Fricker, bei der der Fokus primär auf dem Schaden von bestimmten epistemisch problematischen Situationen liegt, fokussiert Dotson auf die – durch Kolonialismus und Imperialismus geprägten – epistemischen Systeme, die unsere sozialen Beziehungen strukturieren.

Nach Dotson (2012) gibt es drei Ebenen, in denen systematische epistemische Ausgrenzung in Erscheinung tritt und die (epistemische) Handlungsfähigkeit von marginalisierten Subjekten eingeschränkt wird. Die Analyse dieser drei Ebenen macht es möglich, genau zu zeigen, welche Lösungsstrategien gewählt werden müssen, um das epistemische System zu ändern und die Handlungsfähigkeit zu verstärken. Auf der ersten Ebene haben wir es vor allem mit interpersonalen epistemischen Praktiken zu tun; nach Dotson werden marginalisierte Personen auf dieser Ebene ausgeschlossen aufgrund von Widersprüchen, wie das System funktioniert oder navigiert wird. Beispiele hierfür sind: zum Schweigen bringen (Dotson 2011; im Original: *epistemic silencing*), testimoniale Ungerechtigkeit (Fricker 2007) und partizipatorische Ungerechtigkeit (Hookway 2010).[39] Und diese problemati-

---

[39] Die grundlegende Idee partizipatorischer Ungerechtigkeit ist, dass nicht nur die Art und Weise,

schen Praktiken auf der ersten Ebene können verändert werden, ohne dass wir das System an sich ändern; durch Frickers Vorschlag der tugendhaften Zuhörer*in verbessert sich beispielsweise die unzureichende Wertschätzung der Glaubwürdigkeit in einer bestimmten Situation – ohne dass wir dafür Glaubwürdigkeit im Allgemeinen hinterfragen oder die Frage stellen, ob Glaubwürdigkeit überhaupt wertvoll ist. Vielmehr lassen sich die Lösungsstrategien auf der ersten Ebene innerhalb des bestehenden Systems verstehen (Dotson 2012, 26–28).

Auf der zweiten Ebene haben wir es mit Leerstellen in der existierenden epistemischen Ökonomie zu tun, wobei diese Leerstellen einerseits durch historische Ausschlüsse marginalisierter wissender Subjekte entstehen und andererseits verschleiern, dass die dominanten epistemischen Ressourcen somit aus dem Interesse bestimmter sozialer Gruppen heraus entstanden sind. Hier müsste die Lösungsstrategie lauten, die Leerstellen zu schließen, um die Handlungsfähigkeit marginalisierter Personen zu erhöhen. Ein Beispiel für problematische epistemische Praktiken auf der zweiten Ebene ist Frickers hermeneutische Ungerechtigkeit. Während hier die spezifische Entwicklung bzw. Unterentwicklung des Systems das Problem ist, wird das System selbst nicht in Frage gestellt (Dotson 2012, 29–31).

Auf der dritten Ebene haben wir es mit dem epistemischen System selbst zu tun; die Idee ist, dass das System selbst nicht dafür geeignet ist, die epistemischen Interessen und die epistemische Handlungsfähigkeit von bestimmten wissenden Subjekten zu repräsentieren. Auf dieser Ebene hilft es also nicht, etwas *am System* zu verändern, sondern es bedarf eines neuen Systems. Das lässt sich am besten am Fall von mitwirkender Ungerechtigkeit (siehe Kapitel 6) illustrieren, wobei sowohl die strukturellen Hintergrundbedingungen – zum Beispiel in Form von Vorurteilen – als auch das situierte Unwissen – dazu mehr im nächsten Kapitel – von machtvollen Personen Hand in Hand agieren. Mitwirkende Ungerechtigkeit ist also die Ungerechtigkeit, bei der

> das vorsätzliche hermeneutische Unwissen epistemischer Akteure dazu führt, dass strukturell voreingenommene hermeneutische Ressourcen beibehalten und genutzt werden, was wiederum die Fähigkeit anderer Wissender vereitelt, zu gemeinsamen epistemischen Ressourcen innerhalb einer bestimmten epistemischen Gemeinschaft beizutragen, weil ihre epistemische Handlungsfähigkeit beeinträchtigt ist. (Dotson 2012, 32; eigene Übersetzung)

---

wie wir bestimmte Begriffe prägen und benutzen, unseren Aussagen Wert verleiht, sondern auch andere Handlungen und Fähigkeiten; jemand kann beispielsweise auch außerhalb von einem kommunikativen Austausch als nicht glaubwürdig beurteilt werden, indem zum Beispiel angenommen wird, dass Person P nicht glaubwürdig genug ist, um eine bestimmte Handlung auszuführen, die nicht primär epistemisch ist (vgl. Hookway 2010, 157).

Um dieser Form von Ungerechtigkeit entgegenzusteuern werden marginalisierte und widerständige Praktiken benötigt, wie zum Beispiel María Lugones „Weltenreise" (im Original: world-travelling) – hierzu mehr in Kapitel 6.1.3. Das bedeutet selbstverständlich nicht, dass die unterschiedlichen Ebenen getrennt voneinander betrachtet und verbessert werden können, da alle hier angeführten Beispiele epistemischer Ungerechtigkeit allgegenwärtige und schädliche epistemische Ausschlüsse beinhalten – und somit Formen epistemischer Unterdrückung sind. Es zeigt vielmehr, dass das System epistemischer Unterdrückung in seinen unterschiedlichsten Facetten bekämpft werden muss (vgl. Dotson 2012, 33). Während wir nun einen Überblick über Situationen epistemischer Ungerechtigkeit gewonnen haben, braucht es zum tieferen Verständnis epistemischer Unterdrückung auch eine Erklärung der problematischen Praktiken von Unwissen und Ignoranz, womit sich das folgende Kapitel beschäftigen wird.

4 Epistemische Ignoranz und Unwissenheit

Unwissenheit ist nicht notwendigerweise etwas Schlechtes. Tatsächlich können wir in unserem alltäglichen Leben nur deshalb funktionieren, weil wir bestimmte Bereiche vollkommen ausblenden. So ist es beispielsweise vollkommen irrelevant zu wissen, wie viele Grashalme bei uns im Garten wachsen.[1] Und es ist nicht nur irrelevant, sondern sogar äußerst sinnvoll, dieses Unwissen aufrechtzuerhalten; würde ich anfangen, die Grashalme in unserem Garten zu zählen, hätte ich kaum noch Zeit und Energie, Wissen über wirklich wichtige Dinge zu erwerben – und auch ganz sicher keine Zeit, dieses Buch zu schreiben.

Cynthia Townley (2011) argumentiert unter anderem, dass unsere epistemische Kooperation abhängig davon ist, dass wir anderen keine unwichtigen oder für sie schädlichen Dinge mitteilen und somit ihr Unwissen noch weiter vergrößern.[2] Natürlich ist aber Unwissenheit nicht allgemein erstrebenswert, es kommt vielmehr auf die richtige Balance an: Wir müssen wissen, was wir wissen müssen und sollten. Im Deutschen gibt es für „gutes" und „schlechtes" Unwissen tatsächlich zwei unterschiedliche Begriffe – Unwissen und Ignoranz; was die Debatte im Vergleich zum Englischen (wo für beide Formen des Unwissens das Wort *ignorance* benutzt wird) etwas vereinfacht. Unwissen bezieht sich auf eine epistemisch unschuldige Form des nicht Wissens – wobei sich zeigen wird, dass auch Unwissen sowohl vorteilhaft als auch nachteilig sein kann. Ignoranz hingegen bezieht sich auf kognitives Versagen. Hier stellt sich die Frage, ob dieses Versagen moralisch problematisch ist und ob es sich um unser eigenes Verschulden handelt – und auch Ignoranz kann sowohl vorteilhaft als auch nachteilig sein, wobei dies häufig mit der sozialen Position zu tun hat in der wir uns befinden.

Epistemologien des Unwissens und der Ignoranz verweisen oftmals auf Charles Mills Arbeit zu weißer Ignoranz (2007; in Englisch: *white ignorance*) sowie die feministische Standpunkttheorie mit dem primären Ziel, fruchtbare metaphilosophische Untersuchungen der problematischen Praktiken, die sich in der Philosophie festgesetzt haben, anzustellen. Dazu zählt das Aufzeigen problematischer Leerstellen im philosophischen Diskurs (und außerhalb der akademischen Philo-

---

[1] Natürlich gibt es eine ganze Reihe an Dingen, bei denen es egal wäre, ob ich sie weiß oder nicht; die mir persönlich aber wichtig sein können. So weiß ich beispielsweise mittlerweile die Namen und wichtigsten Eigenschaften von mindestens 30 verschiedenen Dinosauriern; dieses Wissen ist zwar irrelevant für meine Arbeit oder mein „Funktionieren" in der Gesellschaft, es macht aber meinen fünfjährigen Sohn sehr glücklich, dieses Wissen mit mir zu teilen – was es wiederum für mich persönlich wichtig macht.
[2] Manche Philosoph*innen gehen sogar so weit zu argumentieren, dass es moralisch schlecht wäre, bestimmte Dinge zu wissen (vgl. Zagzebski 2003).

sophie), oftmals hervorgerufen durch die Ausgrenzung bestimmter sozialer Gruppen und marginalisierter Denker*innen, ebenso wie das Identifizieren von Fragen, die entweder bislang nicht gestellt wurden oder viel zu lange schon unbeantwortet geblieben sind.

Epistemologien der Ignoranz sind dabei vor allem im Umfeld der *Critical Race Studies* entstanden oder verweisen auf die Arbeiten dekolonialer Theoretiker*innen; dies ist einfach zu erklären, da sich diese Bereiche innerhalb der Philosophie auch aufgrund der problematischen Ausgrenzungspraktiken entwickelt haben und somit ein inhärentes Interesse daran besteht, das durch die Ausgrenzung entstandene Unwissen sowie die Ignoranz, die signifikant zu eben dieser Ausgrenzung beigetragen hat, besser zu verstehen. Von Du Bois bis zu gegenwärtigen Theoretiker*innen der *Critical Race Studies* lässt sich sehen, dass rassifizierte Ignoranz „tief verwurzelte Gewohnheiten und Einstellungen [beinhaltet], die weit über das bloße Fehlen einer wahren Überzeugung oder das bloße Vorhandensein einer falschen Überzeugung hinausgehen" (Medina 2008, 313; eigene Übersetzung). Rassifizierte Ignoranz ist also vor allem auf die Abwesenheit des Interesses zurückzuführen, bestimmte epistemische Werkzeuge und epistemische Ressourcen zu kennen oder zu erwerben – und dieser Mangel an Interesse ist mal stärker und mal wenig stark daran geknüpft, ob Möglichkeiten des Austauschs mit marginalisierten Subjekten wahrgenommen wurden, gesucht wurden oder überhaupt existierten.

Diese Erkenntnisse lassen sich aber nicht nur in explizit philosophischen Arbeiten sehen, so zeigt Elizabeth Spelman (2007, 119) beispielsweise, dass James Baldwins Analyse des weißen Amerikas genau diesen Mangel diagnostiziert und weißen Amerikaner*innen die Verantwortung dafür zuschreibt:

> „[D]as ist das Verbrechen, das ich meinem Land und meinen Landsleuten vorwerfe und das weder ich noch die Zeit noch die Geschichte ihnen jemals verzeihen werden: *dass sie Hunderttausende von Leben zerstört haben und noch immer zerstören und es nicht wissen und nicht wissen wollen.*" (Baldwin 1993, 5; eigene Übersetzung und Hervorhebung)

Die grundlegende Idee ist einfach: Epistemische Ignoranz ist eine aktive Praktik, sich bestimmter epistemischer Werkzeuge und Ressourcen zu verschließen – damit ist sie interessengeleitet und widerstandsfähig. Und epistemische Ignoranz tritt nicht nur in interpersonalen Situationen auf, sondern ist institutionell und strukturell verankert. In Spelmans Worten: Ignoranz ist „eine erschreckende Leistung", die „grotesk große Anstrengungen" (2007, 120; eigene Übersetzung) erfordert; es ist, mit anderen Worten, eine Ignoranz, die organisiert und verwaltet werden muss (vgl. Medina 2008, 314). Damit wird Ignoranz zu einem „grundlegenden kulturellen Mechanismus zur Wahrung von Privilegien und Herrschaft", in dem „Unterdrückungsverhältnisse [geschützt werden, weil] sie aus dem Bewusstsein derjenigen, die sie begehen, und manchmal (wenn möglich) aus dem Bewusstsein derjenigen, die sie erleiden, gelöscht werden" (Medina 2008, 314; eigene Übersetzung).³ Hierbei sieht man deutlich den strukturellen Fokus, aber auch die Nähe zur Ideologiekritik der Frankfurter Schule. Feministische Theoretiker*innen haben ähnliche Überlegungen angestellt zum scheinbar diametralen Verhältnis von Wissen als Inhalt der Epistemologie und Unwissen als Leerstelle, die es noch zu füllen gab und die innerhalb der Epistemologie keine große Rolle spielte, und die problematischen Aspekte von Unwissen und Ignoranz sowie ihre Relation zu strukturellen Machtasymmetrien ausgelotet.⁴

Tatsächlich kann vor allem auf die Arbeiten von Charles Mills (auf die in Kapitel 4.3 eingegangen werden) und Marilyn Frye verwiesen werden als Anfänge der Debatte um Epistemologien der Ignoranz, die aber auf feministischen und de- sowie postkolonialen Kritiken von Rationalität aufbauen. So schreibt Frye beispielsweise schon 1983:

> Ignoranz ist nicht etwas Einfaches: Sie ist kein einfacher Mangel, keine Abwesenheit oder Leere, und sie ist kein passiver Zustand. Ignoranz dieser Art – die entschlossene Ignoranz der meisten weißen Amerikaner gegenüber Stämmen und Clans von amerikanischen Ureinwohnern, die Tendenz den Kopf in den Sand zu stecken der meisten weißen Amerikaner gegenüber der Geschichte asiatischer Völker in diesem Land, die verarmende Ignoranz der meisten weißen Amerikaner gegenüber der Sprache der Schwarzen – Ignoranz dieser Art ist ein komplexes Ergebnis vieler Handlungen und vieler Nachlässigkeiten. (Frye 1983, 118)

Für Frye war klar, Ignoranz ist ein aktiver Prozess, der das gegebene Machtgefüge aufrechterhält.

Bevor wir uns aktiven Praktiken der Ignoranz zuwenden, soll hier ein kurzer Überblick zum Verhältnis epistemischer Ungerechtigkeit im Frickerschen Sinne und Unwissen gegeben werden; dabei wird sich zeigen, dass sich vor allem die Theorien problematischer epistemischer Praktiken von Kristie Dotson, Gaile Pohlhaus und José Medina mit dem Forschungsfeld der Epistemologien der Ignoranz verknüpfen lassen. Dies hat nicht zuletzt damit zu tun, dass Fricker ihren Fokus auf interpersonale Kontexte legt, wohingegen Kristie Dotson, Gaile Pohlhaus, José Medina (und viele andere) an epistemischen Systemen interessiert sind – und Ignoranz als Praktik des Macherhalts lässt sich vor allem in eben diesen Systemen finden. Fricker selbst verweist auf die folgenden Anknüpfungspunkte zwischen ihrer Theorie epistemischer Ungerechtigkeit und der Epistemologie der Ignoranz.

---

3 Für eine positive Rolle von Ignoranz, siehe z. B. Townley (2006).
4 Dies wird von Nancy Tuana (2004) exemplarisch am Beispiel medizinischer und wissenschaftlicher Forschung zu weiblichen Geschlechtsorganen und Orgasmen von Frauen gezeigt.

Wie wir bereits gesehen haben, handelt es sich nach Fricker um testimoniale Ungerechtigkeit, wenn die Glaubwürdigkeit eines Sprechers durch Vorurteile des Zuhörers gemindert wird, das kann sowohl testimoniale Aussagen im engen Sinn wie auch in einem weiteren Sinn beinhalten (vgl. Hookway 2010). Testimoniale Ungerechtigkeit weist eine direkte Beziehung zu Ignoranz auf, und zwar in Fällen, in denen „die Sprecherin weiß, dass p und das Vorurteil, das in der Glaubwürdigkeitsbeurteilung des Hörers wirksam ist, verhindern, dass er von der Sprecherin erfährt, dass p, [und] unter sonst gleichen Bedingungen, unwissend über p bleibt" (Fricker 2016, 162). Aber testimoniale Ungerechtigkeit blockiert Wissen nicht nur auf direktem Weg, sondern auch indirekt, indem sie dazu beiträgt, dass wichtige Hinweise, kritische Ideen oder Zweifel nicht Teil der epistemischen Ökonomie werden können und so auch unsere epistemischen Praktiken nicht ihr volles Potential entfalten können; ein epistemisches System, dass durch testimoniale Ungerechtigkeit geprägt ist, ist auch ein System, in dem Ignoranz reproduziert wird.

Eine weitere Beziehung zwischen epistemischer Ungerechtigkeit und Ignoranz lässt sich nach Fricker finden, wenn wir uns ansehen, wie hermeneutische Marginalisierung funktioniert. Die grundlegende Idee ist, dass testimoniale Ungerechtigkeit zu hermeneutischer Marginalisierung führt – hier sehen wir erneut die weiter oben bereits diskutierte Verbindung von testimonialer und hermeneutischer Ungerechtigkeit –, und hermeneutische Marginalisierung führt wiederum dazu, dass die kollektiven oder geteilten hermeneutischen Ressourcen, auf die alle Mitglieder einer Gesellschaft problemlos zugreifen können, bestimmte Erfahrungen gar nicht oder nur verzerrt abdecken. Diese verzerrten oder nicht vorhandenen hermeneutischen Begriffe lassen sich auch mit einem anderen Wort beschreiben: Ignoranz. Ein epistemisches System, in dem hermeneutische Marginalisierung einiger sozialer Gruppen vorherrscht, ist also mit hoher Wahrscheinlichkeit ein System, in dem problematische Formen von Ignoranz zu finden sind (Fricker 2016, 164). Diese Analyse geht Hand in Hand mit Mills' Ausführungen zu rassifizierter Ungerechtigkeit:

> Wendet man [die Konzepte der testimonialen und hermeneutischen Ungerechtigkeit] auf die rassifizierte Vorherrschaft an, könnte man sagen, dass weiße Ignoranz durch das Zusammenwirken beider Varianten erreicht und aufrechterhalten wird: eine allgemeine Skepsis gegenüber nicht-weißer Erkenntnis und ein Ausschluss nicht-weißer Kategorien und Analyserahmen aus dem akzeptierten Diskurs. Auf diese Weise entsteht eine doppelte Hürde – People of Color wird die Glaubwürdigkeit abgesprochen und die alternativen Standpunkte, die sich aus der ernsthaften Betrachtung ihrer Perspektive ergeben könnten, werden abgelehnt (Mills 2015, 222; vgl. Fricker 2016, 164, eigene Übersetzung).

Während sich testimoniale Ungerechtigkeit in dem Ausschluss nicht-weißer Kategorien manifestiert, liefert hermeneutische Ungerechtigkeit die Grundlage für eine allgemeine Skepsis gegenüber nicht-weißer Erkenntnis. Das Zusammenspiel dieser Formen epistemischer Ungerechtigkeit und weißer Ignoranz ist dabei besonders schwer zu durchbrechen und wird konstant reproduziert.

Aber weder epistemische Ungerechtigkeit noch Praktiken der Ignoranz finden sich gleichermaßen in unterschiedlichen sozialen Gemeinschaften und über unterschiedliche Kontexte hinweg. Wie unter anderem Medina und Dotson an Frickers ursprünglicher Theorie kritisiert haben, sind hermeneutische Ressourcen nicht für alle gleich, sondern weisen sehr wohl lokale Unterschiede auf (vgl. Kapitel 3.2.4). Marginalisierte soziale Gemeinschaften haben oftmals gut funktionierende und komplexe hermeneutische Ressourcen und epistemische Praktiken, die allerdings nicht von anderen (privilegierten) Subjekten geteilt werden. Fricker (2016) argumentiert jedoch weiterhin, dass das Problem epistemischer Ungerechtigkeit bestehen bleibt, da die lokalen hermeneutischen Ressourcen aufgrund von Machtasymmetrien nicht an Subjekte außerhalb der eigenen sozialen Gemeinschaft vermittelt werden (können).

Das führt vor allem in interpersonalen Kontexten, in denen diese Vermittlung wichtig für die marginalisierten Subjekte ist, zu problematischen Folgen – denken wir nur an Carmita Woods versuchte und vergebliche Artikulation ihrer sexuellen Belästigung am Arbeitsplatz, um in eine andere Abteilung versetzt zu werden. Hermeneutische Marginalisierung kann allerdings auch von marginalisierten Subjekten selbst vorangetrieben werden, so diskutiert Fricker einige Beispiele, in denen marginalisierte Subjekte ihre lokalen hermeneutischen Ressourcen absichtlich nicht mit weniger privilegierten Subjekten teilen wollen – oftmals aus Selbstschutz (vgl. die Diskussion zu strategischer Ignoranz, Kapitel 4.5).

Während nach Fricker weiße Ignoranz auf ein Verschulden der ignoranten Akteure zurückzuführen ist, ist dies bei Ignoranz, die aus hermeneutischer Marginalisierung folgt, oftmals nicht der Fall. Weiße Ignoranz lässt sich beispielsweise auf ein Interesse zurückführen, bestimmte epistemischen Ressourcen oder Werkzeuge auszublenden, in diesem Fall besteht also keine offensichtliche Leerstelle in Bezug auf bestimmte hermeneutische Ressourcen, sondern die ignoranten Akteure *wollen* bestimmte Ressourcen nicht annehmen. In Fällen, in denen hermeneutische Marginalisierung dazu führt, dass bestimmte Ressourcen nicht zugänglich sind, ist ein solch problematisches Interesse nicht immer auszumachen; diese Fälle sind also nach Fricker nicht notwendigerweise selbst verschuldet (2016, 173–5).

Aber auch hier lässt sich wieder der Fokus von Fricker auf interpersonalen statt systematischen Praktiken sehen – ein Fokus, der dazu führt, dass Fricker den Unterschied zwischen der Ignoranz, die aus hermeneutischer Marginalisierung folgt, und der weißen Ignoranz, wie Mills sie aufzeigt, stärker betont, als dies von Mills selbst intendiert scheint. Denn wie in den folgenden Abschnitten gezeigt werden wird, ist erstens das Interesse privilegierter weißer Akteure nicht immer ein bewusstes Interesse. Und zweitens lässt sich natürlich fragen, wer eigentlich an der existierenden hermeneutischen Marginalisierung die Schuld trägt; eine Interpretation, die die systematischen und strukturellen Barrieren epistemischer Entfaltung in den Blick nimmt, die zu hermeneutischer Marginalisierung führen, scheint hier ein anderes Bild zu liefern als die interpersonale Ebene, auf die Fricker fokussiert. Wie bereits erwähnt, ist es also wichtig zu sehen, dass Epistemologien der Ignoranz – wie beispielsweise von Linda Alcoff (2007) und Charles Mills (2007) vertreten – einen stärkeren Fokus auf die Ökonomie epistemischer Praktiken und die Intelligibilitätsprobleme innerhalb von systematisch verzerrten Strukturen legen. Diese Aspekte sollen hier genauer beleuchtet werden.

4.1 Epistemische Ignoranz als Soziale Praxis

Unwissenheit und Ignoranz sind gerade in der gegenwärtigen Zeit von besonderer Bedeutung. So wird die Abwendung von Wissen als durchaus gelungener Lebensentwurf propagiert, Befragungen von Menschen in vielen westlichen Ländern zeigen ein enormes Unwissen über Geographie, Geschichte und wichtige wissenschaftliche Erkenntnisse; derzeit wird das vor allem deutlich in der Ablehnung von Forschungsergebnissen zu Covid-19 oder zum Klimawandel. Diese Entwicklungen lassen sich einerseits als Symptome einer Krise zwischen Wissen und Demokratie verstehen (mehr dazu in Kapitel 2.6) und verweisen andererseits darauf, dass das Problem weder am fehlenden Zugang zu Informationen oder Wissen liegen kann noch auf Klassenzugehörigkeit oder Bildungsschicht beruht, da sich die Entwicklungen in zahlreichen Gemeinschaften unabhängig von Klasse zeigen.

Ausgehend von diesen Überlegungen argumentiert Linda Alcoff (2007) dafür, dass es sich um ein Problem von vorsätzlicher Ignoranz handelt. Das wiederum ist eine radikal andere Herangehensweise an Unwissen als aus der klassischen Epistemologie bekannt; tatsächlich wurde Unwissen lange Zeit schlicht als Leerstelle und Resultat aus vernachlässigenden epistemischen Praktiken verstanden, nicht aber als *eigene Praktik.* Wir haben es hier also weder mit dem Problem zu tun, dass bestimmtes Wissen noch nicht erschlossen oder nicht zugänglich ist, noch mit vereinzelten interpersonalen Handlungen, in denen einige Wenige bestimmtes Wissen vernachlässigen oder „übersehen". Vielmehr handelt es sich um ein verzerrtes epistemisches System.

Dabei können wir aber, so Alcoff, zwischen drei unterschiedlichen Argumentationslinien unterscheiden: Erstens, Ignoranz oder Unwissen, das schlicht aus der Tatsache folgt, dass wissende Subjekte situiert sind – hier wird vor allem auf die Arbeiten von Lorraine Code zurückgegriffen (vgl. Kapitel 2). Zweitens, Ignoranz oder Unwissen, das auf spezifische Weise mit Aspekten unserer sozialen Identität verknüpft ist – hier spielen die Arbeiten von Sandra Harding eine prominente Rolle (mehr dazu in Kapitel 5). Und drittens, Ignoranz, die sich aus den Strukturen unterdrückender Systeme ergibt – hier stehen insbesondere die Arbeiten von Charles Mills im Vordergrund. Während diese drei Argumentationslinien zwar alle verschiedene spezifische Aspekte von Ignoranz (oder auch unproblematischem Unwissen) in den Vordergrund stellen, sind sie nicht zwangsläufig unvereinbar; sondern scheinen im Gegenteil unterschiedliche Strategien nahezulegen, mit denen wir Ignoranz (oder Unwissen) begegnen können. Im Folgenden sollen daher die drei Argumentationslinien genauer betrachtet werden.

Wissende als situierte Subjekte: Wie wir in Kapitel 2 gesehen haben, sind wissende Subjekte weder generisch noch voneinander unabhängig; in welcher sozialen Situation wir uns befinden, spielt eine Rolle für unsere epistemischen Praktiken und unsere Möglichkeiten der Wissensaneignung. Diese Erkenntnis wird von Code wie folgt zusammengefasst:

> Da unterschiedliche soziale Positionen unterschiedliche Wirklichkeitskonstruktionen hervorbringen und unterschiedliche Perspektiven auf die Welt ermöglichen [...], leiten sich diese Analysen aus der Erkenntnis ab, dass Wissende auf verschiedene Art und Weise notwendigerweise *irgendwo sind* – und gleichzeitig durch die Besonderheiten ihrer Standorte begrenzt und befähigt werden. (Code 1993, 39; eigene Übersetzung)

Was wir danach also brauchen, ist eine Geographie oder Landkarte unseres epistemischen Terrains, die diese subjektiven Positionen und Identitäten innerhalb einer sozial-politischen Struktur offenlegt. Eine solche Landkarte wird deutlich machen, dass unterschiedliche Situationen unterschiedliche Vor- und Nachteile in Bezug auf die Erwerbung von Wissen mit sich bringen – und dass einige dieser Positionen eben auch Unwissen oder Ignoranz zur Folge haben. Alcoff illustriert diese Idee mit einem einfachen Beispiel:

> Stellen wir uns vor, ich bin bei einer Operation als Begleitperson des Patienten anwesend und habe Zugang zu denselben Überwachungsgeräten, die das medizinische Personal sieht, aber meine Fähigkeit, die Bedeutung dessen zu verstehen, was die Überwachungsgeräte melden, ist nicht die gleiche wie die des ausgebildeten Fachpersonals. Ich bin in diesem Zusammenhang als Wissende nicht mit ihnen austauschbar, und ich bin in der Tat unwissend in Bezug auf einige wichtige Elemente, die für ein Urteil über die Gesundheit und das Wohlbefinden des Patienten erforderlich sind. (Alcoff 2007, 41; eigene Übersetzung)

Die grundlegende Idee ist einfach: In vielen Situationen sind wir im Vergleich zu anderen Personen unwissend und benötigen eine Analyse der unterschiedlichen sozialen Situationen, um eben diese Unwissenheit zu erkennen. Natürlich sind nicht alle Beispiele so einfach, wie das von Alcoff gewählte, auch weil es sich nicht immer um nachweisbare Fakten (wie in diesem Fall die Angaben der medizinischen Geräte) handelt; tatsächlich könnte man aber auch bei diesem einfachen Beispiel argumentieren, dass zwar das medizinische Personal in einer guten Position ist, die medizinischen Fakten zu verstehen, ich aber aufgrund meiner langjährigen Beziehung zum Patienten in einer guten Position bin, um zu verstehen, welche Auswirkungen die Operation auf das Leben des Patienten hat, wie hoch seine Schmerztoleranz ist oder welche Bedürfnisse er nach der Operation hat. Alcoff fasst das Argument für diesen Gedanken folgendermaßen zusammen:

(1) Alle Wissenden sind in Zeit und Raum verortet, mit spezifischen Erfahrungen, sozialen Standorten, Wahrnehmungspraktiken und -gewohnheiten, Denkstilen und Interessen, die fließend und interpretierbar sind, aber einige objektive Elemente in Bezug auf die Bedingungen der materiellen Realität des Wissenden aufweisen.
(2) Diese Besonderheit der Situiertheit ist zumindest in einigen Fällen relevant für die Art und Weise, wie eine wissende Person Entscheidungen über Fragen der Kohärenz, Konsistenz, Relevanz, Plausibilität und Glaubwürdigkeit trifft.
(3) Daraus folgt, dass Wissende in der Tat nicht fungibel oder austauschbar sind.
(4) Daraus muss auch folgen, dass nicht alle Wissenden „epistemisch gleich" sind. Wie Code sagte, sind die Wissenden durch die Besonderheiten ihrer Standorte gleichzeitig eingeschränkt und befähigt.[5]

Hiernach ist Unwissenheit nicht notwendigerweise etwas Problematisches – es handelt sich also auch nicht notwendigerweise um Ignoranz – und keine epistemische Position ist *an sich* unwissend, sondern es kommt immer auf den spezifischen Kontext an, in dem wir uns befinden. Unwissen und Ignoranz – also problematische Formen von Unwissenheit – sind kontextual.

Wissende als Wissende mit sozialen Identitäten: Bei dieser Argumentationslinie für Ignoranz oder Unwissen kommt es nicht auf die sozialen Positionen an, sondern auf die spezifischen Eigenschaften bestimmter Gruppen wissender Subjekte, die soziale Positionen teilen. Während es zwar auch bei Code um die Relation von Situation, sozialer Position und Wissen ging, liegt hier der Fokus auf der spezifischen sozialen *Position*, die navigiert werden muss, nicht auf der spezifischen *Situation*. So hat Sandra Harding beispielsweise argumentiert, dass die spezifische soziale Position von Frauen im Vergleich zu Männern epistemisch vorteilhaft sein kann (Harding 1991, 119–33). Hier ist die Idee, dass Geschlecht

---

5 Übersetzt aus Alcoff (2007, 42).

ein verlässliches Muster von Unterschieden in der Erfahrung innerhalb einer kulturell spezifischen sozialen Gruppe markiert, weil die wesentlichen Merkmale, die eine bestimmte Geschlechtsidentität charakterisieren, von kulturellen Praktiken abhängen. (Alcoff 2007, 43; eigene Übersetzung)

Dies bedeutet nach Harding auch, dass Mitglieder unterdrückter sozialer Gruppen weniger Interesse daran haben, den Status Quo der sozialen Ordnung zu ignorieren oder zu rechtfertigen als das in machtvollen sozialen Gruppen der Fall ist (vgl. Harding 1991, 126). Und das wiederum ist, so Alcoff, für ein Verständnis von Ignoranz besonders wichtig. Soziale Identitäten kommen also oftmals mit ganz spezifischen Interessen – und nicht nur, wie bei Code hervorgehoben wird, mit Gewohnheiten oder ritualisierten Praktiken –, die zu einer Verzerrung der Interpretation unserer Welt führen können. Das bedeutet selbstverständlich nicht, dass diese Interessen notwendigerweise aus der sozialen Identität folgen müssen; vielmehr geht es darum, dass unsere Überzeugungen auf bestimmten Entscheidungen darüber aufbauen, was wir für relevant, plausibel, kohärent, konsistent oder glaubwürdig halten (soweit auch schon bei Code gesehen) – laut Harding kommen zu einer bestimmten sozialen Identität nun auch noch bestimmte Interessen, die diese Entscheidungen beeinflussen können. Was also im Vergleich zu Code bei Harding folgt, ist die Idee, dass „epistemische Vor- und Nachteile sich aus den sozialen und gruppenspezifischen Identitäten an sich ergeben und nicht nur aus den Identitäten im Zusammenhang mit einem bestimmten Untersuchungskontext" (Alcoff 2007, 47). Wir sehen hier also bereits einen Übergang von Unwissen zu Ignoranz; der Einfluss meiner Interessen auf meine Entscheidung ist oftmals unbewusst, kann aber dennoch bewirken, dass ich meine eigenen Privilegien schütze.

Ignoranz als Resultat unterdrückender Systeme: Nach Alcoff baut diese letzte Argumentationslinie zwar auch auf den grundlegenden Annahmen von Situiertheit und sozialen Identitäten auf, unterscheidet sich aber auf signifikante Art und Weise von den anderen beiden Argumentationen. Ignoranz als Resultat unterdrückender Systeme bezieht sich stärker auf spezifische epistemische Praktiken sozial dominanter Gruppen. Nach Harding haben Cis-Männer weniger Interesse daran, männliche Dominanz zu hinterfragen, Charles Mills argumentiert hingegen, dass ihr Interesse darin besteht, „die Welt falsch zu sehen" (vgl. Alcoff 2007, 47). Ignoranz ist hier nicht begründet durch ein Fehlen von Motivation, Interesse oder Erfahrung, sondern ist eine Praxis zur Aufrechterhaltung des Status Quo. Somit sind wir also vollständig auf der Seite der Ignoranz angekommen und haben es nicht mehr länger mit Unwissen zu tun. In Alcoffs Worten:

Das strukturelle Argument legt nahe, dass man als Mitglied einer dominanten sozialen Gruppe möglicherweise ein bestimmtes Muster an glaubensbildenden Praktiken verinnerlicht hat, das den Effekt der systematischen Ignoranz hervorgerufen hat. Möglicherweise verfolge oder unterstütze ich aktiv eine verzerrte oder anderweitig ungenaue Darstellung. (Alcoff 2007, 48; eigene Übersetzung)

Und in Mills Worten:

In Bezug auf Fragen von race schreibt der Racial Contract seinen Unterzeichnern eine umgekehrte Epistemologie vor, eine Epistemologie der Unwissenheit, ein bestimmtes Muster lokaler und globaler kognitiver Störungen (die psychologisch und sozial funktional sind), was zu dem ironischen Ergebnis führt, dass Weiße im Allgemeinen nicht in der Lage sein werden, die Welt zu verstehen, die sie selbst geschaffen haben. (Mills 1997, 18; eigene Übersetzung)

Mills Argumentation lässt sich mit Alcoff folgendermaßen nachvollziehen:
(1) Eines der Hauptmerkmale unterdrückerischer Gesellschaften ist, dass sie sich selbst nicht als repressiv anerkennen. Daher gibt es in jeder unterdrückerischen Gesellschaft eine vorherrschende Ansicht über die allgemeine Struktur der Gesellschaft, die ihre besonderen Formen der Ungleichheit und Ausbeutung als grundsätzlich gerecht und fair oder zumindest als die beste aller möglichen Welten darstellt.
(2) Es ist jedoch sehr wahrscheinlich, dass diese vorherrschende Darstellung der ungerechten Gesellschaft als gerechte Gesellschaft täglich Gegenbeweise hat, die zumindest potenziell für jeden in der Gesellschaft sichtbar sind.
(3) Daher müssen kognitive Bewertungsnormen beibehalten werden, die es ermöglichen, diese Gegenbeweise regelmäßig zu verwerfen, damit die vorherrschende Meinung aufrechterhalten werden kann.[6]

Hier lässt sich der aktive und vorsätzliche Aspekt von Ignoranz genau beobachten, denn die Unterdrückung von Gegenbeweisen zur Aufrechterhaltung der eigenen Ignoranz ist ein aktiver Prozess.[7] Und wir sehen zudem die Art und Weise, in der Praktiken der Ignoranz bei Mills zwar einerseits oftmals unbewusst ablaufen, aber andererseits trotzdem auf eine Schuldhaftigkeit derer zurückzuführen sind, die ihre eigenen Privilegien innerhalb eines ungerechten Systems aufrecht zu erhalten versuchen.

Nach Nadja El Kassar sollten wir zwischen drei unterschiedlichen Begrifflichkeiten von Unwissen und Ignoranz unterscheiden: (1) Unwissenheit als Abwesen-

---

6 Übersetzt aus Alcoff (2007, 48).
7 Diese Form der vorsätzlichen Ignoranz (wie sie auch bei Pohlhaus 2012 zum Tragen kommt) ist allerdings nicht mit intentionalen Handlungen zu verwechseln.

heit von Wissen oder wahren Überzeugungen, (2) Ignoranz als aktive Aufrechterhaltung falscher Vorstellungen sowie (3) Ignoranz als substantielle epistemische Praxis (vgl. El Kassar 2018, 1). Dabei stellt sich die Frage, ob Alcoffs Idee von Ignoranz als aktiver Praxis sich bei (2) oder (3) einordnen lässt. Zur Beantwortung lohnt sich ein genauerer Blick auf El Kassars Unterscheidung zwischen Ignoranz als aktiver Aufrechterhaltung falscher Vorstellungen und Ignoranz als substantieller epistemischer Praxis.

Die grundlegende Idee von Ignoranz als aktiver Aufrechterhaltung falscher Vorstellung ist, dass Ignoranz „nachteilige Auswirkungen auf unterdrückte Subjekte in ungerechten Gesellschaften" (El Kassar 2018, 3; eigene Übersetzung) hat – und Mills Theorie weißer Ignoranz ist nach El Kassar ein paradigmatisches Beispiel für eben diese Art von Ignoranz. Hier spielt die eigene Identität (in diesem Fall das „Weißsein") eine kausale Rolle insofern, dass sie weiße Ignoranz bedingt, und wird durch die Aufrechterhaltung ungerechter Beziehungen und Bedingungen auf nichtweiße Personen übertragen (2018, 3; vgl. Mills 2007, 22). Weiße Ignoranz ist somit ein Muster lokaler und globaler kognitiver Fehlfunktionen, das sich in genau der Art und Weise niederschlägt, in der epistemische Akteure die Welt interpretieren, d. h. auch, was sie als Beweise annehmen, wie sie andere behandeln und welche Überzeugungen sie haben (vgl. Mills 1997, 18).

Ein weiteres paradigmatisches Beispiel wird von José Medina geliefert: Nach Medina gibt es eine Form der Ignoranz – *aktive Ignoranz* (in Englisch: active ignorance) –, die durch epistemische Unsitten wie Arroganz, Faulheit und Engstirnigkeit bedingt wird.[8] Auch hier lässt sich das Zusammenspiel von individuellen epistemischen Handlungen und strukturellen Bedingungen finden:

> Aktive Ignoranz ist eine Ignoranz, die unter aktiver Beteiligung des Subjekts und mit einer Reihe von Verteidigungsmechanismen auftritt, [es ist] eine Ignoranz, die nicht leicht rückgängig zu machen und zu korrigieren ist, denn dies erfordert eine Umschulung – die Neukonfiguration der epistemischen Einstellungen und Gewohnheiten – sowie einen sozialen Wandel (El Kassar 2018, 3; zitiert aus Medina 2013, 39, eigene Übersetzung).

Aktive Ignoranz als Ignoranz zur Aufrechterhaltung falscher Vorstellungen beinhaltet nach El Kassar also notwendigerweise ein bestimmtes Agieren von epistemischen Subjekten, welches die spezifischen sozialen und politischen Muster von Ignoranz weiter aufrechterhält.

Im Vergleich dazu sieht El Kassar Ignoranz als substantielle epistemische Praxis als sowohl akteursgeleitet (wie bei Ignoranz zur Aufrechterhaltung falscher Vorstellungen) wie auch strukturell. Hierzu eignet sich Linda Alcoffs Verständnis

---

8 Siehe auch Tanesini (2016) zu der Verbindung von Arroganz und Ignoranz.

von Ignoranz als zentrales Beispiel (vgl. Alcoff 2007, 39). Ausgangspunkt ist, dass bestimmte soziale Identitäten und Positionen, die wiederum durch strukturelle soziale Bedingungen entstehen, epistemisch defekt oder benachteiligend sein können. Ignoranz ist somit eine schlechte epistemische Praxis, die sich strukturell manifestiert, indem sie sich nicht nur in den Überzeugungen und epistemischen Unsitten einzelner Akteure zeigt, sondern ebenso in den sozialen und institutionellen Strukturen, und diese gleichzeitig aufrechterhält (El Kassar 2018, 3).

Nun stellt sich hier natürlich die Frage, inwieweit die Theorien von Mills und Medina sich von Alcoffs Verständnis unterscheiden. Im Gegensatz zu El Kassar könnte man argumentieren, dass alle drei Positionen Ignoranz sowohl als (a) akteursgeleitete, (b) strukturelle und (c) schuldhafte Praxis verordnen. Schließlich setzen alle drei Positionen ein spezifisches Agieren von epistemischen Subjekten zum Erhalt ihrer Privilegien voraus, welches durch bestimmte Machtasymmetrien der unterschiedlichen sozialen Positionen und Identitäten möglich gemacht wird, in denen sich die Akteure befinden, und, das diese Asymmetrien gleichzeitig weiter reproduziert und festigt. Der Verweis auf epistemische Laster, der sich bei Medina finden lässt, sollte dabei nicht davon ablenken, dass wir es bei allen drei Positionen mit einer Verknüpfung von einerseits aktiven Handlungen und strukturellen Bedingungen sowie andererseits unbewussten und bewussten Überzeugungen und Gewohnheiten zu tun haben.

Tatsächlich beschreibt Medina (2013) das Problem als eine Mischung aus Gefühllosigkeit und Taubheit[9]; gegenüber dem Leben von anderen sowohl kognitiv als auch affektiv taub zu sein, das bedeutet, sich nicht um die Erfahrungen, Probleme oder Ansprüche anderer zu kümmern und nicht in der Lage zu sein, mit anderen in Kontakt zu treten, ihr Reden oder ihr Handeln zu verstehen. Selbstverständlich muss man nicht allen gegenüber gefühllos und taub sein – tatsächlich ist genau das das Problem, häufig sind wir nur gegenüber denen gefühllos und taub, deren Leben von unserem abweichen und/oder die weniger Privilegien und Macht genießen. Wir vermissen dann ein kritisches Bewusstsein darüber, was wir wissen und was wir eben nicht wissen, über das Leben und die Erfahrungen von anderen, die sich auf signifikante Weise von uns unterscheiden.

---

9 Wobei Taubheit hier den ansonsten in der Debatte benutzen Begriff von *Blindheit* ablösen soll; Medina verwendet sowohl Taubheit als auch Blindheit, um die Anknüpfung sowohl an klassische Autoren wie W.E.B. Du Bois und Franz Fanon als auch an gegenwärtige Philosoph*innen wie Linda Alcoff und Charles Mills offensichtlich zu machen. Siehe außerdem Ralph Ellisons *Invisible Man* und José Saramagos *Blindness* für einen literarischen Umgang mit dem Thema. Siehe Medinas Vorwort (2013) für Probleme mit dem Begriff der *Blindheit* – die aber in Anbetracht von Theorien zu beispielsweise chronischer Krankheit und Behinderung auch auf den Begriff der Taubheit zutreffen könnten.

4.2 Ignoranz und epistemische Vorstellungskraft

Wie wir bereits gesehen haben, sind Unwissen und Ignoranz direkt mit hermeneutischer Ungerechtigkeit verbunden, da sie das Intelligibilitäts-Framework innerhalb unserer epistemischen Ökonomie prägen, was wiederum Auswirkungen auf unsere epistemischen Praktiken hat. Dies lässt sich wiederum am besten anhand eines Beispiels illustrieren: Dina Townsend und Leo Townsend (2021) zeigen eindrücklich die epistemische Ungerechtigkeit, der indigene Völker in der Interamerikanischen Kommission für Menschenrechte (in Englisch: *Inter-American Commission on Human Rights*) ausgesetzt sind. Indigene Völker haben auf den amerikanischen Kontinenten unvorstellbare Unterdrückung und Ungerechtigkeit erfahren – von Sklaverei bis zu Enteignung. In den letzten Jahrzehnten wurden Anstrengungen unternommen, die noch lebenden indigenen Gemeinschaften rechtlich zu schützen; eine Aufgabe, die vor allem durch eben die Interamerikanische Kommission für Menschenrechte garantiert werden sollte.[10]

Townsend und Townsend (2021) zeigen zwei rechtliche Maßnahmen, die exemplarisch für den von der Kommission entwickelten Schutz stehen: Zum einen wurde indigenen Gemeinschaften ein Recht auf Konsultation (in Englisch: *right to consultation*) zugesprochen, wonach indigene Gemeinschaften, die direkt durch geplante wirtschaftliche und industrielle Entwicklung (besonders Rohstoffgewinnung) beeinflusst werden, eine Stimme im Entscheidungsprozess haben müssen.[11] Zum anderen wurde eine weiter gefasste Interpretation des Rechts auf Eigentum entwickelt, die indigene Nutzung und Verbindung zu ihrem Land mit einbezieht. Beide Maßnahmen können als Mittel betrachtet werden, indigenen Gemeinschaften mehr Mitspracherecht zu ermöglichen; das Recht auf Konsultation ermöglicht es, eine Stimme zu haben, die gehört wird, und die modifizierte Interpretation von Eigentum vergrößert den hermeneutischen Interpretationsspielraum, so dass die Stimme indigener Gemeinschaften auch verstanden werden kann. In Townsend und Townsends Worten: „Wenn das Recht auf Konsultation dazu dient, indigenen Gemeinschaften eine gesetzlich anerkannte ‚Stimme' zu geben, so gibt ihnen das Recht auf Eigentum eine gesetzlich anerkannte ‚Sprache', in der sie ihre Rechte und Ansprüche geltend machen können" (2021, 151). Obwohl diese Maßnahmen einige Erfolge hatten, argumentieren Townsend und Townsend, dass sie zugleich besondere Formen epistemischer Ungerechtigkeit befördern – wobei ich im Folgenden

---

[10] Siehe Tsosie (2024) für eine Kritik dieses nur teilweise gegebenen rechtlichen Schutzes und Muster der epistemischen Ungerechtigkeit, die daraus folgen.
[11] Siehe auch Townsend & Townsend (2020) für eine detaillierte sprachphilosophische Argumentation zu den teilnehmenden Rechten indigener Gemeinschaften.

auf die hermeneutische Ungerechtigkeit fokussiere und etwas von Townsend und Townsends Argumentation abweiche.

Die weiter gefasste Interpretation von Eigentum erlaubte es der Kommission zu entscheiden, dass Land nicht nur im Besitz von Einzelpersonen, sondern auch von Gemeinschaften sein kann; so zum Beispiel im Fall *Mayagna (Sumo) Awas Tingni Community v Nicaragua* (vgl. Townsend & Townsend 2021, 152), indem ein Mitglied der Gemeinschaft erklärte, dass das Land durch die gesamte Gemeinschaft genutzt und bewohnt wird. Diese Interpretation machte es weiterhin möglich, die einzigartige Beziehung zwischen indigenen Gemeinschaften und ihrem Land zu schützen, Rechte, die abseits von Besitz-, Benutzungs- und Entsorgungsfragen liegen. So hat die Kommission entschieden, kulturelle Identität, traditionelle Gesetze und Regeln sowie die Befriedigung grundlegender Bedürfnisse als Interessen anzuerkennen und zu schützen (Antkowiak 2013; vgl. Townsend & Townsend 2021, 152).

Trotz allem kommt auch diese Interpretation von Eigentum an ihre Grenzen, da *Eigentum* ein schlecht geeigneter Begriff ist, um indigene Beziehungen zu ihrem Land zu artikulieren (Townsend & Townsend 2021, 152). Im Fall *Case of the Afro-Descendant Communities Displaced from the Cacarica River Basin (Operation Genesis) v Colombia* beschreibt die indigene Gemeinschaft ihr Land als ihre Familie, eine Kategorisierung, die sich nicht in den Begriff von Eigentum übertragen lässt. In einem anderen Fall vor dem US-amerikanischen Gerichtshof beschreibt Ammoneta Sequoyah von den Cherokee, dass alles Wissen der Cherokee in der Erde liegt und sie ihr Wissen über Medizin verlieren, wenn die Erde durch die Erbauung eines Damms geflutet wird. Hier kann der Begriff von Eigentum das Interesse an Wissen eindeutig nicht ausreichend schützen (vgl. Townsend & Townsend 2021, 152–3); die Art und Weise, in der Land als Eigentum intelligibel gemacht wird, führt zu einer problematischen Verzerrung der hermeneutischen Ressourcen zu Gunsten von kolonialer Siedlermacht.

Ein ähnlicher Fall, in dem die existierenden Intelligibilitätsformen schlicht nicht ausreichend sind, um *zu verstehen,* was gesagt wird, findet sich in *Kichwa People of Sarayaku v the State of Ecuador.* In diesem Fall sollte eine Konzession an ein privates Ölunternehmen abgetreten werden, um im Gebiet des Kichwa-Volkes der Sarayaku nach Öl zu suchen und zu fördern, *yachak* Sabino Gualinga (ein spirituelles Oberhaupt der Sarayaku-Gemeinschaft) gibt folgende Beschreibung:

> Unter der Erde, *ucupacha*, leben Menschen wie hier. Dort unten gibt es schöne Städte, Bäume, Seen und Berge. (*Sarayaku v Ecuador*; vgl. Townsend & Townsend 2021, 149, eigene Übersetzung)

Und der Präsident des Sarayaku Volkes, José Gualinga, erklärt:

[Der Wald] gibt uns die Kraft, das Potenzial und die Energie, die für unser Überleben und Leben unerlässlich sind. Und alles ist mit den Lagunen, den Bergen, den Bäumen, den Wesen und auch mit uns als äußere Lebewesen verbunden. (*Sarayaku v Ecuador*; vgl. Townsend & Townsend 2021, 149, eigene Übersetzung)

Die Verbundenheit mit der Natur, die von Sabino Gualinga und José Gualinga beschrieben wird, wurde vom Gericht als kulturelle Identität der Sarayaku interpretiert; in den Statements, so das Gericht, spiegelt sich das Weltbild und die kulturelle und religiöse Identität der Sarayaku. Es ist jedoch innerhalb der Intelligibilitätsformen des Gerichts unmöglich, die hier gemachten Aussagen als gleichbedeutend mit wissenschaftlichen Aussagen von Biologen und Anthropologen über den Wald zu sehen – es bleibt also nicht möglich, den Aussagen mehr Gewicht zuzusprechen, als es auf Grundlage (angenommener) kultureller Identität möglich ist.

Hier lässt sich sehen, dass hermeneutische Ungerechtigkeit vor allem dort auftritt, wo spezifische Intelligibilitäts-Frameworks vorherrschend sind, die unsere epistemische Ökonomie verzerren, da sie Wissen, das außerhalb dieses Frameworks liegt, nicht verständlich machen können. Dies ist besonders problematisch, als dieser Prozess der Verzerrung bei dem Versuch, Wissen verständlich zu machen, nicht explizit gemacht wird; statt die eigenen Frameworks und hermeneutischen Ressourcen, die zu diesen Frameworks beitragen, zu überarbeiten, wird Wissen exkludiert oder uminterpretiert und somit „passend gemacht". Das stärkt und rechtfertigt wiederum die gegebenen Frameworks, weil es den Anschein vermittelt, dass diese ausreichend sind, um alle Wissensansprüche abzudecken. Es wird also eine epistemische Ökonomie gefördert, in der Ignoranz unentdeckt bleibt. Was aber bräuchte es, um epistemische Vorstellungskraft zu entwickeln, die über die existierenden Intelligibilitätsformen hinausgeht?

Eine Möglichkeit, über epistemische Vorstellungskraft nachzudenken, bieten die sozialen Vorstellungswelten (in Englisch: *social imaginaries*).[12] Nach Medina (2011) sind soziale Vorstellungswelten ein Speicher von Bildern, Skripten und Narrativen, die kollektiv geteilt werden. Die Vorstellungswelten fungieren somit als repräsentativer Hintergrund, den wir benutzen, um uns auszudrücken oder andere Personen zu verstehen (vgl. Castoriadis 1997a, b, 1998, 2007; Gatens 1995; Gatens und Lloyd 1999); Moira Gatens beschreibt soziale Vorstellungswelten als „die vorgegebenen Bilder und Symbole, durch die wir sozialen Körpern einen Sinn geben und die zum Teil ihren Wert, ihren Status und ihre angemessene Behandlung bestimmen" (Gatens 1995, viii). Auch Fricker benutzt den Begriff der sozialen Vorstellung (in Englisch: *social imagination*; in Fricker 2023[2007] übersetzt als *soziale Imagi-*

---

12 Soziale Vorstellungswelten werden auch als soziales Imaginäres übersetzt.

nation), um den Einfluss von Vorurteilen auf unser Denken und Handeln zu beschreiben.[13]

Grob gesagt, liefern uns soziale Vorstellungswelten – also das Konglomerat sozialer Vorstellungen – eine Regieanweisung, nach der wir unsere Umwelt und unsere Rolle verstehen können; soziale Vorstellungswelten geben uns also die Grundlage, um bestimmte Dinge überhaupt denkbar oder *vorstellbar* zu machen. Damit sind soziale Vorstellungswelten allerdings nicht gleichzusetzen mit (kollektiven) epistemischen Ressourcen. Vielmehr brauchen wir sowohl diese sozialen Vorstellungswelten als auch epistemische Ressourcen – die sozialen Vorstellungswelten machen etwas denkbar, die epistemischen Ressourcen kategorisieren das Denkbare und machen es artikulierbar.

Wenn unsere Vorstellungswelten geprägt sind von patriarchalen und geschlechterbinären Vorstellungen, dann sind Tomgirls oder nicht-binäre Personen schlicht nicht denkbar: Hier haben wir es also mit einem Intelligibilitäts-Framework zu tun, das dafür sorgt, dass wir nur ganz bestimmte Geschlechterrollen und damit verbundene Eigenschaften vor dem Hintergrund unserer Vorstellungswelt intelligibel machen können. Natürlich haben wir oftmals Zugriff auf mehr als nur eine Vorstellungswelt und sind auch durchaus in der Lage, diese unterschiedlichen Welten zu navigieren; gerade aber bei Vorstellungswelten, die sich gegenseitig ausschließen oder miteinander konkurrieren, kann es passieren, dass die dominanteren Intelligibitäts-Frameworks Überhand gewinnen. Epistemische Vorstellungskraft, die über die hegemonialen Vorstellungswelten hinausgeht, sieht sich also konfrontiert mit Intelligibilitäts-Frameworks, die es schwer machen, andere Vorstellungswelten kongruent aufzubauen. Gleichzeitig sind sowohl soziale Vorstellungswelten als auch die Intelligibilitäts-Frameworks, die diese verständlich machen und rechtfertigen, sozialen Einigungsprozessen unterworfen und somit veränderbar. Die folgenden zwei Abschnitte, die sich mit Medina und María Lugones beschäftigen, zeigen dies auf eindrucksvolle Art und Weise.

4.2.1 Medinas widerständige Vorstellungen

Während Frickers Fokus darauf liegt, welche epistemischen Tugenden wir aufbauen müssen und welche Strategien wir entwickeln können, damit weniger epistemische Ungerechtigkeit in Form von testimonialer und hermeneutischer Ungerechtigkeit aus

---

[13] Fricker merkt allerdings explizit an, dass sie den Begriff der sozialen Vorstellungswelt bzw. des sozialen Imaginären aufgrund seiner Benutzung in und der Nähe zu psychoanalytischen Schriften (vgl. Irigaray 1977 und 1985; Whitford 1991; Le Dœuff 1989) nicht weiter benutzt.

unseren Handlungen resultiert, liegt Medinas (2013) Fokus auf den diversen und häufig widerständigen epistemischen Interaktionen innerhalb von Gemeinschaften, die vorrangig von epistemischer Ungerechtigkeit betroffen sind. Ganz grundsätzlich bezeichnet epistemischer Widerstand (in Englisch: *epistemic resistance*) das Benutzen von epistemischen Ressourcen und Fähigkeiten, um sich unterdrückenden Strukturen und den damit einhergehenden kognitiven und affektiven Funktionsweisen, die diese Strukturen aufrechterhalten, zu widersetzen. Epistemischer Widerstand bezeichnet also nicht (nur) den Widerstand gegen epistemische Ungerechtigkeit, sondern zielt vielmehr auf die epistemischen Aspekte von Widerstand gegen Unterdrückung im Allgemeinen, was natürlich den Widerstand gegen epistemische Ungerechtigkeit einschließt. Widerstand ist dabei, so Medina, notwendig für jede demokratische Interaktion, also für diverse Handlungen von Streit, Kritik und Anfechtung. Widerstand ist somit kein zeitlich begrenzter Moment oder eine Übergangsphase, die wir durchleben, um zu einem Ideal ohne Unterdrückung zu gelangen, sondern der Kern jeder demokratischen Kultur (Medina 2013, 4 und 11).

Was aber genau ist epistemischer Widerstand – zum Beispiel im Vergleich zu anderen Formen des Widerstands? Dazu lohnt sich eine Erinnerung an das, was wir bereits diskutiert haben. Wir alle machen in unserem Leben zahlreiche Erfahrungen, aufgrund derer wir Gewohnheiten, Einstellungen, kognitive Fähigkeiten, Interessen und eben auch unseren epistemischen Charakter entwickeln. Dieses Konglomerat an Erfahrungen ist aber, so Charles Mills (et aliter) kein homogener Raum, sondern durch Heterogenität und Diskontinuität gezeichnet (Mills 1998, 27; vgl. Medina 2013, 48).

Das sollte uns bekannt vorkommen: Je nachdem welche soziale Position wir einnehmen, machen wir bestimmte (ritualisierte) Erfahrungen und entwickeln eine bestimmte Perspektive und die dazugehörigen Begriffe oder epistemischen Ressourcen. Einige soziale Positionen aber sind, so Mills, dadurch gekennzeichnet, dass sie vor allem Widerstand erfahren, und zwar sowohl in ihren Erfahrungen als auch ihren epistemischen Ressourcen. Dieser Widerstand hat dabei, so Medina, zumindest teilweise epistemischen Charakter und kann sowohl innerlich als auch äußerlich, sowohl positiv als auch negativ sein. So kann innerlicher Widerstand einerseits äußerliche epistemische Einflüsse hinterfragen, Vorurteile aufdecken oder Ignoranz ablehnen, also positiv sein, andererseits aber auch negativ, indem er es ablehnt, etwas (neues) zu lernen oder anderen etwas zu glauben. Hier steht der innerliche Widerstand dem Wissen schädlich gegenüber. Ebenso verhält es sich mit äußerlichem epistemischen Widerstand: Dieser kann einerseits zu nützlicher epistemischer Reibung (im Englischen: *epistemic friction*) führen, wodurch man gezwungen wird, selbst-kritisch zu sein und eigene Überzeugungen mit denen anderer zu vergleichen oder kognitive und begriffliche Lücken zu erkennen, andererseits kann eine epistemischer Reibung auch schädlich sein, wenn sie die eigenen

Überzeugungen zensiert, Zweifel säht, einen zum Schweigen bringt oder bestimmte Fragen und Untersuchungen für nichtig erklär (Medina 2013, 49–50). Und tatsächlich haben einige von uns epistemisches Glück (und andere eben nicht): Sie stoßen auf mehr nützliche epistemische Reibung und/oder fühlen sich in der gegebenen epistemischen Ökonomie zuhause.

Epistemische Reibung spielt eine zentrale Rolle in Medinas Überlegungen, nach Medina sind epistemische Reibung und epistemischer Widerstand eng miteinander verknüpft. Um diese Verknüpfung genauer in den Blick nehmen zu können, schlägt Medina zwei Prinzipien vor: (1) das Prinzip der Anerkennung und des Engagements und (2) das Prinzip des epistemischen Equilibriums (Medina 2013, 50). Ersteres schreibt vor, dass alle kognitiven Begegnungen, die wir haben, anerkannt und – soweit möglich – in irgendeiner Weise einbezogen werden müssen; wobei dies auch bedeutet kann, dass wir ihnen Widerstand leisten oder sie kritisieren. Zweiteres verlangt, dass wir ein Equilibrium zwischen unseren epistemischen Begegnungen anstreben sollen, und zwar ohne dass dabei bestimmte Begegnungen andere überdecken oder manche Begegnungen nicht hinterfragt werden, so dass das System unausgewogen sein wird. Solch ein Equilibrium ist nach Medina besonders wichtig in Bezug auf unsere eigene Perspektive und die Perspektive anderer, wobei man hier auch den Bezug zu Wissensansprüchen als einerseits individuell und andererseits sozial und relational ziehen kann. Somit muss epistemische Reibung – sowohl innere als auch äußere – kritisch betrachtet und in die eigene Perspektive integriert werden, ohne dass es dabei zu Verzerrungen aufgrund von Machtasymmetrien kommt.

Epistemische Reibung zeigt also einen Widerstand auf, der sich aus Ungleichgewichtung zwischen der eigenen Perspektive und der Perspektive anderer ergibt, was sowohl positive Konsequenzen haben kann, wenn wir unseren epistemischen Horizont erweitern, als auch negative, wenn der äußere epistemische Widerstand aufgrund sozialer Machtasymmetrien dazu führt, dass wir kein Gleichgewicht mehr herstellen können. So oder so kann festgestellt werden, dass die Abwesenheit von epistemischer Reibung zu Ignoranz führt, weil die Kontrolle über unsere eigene Perspektive – im Abgleich zu der anderer Personen – fehlt. Wichtig ist, dass Reibung – anders als vielfach angenommen – nicht durchweg negativ ist, sondern die Voraussetzung für epistemisches Gleichgewicht. So wie auch Widerstand bei Medina – anders als wir vielleicht denken mögen – nicht durchweg positiv ist, sondern externe Hürden bezeichnen kann, die für einige schwerer zu überwinden sind als für andere und damit entweder hilfreich oder nachteilig für ein epistemisches Equilibrium sein können.

Es sollte jetzt bereits deutlich geworden sein, dass Widerstand (mindestens) zwei unterschiedliche Dinge bezeichnet: Zum einen den (politischen) Widerstand gegen hegemoniale epistemische Einstellungen und Gewohnheiten unserer sozialen Wahrnehmung und zum anderen den Widerstand, den wir – innerlich und äußerlich – erfahren, wenn wir unsere Einstellungen und unsere Wahrnehmung mit den Einstellungen und Wahrnehmungen anderer abgleichen. Der politische Widerstand kann dabei den Widerstand, der uns auf unserer Suche nach einem epistemischen Equilibrium begegnet, verringern, indem er dazu beträgt, dass die hegemoniale soziale Wahrnehmung und die dadurch geformten Einstellungen hinterfragt werden und, im besten Fall, ihren hegemonialen Status verlieren. Hierbei ist wichtig, dies nicht als Aufruf zum Relativismus missszuverstehen, sondern vielmehr, so Medina, als Hilfe zu dem Verständnis, dass unsere epistemischen Praktiken notwendigerweise relational sind. Etwas zu verstehen heißt also auch zu verstehen, in welcher Relation es zu anderen Dingen steht und in welcher Relation es zu diesen Dingen *stehen könnte.*

Das bringt uns zum letzten Punkt, der an Medinas Theorie hervorgehoben werden soll: die Idee, dass (politischer) Widerstand auf widerständige Imagination angewiesen ist. Vorstellungen – oder Imagination – können sowohl konformistisch als auch widerständig sein und beziehen sich auf unseren Blick in die Vergangenheit, die Gegenwart und die Zukunft. Aber, hier bezieht sich Medina auf Pragmatisten wie William James, die unterschiedlichen Richtungen, die unsere Vorstellungen nehmen können, sind unwiderruflich miteinander verbunden: „die Art und Weise, wie wir uns die Vergangenheit, die Gegenwart, die Zukunft und alternative Welten vorstellen, beeinflusst sich gegenseitig", das wiederum führt dazu, dass „jede [...] das Potenzial [hat], uns die Augen für Dinge zu öffnen, die wir vorher nicht gesehen haben" (Medina 2013, 299; eigene Übersetzung). So ist unsere Erinnerung beispielsweise immer selektiv und mit zahlreichen Leerstellen versehen; wir blenden die Erlebnisse anderer aus, die wir nicht kennen oder versuchen sie zu ignorieren, und wir vergessen die Möglichkeiten, die wir selbst unerfüllt gelassen haben oder die andere nicht erfüllen konnten. Aber zu vergessen, dass Dinge auch ganz anders hätten sein können, führt zu Ignoranz, wohingegen der Blick auf die Dinge, die hätten sein können, hilft, anderen Stimmen zuzuhören und andere Vorstellungen zu entwickeln, die dann wiederum beeinflussen, wie wir über das Jetzt und Heute sowie unsere Zukunft nachdenken – das ist, so Medina, widerständige Vorstellung, geboren aus widerständiger Erinnerung (Medina 2013, 300).

4.2.2 Lugones' Weltenreise und epistemischer Tourismus

Einen anderen Zugang zu sozialen Vorstellungen und ihrer Notwendigkeit für emanzipatorische Wissenspraktiken wählt María Lugones. Hier liegt der Fokus auf den Erfahrungen jener, die außerhalb des Mainstreams leben: Die Außenseiter*innen besitzen die Fähigkeit, zwischen zwei Welten zu wechseln, nämlich zwischen dem Leben, wie es vom Mainstream konstruiert ist – ein Leben, in dem sie immer Außenseiter*innen sind –, und dem anderen Leben, in dem sie zuhause sind. Diese Wechsel sind einerseits notwendig, aber können von den Außenseiter*innen auch ganz bewusst vollzogen werden – und sie können sogar von jenen, die ihr Zuhause im Mainstream-Leben haben, erlernt werden. Diese Wechsel, die Lugones als Weltenreise (im Englischen: *world travelling*) bezeichnet, sind im besten Fall bewusst und spielerisch. So wie Lugones Women of Color als Außenseiterinnen vom Mainstream und als Welten-Reisende (mehr aus Notwendigkeit als bewusstem Spiel) beschreibt, übernimmt sie selbst diese Praxis als Form zu leben und zu sein. Dabei ist wichtig zu sehen, dass die Notwendigkeit dieser Praxis die besonderen Fähigkeiten überschattet, die dafür benötigt werden, ebenso wie die Möglichkeiten, die daraus entstehen können; so schreibt Lugones:

> Ich sehe, dass ein Großteil unserer Reisen unfreiwillig in feindlich gesinnte weiße/englische „Welten" führt. Die Feindseligkeit dieser „Welten" und der Zwangscharakter des „Reisens" haben für uns den enormen Wert dieses Aspekts unseres Lebens und seine Verbindung zum Lieben verschleiert. Rassismus hat ein ureigenes Interesse daran, die komplexen Fähigkeiten, die mit dem Weltenreisen verbunden sind, zu verschleiern und abzuwerten. Ich empfehle, dass wir das Reisen zwischen den „Welten" als konstitutiv für die übergreifende Liebe zwischen verschiedenen Kulturen und rassifizierten Identitäten bejahen. Daher empfehle ich Women of Color in den USA, dass wir lernen, einander zu lieben, indem wir lernen, in die „Welten" der anderen zu reisen. (Lugones 1987, 3–4; eigene Übersetzung)

Wie aber werden wir zu Weltenreisenden? Eine Welt ist nach Lugones bewohnt von realen und manchmal auch von imaginierten Personen; Personen, die bereits tot sind oder Personen, die wir in einer anderen Welt getroffen und in unserer Vorstellung mit uns genommen haben. Eine Welt kann eine Gesellschaft sein – mit allen Regeln und Normen und sozialen Beziehungen, mit Geschlecht und Rassifizierung und allen anderen Merkmalen –, aber eine Welt können auch idiosynkratische Konstruktionen sein, Teile einer Gesellschaft oder unfertige Teile einer Gemeinschaft. Während es also nur eine Gesellschaft geben kann, kann es zahlreiche unterschiedliche Welten geben (Lugones 1987, 9–10). Tatsächlich können wir in Welten zuhause sein, in denen wir selbst nicht verstehen, wie wir dort konstruiert sind, oder in denen wir die Konstruktion von uns zwar verstehen, aber nicht teilen. Und da es viele verschiedene Welten gibt, gibt es auch die Möglichkeit zwischen diesen Welten zu reisen.

Wenn wir von einer Welt in eine andere reisen, machen wir die Erfahrung, dass wir selbst in jeder Welt anders sein können. Und wir können uns an uns selbst auch *als anders* in einer bestimmten Welt erinnern. Dieser Übergang von *eine Person zu sein* zu *eine andere Person zu sein* ist, was Lugones als Reise bezeichnet. Für diese Reise müssen wir uns nicht bewusst entschieden haben, manchmal ist uns noch nicht mal bewusst, dass wir in einer anderen Welt sind oder in dieser Welt anders sind (Lugones 1987, 11). Aber wenn wir die Reise bewusst unternehmen, dann oftmals, weil wir feststellen, dass wir in einer Welt nicht zuhause sind (in Englisch: *being at ease in a world*). Wir können uns in einer Welt zuhause fühlen, weil wir „die Sprache" dieser Welt beherrschen; wir kennen die Normen, wissen, wie wir uns verhalten müssen und was andere von uns erwarten, fallen nicht weiter auf, bewegen uns selbstbewusst und können uns artikulieren. Wir können uns auch zuhause fühlen, weil wir mit den gegebenen Normen einer Welt übereinstimmen, weil wir wertvolle Beziehungen in dieser Welt pflegen oder weil wir in dieser Welt eine Geschichte mit anderen teilen.

Ebenso können wir aber auch, je nachdem in welcher Welt wir uns befinden, unterschiedliche Bilder von uns selbst haben; und manchmal sind diese Bilder nicht vereinbar. Mein Bild von mir selbst als Mutter kann mit meinem Bild von mir als unabhängiger Frau übereinstimmen oder eben nicht; je nachdem wie diese Bilder ausgestaltet sind, welche konkreten sozialen Beziehungen ich mit wem in meinen Welten habe und ob die externen Umstände in meinen Welten es mir erlauben, mein Mutter-Sein und mein Unabhängig-Sein übereinzubringen. Wenn wir zwischen den Welten reisen, entdecken wir also eine Pluralität unserer Selbst (Lugones 1987, 14). Es ist nach Lugones aber problematisch, wenn wir uns in allen Aspekten einer Welt zuhause fühlen – denn dann haben wir keine Motivation und keine Neugier mehr, um in andere Welten zu reisen.

Und was hat die Weltenreise mit den Epistemologien der Ignoranz zu tun? Lugones' Überlegungen zum Weltenreisen sind aus ihren eigenen Erfahrungen als Objekt ignoranter Betrachtung entstanden. Nach Marilyn Frye, deren Text „In and Out of Harms's Way: Arrogance and Love" Lugones stark beeinflusst hat, stehen sich Liebe und Arroganz diametral gegenüber. Während sich Frye allerdings auf die arrogante Haltung von Männern gegenüber Frauen bezieht, die dem Patriarchat und misogyner Haltungen zugrunde liegen, beschäftigt sich Lugones primär mit Frauen, die sich selbst und anderen Frauen mit Arroganz begegnen; insbesondere mit dem Mangel an Liebe von weißen Frauen gegenüber Women of Color.

Arrogante Haltung sieht Lugones jedoch auch bei sich selbst und in der Beziehung zu ihrer eigenen Mutter; so wie vielen Frauen und Töchtern wurde auch ihr in dieser Beziehung beigebracht, sowohl Akteurin als auch Objekt arroganter Betrachtung zu sein:

> Ich dachte, dass sie zu lieben damit einherging, dass ich sie missbrauchte (ich benutzte sie, nahm sie als selbstverständlich hin und verlangte ihre Dienste in einer weitreichenden Art und Weise, die ihr wenig von ihr selbst übrig ließ, da vier andere Menschen [Lugones' Geschwister] ihre Substanz auf sich selbst übertrugen), und dass ich mich zum Teil mit ihr identifizierte, mich selbst in ihr sah: Sie zu lieben ging sowohl damit einher, dass ich sie missbrauchte, als

auch damit, dass ich offen dafür war, missbraucht zu werden. (Lugones 1987, 5; eigene Übersetzung)

Selbst das Objekt arroganter Betrachtung zu sein, heißt also nicht, dass wir nicht auch andere arrogant betrachten können. Aber Liebe, so Lugones, ist nicht kompatibel mit einer arroganten Betrachtung – weder können wir andere lieben, die wir als Objekt unserer arroganten Betrachtung sehen, noch können wir uns selbst lieben, solange uns beigebracht wird, das Objekt der arroganten Betrachtung anderer zu sein.

Während Liebe und Arroganz in der Mutter-Tochter-Beziehung für Lugones eng miteinander verstrickt sind – so dass ein falsches Bild von Liebe weitergegeben wird – ist dies nicht übertragbar auf die Situation, wenn weiße Frauen, Women of Color zum Objekt ihrer arroganten Betrachtung machen. Weiße Frauen ignorieren Women of Color, grenzen sie aus, machen sie unsichtbar oder zu Stereotypen, lassen sie allein oder interpretieren sie als verrückt – während dieselben Frauen in ihrer Mitte sind, mit ihnen arbeiten, mit ihnen leben. Tatsächlich erfordert die Welt, in der weiße Frauen sich bewegen, es nicht, dass sie andere Frauen anerkennen; die Beziehung zu Women of Color ist also einseitig, Women of Color sind auf weiße Frauen angewiesen, um gesehen zu werden, aber nicht *vice versa*.

Arrogante Betrachtung heißt grundsätzlich sich nicht mit anderen zu identifizieren, andere nicht zu lieben. Denn um zu lieben, müssen wir nicht nur uns selbst sehen, sondern unsere eigenen Bedürfnisse, Interessen, Ängste und Perspektiven erweitern. Für Lugones bedeutet dies, dass sie ihre Mutter nur lieben lernen konnte, indem sie die Welt mit deren Augen betrachtet hat, deren Welt ausprobiert hat, verstanden hat, wie sie beide – sie selbst und ihre Mutter – in der Welt der Mutter konstruiert sind, wie die Mutter selbst sich in ihrer Welt wahrnimmt. Nur durch die Reise in die Welt ihrer Mutter war es Lugones möglich, sich mit ihr zu identifizieren und eine bedeutsame Beziehung zu ihr aufzubauen. Tatsächlich sind wir selbst niemals vollständig, wenn wir alleine sind; wir sind abhängig von der Möglichkeit, von anderen verstanden zu werden – ein Verstehen, dass die Weltenreise uns ermöglicht (Lugones 1987, 8). Weltenreise ist demnach eine Möglichkeit, unsere Arroganz anderen gegenüber hinter uns zu lassen und andere Frauen mit Liebe und Wohlwollen zu betrachten – und dabei selbst *vollständig* zu werden.

Eine interessante Verbindung zeigt sich hier zu Patricia Hill Collins' Ideen zum Status von Außenseiter*innen innerhalb der soziologischen Forschung. Nach Collins (1986) haben Afro-Amerikanische Frauen schon seit langer Zeit ihren Status als Außenseiterinnen innerhalb weißer Familien genutzt, um wichtige Erkenntnisse über die Strukturen der weißen Gesellschaft zu bekommen. Ihr Status als einerseits „Insider", die für die Kinder weißer wohlhabender Familien (und teilweise auch für alle anderen Familienmitglieder) gesorgt haben, und andererseits „Außenseiterinnen", die niemals ganz Teil der weißen Familien sein können, erlaubte es ihnen zu verstehen, wie Rassismus gesellschaftliche Strukturen prägt.

Auch in den wissenschaftlichen Arbeiten Schwarzer Feministinnen zeigt sich, dass diese den besonderen Standpunkt von „Insider" und „Außenseiterin" nutzen, um komplexe Analysen von Rassifizierung, Klasse und Geschlecht zu erstellen. Dies ist vor allem für die soziologische Forschung ein Gewinn. Georg Simmel (1921) argumentiert beispielsweise, dass die Perspektive von „Fremden" einen besonders guten Ausgangspunkt für noch unterentwickelte Untersuchungen bieten kann; so kann Objektivität nach Simmel durch das Zusammenspiel von Nähe und Ferne, Sorge und Gleichgültigkeit entstehen und zudem die Möglichkeit eröffnen, dass sich jemand einer fremden Person anders anvertraut als einer ihnen bekannten – und die „Fremde" kann Muster erkennen, die sich nur von außen sehen lassen. Auch Karl Mannheim (1936) argumentiert, dass marginalisierte Intellektuelle eine kritische Perspektive zu Untersuchungen beitragen können, die notwendig für Wissenschaft ist. Und, so wieder Collins, Schwarze Frauen können eben diesen marginalisierten Außenseiterstatus innerhalb ihrer Forschungskontexte nutzen:

> Schwarze feministische Wissenschaftlerinnen können als Außenseiterinnen eine von vielen verschiedenen Gruppen von Randintellektuellen sein, deren Standpunkte den zeitgenössischen soziologischen Diskurs zu bereichern versprechen. Wenn man diese Gruppe – wie auch andere, die gegenüber der Soziologie den Status eines Außenseiters haben – in den Mittelpunkt der Analyse rückt, können Aspekte der Realität aufgedeckt werden, die von orthodoxeren Ansätzen verdeckt werden. (Collins 1986, 15)

Während Collins hier aber vorrangig darauf abzielt zu zeigen, wie unsere Wissensansprüche und die Objektivität unserer Untersuchungen in Zusammenhang mit unseren sozialen Positionen und Identitäten stehen[14] und inwiefern diese wiederum unsere wissenschaftlichen Untersuchungen positiv beeinflussen können, ist Lugones primär an Orten gemeinsamer emanzipatorischer Politik interessiert. Dies zeigt sich auch in ihrem Interesse an Liminalität als einem besonderen Ort der Transgression von bestehenden Ordnungen; ein Ort, der von machtvollen Gruppen ausgeblendet wird und so für widerständige Koalitionen und politischen Aktivismus fruchtbar gemacht werden kann (Lugones 2006).

---

[14] Siehe Kapitel 5 für eine Diskussion zu Objektivität.

4.3 Weiße Ignoranz

Bereits in seinem Buch *The Racial Contract* (1997) untersucht Charles Mills die Art und Weise, in der problematische kognitive Prozesse und aktiv zelebrierte Ignoranz rassifizierte Ungerechtigkeit prägen und aufrechterhalten. So schreibt er beispielsweise, dass

> der *Racial Contract* seinen Unterzeichnern eine umgekehrte Epistemologie vorschreibt, eine Epistemologie der Unwissenheit, ein bestimmtes Muster lokaler und globaler kognitiver Störungen (die psychologisch und sozial funktional sind), was zu dem ironischen Ergebnis führt, *dass Weiße im Allgemeinen nicht in der Lage sein werden, die Welt zu verstehen, die sie selbst geschaffen haben.* (Mills 1997, 18; eigene Übersetzung und Hervorhebung)

Nach Mills hilft eine Epistemologie der Ignoranz zu erklären, wie weiße Vorherrschaft Menschen rassifiziert und in vollwertige Personen und „Subpersonen" unterteilt. Weiße können ihre eigenen Privilegien, die rassifizierten Hierarchien und die selbstgemachten Ontologien und ökonomischen Strukturen erst dadurch vollkommen ausnutzen, weil sie die Welt nicht verstehen. Und weiterhin kann eine Epistemologie der Ignoranz erklären, warum weißen Personen diese Strukturen nicht geläufig sind; so schreibt Linda Alcoff (2007, 49), dass die meisten weißen Personen in den USA die Annahme vertreten, sie würden in einer Gesellschaft leben, in der Privilegien von individuellem Verdienst abhängig sind, wohingegen die meisten nicht-weißen Personen sagen, dass die Privilegien nach einem *racial contract* verteilt werden. Das Problem ist also nicht nur, dass wir in strukturell ungerechten Gesellschaften leben, sondern dass viele sich dieser Ungerechtigkeiten und ihrem Mitwirken an den Strukturen nicht bewusst sind. Wie Mills treffend zeigt, ist *whiteness* ein politisches Konstrukt, das ein „kognitives Modell mit sich bringt, das Selbsttransparenz und ein echtes Verständnis aller sozialen Realitäten ausschließt" und damit sicherstellen kann, dass weiße Personen in einem „rassifizierten Fantasieland, einer ‚einvernehmlichen Halluzination'" (Mills 1997, 18–19) leben. Die grundlegende Idee ist einfach: Um weiter an den eigenen Privilegien festzuhalten und sich selbst trotz allem als moralisch integre Person zu verstehen, wird eine Fantasiewelt erschaffen, die die strukturellen Ungerechtigkeiten und die eigene Mitwirkung daran ausblendet oder als etwas anderes verkauft.

Mills baut auf diesen Ideen weiter auf, als er 2007 seinen Text zu *white ignorance* publiziert. Weiße Ignoranz, im Gegenteil zu anderen Praktiken der Ignoranz, ist dabei kausal mit weißer Vorherrschaft verbunden und bezieht sich sowohl auf rassistisch motivierte Einstellungen als auch unbewusst operierende Annahmen, die aus sozial-strukturellem Rassismus folgen. Diese Unterscheidung ist wichtig, denn beide Phänomene können unabhängig voneinander auftreten und erfordern unterschiedliche Gegenstrategien:

> Es kann Rassismus geben, ausgeführt durch weiße epistemische Akteure insofern diese von vorurteilsbehafteten Überzeugungen über people of color, ohne dass (zu dieser Zeit und an diesem Ort) eine weiße Vorherrschaft über diese people of color besteht; so wie es auch eine weiße Vorherrschaft über people of color geleitet sind zu einer bestimmten Zeit und an einem bestimmten Ort geben kann, ohne dass alle weißen epistemischen Akteure zu dieser Zeit und an diesem Ort rassistisch sind. (Mills 2007, 21; eigene Übersetzung)

So oder so kann rassifizierte Wahrnehmung zu weißer Ignoranz führen – bewusst oder unbewusst, direkt oder indirekt. Weiße Ignoranz ist also nicht immer zurückzuführen auf Böswilligkeit, auch wenn sie strukturell gleichermaßen problematische Auswirkungen hat. Das bedeutet auch, dass *weiße* Ignoranz nur von weißen Personen gezeigt wird. Tatsächlich führen die strukturellen Gegebenheiten und ideologische Frameworks jedoch manchmal dazu, dass auch nicht-weiße Personen weiße Ignoranz ausüben.

Ein gutes Beispiel für weiße Ignoranz bietet die in der Kartografie verwendete Mercator-Projektion, bei der die Projektion der Zylinderachse verzerrt ist, um eine winkeltreue Abbildung der Erdoberfläche zu erreichen. Daraus ergibt sich eine geographische Fehlrepräsentation beziehungsweise die regionale Übergewichtung Europas. So schreibt Historiker Marshall Hodgson (1993, 3–5) beispielsweise:

> Wir teilen die Welt in so genannte „Kontinente" ein. [...] Warum gehört Europa zu den Kontinenten, aber nicht Indien? . . . Europa wird deshalb immer noch zu den „Kontinenten" gezählt, weil unsere kulturellen Vorfahren dort lebten. Indem wir es zu einem „Kontinent" machen, geben wir ihm einen Rang, der in keinem Verhältnis zu seiner natürlichen Größe steht, [...] (Ich nenne eine solche Weltkarte die „Jim-Crow-Projektion", weil sie Europa größer als Afrika darstellt.) . . . [Die Mercator-Projektion] bestätigt unsere Einstellungen. (Mills 2007, 25–6; eigene Übersetzung)

Tatsächlich verzerren also schon die Begriffe, die wir verwenden, unsere Perspektive auf die Welt; Begriffe, wie hier „Kontinent", die wir oft bereits in der Schule lernen und dann im weiteren Leben nicht hinterfragen. Das soll aber nicht bedeuten, dass wir nicht auch ein Interesse daran haben, diese verzerrten Perspektiven zu erhalten und eben gerade nicht nachzufragen. Weiße Ignoranz entsteht also aus verzerrter Kognition ebenso wie aus privilegierten Interessen (vgl. Mills 2007, 34); das ist eine Erkenntnis, die sich auch bei Collins in ihrer Untersuchung zu kontrollierenden Bildern Schwarzer Frauen finden lässt, wie sie sich als Vorurteile bei weißen Personen einnisten und beispielsweise die Funktion erfüllen, die Finanzkrise in den USA zu erklären – knapp zusammengefasst, die „Welfare Queen" oder alternativ die „Welfare Mother" liegt aus Faulheit dem Staat auf der Tasche und trägt so entscheidend zur Finanzkrise bei (Collins 2000, Kapitel 4).[15]

Wichtig hierbei ist, dass eine Theoretisierung von Ignoranz aber immer auch voraussetzt, dass es das Gegenteil von Ignoranz – nämlich Wissen – geben kann. Somit sind Epistemologien der Ignoranz an einer Theorie der Produktion von Wissen interessiert: Welche Praktiken können einen vorteilhaften Einfluss auf Wissen haben (vgl. Goldman 1999)? Die Idee ist also, Praktiken der Fehlinformation und der Reproduktion von Fehlern innerhalb von sozialen Strukturen zu ergründen, um daraus auf vorteilhafte Wissenspraktiken zu schließen. Dabei ist – um beim Beispiel weißer Ignoranz zu bleiben – das Gegenteil von weißer Ignoranz das Schwarze Bewusstsein, ein kritisches Bewusstsein, das die gegebenen Strukturen hinterfragt und gleichzeitig von dem doppelten Bewusstsein der eigenen Perspektive sowie der Perspektive jener, die in ihrer Ignoranz einer strukturerhaltenen Fantasie folgen, profitiert (vgl. Mills 2007, 19).[16]

4.4 Hermeneutische Ignoranz, Vorsätzliche Ignoranz und Ideologische Ignoranz

Wie wir soeben gesehen haben, beinhaltet Mills' Theorie sowohl Aspekte des Unbewussten – wir können, so Mills, weiße Ignoranz transportieren, ohne dies überhaupt zu wissen – als auch Aspekte, die wir intuitiv als bewusst und vorsätzlich beschreiben würden, zum Beispiel die Idee, dass wir durch die weiße Ignoranz unsere eigenen Interessen durchsetzen. Es stellt sich also die Frage, inwieweit wir uns über die problematischen Praktiken der Ignoranz bewusst sein können und müssten – was wiederum die Frage anschließt, ob wir für Ignoranz moralisch verantwortlich sind, und wenn ja, für welche Formen von Ignoranz? Mills' Unterfangen ist nicht nur eine soziologische Untersuchung, sondern primär normativ: die Praktiken von Ignoranz und ihre Auswirkungen auf existierende Ungerechtigkeitsverhältnisse von weißer Vorherrschaft zu untersuchen, hat als Ziel eben die Abschaffung dieser Verhältnisse.

---

[15] Weitere gute Beispiele für *männliche* Ignoranz finden sich in Tuana (2006 und 2004). Siehe Sullivan & Tuana (2007) für weitere Texte zum Thema Ignoranz.
[16] Siehe auch Bailey (2021) für eine detaillierte Diskussion von weißer Ignoranz und weißen Privilegien. Während sich Mills den kognitiven Prozessen der weißen Vorherrschaft im Allgemeinen zuwendet, erforscht Mariana Ortega (2006) eine spezifische Form der Ignoranz weißer Frauen, die sie „liebende, wissende Ignoranz" nennt und die stark durch María Lugones (1987) geprägt ist; vgl. Kapitel 6.1.3.

Somit ist es wichtig, dass wir adäquate Analysen gegebener Phänomene hervorbringen. Gaile Pohlhaus (2012) argumentiert beispielsweise, dass Frickers Interpretation der Vorkommnisse bei Tom Robinsons Verhandlung bestimmte Aspekte außer Acht lassen, die jedoch für eine adäquate Analyse wichtig sind. Wie in Kapitel 3 diskutiert, handelt es sich, nach Pohlhaus, bei Tom Robinson nicht um einen Fall testimonialer Ungerechtigkeit – wie Fricker zeigen will –, sondern um *vorsätzliche hermeneutische Ignoranz*. Die Hörenden verweigern Robinson aufgrund bestehender Vorurteile nicht nur die Glaubwürdigkeit, die ihm zusteht – vor allem angesichts der Tatsache, dass seine Schilderung mit den übrigen Beweisen übereinstimmt –, sondern bedienen sich epistemischer Werkzeuge und Intelligibilitäts-Frameworks, die es unmöglich sein lassen, dass Robinson die Wahrheit sagt. Da sich hier sowohl eine verzerrte Wahrnehmung der Welt finden lässt, die weiße Vorherrschaft begünstigt, als auch das Interesse, an dieser Wahrnehmung festzuhalten, scheint Tom Robinsons Fall tatsächlich in den Bereich der Ignoranz zu fallen; wir haben es nicht mit dem individuellen Versagen einzelner Personen zu tun, die an problematischen Vorurteilen festhalten, sondern mit einem epistemischen System, das einige Personen – wie Tom Robinson – bewusst ausschließt und das von jenen, die Teil des Systems sind, bewusst aufrechterhalten wird.

Interessanterweise findet sich ein ganz ähnlicher Diskurs innerhalb der Kritischen Theorie. Was hier das Problem der Ignoranz gegenüber ungerechten Strukturen beschreibt, gehört in der Kritischen Theorie in den Bereich der Ideologiekritik, bei Foucault besser bekannt als *Diskurs*. Die grundlegende Idee ist ähnlich: Da unsere Gesellschaft nach Unterdrückungsbeziehungen strukturiert ist, ist es nur wahrscheinlich, dass unsere epistemischen Werkzeuge und Ressourcen sowie unsere Intelligibilitäts-Frameworks nach den (problematischen) Annahmen der Mächtigen ausgerichtet sind. Zumindest einige unserer epistemischen Werkzeuge, Ressourcen und Intelligibilitäts-Frameworks sind also irreführend – wie das Beispiel der Mercator-Projektion deutlich zeigt. Außerdem haben psychologische Forschungen ergeben, dass Menschen dazu tendieren, „die Daten durch das Raster der Konzepte so zu interpretieren, dass scheinbar widersprüchliche oder zumindest problematische Wahrnehmungen herausgefiltert oder marginalisiert werden", anstatt „die konzeptionelle Angemessenheit durch die Prüfung widersprüchlicher empirischer Daten immer wieder in Frage zu stellen" (Mills 2007, 25).

Dieser Punkt ist nicht neu, bereits der Psychoanalytiker Wilhelm Reich stellte fest: „nicht, dass der Hungernde stiehlt oder dass der Ausgebeutete streikt, ist zu erklären, sondern weshalb die Mehrheit der Hungernden nicht stiehlt und die Mehrheit der Ausgebeuteten nicht streikt" (1971[1933], 25). Kritische Theoretiker*innen in der marxistischen Tradition antworten darauf mit dem Hinweis auf die Ideologie, die als Produkt eines sozialen Systems eine Form des Bewusstseins hervorbringt, die die Subjekte daran hindert, gemäß ihren eigenen Interessen zu handeln – wie Adorno schrieb, ist Ideologie „notwendiges falsches Bewusstsein" (1974, 169).

Wenn wir von falschem Bewusstsein sprechen, haben wir praktisches falsches Bewusstsein im Sinn, nicht kognitives falsches Bewusstsein oder Verzerrungen der Identität (vgl. Rosen 1996, 72 für diese Unterscheidung). Praktisches falsches Bewusstsein beschreibt die verzerrte Art und Weise, „in der wir auf die Welt reagieren und in ihr agieren" (Rosen 1996, 72; eigene Übersetzung), indem wir zum Beispiel in unseren Überzeugungen, Wünschen, Interessen oder unserem Willen, in unseren Werten, Zielen, Normen oder Emotionen nicht ganz wir selbst, sondern eben „verzerrt" sind. Eine marxistische Erklärung dafür, warum die Hungernden nicht stehlen und die Ausgebeuteten nicht streiken, besteht also darin, dass sie ihre eigenen Interessen nicht richtig wahrnehmen, ihre Interessen und „Wünsche sind von einem System organisiert worden, das von ihrer Fügsamkeit abhängt" (Meyerson 1991, 7; eigene Übersetzung), sie selbst sind nach kommerziellen Werten und Konsumgütern geformt worden; hier werden ihre „unmittelbaren" Interessen für „wirkliche" Interessen gehalten (Marcuse 1964, xiii).

Hier lässt sich ein wesentlicher Unterschied zwischen Epistemologien der Ignoranz zur Ideologiekritik der Kritischen Theorie ausmachen. Während Epistemologien der Ignoranz vor allem auf die kognitiven und epistemischen Praktiken jener fokussieren, die Macht haben, versucht die Kritische Theorie zu ergründen, warum jene, die keine Macht haben, nicht aufbegehren. Die Idee ist dabei, dass wir als ideologisch geprägte soziale Akteure nicht erkennen, was unsere wirklichen Interessen sind, und uns stattdessen nach unseren unmittelbaren Interessen richten. Mit einem gegenwärtigen Beispiel: Warum tragen (einige) Frauen zu ihrer eigenen Unfreiheit bei, indem sie sich für unmittelbare Interessen entscheiden, wie Männern zu gefallen oder sexuell unterwürfig zu sein? Eine mögliche Antwort ist, weil dies im Einklang mit ihren gerade benötigten Bedürfnissen steht, die wiederum von den strukturellen Gegebenheiten abhängen – also zum Beispiel, um den Schutz und die (falsche) Anerkennung zu erhalten, die diese Handlungen mit sich bringen, wobei der Fokus auf diese gerade benötigten Bedürfnisse ihre wirklichen Interessen kaschiert, nämlich patriarchalen und sexistischen Werten und Normen zu widerstehen.

Was aber genau meinen wir, wenn wir von Ideologie sprechen? Im Einklang mit den meisten kritischen Theoretiker*innen soll Ideologie hier als eine Form des Bewusstseins verstanden werden, die in Beziehung zu sozialen Praktiken steht; Ideologie ist also eine praktische Form des Bewusstseins. Diesem Gedanken folgend ist Ideologie ein Verständlichkeitsrahmen oder Intelligibilitätsframework, der durch soziale Praktiken – die Art und Weise, wie wir Dinge tun – bestimmt wird und gleichzeitig praktische Konsequenzen hat, indem er die Art und Weise prägt, in der wir verstehen, was wir tun. Rahel Jaeggi bringt dies auf den Punkt, wenn sie schreibt: „Ideologien konstituieren unsere Beziehung zur Welt und bestimmen somit die Horizonte unserer Interpretation der Welt oder den Rahmen, in dem wir sowohl uns selbst als auch die sozialen Bedingungen verstehen, und auch die Art und Weise, wie wir innerhalb dieser Bedingungen agieren" (2009, 64; eigene Übersetzung). Der Gedanke dahinter ist, dass dieser Verständlichkeitsrahmen es uns ermöglicht, reibungslos an sozialen Praktiken teilzunehmen, diese umzusetzen und unser Verhalten mit anderen zu koordinieren, gleichzeitig aber bewirkt er, dass wir – ob bewusst oder unbewusst – ungerechte Praktiken der Unterdrückung für Natürlich erklären und somit legitimieren, indem wir an ihnen teilnehmen. Der ideologische Rahmen der Verständlichkeit verdeckt also ungerechte Praktiken und Strukturen, so dass wir uns an der Unterdrückung anderer wie auch an der Unterdrückung von uns selbst mitschuldig machen können.

Barbara Fields führt ein ähnliches Argument über die rassifizierte Ideologie der Vereinigten Staaten an, sie schreibt,

> [W]enn praktisch die gesamte Gesellschaft, einschließlich der vermeintlich nachdenklichen, gebildeten und intelligenten Menschen, an Behauptungen glaubt, die bei der geringsten Überprüfung ins Absurde kippen, dann ist der Grund dafür keine Halluzination oder Wahnvorstellung oder gar einfache Heuchelei, sondern Ideologie. Und eine Ideologie kann niemand rational analysieren, der auf ihrem Terrain gefangen bleibt. (Fields 1990, 100; eigene Übersetzung)

Ideologie ist das, was unsere alltägliche Existenz formt und verständlich macht. Es wäre zweifellos sehr schwer, unsere alltägliche Existenz hinter uns zu lassen, und ebenso schwierig ist es, die Ideologie hinter sich zu lassen, die unsere Existenz prägt. Hier sehen wir deutlich die Nähe zu Epistemologien der Ignoranz – das Festhalten an der Ideologie der weißen Vorherrschaft führt dazu, dass weiße Personen ihre eigene Rolle als Unterdrücker nicht erkennen –, gleichzeitig bietet das System ihnen entsprechende Anreize, diese auch nicht wahrhaben zu wollen (vgl. Mills 2007).

Und gerade hier stellt sich die Frage, inwieweit Praktiken der Ignoranz vom Individuum selbst kritisch hinterfragt werden können. Wenn wir Ideologie als die Verknüpfung von Praktiken und Intelligibilitäts-Frameworks ernst nehmen, dann deutet tatsächlich vieles darauf hin, dass wir Epistemologien der Ignoranz stärker mit der Debatte der epistemischen Unterdrückung verbinden können und einen Fokus auf die institutionellen Prozesse legen müssen, die Ignoranz befördern.[17] Das bedeutet aber nicht, dass Ignoranz nicht trotzdem auch – zumindest in einigen

---

17 Siehe auch Alcoff (2007) sowie Harding (2006) für Ansätze, die Epistemologien der Ignoranz mit der Kritischen Theorie zusammenbringen.

Kontexten – als vorsätzlich beschrieben werden kann. Das Beispiel um Solomon (siehe Kapitel 3) kann auch hier helfen, den schmalen Grat zwischen Vorsätzlichkeit und ideologischer Verblendung zu illustrieren: Solange Solomon keine Gegenbeweise für seine problematischen Überzeugungen hat, sind seine Überzeugungen zwar falsch, aber eben nicht notwendigerweise irrational, sobald Solomon diese Gegenbeweise allerdings zur Verfügung stehen, handelt es sich bei seinen Überzeugungen nicht nur um Irrtümer, sondern um Vorurteile; hier ist Solomon also irrational und wir „sehen [...] ihn auch als jemanden, der an einem schweren moralischen Makel leidet" (Arpaly 2003, 103–4; eigene Übersetzung).

Nach Arpaly zeichnen sich Personen also nicht durch einen moralisch schlechten Charakter aus, wenn sie tatsächlich und vollständig ignorant sind; das bedeutet jedoch nicht, dass sie nicht trotzdem, zumindest teilweise, für ihre aus der Ignoranz folgenden Handlungen verantwortlich sind. Es herrscht allerdings große Uneinigkeit darüber, ob epistemische Praktiken der Ignoranz innerhalb ideologisch geprägter Gesellschaften als vorsätzlich beschrieben werden können und ob machtvolle Akteure somit auch für ihre problematischen *epistemischen* Praktiken eine (moralische) Schuld tragen – außer Frage steht dabei, dass wir als moralische Akteure auch moralisch verantwortlich für Praktiken der Ausbeutung oder Unterdrückung sind, und das auch, wenn wir nur ein kleines Rad im Getriebe sind.[18]

So argumentiert Gideon Rosen dafür, dass es nur wenige Fälle moralischer Ignoranz gibt, die tatsächlich schuldhaft sind. Im Gegensatz zu Arpaly ist nach Rosen auch die Kenntnis von Gegenargumenten und sogar deren Berücksichtigung nicht ausreichend, um verzerrte moralische Fehleinschätzungen zu hinterfragen (Rosen 2003, 67), denn die Reflexion solcher Einschätzungen braucht Zeit und Energie – etwas, das nicht alle Personen zur Verfügung haben.[19] Michelle Moody-Adams (1994, 293) vertritt stattdessen die Auffassung, dass auch unser Großwerden in einer Kultur oder einer Gemeinschaft die Arroganz produziert – wie bei Solomon im voranstehenden Beispiel –, keine Entschuldigung ist, da Handlungsfähigkeit auch die Reflexion der eigenen Überzeugungen beinhaltet und Kultur uns somit nicht von der individuellen Verantwortung für unsere Handlungen freisprechen kann. Festhalten lässt sich in diesem Kontext vielleicht: Je stärker eine Person in einer Ideologie verstrickt ist und je weniger Möglichkeiten es gibt, deren verzerrte epistemische Ressourcen, Werkzeuge und Intelligibilitäts-Frameworks zu hinter-

---

18 Wobei dies noch nichts zu der Frage sagt, inwieweit individuelle Akteure moralisch verantwortlich sind für strukturelle Ungerechtigkeit; vgl. Young (2003, 2011). An dieser Frage ist gegenwärtig vor allem auch die Debatte der Klimagerechtigkeit interessiert; vgl. Caney (2005, 2016), Heyward & Roser (2016), Wallimann-Helmer (2019), García-Portela (2023), Blomfield (2019), Cuomo (2011), Schuppert & Wallimann-Helmer (2014)
19 Siehe meine Diskussion in Hänel (2018, 219–20).

fragen und zu korrigieren, desto entschuldbarer ist ihr Mitwirken an problematischen epistemischen Systemen; das bedeutet trotz allem nicht, dass ihr keinerlei Verantwortung zukommt, denn wie bei Mills und Pohlhaus erklärt, hat Verantwortung auch damit zu tun, ob die Person ein Interesse daran hat, das bestehende ungerechte System aufrechtzuerhalten oder eben nicht. Und dieses „eben nicht" bezeichnet den Unterschied zwischen dem Fokus der Epistemologien der Ignoranz und der Ideologiekritik, bei der es primär um jene Akteure geht, deren Interesse darin bestehen müsste, das gegebene System zu verändern, wenn sie es denn hinterfragen würden.

4.5 Strategische Ignoranz

Während es bei den Epistemologien der Ignoranz um den Erhalt struktureller Ungerechtigkeit durch kognitiv verzerrte Systeme geht und bei der Ideologiekritik um die Reproduktion falscher Interessen und eines falschen Bewusstseins, kann Ignoranz in bestimmten Kontexten auch wohlwollend betrachtet werden. Diese Ansätze werden häufig unter dem Begriff der strategischen Ignoranz gesammelt. Nach Alison Bailey (2007) gibt es mehrere Möglichkeiten, Ignoranz strategisch zu benutzen. Die grundlegende Idee – mehr dazu in Kapitel 6 – ist, dass unterdrückte Subjekte nicht nur unterdrückte, sondern auch widerständige Subjekte sind (vgl. Lugones 2003). Beim tagtäglichen Navigieren ungerechter Verhältnisse kann es durchaus vorteilhaft sein, die oftmals problematischen epistemischen Werkzeuge und Ressourcen für eigene Zwecke nutzbar zu machen; so verändert Bailey die von Audre Lorde geprägte Metapher und schreibt, „die Werkzeuge des Herrn können vielleicht nicht das Haus des Herrn zerlegen, aber sie können nützlich sein, wenn man durch seine Nachbarschaft geht, seine Schulen besucht oder an seinem Fließband arbeitet" (Bailey 2007, 87; eigene Übersetzung) – und das Benutzen dieser Werkzeuge muss nicht notwendigerweise bedeuten, dass damit bestehende Unterdrückungsverhältnisse weiter reproduziert werden. So ist es zum Beispiel möglich, aus der verzerrten Perspektive weißer Personen einen Vorteil zu ziehen; strategische Ignoranz ist somit vor allem „eine Möglichkeit, mit der Tendenz einer dominanten Gruppe, falsch zu sehen, zweckmäßig umzugehen" (Bailey 2007, 88; eigene Übersetzung).

Strategische Ignoranz kann jedoch auch von jenen benutzt werden, die in machtvollen Positionen sind; hier zeigt sich die tatsächlich vorsätzliche Form von Ignoranz – im Vergleich zur Ignoranz, die bei Mills und Pohlhaus noch auf einem schmalen Grat zwischen unbewusst und vorsätzlich wandelt. Moody-Adams (1994) thematisiert strategische (teilweise auch vorsätzliche oder affektierte) Ignoranz als eine Ignoranz, die durchaus überwunden werden könnte, an denen die epistemischen Akteure allerdings festhalten, weil sie es nicht besser wissen *wollen*. Diese Form der Ignoranz ist vor allem dann problematisch, wenn sie sich dem moralischen Fortschritt in den Weg stellt – wenn unsere Akteure also beispielsweise nicht wahrhaben wollen, dass es weiterhin Sklaverei auf der Welt gibt. Nach Moody Adams haben alle Menschen die Fähigkeit, sich vorzustellen, dass die soziale Welt anders organisiert und normativ anders aufgestellt wäre, als sie es ist (1994, 296); dies jedoch nicht zu tun, um damit das eigene Bild der moralisch handelnden Person aufrechtzuerhalten und obwohl die eigenen Handlungen das Gegenteil zeigen, ist strategische oder vorsätzliche Ignoranz.[20] Ob nun aber schädliche Praktiken der Ignoranz oder widerständige strategische Ignoranz, führt Ignoranz doch oftmals dazu, dass unsere allgemeinen epistemischen Ressourcen nicht erweitert oder verbessert werden – und dies scheint in einem direkten Widerspruch zu wissenschaftlichen Objektivitätsansprüchen zu stehen. Da Objektivität bei vielen der bislang diskutierten Debatten eine zentrale Bedeutung hat, soll im folgenden Kapitel ein kurzer Überblick geliefert werden.

---

[20] Siehe Hoagland (2007) für einen Diskussion der Verantwortung für unterschiedliche Formen strategischer Ignoranz und Wieland (2017 sowie 2016) für schädliche strategische Ignoranz.

5 Was ist eigentlich Objektivität?

Die Idee, dass unsere soziale Position einen Einfluss auf unser Wissen hat, wird häufig als Einladung zum Relativismus gesehen. Wie in Kapitel 2 erklärt, geht es jedoch nicht darum, dass jede Person ihre eigene Wahrheit mitbringt. Vielmehr können alle Wissensaussagen gleichermaßen angezweifelt, hinterfragt und überprüft werden; das bedeutet, dass auch für alle Wissensaussagen, egal von welcher sozialen Position aus sie getroffen werden, die gleichen wissenschaftlichen Standards gelten. Was die Situiertheit von Wissenden aber nahelegt, ist, dass wir unsere Rechtfertigungsstandards für Wissen überarbeiten müssen, so dass unsere epistemischen Praktiken die epistemisch bedeutsamen unterschiedlichen Standpunkte widerspiegeln. Mit anderen Worten: „Objektivität verlangt Subjektivität" (Code 1995, 44; eigene Übersetzung). Dieser Einschub soll helfen, einige Fragen zu situiertem Wissen und Objektivität zu klären. Bevor gezeigt wird, wie Objektivität in Relation zu situiertem Wissen und epistemischen Standpunkten gedacht werden kann, werden einige (feministische) Kritiken an herkömmlichen philosophischen Theorien von Objektivität diskutiert.[1]

Ein Hauptkritikpunkt lässt sich in der angenommenen Dichotomie zwischen Subjekt und Objekt finden. So werden wissenschaftliche Untersuchungen häufig beschrieben als Untersuchungen über die Natur oder den Charakter von Objekten, unabhängig von den wissenden Subjekten, die diese Untersuchungen durchführen. Dies führt zu einer klaren Trennlinie zwischen den Wissenden (oder, in diesem Fall, den Wissenschaftler*innen) und dem, was gewusst werden kann, indem es vernachlässigt, dass einige Aspekte der zu untersuchenden Objekte sozial konstruiert sind; so kommt es zu Fehlschlüssen, wenn den Objekten beispielsweise Eigenschaften zugeschrieben werden, die eigentlich Resultat der Überzeugungen und Einstellungen der Wissenschaftler*innen sind (vgl. Haslanger 1995). Die Subjekt-Objekt-Dichotomie ist also nicht vereinbar mit der Möglichkeit, dass unsere eigene Positionierung und unser Verständnis dieser Positionierung einen Einfluss darauf hat, was wir wie wissen können – ein Punkt, der in Kapitel 2.5 im Detail diskutiert wurde.

Einen weiteren Kritikpunkt betrifft das Ideal der Aperspektivität. Diese Kritik ist eng mit der Subjekt-Objekt-Dichotomie verbunden. Die grundlegende und zu kritisierende Idee ist, dass, wenn wir Dingen ohne Vorurteile oder Meinungen begegnen – also von einer vollkommen neutralen Perspektive aus –, nur der Gegenstand selbst unsere Untersuchung leitet. Feministische Erkenntnistheoretiker*innen und Wissenschaftskritiker*innen stellen allerdings eben die Möglichkeit einer

---

[1] Siehe Toole (2022b) für eine gute Zusammenfassung der Debatte.

solchen neutralen Perspektive in Frage (vgl. zum Beispiel Antony 1993; Haraway 1991). Tatsächlich ist häufig schon der Untersuchungsgegenstand aufgrund unserer eigenen Interessen, die sich aus unserer spezifischen sozialen Position oder unseren Erfahrungen ergeben, überhaupt erst gewählt worden. Wir haben also gar nicht unbedingt die Möglichkeit, uns den zu untersuchenden Objekten von einer vollständig neutralen Perspektive aus zu nähern. Zudem hat sich gezeigt, dass gerade Personen in machtvollen Positionen ihren eigenen Einfluss auf die zu untersuchenden Objekte (oder auch Personen) verkennen und fälschlicherweise annehmen, dass die Reaktionen, die sie selbst beim Objekt hervorrufen, natürlicherweise gegeben sind (vgl. MacKinnon 1998; Haslanger 1993 für eine Argumentation in Bezug auf die Objektifizierung von Frauen).

Weitere Kritikpunkte sind das Ideal der eigenen emotionalen Ablösung von der Untersuchung und die Idee, dass Wissenschaft wertfrei sein muss. Häufig wird angenommen, dass wir nur dann objektive Forschung betreiben, wenn wir nicht selbst emotional involviert sind – dies lässt sich auch in der Kritik sehen, dass zum Beispiel trans Personen zu emotional involviert sind, um Geschlecht objektiv zu betrachten, oder dass Frauen zu emotional involviert sind, um patriarchale Unterdrückung objektiv zu untersuchen.[2]

Danach würden Wissenschaftler*innen die besten wissenschaftlichen Resultate erzielen, wenn sie emotional distanziert sind. Zum einen lässt sich aber ein emotional distanzierter Standpunkt kaum verwirklichen (wenn es um unsere eigenen Interessen geht, sind wir fast immer irgendwie auch emotional beteiligt – und um diese Interessen geht es eben viel öfter als gemeinhin angenommen), und zum anderen kann emotionale Distanz auch selbst negative epistemische Effekte haben (vgl. Bordo 1987; Keller 1983 und 1985; Ruetsche 2004). Die Idee, dass Wissenschaft wertfrei sein sollte, knüpft hier direkt an. Tatsächlich aber sind die meisten wissenschaftlichen Untersuchungen nicht aus einer wertfreien Perspektive entwickelt; einerseits ist dies kaum möglich (vgl. Potter 1993; Longino 1990 und 2002; Harding 1991 und 1998; Wylie 1996), andererseits können auch bestimmte Werte eine positive Rolle bei der wissenschaftlichen Untersuchung spielen (vgl. Anderson 1995b und 2004; Longino 2002).

Feministische Wissenschaftsphilosoph*innen haben sich für die sogenannte *Unterbestimmungsthese* (in Englisch: underdetermination thesis) ausgesprochen. Hiernach sind Theorien unterbestimmt, wenn sie nur auf den spezifischen Daten aufbauen – denn auch unterschiedliche Theorien können oftmals die selben Daten

---

2 Zuletzt wieder demonstriert von Byrne (2020) in seiner Kritik an Robin Dembroff; wobei wir natürlich auch die Frage stellen sollten, ob nicht gerade jene, die an einem binären und traditionellen Geschlechterbild festhalten, das Interesse verfolgen, den Status Quo zu erhalten und also mindestens gleichermaßen emotional sind.

gleich gut erklären. Dies bedeutet also, dass Hintergrundannahmen – wie methodische und metaphysische Annahmen, Annahmen über den empirischen Inhalt und Werteinstellungen – eine Rolle spielen müssen in unserer Wahl der richtigen oder besten Theorie (vgl. Anderson 1995b; Longino 1990, 2002; Nelson 1990; Potter 1996). Das Problem sind somit nicht die Annahmen selbst, sondern die Tatsache, dass diese nur selten artikuliert werden; was die Forschung weniger transparent macht und es aufgrund von problematischen Annahmen erschwert, sie zu kritisieren. Das ist auch einer der Gründe, warum sich androzentrische, sexistische, rassistische, ableistische und andere Annahmen überhaupt so lange in der Wissenschaft halten konnten.

Wie aber können wir nun also gute von schlechten Annahmen unterscheiden? Nach Helen Longino (2002) sind unsere Theorien nur dann objektiv in Bezug auf die Hintergrundannahmen, wenn sie einem Prozess öffentlicher und kritischer Betrachtung standgehalten haben und diese kritische Betrachtung muss für Individuen unterschiedlicher sozialer Positionen gleichermaßen möglich sein.[3] Andere plädieren für empirische Tests von Hintergrundannahmen (vgl. Antony 1993; Anderson 2004); das ist aber nicht unumstritten, beispielsweise zweifelt Audrey Yap daran, dass empirische Tests unsere Annahmen und Werte tatsächlich akkurat bewerten können – schließlich kommen auch diesen empirischen Tests weitverbreitete Vorurteile in die Quere.

Wie bereits diskutiert, geht es beim sozialen Modell von Wissen sowohl um die unterschiedlichen Perspektiven, die sich aus unterschiedlichen sozialen Positionen wissender Subjekte generieren können, wie auch um die relationalen und kommunalen Elemente von Wissen. Damit das soziale Modell von Wissen allerdings nicht in den Relativismus abrutscht – wobei jede Person ihr eigenes Wissen hätte – muss ausbuchstabiert werden, welches Wissen tatsächlich objektiv ist. So schreibt Donna Haraway (1988) beispielsweise, dass situiertes Wissen die Möglichkeit bedeutet, Objektivität auszudrücken und trotzdem an der Tatsache festzuhalten, dass Wissen immer lokal und limitiert ist – und es somit keine gottgleiche und allwissende Perspektive geben kann. Wir können hier von einer *verkörperten Objektivität* (Grasswick 2018; in Englisch: embodied objectivity) sprechen. Die Idee ist einfach: Ausgehend von der Tatsache, dass unser Wissen aufgrund unserer sozialen Positionen begrenzt ist, ist Wissen nur dann objektiv, wenn es sich über unterschiedliche subjektive Situationen hinweg übertragen lässt. Wir einigen uns also auf bestimmte Interpretationen dieser Welt über unterschiedliche soziale Positionen hinweg; das bedeutet jedoch auch, dass diese Interpretationen notwendigerweise

---

[3] Hier sollte auch Kuhns detaillierte Theorie zur Veränderung von wissenschaftlichen Ansätzen und Theorien sowie einem Verständnis von Wissen und Objektivität nicht fehlen: Kuhn (1962, 1977).

strittig sein und wieder verworfen werden können. Angesichts der zunehmenden Zahl von Anhänger*innen von Verschwörungsnarrativen und den Machtasymmetrien innerhalb unserer Gesellschaften scheint diese Art der Objektivität auf wackligem Boden gebaut zu sein.

Während andere zwar an Haraways Überlegungen zur Situiertheit von Wissen anknüpfen, argumentieren sie trotzdem für stärkere Thesen in Bezug auf die Möglichkeit von Objektivität. Standpunkttheoretikerinnen wie Nancy Hartsock und Sandra Harding argumentieren beispielsweise, dass einige Perspektiven zu Objektivität führen, andere jedoch nicht. Somit ließe sich hier zumindest ein Argument finden, warum Verschwörungstheorien eben nicht objektiv sein können. Die Frage bleibt allerdings, welche privilegierten epistemischen Standpunkte zu objektivem Wissen führen können – und wie dies geschehen soll? Die Antwort auf diese Frage ist nicht so einfach, wie manchmal angenommen: Es ist eben leider nicht so, dass sich privilegierte Standpunkte direkt aus der Erfahrung von Frauen (oder anderen marginalisierten und unterdrückten sozialen Gruppen) speisen, sondern vielmehr, dass sich privilegierte Standpunkte aus politischem Aktivismus ergeben (können). Wie wir bereits in Kapitel 2.5 gesehen haben, ist Standpunkt nicht gleichzusetzen mit Perspektive. Im Gegensatz zur Perspektive beinhalten Standpunkte eine kritische Reflexion darüber, dass unsere sozialen Positionen einen Einfluss auf unsere epistemische Perspektive haben.[4] Ein Standpunkt leitet sich also weder notwendig noch automatisch aus einer unterdrückten sozialen Position ab – aber diese Position kann es wahrscheinlicher machen, dass wir einen solchen Standpunkt erarbeiten.

Nach Harding (1999) können wir zwischen schwacher und starker Objektivität unterscheiden. Schwache Objektivität generiert sich aus einer (vorgeblich) neutralen Perspektive, die die Verbindung zwischen sozialem Leben und Wissen negiert; die meisten traditionellen Theorien vertreten also eine schwache Objektivität. Starke Objektivität lässt sich herstellen, indem Wissenschaftler*innen ihre Forschung am Leben von Frauen (und anderen marginalisierten und unterdrückten sozialen Gruppen) ansetzen – unabhängig von ihrer eigenen sozialen Position. Die sich hieraus ergebende Forschung ist weniger limitiert und verzerrt und daher objektiver. Jetzt stellt sich natürlich die Frage, *wie* wir unsere Forschung „am Leben von Frauen" ansetzen. Man könnte einerseits argumentieren, dass die standpunkttheoretische Verbindung von sozialer Position und epistemischer Perspektive weniger stark ist als oftmals angenommen. Hiernach könnten wir als Wissenschaftler*innen – unabhängig von unserer eigenen sozialen Position – einen Standpunkt erarbeiten, der sich aus der epistemischen Perspektive anderer ergibt,

---

4 Für eine gute Erklärung siehe auch Wylie (2003, 31) und Anderson (1995b).

und unsere Forschung damit beginnen. Ob dies angesichts unserer oftmals unbewussten Interessen und Überzeugungen möglich ist, bleibt dabei offen; sicher ist, dass es einen schwierigen und langen Reflexionsprozess voraussetzt. Andererseits könnte man argumentieren, dass Wissenschaft überhaupt nur dann durch starke Objektivität gekennzeichnet ist, wenn sich (a) eine möglichst diverse Gruppe von Wissenschaftler*innen zusammen findet und (b) in demokratischen Prozessen Forschung betreibt, die (c) der Erarbeitung von kritischen Standpunkten vorausgeht. Auf diese Art und Weise wissenschaftliche Forschung zu betreiben, bezeichnet Toole als *Orchester der Beobachtung* (2022b, 2; in Englisch: orchestra of observation); ein solches Orchester sieht unterschiedliche Akteure in einer Diskussion in Bezug auf ein geteiltes wissenschaftliches Ziel. Ein Prozess, der wiederum stark an die oben diskutierten Argumente der Notwendigkeit einer Artikulation der eigenen Überzeugungen und Interessen anknüpft.

Es geht also nicht darum, Objektivität abzulehnen, sondern bisherige Theorien daraufhin zu überprüfen, ob diese eigentlich objektiv sind.[5] Tatsächlich verpflichten sich viele Philosophinnen im Rahmen feministischer Philosophie zu wissenschaftlichen Standards, die wir aus der traditionellen (analytischen) Philosophie gewohnt sind: Wahrheit, logische Konsistenz, Rationalität, Gerechtigkeit und eben auch Objektivität. So schreibt Ann Cudd beispielsweise:

> Analytischer Feminismus vertritt die Auffassung, dass Wissenschaftler*innen Sexismus und Androzentrismus am besten dadurch begegnen können, dass sie eine klare Vorstellung von Wahrheit, logischer Konsistenz, Objektivität, Rationalität, Gerechtigkeit und dem Guten entwickeln und danach streben, wobei sie sich bewusst sind, dass diese Begriffe in der Geschichte der Philosophie häufig durch Androzentrismus verfälscht wurden. (Cudd 2006, 158; eigene Übersetzung)

Hierzu erklären feministische Philosophinnen oftmals, dass die angenommene Dichotomie zwischen Rationalität und Sozialem so nicht haltbar ist, da sie eine ganze Reihe von Annahmen voraussetzt, ohne diese explizit auszusprechen (vgl. Longino 2002). Und diese Kritik lässt sich nicht nur in gegenwärtigen Texten finden, die häufig der analytischen Philosophie zugeordnet werden, sondern eben auch in einer Vielzahl diverser Texte, die epistemische Unterdrückung und Gewalt innerhalb und außerhalb des wissenschaftlichen Kontextes thematisieren.

---

5 Siehe hierzu auch Haslanger (2012, Kapitel 1).

6 Epistemische Gewalt und Unterdrückung

Wie sich durch die Theorien, die sich mit Aspekten des Unwissens und der Ignoranz beschäftigten, schon abzeichnet, sind die grundsätzlichen Ideen, die in der Debatte zu epistemischer Ungerechtigkeit, epistemischer Gewalt und epistemischer Unterdrückung diskutiert werden, alles andere als neu. Zwar hat Frickers Buch (2007) zum Thema dazu geführt, dass ein bestimmtes Verständnis epistemischer Ungerechtigkeit Zugang zum analytisch geprägten philosophischen Mainstream erhalten hat; dies bedeutet aber keineswegs, dass die Ideen, die diesem Verständnis zugrunde liegen, nicht schon längst artikuliert waren. Einige Philosophinnen haben Fricker daher auch selbst Unwissen bzw. Ignoranz gegenüber den Arbeiten marginalisierter Erkenntnistheoretikerinnen – denn gerade hier lassen sich ähnliche Ideen finden – vorgeworfen (vgl. Berenstain 2016). Wie sich aber in Kapitel 3 bereits abgezeichnet hat, unterscheiden sich Frickers (enge) Definitionen testimonialer und hermeneutischer Ungerechtigkeit von anderen Theorien, die gemeinhin unter dem Begriff „epistemische Unterdrückung" zusammengefasst werden. In diesem Kapitel soll daher ein Überblick über diese Theorien gegeben werden, der allerdings in keiner Weise einen Anspruch auf Vollständigkeit hat.

Bevor hier vor allem auf Schwarze Theoretikerinnen und dekoloniale Aspekte eingegangen werden soll, muss allerdings eine kurze meta-philosophische Frage zumindest angeschnitten werden. Viele Texte, die sich mit dem Phänomen epistemischer Unterdrückung und Gewalt auseinandersetzen, sind keine Texte, die klassischerweise als philosophisch gelten. Was die Frage anstößt, wie philosophische Texte eigentlich von anderen Texten zu unterscheiden sind – oder, anders formuliert, was zeichnet einen philosophischen Text als *philosophischen* Text aus? Ein geläufiges und unumstrittenes Kennzeichen von Philosophie ist die Suche nach Wahrheit. Was wir also tun, wenn wir uns philosophisch betätigen, ist, akkurate und schlüssige Aussagen über bestimmte Phänomene in der Welt zu treffen, die es uns erlauben, diese besser zu verstehen. Dies gelingt natürlich nicht immer gleichermaßen gut und irren gehört selbstverständlich zur Suche nach wahren Aussagen dazu. Für uns interessant ist, dass einige Aspekte der Welt bzw. einige Beschreibungen dieser mehr Aufmerksamkeit bekommen als andere; dies hat – so habe ich jedenfalls bisher argumentiert – vor allem damit zu tun, welche Interessen diejenigen haben, die einen guten Zugang zu dominanten Wissensressourcen haben. Also diejenigen, deren Stimme gehört wird. Nehmen wir Dotson (2014) und Pohlhaus (2012) ernst (vgl. Kapitel 3.5 und 4), dann gibt es aber auch noch einen anderen Grund: Um akkurate Beschreibungen der Welt zu tätigen, brauchen wir nicht nur Wissensressourcen wie Begriffe, sondern auch bestimmte epistemische Werkzeuge, mit Hilfe derer wir Begriffe und Sprache überhaupt erst formen. Wenig erstaunlich ist, dass auch diese von problematischen Machtasymmetrien betroffen sind; das heißt, es ist nicht nur so, dass einige Erfahrungen besser beschreibbar sind aufgrund akkurater Begriffe, sondern bestimmte Methoden und Theorien, die wir benutzen, um diesen Beschreibungen näher zu kommen, sind anerkannter als andere. So könnte zumindest vermutet werden, dass das, was Philosophie ausmacht – also die Texte und Theorien, die wir klassischerweise als philosophisch zählen – durch problematische Ausgrenzungsprozesse verzerrt ist. Warum ist der philosophische Kanon überwiegend weiß, cis-männlich und westlich zentriert? Doch wahrscheinlich nicht, weil nur weiße und im sogenannten Westen situierte Männer bislang versucht haben, die Welt zu verstehen.

Nun könnte man natürlich einwenden, dass nicht nur weißen und westlich situierten Männern logische und epistemisch wertvolle Werkzeuge zur Verfügung stehen, und tatsächlich hat sich die westliche akademische Philosophie in den letzten Jahren zumindest in so weit geöffnet, dass nun auch marginalisierte soziale Gruppen an den Hochschulen Philosophie studieren oder lehren und logische und epistemische Werkzeuge gebrauchen, um (andere) Aspekte der Welt zu verstehen. Das klärt aber nicht die Frage, welche epistemischen Werkzeuge als wertvoll in Bezug auf die Suche nach der Wahrheit gelten und damit als paradigmatisch für die Philosophie zu verstehen sind. Und es klärt vor allem nicht, warum wir einigen ganz bestimmten Methoden und Schreibstilen folgen, wenn wir philosophische Argumente artikulieren (vgl. Ruíz & Dotson 2017). Ohne diese Fragen im Detail zu diskutieren, soll an dieser Stelle mit den folgenden zwei Annahmen gearbeitet werden: Erstens sind unsere Einschätzungen darüber, was philosophische Texte auszeichnet, sehr wahrscheinlich von Vorurteilen und historisch gewachsenen Ausgrenzungsprozessen geprägt, die den Gebrauch von beispielsweise nicht-westlichen epistemischen Werkzeugen erschweren. Und zweitens, zumindest wenn wir davon ausgehen, dass philosophische Texte sich vor allem dadurch auszeichnen, dass sie einen gewissen Wahrheitsanspruch in Bezug auf die Welt haben, dann sollten wir akzeptieren, dass Textformen, die von den klassisch philosophischen Texten abweichen, diesen Anspruch ebenso gut erfüllen könnten. Ein Beispiel hierfür sind die Gedichte von Audre Lorde sowie die Texte von bell hooks, die beide in Kapitel 6.4 genauer betrachtet werden, sowie indigene epistemische Werkzeuge, die in Kapitel 6.3 diskutiert werden.

6.1 Women of Color und Systemische Aspekte Epistemischer Ungerechtigkeit

2008 führte George Yancy ein Interview mit Anita Allen, Anika Mann, Michele Moody-Adams, Donna Marcano und Jaqueline Scott mit der Intention, dass das

Erzählen der eigenen Geschichte „die *Tatsachen* unseres Lebens, die wir bisher für klar in ihrer Bedeutung hielten, zu erweitern und zu vertiefen" (2008b, 160) vermag. Mit anderen Worten, Yancy ging davon aus, dass Gegenstände der Reflexion ihre Bedeutung verändern können, je nachdem wann und wie wir über sie reflektieren; in diesem speziellen Kontext soll es also darum gehen, das verzerrte Bild davon, was philosophische Reflexion ist, zu entlarven. Der Gedanke sollte uns mittlerweile bekannt vorkommen: Es besteht eine enge Verbindung zwischen unserem philosophischen Denken und der Art und Weise, wie unser Denken durch unsere gelebten Situationen beeinflusst ist (vgl. Yancy 2008b, 160). Ein Aspekt, der in diesem Interview deutlich wird, ist, dass Stereotype – in Collins Worten: *kontrollierende Bilder* – spezifische Formen in Bezug auf Schwarze Frauen annehmen und so, gemeinsam mit materiellen und rechtlichen Hürden, den Zugang zu akademischer Philosophie signifikant erschweren; Schwarze Frauen sind entweder Haushälterin oder Sexarbeiterin, aber niemals Professorin. So erzählt Anita Allen (Yancy 2008b, 171; eigene Übersetzung) die folgende Geschichte:

> Eines Tages saß ich [im Büro meines Doktorvaters], als er mir ans Kinn fasste. Er neigte mein Gesicht zu sich hinauf und sagte: „Anita, du siehst genauso aus wie ein Dienstmädchen, das meine Familie einst hatte." Er versuchte nicht, mich zu verletzen oder zu beleidigen. Er mochte mich aufrichtig. Aber ich war eine Besonderheit in seiner Welt: eine gebildete Frau mit einem dunklen Teint und krausem Haar. [Er] drückte mir gegenüber seine Überraschung darüber aus, dass ich es geschafft hatte, eine Dissertation zu schreiben und an einer renommierten juristischen Fakultät angenommen zu werden. (Yancy 2008b, 171; eigene Übersetzung)

Fast noch wichtiger ist allerdings Allens Reaktion:

> Wie habe ich reagiert? *Ich habe wissend und schweigend reagiert.* Ich bin auch überrascht, dass jemand wie ich eine philosophische Ausbildung hat und in diesem Bereich geschrieben hat. Ich habe mich mit dem Etikett „Schwarze Philosophin" oder „Philosophin" nie ganz wohl gefühlt, denn als ich in den 1970er Jahren in den Beruf eintrat, waren Menschen wie ich dort nicht erwünscht. (Yancy 2008b, 171; eigene Übersetzung und Hervorhebung)

Hieraus folgt, erstens, dass bestimmte Situationen und die Brüche, die mit ihnen kommen, nicht nur von Vorteil sind, wenn es darum geht soziale Strukturen und Verhältnisse zu kritisieren, sondern vor allem auch für philosophisches Denken – also für die Suche nach einer akkuraten Abbildung der Welt – eine Tatsache, an die wir uns erinnern sollten, wenn wir fragen, wie (mit welchen Methoden und theoretischen Traditionen) wir Philosophie betreiben. Wenn Yancy recht hat, dann ist es nicht nur so, dass bestimmte epistemische Werkzeuge und Analyseformen ungerechtfertigterweise als paradigmatisch für die Suche nach Wahrheit gelten, sondern dass alternative – so auch narrative – Methoden im Hinblick auf bestimmte Fragestellungen sogar von Vorteil sein können. Zweitens ist Philosophie – wie auch jede andere Disziplin – in der Geschichte und im alltäglichen Leben verordnet; und beides kann nicht abgelegt werden (vgl. Yancy 2008a). Dies bedeutet aber auch, dass die mannigfaltigen problematischen epistemischen Formen von Unterdrückung, die besonders Schwarze Philosophinnen aufgrund der ganz spezifischen Geschichte, die sowohl von Rassismus, Kolonialismus, Imperialismus und Sexismus – und oftmals auch Klassismus – geprägt ist, tagtäglich erleben, einen besonderen Blick auf problematische epistemische Praktiken notwendig machen; es ist also keineswegs erstaunlich, dass wir gerade in den Texten Schwarzer Philosophinnen und Feministinnen und Women of Color die Referenz zu epistemischer Unterdrückung vermehrt vorfinden. Die folgenden Diskussionen sind ein wichtiger Bestandteil dieser Debatte um die historisch verordneten Kontexte epistemischer Unterdrückung; sie sind hier exemplarisch zu verstehen und bilden weder einen vollständigen Blick auf die Debatte noch auf die hier diskutierten Philosophinnen und deren Texte ab.

6.1.1 Hill Collins *Black Feminist Thought*

> This book reflects one stage in my ongoing struggle to regain my voice. Over the years I have tried to replace the external definitions of my life forwarded by dominant groups with my own self-defined viewpoint. [...] the voice that I now seek is both individual and collective, personal and political, one reflecting the intersection of my unique biography with the larger meaning of my historical times.
>
> Patricia Hill Collins, Black Feminist Thought

Black Feminist Thought zeichnet sich nicht nur durch den Inhalt aus, sondern vor allem dadurch, dass Inhalt und Methode unwiderruflich miteinander verknüpft sind. So greift das Buch zwar auf zahlreiche theoretische Traditionen wie Afrozentrische Philosophie, Feministische Theorie, Marxistische Theorie, die Soziologie des Wissens, Kritische Theorie sowie Postmoderne Theorie zurück, bemüht dabei jedoch nicht die akademische Sprache dieser Traditionen, und stellt gleichermaßen die gelebten Erfahrungen und epistemischem Ressourcen und Werkzeuge Schwarzer und Afroamerikanischer Frauen in den Vordergrund der Analyse. Die Motivation dafür ist eine Zweifache: Erstens finden sich unterdrückte soziale Gruppen oftmals in der Situation, dass sie nur dann Gehör finden, wenn sie ihre epistemischen Beiträge in einer Sprache formulieren, die der „dominanten Gruppe vertraut und angenehm ist" (2000, vii); dies kann aber zu einer signifikanten Verzerrung der gemachten Gedanken führen. Zweitens ergänzen sich Handlung und Denken in unseren theoretischen Bestrebungen; es geschieht nicht durch die Entfremdung zu unserem Leben, dass wir wertvolle Untersuchungen machen, sondern durch die Verbindung unserer (sozialen) Handlungen und Erfahrungen und der

Reflexion dieser in Verbindung zu unseren epistemischen Ressourcen und Werkzeugen. In Collins Worten:

> Indem ich mich um meine Tochter kümmerte, schwarze Studentinnen betreute, einer Pfadfindergruppe half und andere „unwissenschaftliche" Tätigkeiten ausübte, überprüfte ich meine Beziehungen zu einer Reihe Afroamerikanischer Frauen und ihre Beziehungen untereinander. Die Theorie ermöglichte es mir, all diese Assoziationen mit neuen Augen zu sehen, während konkrete Erfahrungen die von der Theorie gebotenen Weltbilder in Frage stellten. (2000, viii; eigene Übersetzung)

Die Dichotomie subjektiver Erfahrungen und objektiver Untersuchungen wird somit aufgelöst.

Collins argumentiert, dass die Intersektion von Unterdrückung auf Grundlage von race, Klasse und Geschlecht, charakteristisch für die Sklaverei in den USA, alle weiteren Beziehungen von Schwarzen Frauen innerhalb der eigenen Familien und Gemeinschaften sowie zu ihren Arbeitgebern und untereinander geprägt hat; das liefert somit auch den Kontext, vor dem die epistemische und intellektuelle Arbeit von Schwarzen Frauen stattfindet (vgl. Collins 2000, 4). Die Unterdrückung Afroamerikanischer Frauen beinhaltet drei Dimensionen: ökonomisch, politisch und ideologisch, wobei hier besonders auf die letztere eingegangen werden soll. Nach Collins lässt sich unter Ideologie die Gesamtheit der Ideen verstehen, die die Interessen einer bestimmten Gruppe von Menschen widerspiegeln; in den USA durchdringen rassistische und sexistische Ideologie die soziale Struktur so stark, dass sie längst hegemonial sind – also als natürlich, normal und unvermeidlich angesehen werden (vgl. Collins 2000, 5). Collins nimmt in Bezug auf diese Dimension aber einen ganz spezifischen Fokus ein: Die Art und Weise, wie kontrollierende Bilder, die aus der Zeit der Sklaverei stammen, die Identitäten von Schwarzen Frauen bestimmen (vgl. King 1973; White 1985; Carby 1987; Morton 1991). Schwarze Frauen werden so einerseits als „die Anderen" objektifiziert (vgl. Christian 1985; Richards 1980) und andererseits in kontrollierende Bilder – wie Mammy oder Welfare Queen – gepresst, die eine spezifische Funktion im rassistischen und sexistischen Kapitalismus einnehmen (Collins 2000, Kapitel 4). Diese Bilder dienen dazu, Schwarze Frauen zu kontrollieren, und die problematischen Beziehungen, in denen sich alle Frauen befinden, zu verschleiern und ökonomische Krisen zu erklären.

Aus der Notwendigkeit, eine Realität zu navigieren, in der man ständig fremdbestimmt wird, ergibt sich der Fokus Schwarzer Feministinnen auf ein doppeltes Bewusstsein. Ergänzt von Lorde schreibt Collins:

> Um zu überleben, mussten diejenigen von uns, für die Unterdrückung so amerikanisch ist wie Apfelkuchen, immer Beobachter sein [...]. Dieses „Beobachten" erzeugt bei Afroamerikani-

schen Frauen ein doppeltes Bewusstsein, eines, in dem Schwarze Frauen „mit der Sprache und den Umgangsformen des Unterdrückers vertraut werden, sie manchmal sogar übernehmen, in der Illusion des Schutzes", während sie einen selbst definierten Standpunkt vor den neugierigen Blicken der dominanten Gruppen verbergen. (Collins 2000, 97 mit Auszügen von Lorde 1984, 114; eigene Übersetzung)

Oder in den Worten von Ella Surrey:

> Wir waren schon immer die besten Schauspieler der Welt. [...] Ich glaube, wir sind viel klüger als sie, weil wir wissen, dass wir das Spiel mitspielen müssen. Wir mussten immer zwei Leben führen – eines für sie und eines für uns selbst. (Gwaltney 1980, 238–40; eigene Übersetzung)

Sich selbst zu finden und zu definieren ist hier gekennzeichnet durch zwei Aspekte: Es ist zum einen eine widerständige Handlung und bedeutet zum anderen, mit den Widersprüchen umzugehen, die die Erfahrungen der systematischen Unterdrückung mit sich bringen. Es ist daher nicht verwunderlich, dass Schwarze Feministinnen besonderen Wert darauf gelegt haben, sichere Räume zu gestalten, die ihnen die Möglichkeit geben, sich selbst zu finden – im Beisein anderer Schwarzer Frauen.

Ein wichtiger Aspekt von Collins Untersuchungen ist, dass das Wissen von Schwarzen Feministinnen eine kritische Sozialtheorie konstituiert (Collins 2000, 8; vgl Collins 1998):

> Als historisch unterdrückte Gruppe haben Schwarze Frauen in den USA ein soziales Denken entwickelt, das sich gegen die Unterdrückung richtet. Nicht nur die Form dieses Denkens weicht von der akademischen Standardtheorie ab – es kann die Form von Poesie, Musik, Essays und Ähnlichem annehmen –, sondern auch der Zweck des kollektiven Denkens Schwarzer Frauen ist deutlich anders. Soziale Theorien, die von und/oder im Namen von Schwarzen Frauen in den USA und anderen historisch unterdrückten Gruppen entwickelt werden, zielen darauf ab, Wege zu finden, um der herrschenden sozialen und wirtschaftlichen Ungerechtigkeit zu entkommen, in ihr zu überleben und/oder sich ihr zu widersetzen. (Collins 2000, 9; eigene Übersetzung)

Wie schon in Kapitel 2.5 gezeigt, wird hier an der Situation Schwarzer Frauen in den USA argumentiert, dass systematische Unterdrückungserfahrungen und die Brüche, die damit einhergehen, emanzipatives und kritisches Denken motivieren können und so zu umfassender und kritischer Sozialtheorie beitragen; für Schwarze Frauen haben sich diese Brüche, so Collins, besonders in dem gegensätzlichen Wissen sozialer Praktiken und Narrative innerhalb der eigenen Gemeinschaften und Familien sowie der Hausarbeit bei weißen Familien aufgetan (Collins 2000, Kapitel 3; vgl. Walker 1983) – Schwarze *Frauen* haben daher einen besonderen Platz innerhalb der widerständigen Wissensgenerierung. Der sich daraus ergebende kritische Standpunkt ist ein kollektiver; er setzt sich zusammen aus den ähnlichen Herausforderungen, die Schwarze Frauen im Angesicht einer rassistischen und sexistischen Sozialstruktur navigieren. Das bedeutet selbstverständlich nicht, dass alle Schwarzen Frauen die gleichen Erfahrungen machen oder diesen den gleichen Wert beimessen und dieselben Navigationsstrategien entwickeln. Vielmehr heißt es, dass Schwarze Frauen als soziale Gruppe ähnliche Herausforderungen meistern, denen mit unterschiedlichen Antworten begegnet wird, die in ihrer Gesamtheit den epistemischen Standpunkt ausmachen (Collins 2000, 27). Damit ist *Black Feminist Thought* notwendigerweise mit widerständigem Handeln verbunden und gleichzeitig stetig im Wandel, um auf neue Ausformungen historisch gewachsener Unterdrückung zu reagieren.

6.1.2 Spivaks *Subaltern*

> It is, rather, that, both as object of colonialist historiography and as subject of insurgency, the ideological construction of gender keeps the male dominant. If, in the contest of colonial production, the subaltern has no history and cannot speak, the subaltern as female is even more deeply in shadow.
>
> Gayatri Chakravorty Spivak, *Can the Subaltern Speak?*

Gayatri Spivak benutzt den Begriff *epistemische Gewalt*, um zu beschreiben, wie marginalisierte Gruppen in (kolonialen) Kontexten zum Schweigen gebracht werden. Ihrem Argument zu Folge zeichnet sich die epistemische Dimension von Kolonialismus dadurch ab, dass lokales oder provinzielles Wissen verloren geht, indem es durch westliche epistemische Praktiken ersetzt wird. In ihrem Text „Can the Subaltern Speak?" (Spivak 2010; vgl. Spivak 1999) geht es eben um diese Gewalt, die das Wissen marginalisierter Subjekte auslöschen will.[1] Im Gegensatz zu dem Standpunkt Schwarzer Feministinnen oder anderer marginalisierter sozialer Gruppen, welcher aus der gelebten Unterdrückung entspringt, aber mit einem erklärten emanzipatorischen Ziel lässt Spivaks Subaltern diese Interpretation nicht zu. Subalternität kann nicht in gleichem Maße Wissen über die eigene Unterdrückung artikulieren, denn das Subalterne verliert seinen Status als Subaltern in eben dem Moment, in dem es spricht (und gehört wird). Subalternität ist keine Identität, sondern eine Situation oder „Notlage", wie Rosalind Morris (2010, 8) feststellt. Nach Spivak ist das Subalterne der Ort, von welchem die Möglichkeit, Macht zu erlangen, verunmöglicht ist. Würde das Subalterne sprechen (und gehört werden), wäre es nicht länger Subaltern. Damit stößt sich Spivaks Theorie einerseits an anderen

---

[1] Spivaks Subaltern hat einiges an Kritik generiert; ihre grundsätzlichen Ideen zu epistemischer Gewalt sind für die Diskussion in diesem Buch aber trotzdem hilfreich.

Theorien, die die (widerständige) Handlungsfähigkeit und kritischen Standpunkte stark machen, greift aber andererseits insofern ähnliche Gedanken auf, als sie sich gegen eine de-historisierende Perspektive richtet, nach der marginalisierten sozialen Gruppen eine Stimme „gegeben werden muss". Tatsächlich ist Spivaks und Collins Theorie gemeinsam, dass sie die Gewalt und die Unterdrückung marginalisierter Gruppen zeitlich und örtlich situieren und das komplexe Verhältnis zwischen Unterdrückungserfahrungen sowie -praktiken und Wissen oder Theorie aufzeigen – wenn auch mit unterschiedlichen Gegenstrategien. Vielleicht kann man sagen – und meine Formulierung ist mit Absicht vorsichtig gewählt –, dass Spivak stärker als andere hier diskutierte Theoretikerinnen in einer Marxistischen Logik und den Konsequenzen einer holistischen Ideologie zuhause ist (die sich, im Vergleich zu Collins' Verständnis, über soziale Praktiken und Bewusstseins- bzw. Bedeutungsmuster äußert), was wiederum Konsequenzen hat für die Frage, ob marginalisierte Subjekte jemals außerhalb der Ideologie, in der sie eingebettet sind, sprechen können – *can the subaltern speak?*

6.1.3 Ortegas Weiße Feministinnen

> This essay is really an exercise in archaeology, an excavation of important texts that somehow have become ruins, forgotten at the very same time that they are viewed and repeatedly brought to light. Perhaps it is true that sometimes the hardest thing to see is that which is in front of us, which should be the most visible.
>
> Mariana Ortega, „Being Lovingly, Knowingly Ignorant"

Mariana Ortega beginnt ihren Text „Being Lovingly, Knowingly Ignorant: White Feminism and Women of Color" (2006) mit zwei Zitaten von Lorde, in einem geht es um weiße Frauen, die so verliebt in ihre eigene Unterdrückung sind, dass sie ihren Stiefelabsatz im Gesicht der anderen Frau nicht sehen, im anderen darum, dass nur jene Frauen Angst vor wirklicher Veränderung (sprich: der Abschaffung des Patriarchats) haben, die sich im Patriarchat zufrieden eingerichtet haben. Und diese zwei Zitate geben eine gute Zusammenfassung der Untersuchung, die Ortega hier unternimmt: Was für Mechanismen sind am Werk, mit Hilfe derer weiße Frauen zwar behaupten, Schwarze Frauen zu schätzen, zu lieben und solidarisch mit ihnen zu sein, diese aber gleichzeitig (epistemisch) unterdrücken? Ortega argumentiert, dass weiße Frauen eine liebende, arrogante Wahrnehmung von Women of Color haben.

Nach Marilyn Frye (1983) ist der arrogante Wahrnehmer jemand, dessen Augen die Welt und alle Dinge in dieser Welt nur in Hinblick auf seine eigenen Wünsche und Interessen wahrnimmt; Stühle und Tische sind ebenso wie Frauen nur in dieser

Welt, um die Zwecke des arroganten Wahrnehmers zu erfüllen. Nach Frye können auch Frauen arrogante Wahrnehmerinnen im Hinblick auf andere Frauen sein, weil sie die Regeln des Patriarchats verinnerlicht haben; die arrogante Sicht auf die Dinge gibt der Welt Bedeutung, weil die arroganten Wahrnehmer die Welt nach dieser Sicht organisiert haben. Und Lugones fügt hinzu, dass arrogante Wahrnehmerinnen vor allem weiße Frauen sind, wenn sie Schwarze Frauen sehen; indem sie diese „ignorieren, ächten, unsichtbar machen, stereotypisieren, allein lassen [und] als verrückt darstellen" (2003, 83). Aber, so Ortega, oftmals nimmt die arrogante Wahrnehmung subtilere Formen an, als Lugones hier beschreibt. Im Gegensatz zur arroganten Wahrnehmung steht die liebende Wahrnehmung: Liebende Wahrnehmende wissen um die eigenen Interessen, Wünsche, Bedürfnisse, Projekte und Ängste und werden daher nicht von diesen bestimmt; somit haben sie das Vermögen, die andere Person nicht als Bedrohung oder als jemanden, der nur ihre Wünsche erfüllt, zu sehen, sondern als von einem selbst unabhängige Person. In Fryes Worten: „[Das liebende Auge] ist das Auge derjenigen, die weiß, dass man, um das Gesehene zu erkennen, etwas anderes als den eigenen Willen und die eigenen Interessen und Ängste und die eigene Vorstellungskraft zu Rate ziehen muss. Man muss die Sache betrachten. Man muss schauen, zuhören, prüfen und hinterfragen" (1983, 75; eigene Übersetzung). Wichtig hierbei ist die Reflexion, ob man das Gegenüber so wahrnimmt, wie es ist, oder nach einer eigenen Wahrnehmung erfindet, die nur wenig mit der eigentlichen Person zu tun hat. Um auf Collins Beispiel zurückzukommen: Die Schwarze Frau wird als Hausmädchen oder Mammy wahrgenommen, weil dies die Erfindung der Realität weißer Frauen ist. Die liebende wissende Ignoranz, so Ortega, vereint diese beiden gegensätzlichen Wahrnehmungen: *Liebende wissende Ignorante* haben verstanden, dass es eine bessere Form der Wahrnehmung gibt, aber ihre Sozialisation, innerhalb derer ihnen beigebracht wurde, dass sie alles haben können, was sie wollen (und die anderen beigebracht hat, dass sie eben nicht haben können, was sie wollen), verführt sie dazu, weiterhin auf arrogante und ignorante Weise wahrzunehmen und ihre Gegenüber weiterhin zu verzerren – während sie gleichzeitig überzeugt sind, dass sie doch liebende Wahrnehmende seien.

Die liebende arrogante Feministin will über Women of Color Bescheid wissen; sie ist nicht arrogant insofern, dass sie kein Interesse an ihrem Gegenüber hat. Sie ist interessiert am Wissen über Women of Color und setzt sich für das Wissen und die Erfahrungen von Women of Color ein; leider ist dieses Wissen oftmals inadäquat und spiegelt nicht die tatsächlichen heterogenen Erfahrungen von Women of Color und führt so zu weiterer Ignoranz. In Fryes Terminologie vergisst die liebende arrogante Feministin sich selbst und ihre Wahrnehmung zu hinterfragen: „Überprüfung und Hinterfragung sind notwendig, um zu vermeiden, dass sich die Wahrnehmenden eine Realität ausdenken, die ihre Weltanschauung stärkt" (Ortega

2006, 61; eigene Übersetzung). Damit unterscheiden sich die arrogante Ignoranz von liebender Ignoranz in signifikanter Art und Weise:

> Arrogante Ignoranz ist eine arrogante Wahrnehmung, die keinen Versuch unternimmt, das Objekt der Wahrnehmung zu verstehen; liebevolle, wissende Ignoranz ist eine arrogante Wahrnehmung, die Selbsttäuschung und das Streben nach mehr Wissen über das Objekt der Wahrnehmung beinhaltet – die Wahrnehmenden glauben, liebevoll wahrzunehmen, obwohl dies nicht der Fall ist, und die Wahrnehmenden möchten Wissensansprüche über das Objekt der Wahrnehmung erheben, obwohl solche Ansprüche nicht überprüft oder hinterfragt werden (Ortega 2006, 63; eigene Übersetzung).

Ortegas wichtiger Punkt ist, dass wir Objekte nicht einfach nur als Objekte wahrnehmen, sondern dies vor dem Hintergrund einer spezifischen Weltanschauung oder Ideologie – wie auch bei Collins und Spivak schon Thema – und in Relation zu unseren eigenen Bedürfnissen und Interessen tun; das sind jedoch nicht nur die Interessen, die sich aus privilegierten sozialen Positionen ergeben, sondern können auch individuelle und wohlmeinende Interessen sein. Generieren von Wissen verlangt also nicht nur eine kritische Reflexion in Bezug auf unsere soziale Position, sondern auch auf andere Interessen, die das Objekt oder Gegenüber verzerren können, denn – und das ist das Thema im folgenden Abschnitt – liebende, wissende Ignoranz kann zu epistemischer Ausbeutung und Aneignung führen.

6.2 Epistemische Ausbeutung und Epistemische Aneignung

Auf zwei Phänomene, die in den Bereich der epistemischen Unterdrückung fallen, soll an dieser Stelle außerdem aufmerksam gemacht werden: epistemische Ausbeutung und epistemische Aneignung. Ausbeutung beschreibt eine spezifische Beziehung, in der eine verletzliche Person von einer anderen Person benutzt wird; grob gesprochen, beutet eine Person A eine Person B aus, wenn sich beide in einer asymmetrischen Beziehung befinden, die es möglich macht, dass A die Verletzlichkeit von B instrumentalisiert, um aus B (bzw. den Handlungen oder Erzeugnissen von B) Gewinn zu holen (Vrousalis 2013, 132; vgl. Marx 1962, 2006; Engels 1969; Wood 1995; Goodin 1986; Cohen 1978, 1995; Pettit 2001; Wolff 1998; Elster 1983 und Holmstrom 1977); viele dieser Ansätze sind in der Tradition der Kritischen Theorie und der Marxistischen Theorie entstanden. Nora Berenstain (2016) hat vorgeschlagen, den Begriff der epistemischen Ausbeutung zu benutzen, um die Aufmerksamkeit auf eine spezifische Form von Ausbeutung zu lenken, unter der vor allem Schwarze Theoretikerinnen leiden. Die grundlegende Idee folgt dem oben erwähnten Schema von Ausbeutung: Epistemische Ausbeutung findet dann statt, wenn privilegierte Personen marginalisierte Personen verpflichten, ihnen etwas über die eigene Unterdrückung beizubringen; die marginalisierte Person B befindet sich also in einer verletzlichen Situation und diese Verletzlichkeit wird von der privilegierten Person A instrumentalisiert, um einen epistemischen Mehrwert aus B zu holen. Berenstain artikuliert hier – mit Verweis auf überwiegend Schwarze Philosophinnen – eine Idee, die unter marginalisierten Theoretikerinnen schon lange Thema ist; so schreibt Audre Lorde (1995) beispielsweise:

> Von Schwarzen und Menschen aus der Dritten Welt wird erwartet, dass sie die Weißen über unsere Menschlichkeit aufklären. Von Frauen wird erwartet, dass sie Männer aufklären. Von Lesben und Schwulen wird erwartet, dass sie die heterosexuelle Welt aufklären. Die Unterdrückenden halten ihre Position aufrecht und entziehen sich ihrer Verantwortung für ihr eigenes Handeln. Es wird ständig Energie verbraucht, die besser dafür verwendet werden könnte, uns selbst neu zu definieren und realistische Szenarien für die Veränderung der Gegenwart und die Gestaltung der Zukunft zu entwerfen.

Und Julianna Britto Schwartz (2014):

> Es ist körperlich und seelisch anstrengend, wenn man beweisen muss, dass diese Machtsysteme existieren. Für viele von uns ist es schon genug, gegen sie zu kämpfen – jetzt sollen wir sie für euch ausbuchstabieren?

Oder Toni Morrison (1975):

> Die Funktion, die sehr ernste Funktion des Rassismus ist die Ablenkung. Er hält dich davon ab, deine Arbeit zu tun. Er hält dich davon ab, immer und immer wieder deine Daseinsberechtigung zu erklären. Jemand sagt, du hättest keine Sprache, also verbringst du zwanzig Jahre damit zu beweisen, dass du sie hast. Jemand sagt, dein Kopf sei nicht richtig geformt, also arbeitest du mit Wissenschaftlern an der Tatsache, dass er es ist. Jemand sagt, du hättest keine Kunst, also kramst du auch das hervor. Jemand sagt, du hättest keine Königreiche, und so gräbst du auch das aus. Das alles ist nicht notwendig. Es wird immer noch eine weitere Sache geben.[2]

Epistemische Ausbeutung gibt diesen Artikulationen einen Begriff; er beschreibt Arbeit, die weder anerkannt noch kompensiert wird und zugleich emotional viel abverlangt. Weiterhin, wie besonders im letzten Zitat deutlich wird, erhält sie ungerechte epistemische und materialistische Unterdrückungsstrukturen indem, erstens, der Fokus auf den Bedürfnissen der privilegierten Personen liegt, zweitens, die bildende Arbeit weder anerkannt noch kompensiert wird, und drittens, marginalisierte Personen von eigentlich wichtigen (widerständigen) Reaktionen abgehalten werden. Epistemische Ausbeutung, so Berenstain, bleibt oftmals un-

---

[2] Alle Zitate: Berenstain (2016, 569–70; eigene Übersetzung).

entdeckt, weil sie kaschiert wird als notwendige und emanzipatorische Arbeit – gerade auch in aktivistischen und akademischen Kontexten (vgl. Ahmed 2012, 147).

Berenstain achtet bei ihrer Analyse sorgfältig darauf, dass epistemische Ausbeutung kontextsensitiv ist; innerhalb intersektionaler, sich überschneidender Unterdrückungsachsen gilt eine Person dann als marginalisiert, wenn sie in dem jeweiligen Kontext, über den durch epistemische Ausbeutung aufgeklärt werden soll, marginalisiert ist. Somit ist eine weiße Frau nur dann marginalisiert, wenn sie Männern erzählen soll, was es mit ihrer patriarchalen Unterdrückung auf sich hat, aber nicht in einem Kontext, in dem sie selbst von epistemischer Ausbeutung profitiert, weil sie von Schwarzen Frauen verlangt, über die Unterdrückungserfahrungen Schwarzer Frauen zu unterrichten. Damit kann epistemische Ausbeutung auch in Kontexten ausgemacht werden, die vorgeblich feministisch oder emanzipatorisch sind, wie Lorde (2007) hier zeigt:

> Frauen werden heutzutage immer noch aufgefordert, die Kluft der männlichen Ignoranz zu überwinden und Männer über unsere Existenz und unsere Bedürfnisse aufzuklären. Dies ist ein altes und primäres Werkzeug aller Unterdrückenden, um die Unterdrückten mit den Belangen der Unterdrückenden zu beschäftigen. Jetzt hören wir, dass es die Aufgabe von Frauen of Color ist, weiße Frauen – gegen enormen Widerstand – über unsere Existenz, unsere Unterschiede und unsere relative Rolle in unserem gemeinsamen Überleben aufzuklären. [...] Dies ist eine Ablenkung der Energien und eine tragische Wiederholung des rassistischen patriarchalen Denkens.[3] (Berenstain 2016, 574–5; eigene Übersetzung)

Ein weiteres theoretisches Werkzeug, das zumindest in aktivistischen Kontexten häufig erwähnt wird, ist *Kulturelle Aneignung*. Allgemein gesprochen bezieht sich der Begriff kulturelle Aneignung auf die Verwendung von Gegenständen oder Elementen einer marginalisierten Kultur in einer Weise, die Stereotypen verstärkt oder zur Unterdrückung dieser Kultur beiträgt, ohne ihre ursprüngliche Bedeutung zu respektieren oder ihre Quelle zu nennen bzw. ohne überhaupt um Erlaubnis zu fragen. Klassische Beispiele sind das Tragen von Rastahaaren durch weiße Personen oder die Aneignung von Musik, Tanz oder Kleidung. Emmalon Davis (2018) hat stattdessen den Begriff der *epistemischen Aneignung* geprägt; während aber epistemische Ausbeutung analog zu marxistisch-geprägten Ausbeutungstheorien ver-

---

[3] Hierbei stellt sich für viele die Frage, ob beispielsweise Schwarze und weiße Frauen überhaupt in emanzipatorischen Bewegungen zusammenarbeiten können, ohne dass Schwarze Frauen dabei ausgebeutet werden. Eine mögliche Antwort ist, dass eine solidarische Verbindung verschiedener Unterdrückungsformen nur dann möglich ist, wenn weiße Frauen, sich selbst informieren. Eine andere Antwort wäre zu sagen, dass weiße Frauen zumindest nicht *verlangen* dürfen, informiert zu werden. Siehe auch das Schlusswort für eine mögliche Antwort auf diese Frage; allerdings sind emanzipatorische Bewegungen immer kontextual und im Prozess begriffen, so dass eine abschließende Antwort vielleicht gar nicht gegeben werden kann.

läuft, ist epistemische Aneignung – wie wir sehen werden – nicht analog zu kultureller Aneignung. Die grundlegende Idee epistemischer Aneignung, so Davis, ist die, dass epistemische Ressourcen, die von marginalisierten wissenden Subjekten geprägt wurden, von dominant-situierten Personen aufgegriffen werden. Hierbei werden die epistemischen Ressourcen jedoch von den marginalisierten Wissenden künstlich entfernt – ein Prozess, den Davis „epistemische Distanzierung" (2018, 705; im Original: *epistemic detachment*) nennt –, so dass sie nur noch wenig Berührung mit dem marginalisierten Kontext und den darin situierten Personen haben. Dies führt wiederum dazu, dass die epistemischen Ressourcen einsetzbar sind für die Zwecke und Interessen der dominant-situierten Personen und so zur weiteren Reproduktion der ungerechten Strukturen beitragen – in Davis' Worten „epistemische Irreführung" (2018, 705; im Original: *epistemic misdirection*); die Vorteile, die mit den epistemischen Ressourcen, welche von marginalisierten Wissenden geschaffen wurden, assoziiert werden, werden hier umgelenkt und mit den dominant-situierten Personen verknüpft.

Davis illustriert ihre Theorie mithilfe zweier historischer Beispiele, wovon eines hier wiedergegeben werden soll: Im Juli 1851 wurde in der *Westminster Review* ein Text „The Enfranchisement of Women" (Übersetzung: Die Entrechtung der Frau) unter dem Namen von John Stuart Mill publiziert. In seinem Brief an den Herausgeber einige Zeit vor der Publikation nennt sich Mill zwar nicht selbst als Autor, benutzt aber Redewendungen, die so interpretiert werden konnten – zumindest war der Herausgeber der Auffassung, John Stuart Mill sei der Autor des Textes. Tatsächlich wurde erst Jahre nach ihrem Ableben bekannt, dass genannter Text eigentlich von Harriet Taylor Mill geschrieben wurde. Es ist unwahrscheinlich, dass Harriet Taylor Mill keine Zustimmung zu der Entscheidung gegeben hat, ihren Text unter seinem Namen zu publizieren; vielmehr ist es wahrscheinlich – und Davis liefert dafür genügend Argumente –, dass beide, John Stuart Mill und Harriet Taylor Mill, gemeinsam entschieden haben, dass der Text mehr Aufmerksamkeit erfahren wird, wenn er unter seinem Namen publiziert wird. Trotzdem ist dies ein Fall epistemischer Aneignung, denn:

> Während sie vor ihrer Heirat mit Mill mehrere Werke unter ihrem eigenen Namen veröffentlichte, wurde fast alles, was danach erschien – einschließlich eines Großteils ihres philosophischen Denkens (sowohl ihre Arbeit als alleinige Autorin als auch ihre gemeinsame Arbeit mit Mill) – unter Mills Namen gedruckt. In diesem Fall trägt eine marginalisierte Wissende zu dem interkommunal geteilten Pool an epistemischen Ressourcen bei, aber nur, indem sie sich zunächst von ihren epistemischen Beiträgen löst. Aufgrund dieser Distanzierung bleibt ihr Status als wissende Person unerkannt. Soweit Taylor Mills Beiträge Mill zugeschrieben werden,

werden ihre Beiträge als Beweis für seine Fähigkeiten angesehen, nicht für ihre eigenen. (Davis 2018, 709–10; eigene Übersetzung)[4]

6.3 Indigenes Wissen und epistemische Ungerechtigkeit

In *Braiding Sweetgrass* (2013), verbindet Robin Wall Kimmerer ihr Wissen als Botanikerin einer US-amerikanischen Universität mit ihrem Wissen als Mitglied der Bürger-Potawatomi-Nation (in Englisch: *Citizen Potawatomi Nation*). Nach der Lehre der Bürger-Potawatomi-Nation sind Pflanzen und Tiere unsere ältesten Lehrenden; Wissen zu akquirieren, bedeutet hier vor allem, der Natur zuzuhören. Dies wiederum hat Auswirkungen auf die Sprache, die wir benutzen, um die Prozesse, denen wir zuhören, zu beschreiben. Anhand der Potawatomi-Sprache sieht man, wie stark unsere epistemischen Begriffe – unsere Sprache – und unsere epistemischen Werkzeuge – unsere Methoden und Theorien – sowie die Aspekte, die wir wahrnehmen in der Welt, miteinander in Verbindung stehen. So beschreibt Kimmerer ein Wort, das die Anishiinaabe Ethnobotanikerin Keewaydinoquay benutzt: *Puhpowee* (Peschel 1978). Ein Wort, für das es keine englische oder deutsche Entsprechung gibt; die Übersetzung wäre: Die Kraft, die dazu führt, dass Pilze über Nacht aus der Erde stoßen (vgl. Kimmerer 2013, 49).[5] Kimmerer schreibt, dass dieses eine Wort eine Theorie widerspiegelt, die in starkem Kontrast zu der wissenschaftlichen Sprache steht, die sie in ihrem Arbeitsalltag benutzt, da das Wort einen (mystischen) Prozess der Beobachtung beschreibt, für welchen es im Englischen kein Äquivalent gibt. Sie schreibt:

> Man sollte meinen, dass Biolog*innen, mehr als alle anderen Wissenschaftler*innen, Worte für das Leben haben. Aber in wissenschaftlicher Sprache sind unsere Begriffe geprägt dadurch, dass sie die Grenzen unseres Wissens definieren sollen. Was jenseits unseres Auffassungsvermögens liegt, bleibt unbenannt (Kimmerer 2013, 49; eigene Übersetzung).

Die grundsätzliche Idee hinter diesem einen Wort *Puhpowee* ist, dass das Zuhören an Orten, die der Natur überlassen sind, uns dazu zwingt, einer Sprache zuzuhören, die nicht unsere eigene ist. Wissenschaftliche Sprache – Botanik – ist die Sprache

---

4 Zu John Stuart Mill und Harriet Taylor Mill siehe auch die Einleitung.
5 Die Übersetzung könnte auch sein: „Die Kraft, die dazu führt, dass *sich* Pilze über Nacht aus der Erde stoßen"; dies würde pflanzlichen Lebewesen (in diesem Fall: Pilzen) eine größere Handlungsfähigkeit zusprechen, was interessanterweise in einem starken Widerspruch zu den meisten westlichen wissenschaftlichen Aussagen über pflanzliche Lebewesen steht, in denen diese überwiegend als Objekte beschrieben sind.

der detaillierten Beobachtung einzelner Teile und Prozesse der Natur, in der Lebewesen in kleine Teile und ihre Funktionen zerlegt werden. Dabei geht aber ein wichtiger Aspekt verloren: „Die Sprache, die die Wissenschaft spricht, wie präzise sie auch sein mag, beruht auf einem tiefgreifenden Fehler in der Grammatik, einer Auslassung, einem schweren Übersetzungsverlust aus den einheimischen Sprachen dieser Dimensionen" (Kimmerer 2013, 49; eigene Übersetzung).

Kimmerer berichtet weiter über den Verlust indigener Sprachen. So gibt es unter den Mitgliedern der Potawatomi-Nation mittlerweile nur noch neun Personen, die Potawatomi fließend sprechen. An dieser Stelle sollte man eine kurze Pause machen, um sich die Bedeutung zu gegenwärtigen: Das Überleben einer Sprache, die über Jahrhunderte geformt und gewachsen ist, mit ihren eigenen epistemischen Ressourcen und Werkzeugen, liegt in den sterblichen Händen von neun alten Menschen. Hieran lässt sich illustrieren, warum epistemische Ungerechtigkeit (oder epistemische Unterdrückung) so viel mehr beschreibt, als die von Fricker als paradigmatisch bezeichneten hermeneutischen und testimonialen Ungerechtigkeiten. Während Frickers Fokus auf der Inklusion von marginalisierten epistemischen Ressourcen zu den dominanten Ressourcen liegt, lassen sich die spezifischen Ungerechtigkeiten, die wir in Bezug auf die Potawatomi-Nation ausmachen können, nicht durch Inklusion beheben (vgl. Anderson et al. 2019). Zunächst braucht es zur akkuraten Beschreibung dieser Ungerechtigkeiten die historische Einordnung: Wissen in Potawatomi ist deshalb verloren, weil die Kolonialisierung, die durch (christliche) Missionare, westliche koloniale Einwanderung und die daraus entstandene US-Regierung praktiziert wurde, Kinder aus indigenen Familien gerissen hat und ihnen verboten, die eigene Sprache zu sprechen. Nur jene wenigen Kinder, die von ihren Familien versteckt wurden, sind heute noch Träger*innen der Potawatomi-Sprache (vgl. Ruíz 2012, 2020, 2021 für Arbeiten, die die historische Genealogie des (institutionellen) Kolonialismus betonen). Des Weiteren braucht es eine Beschreibung der (aktiv angewandten) Praktiken des Epistemizid (mehr dazu in Kapitel 6.6), die teilweise explizit durch das Verbot, indigene Sprachen zu sprechen, und teilweise implizit, wie durch die wissenschaftlichen Ausschlüsse von bestimmten Textformen (wie sie auch heute noch existieren), vorangetrieben werden. Mit anderen Worten: Bestimmte Sprachen, die sich der Natur und dem Leben auf eine andere Weise nähern und somit epistemische Ressourcen und Werkzeuge zur Verfügung stellen könnten, die es uns erlauben würden, einen Aspekt der Welt zu verstehen, der uns aufgrund der spezifischen Beschaffenheit unserer (westlichen) Sprache oft verschlossen bleibt, diese Sprachen sind durch Kolonisierung und Imperialismus verschwunden oder zumindest bedroht, für immer zu verschwinden. Dies ist aber nicht nur aus einer epistemischen Perspektive problematisch, sondern auch, weil es die Ausgrenzung marginalisierter Wissender weiter vorantreibt und verfestigt; die moralische Verletzung durch koloniale und imperiale Praktiken wird so weiter manifestiert.

Eine ähnliche Perspektive finden wir bei Gerald Sider (2014) insofern als auch hier die historisch gewachsenen (kolonialen) Ungerechtigkeiten in direkte Verbindung gebracht werden mit einem spezifischen Verständnis von Wissen im Kontext von Inuit und Innu in der kanadischen Region Labradors. Statt sich auf die anerkannten Methoden der Anthropologie zu berufen, folgt die Untersuchung von Sider zwei Geschichten – dem Chaos der Unterdrückung wie auch der Ordnung, die einerseits durch die kolonialen Mächte auferlegt und andererseits durch die Gemeinschaften selbst herzustellen versucht wird – und beleuchtet die Überraschungen und Widersprüchlichkeiten, die sich daraus ergeben. Er schreibt:

> Wenn man eine Forschungsfrage stellt, was in der Anthropologie die Regel ist, geht man davon aus, dass man weiß, worüber man etwas wissen möchte. [Aber] bei meiner Arbeit im Feld schaue und höre ich einfach zu. Meistens höre ich auf [...] das Schweigen und die Überraschungen. (Sider 2014, xv; eigene Übersetzung)

In Siders Methode findet sich, erstens, die Anerkennung, dass Handlungsfähigkeit in Kontexten der Unterdrückung häufig durch Widersprüchlichkeiten geprägt ist, die wie Überraschungen erscheinen, weil sie aus der westlich geprägten wissenschaftlichen Perspektive unerwartet sind und damit häufig nicht unseren Annahmen entsprechen. Zweitens bedeuten Unterdrückungskontexte, dass epistemische Ressourcen und Werkzeuge – wenn vorhanden – nicht offen zur Schau gestellt werden, sondern häufig versteckt agieren. Diese zwei Aspekte zeugen wiederum von einer engen Verbindung von Methode und Begriffen; wie auch schon anhand von Kimmerer gezeigt. Viele Begriffe in der Anthropologie, so Sider, suggerieren eine Einheit des sozialen Lebens – vor allem in Bezug auf indigene Gemeinschaften. So wird von Kulturen, sozialen Organisationen oder, in diesem Kontext, schlicht von „den Inuit" gesprochen; statt die Heterogenität innerhalb von Gemeinschaften zu zeigen (vgl. Sider 2014, xiv).

Zudem zeigt Sider die Probleme, die entstehen, wenn Geschichten und Erzählungen nicht im historischen Kontext betrachtet, sondern als Mythen universalisiert werden. Zur Illustration erzählt er die Geschichte des Stachelschwein-Jägers, die vom Anthropologen Franz Boas als Märchen europäisiert wurde – mit signifikanten Konsequenzen für ihre Bedeutung. Sider beruft sich auf die eigentliche schriftliche Quelle der Geschichte: Henry W. Tate, ein bilingualer Informant der indigenen Gemeinschaften, der die Geschichte in Tsimshian und Englisch an Boa schickte. Sider zeigt, dass die Bedeutung der Geschichte und das Wissen, das durch sie gewonnen werden kann, nur im historischen Kontext der Geschichte erreichbar ist; so geht es nicht um die Erfolge und Schicksale des Stachelschwein-Jägers, sondern um die Herabwürdigung indigener Gemeinschaften von kolonialen Herrschern sowie um die ganz reale Tatsache, dass die westliche Pelzindustrie sowohl die indigenen Gemeinschaften als auch die Stachelschweine in der Region fast gänzlich ausgerottet hatten, weil die Jagd nach den Tieren nicht mehr dem eigenen Gebrauch, sondern den kapitalistischen Logiken von Gewinn und Markt diente (vgl. Sider 2014, Kapitel 8). Die Geschichte hat keine universelle Moral, die kontextungebunden ist, sondern ist eine konkrete – wenn auch versteckte – örtlich und zeitlich verortete Erzählung über die gelebte Realität unterdrückter indigener Gemeinschaften; und damit vor allem auch als (historische) Wissensquelle wertvoll. Welche Begriffe und Werkzeuge wir wie benutzen, hat Auswirkungen auf das Ergebnis unserer Untersuchung, da diese Begriffe nur vor dem Hintergrund bestimmter Annahmen und nur innerhalb bestimmter Methoden Bedeutung haben, welche wiederum von den epistemischen Werkzeugen geprägt sind. Und welche epistemischen Werkzeuge benutzbar sind, hat wiederum Auswirkungen auf unsere epistemische Handlungsfähigkeit – wie im Folgenden gezeigt werden soll.

6.4 Schweigen und Überleben als (epistemischer) Widerstand

Interessanterweise haben viele Theorien zu Handlungsfähigkeit eine Gemeinsamkeit, indem sie die handelnde Person als überwiegend unabhängig von sozialen Relationen betrachten. Eine einflussreiche Theorie, die sich herausgebildet hat, charakterisiert selbstbestimmtes Handeln beispielsweise indem sich die handelnde Person mit ihrer Handlung identifiziert. Harry Frankfurt (1971) erklärt dies mit Rückgriff auf sogenannte Willensäußerungen zweiter Ordnung; also Wünsche zweiter Ordnung, bei denen Wünsche erster Ordnung wirksam sind. Wenn wir im Einklang mit unseren Willensäußerungen zweiter Ordnung handeln, dann identifizieren wir uns mit unseren Handlungen auf eine Art und Weise, die wichtig ist für selbstbestimmtes Handeln. Wenn ich beispielsweise ein zweites Stück Kuchen möchte, aber auch schlank bleiben will, da ich in einer Gesellschaft sozialisiert bin, in der Schlankheit als Schönheitsnorm für Frauen gilt, und somit einen Wunsch zweiter Ordnung ausbilde, kein weiteres Stück Kuchen zu essen, dann handele ich nach Frankfurt selbstbestimmt, weil meine Entscheidung, kein zweites Stück Kuchen zu essen, mit meinem Wunsch zweiter Ordnung übereinstimmt. Schon hier lässt sich ahnen, dass diese Theorie Unterdrückungsverhältnisse, die durch bestimmte – in diesem Fall patriarchale und sexistische – Normen aufrechterhalten werden, nicht ausreichend berücksichtigt; schließlich handele ich hiernach selbstbestimmt, wenn ich mich den Normen sexistischer Ideologie füge. Unterdrückung zeigt sich nicht nur in manchen Wünschen, sondern kann sich qua Internalisierung in alle unsere Einstellungen einschleichen, also auch in unsere Wünsche zweiter

Ordnung. Zudem ist es ja gerade der Trick von ideologischen Unterdrückungsverhältnissen zu beeinflussen, was wir schätzen und welche Wünsche wir ausprägen. Das Kriterium für Handlungsfähigkeit in unseren Willensäußerungen zu suchen, sollte angesichts von Unterdrückungsverhältnissen zumindest mit Vorsicht betrachtet werden.

Andere Theorien knüpfen stattdessen an Kohärenz an; hiernach handelt eine Person dann selbstbestimmt oder autonom, wenn die Handlung Kohärenz in Bezug auf die Identität der handelnden Person oder ihre Wünsche und Projekte zeigt. Nach John Christman (1991) handelt eine Person selbstbestimmt, wenn sie auf Grundlage eines authentischen Wunsches handelt – und ein Wunsch ist authentisch, wenn die Person dem Wunsch auch dann nicht widerstanden hätte, hätte sie über den Entstehungsprozess des Wunsches reflektiert. Was hier also eine tragende Rolle spielt, ist die kritische Reflexion der Genealogie des Wunsches. Ähnlich argumentieren auch Marilyn Friedman (2003) und Diana Tietjens Meyers (1987 sowie 2004). Theorien, die Handlungsfähigkeit über Kohärenz zum authentischen Selbst oder zu authentischen Wünschen erklären, fallen aber in Bezug auf Khaders Handlungsfähigkeitsdilemma (2011) häufig zu stark aus; diese Theorien können zwar erklären, warum Unterdrückung die Handlungsfähigkeit einschränkt – schließlich lässt sich ein authentisches Selbst oder ein authentischer Wunsch schwer(er) in Kontexten von Unterdrückung verwirklichen –, nicht aber, wie Personen in Unterdrückungskontexten trotzdem selbstbestimmt handeln können.

Wieder andere Theorien vertreten die Überzeugung, dass selbstbestimmte Handlungen atomistisch sind. Handlungsfähigkeit ist zwar insofern atomistisch, als sie einer bestimmten und individuellen Person zuzuordnen ist, dies beinhaltet aber nicht notwendigerweise auch die Annahme, dass diese Person kausal von anderen Personen isoliert ist. Atomistische Theorien beinhalten jedoch meistens beide Auffassungen; hier wird Handlungsfähigkeit verstanden ohne Berufung auf andere (handelnde) Personen. Krista Thomason (2018) argumentiert beispielsweise, dass es eine klare Unterscheidung zwischen dem Selbstverständnis einer Person und der Art und Weise gibt, wie diese Person von anderen gesehen wird. Dies ist gerade in Hinblick auf die Arbeiten Schwarzer Philosophinnen fragwürdig. So zeigt Patricia Hill Collins (2000) die Macht, die sogenannte „kontrollierende Bilder" über Schwarze Frauen haben: Matriarch, Mammy und Welfare Mother sind Kategorien, in die Schwarze Frauen eingeordnet werden und die eine bestimmte Funktion innerhalb der rassistisch-kapitalistischen Sozialstruktur einnehmen.[6] Wie bei allen

---

[6] Für eine Erklärung siehe Kapitel 6.1.1. Sowohl Collins kontrollierende Bilder als auch Bierrias

Kategorien sind diese sowohl deskriptiv als auch normativ. Sie spiegeln einerseits die Welt, in der Machtasymmetrien und historisch gewachsene soziale Ungleichheiten dafür verantwortlich sind, dass einige Personen die Reproduktionsarbeit anderer machen. Aber durch die Benennung der Kategorien werden diese gleichermaßen immer auch neu konstruiert, so dass die deskriptive Benennung eine normative Kraft hat, indem Personen aufgrund ihrer Beschreibung bewertet und in die ungerechte Sozialstruktur eingefriedet werden.

Wichtig hierbei ist einerseits, dass kontrollierende Bilder zu sogenannten Identitätsfallen werden; der Widerstand gegenüber einer dieser Kategorien lässt die Schwarze Frau automatisch in eine andere Kategorie abgleiten. Sich des Bildes der Mammy zu widersetzen und keine Reproduktionsarbeit in den Häusern weißer Frauen (und Männern) auszuführen, bedeutet gleichzeitig die Einordnung in das Bild der Welfare Mother – also der Mutter, die als faule und ungebildete Frau dem Sozialstaat auf der Tasche liegt. Andererseits sind diese Bilder Teil eines dominanten Narrativs, welches die Handlungsfähigkeit der beschriebenen Frauen signifikant beschränkt – zumindest, wenn Handlungsfähigkeit als unabhängiges, individuelles oder intentionales Handeln verstanden wird. So sieht Alisa Bierria (2014) einen Unterschied zwischen sozialem Lesen (im Original: *social reading*) und sozialer Autorenschaft (im Original: *social authoring*). Eine Person, die sozial gelesen wird, wird in ihren Handlungen so verstanden, wie sie diese intendiert hat. Aber: Eine Person, die sozialer Autorenschaft unterliegt, hat zwar eine spezifische Intention, aufgrund derer sie handelt, wird jedoch – aufgrund dominanter Narrative – vollkommen anders verstanden; mit anderen Worten, die von ihr intendierte Handlung wird von dominant-situierten Personen neu geschrieben.[7] So werden die Handlungen Schwarzer Personen, die die Intention haben, Hilfe zu rufen, aufgrund des rassistischen Narrativs, das alle Schwarzen Personen kriminell sind, neu geschrieben – nicht als die Bemühung, Hilfe zu bekommen, sondern selbst als kriminelle Handlung. Dies lässt sich mit Theorien, nach denen Intentionen eine wichtige Rolle für die Bewertung unserer Handlungen spielen, nicht darstellen, denn in diesen Beispielen sind die Handlungen eben gerade nicht von den handelnden Personen geschrieben, sondern von anderen.[8]

Dies zeigt, dass Theorien, die zu viel Wert auf Intentionen legen – sei es beispielsweise durch rationale Kalkulation der eigenen Überzeugungen und Wünsche

---

soziale Autorenschaft kommen im Buch häufiger zur Sprache, da sich hier eine enge Verbindung zwischen sozialontologischen und -epistemologischen feministischen Analysen zeigt.

7 Eine detailliertere Beschreibung dieser Theorie findet sich in Kapitel 7.2.

8 Das bedeutet selbstverständlich nicht, dass Personen ihrer Handlungsfähigkeit nicht auch tatsächlich beraubt werden können; hier kann der Unterschied zwischen globaler und lokaler Handlungsfähigkeit von Oshana (2006) helfen.

(vgl. Velleman 1989), durch interne Motivationsstrukturen des eigenen moralischen Charakters (vgl. Frankfurt 1988) oder durch deliberative Prozesse des Planens einer Intention (vgl. Bratman 1987) – und zu wenig Wert auf die Art und Weise, in welcher wir eingebettet sind in (ungerechte) Sozialstrukturen, verzerrte Ergebnisse darüber liefern, was unsere Handlungsfähigkeit oder Autonomie ausmacht. Das zeigt sich auch daran, dass sich unter den meisten individualistischen Handlungstheorien Handlungen auf irgendeine Weise körperlich widerspiegeln müssen; widerständige Handlungen sind demnach zum Beispiel Dinge wie Hungerstreik, Teilnahme an Demonstrationen oder auch das körperliche Abwehren der Handlungen anderer. Das Leben von unterdrückten oder marginalisierten Personen ist aber oftmals viel komplexer, als es diese eindeutigen widerständigen Handlungen ausdrücken können, was unter anderem deutlich wird, wenn bell hooks von Zuhause und Audre Lorde vom Schweigen oder sogar vom Überleben als Widerstand sprechen. hooks erinnert uns daran, dass Unterdrückung auch ein täglicher (widerständiger) Kampf ums Überleben und Navigieren in einer feindlichen Welt ist, so dass ein sicherer Ort – das Zuhause – zu einem Ort des Widerstands werden kann. hooks (1990, 41; eigene Übersetzung) schreibt:

> Ich erinnere mich an die Angst, an die Angst, zu Baba (dem Haus unserer Großmutter) zu gehen, weil wir an diesem erschreckenden Weißsein vorbeigehen mussten – an den weißen Gesichtern auf den Veranden, die uns voller Hass anstarrten. Selbst wenn sie leer oder unbewohnt waren, schienen diese Veranden zu sagen: „Gefahr," „ihr gehört nicht hierher," „ihr seid nicht sicher."

Und weiter:

> Oh! Dieses Gefühl der Sicherheit, der Ankunft, der Heimkehr, als wir endlich den Rand ihres Gartens erreichten, als wir das rußgeschwärzte Gesicht unseres Großvaters, Daddy Gus, in seinem Stuhl auf der Veranda sitzen sahen, an seiner Zigarre riechen und uns auf seinem Schoß ausruhen konnten. Welch ein Kontrast, dieses Gefühl der Ankunft, der Heimkehr, diese Süße und die Bitterkeit dieser Reise, diese ständige Erinnerung an die weiße Macht und Kontrolle.

Dies ist besonders dann wichtig, wenn (a) dieser Ort der einzige Kontext ist, an dem man nicht den kontrollierenden Bildern oder der sozialen Autorenschaft privilegierter Personen unterliegt, und (b) die Schwarzen Frauen, die den Ort des Zuhauses zu einem sicheren und liebevollen Ort – und somit widerständigen Ort – machen, tagtäglich die Reproduktions- und Pflegearbeit in den Häusern weißer Frauen, Männer und Familien leisten. Das Zuhause ist nicht nur das Zuhause der (eigenen) Kernfamilie, sondern wird im Kontext rassistischer Unterdrückung zum Zuhause der Gemeinschaft Schwarzer Personen; zum Ort des gemeinschaftlichen Widerstands, in dem die eigenen Kräfte aufgeladen werden können und Liebe und

Respekt gelernt wird – im starken Widerspruch zu der feindlichen Welt außerhalb des Zuhauses. Widerstand ist hier sowohl explizit zu finden als auch implizit: Explizit insofern als das Zuhause der Ort ist, an dem die eigenen Kräfteressourcen aufgeladen werden, widerständige Netzwerke geknüpft werden und Respekt gegeben werden kann; alles wichtige körperliche, materialistische und emotionale Voraussetzungen dafür, Widerstand überhaupt leisten zu können. Denn wie Bertolt Brecht schon schrieb: „Und weil der Mensch ein Mensch ist, drum braucht er was zu essen, bitte sehr!" Aber bei hooks findet sich auch noch eine doppelte implizite Form des Widerstands, indem einerseits das Zuhause zu dem Ort wird, an dem standpunktspezifische epistemische Ressourcen entwickelt und weitergegeben werden können und, andererseits ein historisch gewachsener Rassismus den Tod von rassifizierten Personen zumindest in Kauf nimmt und somit das reine Überleben zum Widerstand wird.[9] Ein Gedanke, der sich auch bei Lorde in „A litany for survival" (1978) zeigt:

> For those of us
> who were imprinted with fear
> like a faint line in the center of our foreheads
> learning to be afraid with our mother's milk
> for by this weapon
> this illusion of some safety to be found
> the heavy-footed hoped to silence us
> For all of us
> this instant and this triumph
> We were never meant to survive.[10]

Es wird deutlich, dass individualistische Handlungstheorie schlecht geeignet ist, Handlungsfähigkeit von unterdrückten Subjekten widerzuspiegeln. Aber gerade in Texten und Textformen, die nicht als paradigmatisch gelten, finden sich zum einen epistemische Kontexte, in denen Wissen generiert und über Generationen weitergegeben wird, und zum anderen kristallisieren sich hier standpunktspezifische Erkenntnisse heraus, die aus der sozialen Position derer, die in privilegierten Positionen stehen und daher weniger Widersprüchlichkeiten navigieren müssen, nur schwer zu sehen sind.

---

9 Eine Erkenntnis, die sich auch in den Texten von Holocaust- und Völkermordüberlebenden findet.
10 Eigene Übersetzung: Für diejenigen von uns / denen die Angst eingeprägt wurde / wie eine schwache Linie in der Mitte unserer Stirn / die mit der Muttermilch lernten, Angst zu haben / denn durch diese Waffe / diese Illusion eine gewissen Sicherheit finden zu können / hofften die Schwerfüßigen, uns zum Schweigen zu bringen / Für uns alle / diesen Augenblick und diesen Triumph / Wir waren nie bestimmt zu überleben.

Ähnlich verhält es sich mit dem Phänomen des Schweigens. Einerseits schreibt Lorde von einer notwendigen Transformation des Schweigens (1977), andererseits lassen sich Unterdrückungskontexte ausmachen, in denen Schweigen zur aktiven widerständigen Handlung wird. Das steht in starkem Kontrast zu den Intuitionen vieler philosophischer Texte, die sich auch in Theorien epistemischer Ungerechtigkeit finden lassen: Wenn Personen schweigen, wird dies oftmals als Indiz dafür gewertet, dass wir es mit einer ungerechten epistemischen Ökonomie zu tun haben. Die grundlegende Idee scheint dabei zu sein: Wissende Subjekte schweigen in signifikanten Situationen nur dann, wenn sie von anderen *zum Schweigen gebracht* werden.

Dies zeugt aber von einer sehr vereinfachten Betrachtung eigentlich komplexer sozialer Zusammenhänge. So argumentiert Dotson (2011, 241) für einen Unterschied zwischen „Fällen von Schweigen" (im Original: *instances of silencing*) und „Praktiken des Schweigens" (im Original: *practices of silencing*). Fälle von Schweigen sind vereinzelte und sich nicht wiederholende Fälle, in denen ein zuhörendes Publikum die Abhängigkeiten einer sprechenden Person nicht erfüllt, so dass das Gesagte nicht oder nur verzerrt aufgenommen wird. Praktiken des Schweigens sind die ritualisierte und verlässlich auftretende Verweigerung eines Publikums, den Abhängigkeiten einer sprechenden Person nachzukommen aufgrund einer weit verbreiteten Ignoranz. Fälle von Schweigen können schädlich sein, sind es aber nicht notwendigerweise – abhängig vom Kontext und den involvierten Personen. Praktiken des Schweigens sind dagegen immer notwendigerweise schädlich, weil sie in *verlässlicher* Ignoranz begründet sind (vgl. Dotson 2011, 241). Und verlässliche Ignoranz wird ausbuchstabiert als kontrafaktische Inkompetenz, bei der nicht nur eine Unfähigkeit vorliegt, die Wahrheit einer bestimmten Aussage zu erkennen, sondern eine Unsensibilität, Wahrheit in Bezug auf einen bestimmten Kontext zu erkennen/erkennen zu wollen. Mit anderen Worten: „Der Zustand zuverlässiger Ignoranz stellt sicher, dass ein*e epistemische*r Akteur*in bestimmte Wahrheiten immer wieder nicht erkennen wird" (Dotson 2011, 241). Hier haben wir es also tatsächlich mit einem problematischen Zum-Schweigen-bringen zu tun; zum Beispiel, wenn Schwarze Frauen aufgrund „kontrollierender Bilder" (Collins 2000) kontinuierlich nicht als wissende Personen aufgefasst werden.[11]

Eine andere Form, in der zuverlässige Ignoranz in kommunikativen Situationen zum Tragen kommen kann, ist, wenn die sprechenden Personen ihr Gegenüber berechtigterweise als unwillig oder nicht in der Lage sehen, die potenzielle Aussage

---

11 Ein Phänomen, das Dotson „testimoniales Ruhigstellen" (im Original: *testimonial quieting*) nennt.

in angemessener Weise aufzunehmen; ein Phänomen, das Dotson „testimoniales Ersticken" (im Original: *testimonial smothering*) nennt.[12] Diese Situationen treten vor allem dann auf, wenn der Inhalt der Aussage unsicher oder gefährlich ist, das zuhörende Publikum Inkompetenz in Bezug auf den Inhalt der Aussage demonstriert (hat) und *schädliche* Ignoranz vorliegt; wenn also die Unfähigkeit, wahre Aussagen zu erkennen, aufgrund von zuverlässiger Ignoranz schädliche Konsequenzen hat. Testimoniales Ersticken ist, wie auch testimoniales Ruhigstellen, ein erzwungenes Schweigen (vgl. Dotson 2011, 244). Allerdings lässt sich hier eine interessante Veränderung ausmachen: Während die sprechende Person in Situationen testimonialen Ruhigstellens eine passive Rolle einzunehmen scheint, trifft sie in Situationen des testimonialen Erstickens die explizite Entscheidung aufgrund ihres Gegenübers und der problematischen epistemischen Ökonomie keine Aussage zu treffen. Als Beispiel nimmt Dotson hier Bezug auf Kimberlé Crenshaw, die folgendes Problem benennt:

> [R]ace fügt den Quellen der Unterdrückung des Problems der häuslichen Gewalt innerhalb nicht-weißer Gemeinschaften eine weitere Dimension hinzu. People of Color müssen oft abwägen zwischen ihrem Interesse, Themen zu vermeiden, die eine verzerrte öffentliche Wahrnehmung verstärken könnten, und der Notwendigkeit, Probleme innerhalb der Gemeinschaft anzuerkennen und anzugehen. Die Kosten der Unterdrückung werden jedoch selten erkannt, zum Teil, weil das Versäumnis, das Thema zu diskutieren, die Wahrnehmung prägt, wie ernst das Problem überhaupt ist. (Crenshaw 1991, 1256; eigene Übersetzung)

Mit anderen Worten, gerade Schwarze Frauen befinden sich im Kontext von häuslicher (und sexueller) Gewalt in einem schwerwiegenden Dilemma, sie haben die Wahl, durch das Aussprechen der Gewalt rassistische Stereotype des gefährlichen Schwarzen Mann zu reproduzieren – oder aber die Gewalt zu verschweigen, mit allen Konsequenzen für ihr eigenes Wohlbefinden. Hier lässt sich nun sowohl ein erzwungener Aspekt ausmachen – die Gründe für das Schweigen liegen außerhalb der Kontrolle der schweigenden Person – als auch ein reflektiertes Verständnis der eigenen Situation und der Einbettung dieser Situation innerhalb ungerechter (in diesem Fall, rassistischer) Strukturen, der Abwägung der Gefahr, eine solche Aussage zu tätigen, und der bewussten Entscheidung dagegen (vgl. Harvin 1996). Die Komplexität der Situation kann nur akkurat beschrieben werden, wenn der Fokus sowohl auf der Handlungsfähigkeit *und* der (Reflexion der) ungerechten

---

[12] Diese Überlegungen werden auch in Kapitel 4.5 zur strategischen Ignoranz kurz angeschnitten; dort liegt der Schwerpunkt allerdings auf problematischen Fällen von strategischer Ignoranz und nicht solchen, die die Handlungsfähigkeit unterdrückter Subjekte verbessern können.

sozialen Strukturen und der damit einhergehenden Ignoranz auf Seiten weißer Personen liegt.

6.5 Grenzdefinitionen und marginalisierte Handlungsfähigkeit

Das Buch hat begonnen mit Frickers Theorie epistemischer Ungerechtigkeit und dem Vorhaben zu zeigen, dass die grundlegenden Ideen dieser Theorie weder mit Fricker angefangen haben noch mit dieser Theorie aufhören werden. In diesem Kapitel lag der Fokus auf den Theorien, die vor allem durch marginalisierte Wissende geprägt sind und epistemische Ungerechtigkeit bzw. epistemische Unterdrückung in einem historischen Kontext von Kolonialisierung und Imperialismus verorten[13]; Aspekte, die oftmals durch die spezifischen epistemischen Ressourcen und epistemischen Werkzeuge sowie unsere Annahmen davon, was Philosophie ausmacht, verschleiert bleiben. Tatsächlich lässt dies die folgende These über die (enge) Theorie epistemischer Ungerechtigkeit zu, wie sie von Fricker aufgestellt wurde[14]: Definitionen von epistemischer Ungerechtigkeit (oder anderen problematischen epistemischen Praktiken) laufen Gefahr, selbst problematische epistemische Verzerrungen oder Verschleierungen zu produzieren, wenn sie eine allgemeingültige Form annehmen. Allgemeingültige Definitionen – also Definitionen mit notwendigen und hinreichenden Bedingungen – sollen Kategorien oder Phänomene abschließend und unabhängig vom spezifischen Kontext beschreiben. Nicht erst die feministische Philosophie hat jedoch gezeigt, dass allgemeingültige Definitionen problematisch sein können. So schreibt Marilyn Frye beispielsweise in Bezug auf die Kategorie *Frau*:

> Kann [der Begriff] definiert werden, ohne sich auf die Vorstellung festzulegen, dass es etwas gibt, das alle Frauen gemeinsam haben, irgendeine metaphysische oder biologische Essenz, die ein Individuum zu einer Frau macht? […] Kann man sich vorstellen, „eine Frau zu sein", ohne die Unterschiede zwischen den Frauen und die Nicht-Einheit der einzelnen Frau zu unterdrücken und/oder ohne die unterdrückerischen Institutionen, durch die das Geschlecht konstruiert wurde, wieder einzuführen? (Frye 2011, 85–6; eigene Übersetzung)

---

13 In diesem Fall in Bezug auf die USA. Für einen anderen Kontext, siehe beispielsweise Oranlis These (2021a und b), dass die Kontinentalphilosophie durch die These der Singularität des Holocaust und die dadurch produzierte Ignoranz in Bezug auf den Armeniergenozid, zu verzerrten philosophischen Annahmen und zur Verunmöglichung bestimmter philosophischer Annahmen führen kann.

14 Einen ähnlichen Kritikpunkt hat Gaile Pohlhaus wenige Tage, nachdem ich dieses Kapitel fertiggestellt hatte, auf einer Konferenz zur Dekolonalisierung von Epistemischer Ungerechtigkeit angeführt; ich bin ihr dankbar für die Bestätigung und Konkretisierung dieser Überlegungen.

Die Frage, ob es eine universelle Kategorie *Frau* gibt, die es uns erlaubt, die mannigfaltigen Unterdrückungserfahrungen von Frauen zu kritisieren, ohne dabei davon auszugehen, dass alle Frauen gleich sind und gleiche Unterdrückungserfahrungen machen, ist spätestens seit der Einführung von Intersektionalität (vgl. Crenshaw 1989; Dotson 2014b; Gines 2011) eine zentrale Frage in der feministischen Philosophie. Eine ganz ähnliche Frage lässt sich auch für die Kategorie der epistemischen Ungerechtigkeit stellen: Können wir diese überhaupt definieren, ohne andere wichtige Aspekte auszugrenzen oder zu verschleiern? Und können wir davon ausgehen, dass die Situationen, die diese Definition beschreibt, für alle gleichermaßen geltend gemacht werden können? Und dass sie unabhängig von Ort und Zeit sind? Diese Fragen stellen sich vor allem auch, weil angenommen wird, dass unsere Definitionen, Begriffe und Theorien schwammig, ohne Bedeutung und – viel wichtiger – ohne emanzipatorisches Potential bleiben, wenn sie den Gegenstand der Betrachtung nicht klar umreißen. Die Suche nach einer universellen Kategorie *Frau* ist auch die Suche nach einer klar definierten sozialen Gruppe, die emanzipatorisches Potential birgt.

Die Warnung vor universellen Kategorien, die einerseits durch eine westliche Perspektive geprägt sind und diese aber gleichzeitig verschleiern, lässt sich auch in dekolonialen feministischen Theorien[15] finden. So schreibt Serene Khader beispielsweise, dass normative Theorie, die Geschlechterungerechtigkeiten kritisiert, sich auch deswegen als schwierig gestaltet, weil Universalismus und Normativität häufig in Form von westlichen Werten und Interessen ausbuchstabiert werden – und somit eben gerade kein transnationales feministisches Bestreben unterstützen. In ihren Worten: „Westliche Positionen gehen oft davon aus, dass das, was für Frauen universell wertvoll ist, nur die (idealisierte Form) der westlichen Lebensweise ist" (Khader 2019, 2; eigene Übersetzung). Dieser ethnozentrische Universalismus hat die notwendige Konsequenz, dass feministische Emanzipation einzig durch die Linse des westlichen hegemonialen Verständnisses betrachtet wird und andere Definitionen ausgegrenzt werden (vgl. Giraldo 2016, 165).[16]

Mit der Hilfe von Lila Abu-Lughod (2002, 2013), Uma Narayan (1997) und anderen argumentiert Khader, dass viele feministische Positionen tatsächlich missionarische Positionen sind, weil diese Ethnozentrismus, Gerechtigkeitsmonismus sowie idealisierende und moralisierende Formen der wissenschaftlichen Erkennt-

---

[15] Eine detaillierte Diskussion dekolonialer Theorie epistemischer Praktiken findet sich in Kapitel 6.6.
[16] Hier kann auch argumentiert werden, dass die Deklaration bestimmter Werte als „westlich" problematisch sein kann, da es in die Hände autokratischer, patriarchal-konservativer Kräfte führt, die Frauenbewegungen innerhalb ihrer eigenen Gesellschaften als „westlichen Einfluss" diskreditieren; vgl. Narayan (1997).

nis reproduzieren – westliche Kultur wird hier gleichgesetzt mit Moral; somit wird die eigene Position westlicher Feministinnen als reflektiert und kritisch wahrgenommen und die eigene Kultur abseits von normativer Rechtfertigung lokalisiert (Khader 2019). Frauen, die nicht im Westen und/oder in der westlichen Kultur situiert sind, haben hiernach weder (widerständige) Handlungsfähigkeit noch epistemisch wertvolle Erkenntnisse. Das bedeutet aber nicht, dass wir universalistische Verpflichtungen gänzlich aufgeben müssen oder auch nur sollen, vielmehr heißt es, so Khader, dass wir unsere epistemischen und normativen Ressourcen und Werkzeuge in spezifischen Kontexten überprüfen müssen, um festzustellen, ob diese tatsächlich die universellen Ansprüche erfüllen, die wir an sie haben.

Des Weiteren lässt sich hier ein wichtiger Aspekt ausmachen, der zwar immer wieder angesprochen, aber bislang nicht in Bezug auf die Debatte um epistemische Ungerechtigkeit und Unterdrückung ausgeführt wurde. Wenn wir wissenschaftliche Untersuchungen betreiben, verfolgen wir damit immer auch ein bestimmtes Interesse. Wir forschen an Impfstoffen, um uns vor Krankheiten zu schützen, an der Funktionalität bestimmter Materialien, um urbane Räume besser zu gestalten, uns vor Umwelteinflüssen zu schützen oder unsere Kommunikationstechnologien zu verbessern und so weiter (und hierbei lasse ich komplexere Interessen, die sich aus der Einbettung in kapitalistische, imperialistische und koloniale Strukturen ergeben, der Einfachheit halber außen vor). Während solche Interessen am (stark vereinfachten) Beispiel von Impfstoffen relativ eindeutig sind, scheint es oftmals schwieriger spezifische Interessen an sozialwissenschaftlichen oder eben philosophischen Forschungen auszumachen; obwohl es natürlich zahlreiche Beispiele gibt, in denen Theorien durch problematische Motivationen – wie zum Beispiel der Kontrolle von Personengruppen – motiviert waren (vgl. Collins 2000).

Was also ist unser Interesse an Untersuchungen zu sozialer oder epistemischer Ungerechtigkeit? Im besten Fall sind wir emanzipatorisch motiviert, wir wollen Ungerechtigkeiten in ihrer Komplexität verstehen, um wirkungsvolle Gegenstrategien entwickeln zu können (vgl. Sen 2009; Anderson 1999c; Shklar 1990; Young 1990a, 2001; Haslanger 2012). Welche Gegenstrategien uns dabei wirkungsvoll erscheinen und was wir für einen guten Ansatzpunkt für diese Strategien halten, ist dabei aber erneut von unseren sozialen Positionen abhängig oder zumindest beeinflusst. Und so lässt sich in der Debatte um epistemische Ungerechtigkeit und Unterdrückung eine interessante Beobachtung machen: Während Frickers Theorie vor allem das Interesse zu verfolgen scheint, Werkzeuge wie die Kultivierung vorurteilsfreien Zuhörens jenen an die Hand zu geben, die problematische epistemische Praktiken ausführen, fokussieren die Theorien Schwarzer und indigener Philosoph*innen (und allen, die sich in dieser Tradition verorten) auf die Handlungsfähigkeit und das Widerstandspotential innerhalb einer ungerechten epistemischen Ökonomie – ausgehend von marginalisierten und unterdrückten sozialen

Gruppen; entweder indem sie die Komplexität und Widersprüchlichkeit des sozialen Lebens in Unterdrückungskontexten betrachten (vgl. Shelby 2016; Curry 2017; Mills 2017, 1998, 2003, 1997; Sertler 2022; Davis 2003) oder die spezifische Handlungsfähigkeit und Autonomie, die Widerstand zu Grunde liegt, untersuchen (vgl. Pohlhaus 2020; Collins 2000; Bierria 2014, 2020; Zheng 2022; Medina 2012b; Oshana 2015).

Dieses spezifische Interesse an der Möglichkeit von Autonomie und Widerstand – oftmals mit gelebten Widersprüchen – innerhalb von komplexen Unterdrückungskontexten erfordert eine Offenheit, die akzeptiert, dass weder die Strategien, die sich Praktiken der Unterdrückung entgegenstellen lassen, noch das Erleben von Unterdrückung in scharf abgrenzbare Kategorien passt. Mit anderen Worten: Es braucht an dieser Stelle Theorien, die möglichst flexibel und dehnbar sind, aber gleichzeitig – aufgrund ihrer klar umrissenen Genealogien der untersuchten Unterdrückung – klare normative Bewertungen liefern. Dabei erscheinen (auf den ersten Blick) weder der genealogische noch der flexible Aspekt notwendig, wenn der Fokus auf jenen liegt, die problematische epistemische Praktiken ausführen.

6.6 Dekoloniale und widerständige Epistemologien

Es sollte mittlerweile klar geworden sein, dass dieses Buch versucht, die Komplexität problematischer epistemischer Praktiken aufzuzeigen, indem ein besonderer Fokus auf die marginalisierten Wissenspraktiken und die Handlungsfähigkeit marginalisierter Wissender gelegt wird. Damit verortet sich das Buch stärker im Feld derer, die zu epistemischer Unterdrückung und der Dekolonialisierung epistemischer Ungerechtigkeit arbeiten. Frickers Buch sowie viele Texte, die im Anschluss daran geschrieben worden sind, beschäftigen sich vor allem mit der Position derer, die epistemische Ungerechtigkeit ausüben – manchmal bewusst, überwiegend unbewusst. So entwickelt Fricker eine Theorie epistemischer Tugenden, die dabei helfen sollen, *keine* epistemische Ungerechtigkeit auszuüben (vgl. Fricker 2007, Kapitel 3 und 4 sowie 7.4).

Allerdings ist die Frage – so Pohlhaus (2020) –, was eine „gute" wissende Person ausmacht, nicht besonders relevant für marginalisierte Wissende, vielmehr sollten die Möglichkeiten, ungerechte epistemische Ökonomien zu navigieren und sich ungerechten epistemischen Praktiken zu widersetzen, im Vordergrund stehen. Zudem verweist eine Theorie epistemischer Tugenden primär auf die Zukunft: Wie lassen sich gute epistemische Praktiken ausüben, um in Zukunft keine epistemische Ungerechtigkeit zu praktizieren? Dies birgt aber zumindest die Gefahr, die Aufmerksamkeit weg von existierenden epistemischen Ungerechtigkeiten zu lenken, zudem verschleiert es die spezifische Historizität der existierenden Praktiken; – diese sind schließlich nicht aus dem Nichts entstanden. Um es zuzuspitzen, kann man nach Pohlhaus (2020, 2) die Beschäftigung mit der Frage, was tugendhafte Wissende ausmacht, gleichsetzen mit Eve Tucks und K. Wayne Yangs Idee der „Unschuldsbewegung von Siedlern" (2012, 10; im Original: *settler moves to innocence*), das heißt mit Strategien, die dazu dienen, die Schuld oder Verantwortung von Siedlern abzuschwächen, ohne die spezifischen, historischen und kontextualen kolonialen Unterdrückungsbeziehungen aufzulösen.

Dieses abschließende Kapitel soll daher die einzelnen Stränge wie epistemische Standpunkte, epistemische Marginalisierung, epistemische Handlungsfähigkeit und epistemischer Widerstand, die im Buch bereits diskutiert wurden, nochmals explizit in den Kontext von dekolonialer Theorie setzen. Es muss an dieser Stelle allerdings darauf hingewiesen werden, dass der dekoloniale Diskurs epistemischer Gewalt zu komplex ist, um hier umfassend dargestellt zu werden; dieses Kapitel kann somit nur einige wesentliche Punkte benennen.[17]

Dekoloniale Ansätze in der Epistemologie haben häufig das Ziel zu hinterfragen, was wir eigentlich meinen, wenn wir von „Wissen" sprechen; im Besonderen mit dem Bezug auf Bildungssysteme und die epistemische Infrastruktur, die wir benutzen. Bildungsinstitutionen verwenden nur einen sehr kleinen Teil der vielschichtigen Wissenssysteme, die es auf dieser Welt gibt, der Ausschluss anderer Wissenssysteme reicht dabei bis zum Epistemizid, ein Begriff, den Boaventura de Sousa Santos (2014; siehe auch 2018) geprägt hat. Epistemizid beschreibt die Vernichtung von Wissenssystemen.

Die verschiedenen Formen des Ausschlusses lassen sich allerdings auf zwei epistemischen Ebenen betrachten: Einerseits die Abkopplung von Bildungsinstitutionen von anderen Wissensformen und andererseits, die Ausgrenzung marginalisierter Wissenssysteme – nicht nur innerhalb von Bildungsinstitutionen, sondern im Allgemeinen. So zeichnen Hall und Tandon (2017) beispielsweise eine direkte Linie zwischen diesen zwei Ebenen des Ausschlusses und von Landaneignung gekennzeichneten ökonomischen Systemen. Folgt man dem Geographen David Harvey (2004) in seinen Ausführungen über das England des 14. bis 17. Jahrhunderts, so ist Enteignung der grundlegende Mechanismus, durch den Kapital akkumuliert wird, was wiederum die Basis für die uns bekannten dominanten ökonomischen Systeme bildet. Vereinfacht ausgedrückt: Die Enteignung von Menschen und damit vom Zugang zu ihrem Land ist der Kern der frühen Akkumulation von Kapital. Die Tatsache, dass der Großteil der Menschen ohne Zugang zu Land

---

[17] Siehe zum Beispiel Mendoza (2022) für einen Überblick dekolonialer Epistemologien und Feminismus.

war, hat zu immensem Reichtum jener geführt, die im Privatbesitz von Grund und Boden waren. Nun lässt sich ein solcher Ausschluss von Land auch in den (privaten) Bildungsinstitutionen beobachten; Universitäten und andere Bildungseinrichtungen sind beispielsweise sowohl örtlich als auch epistemisch vom sozialen Leben getrennt (vgl. Alvares & Farugi 2012). Hall und Tandon beschreiben dies eindrücklich:

> Das College ist ummauert und nur durch einen oder zwei bewachte Eingänge zugänglich. [...] Die Gründung von Oxford und anderen mittelalterlichen Universitäten war ein Akt der Einschließung von Wissen, der Beschränkung des Zugangs zu Wissen, der Ausübung einer Form von Kontrolle über das Wissen und der Bereitstellung eines Mittels für eine kleine Elite, um dieses Wissen für die Zwecke der Führung geistiger, staatlicher oder kultureller Art zu erwerben. Diejenigen, die sich innerhalb der Mauern befanden, wurden zu Wissenden, die außerhalb der Mauern zu Nichtwissenden. Das Wissen wurde aus dem Land und aus den Beziehungen derer, die das Land aufteilten, entfernt. Die Einschließung der akademischen Wissenschaft enteignete die große Mehrheit der Wissensbewahrer*innen und verbannte ihr Wissen für immer in den Bereich der Hexerei, der Tradition, des Aberglaubens, der Volksbräuche oder bestenfalls in den Bereich des gesunden Menschenverstands. Diese Trennung des „Universitätswissens" von anderen Wissensformen ist bis heute in allen unseren Gemeinschaften zu beobachten. (Hall & Tandon 2017, 8; eigene Übersetzung)

Wissen ist hiermit Ware, die gekauft und verkauft werden kann. Gleichzeitig gelten aber nur einige Wissensformen tatsächlich als Wissen, so dass die „Ware" eine Funktion des Machterhalts ausübt. Es ist daher auch kein Wunder, dass die Bildung akademischer Wissenschaftsinstitutionen zeitgleich mit dem Aufstieg kolonialer europäischer Macht einhergeht; durch die Anhäufung materieller Macht im Zuge von kolonialen Enteignungen wurde eine Hegemonie weißen eurozentristischen Wissens in der Welt geschaffen und verbreitet: „So wie koloniale politische Praktiken im achtzehnten und neunzehnten Jahrhundert den Globus zerstückelten, wurde auch das Wissen, die intellektuelle Energie, mit der die Menschen arbeiten, kolonisiert" (Hall & Tandon 2017, 8; eigene Übersetzung).[18]

Ramón Grosfoguel (2013) spricht konkret von insgesamt vier miteinander im Zusammenhang stehenden Genoziden, die gleichzeitig auch Epistemizide waren: (1) die Eroberung Al-Andulas und die Vertreibung von Muslimen und Juden aus Europa; (2) die Eroberung der indigenen Bevölkerung in Amerika, die durch Spanien begonnen wurde, durch andere europäische Staaten weitergeführt und teilweise immer noch betrieben wird; (3) die systematische Organisation des Sklavenhandels, die den Tod von Millionen von Menschen in Afrika und auf See zur

---

[18] Strategien gegen den Eurozentrismus in der Akademie finden sich unter anderem in Anderson et al. (2019). Solche Strategien sind aber nicht alle unumstritten; vgl. Tuck & Yang (2012).

Folge hatte und dazu führte, dass viele mehr durch Versklavung in den Staaten Amerikas enthumanisiert wurden; und (4) die Verfolgung der Hexen und Ermordung Millionen Indo-Europäischer Frauen, deren Wissen nicht durch Männer kontrolliert werden konnte (vgl. auch Brunner 2020). Diese Eroberungen und Genozide machten aus einem unscheinbaren Europa am Rande der intellektuellen Macht des Islam einen zentralen Knotenpunkt (vgl. Grosfoguel 2013, 73). Wichtig ist, dass alle vier Eroberungen und Genozide sowohl militärischer und ökonomischer als auch epistemischer Natur waren; so hatte die Stadt Cordoba als Zentrum des Al-Andalus Imperiums, eine Bibliothek mit mehr als 500.000 Büchern, die von den Spaniern verbrannt wurden – auf der anderen Seite lag der Bestand der Bibliotheken in den intellektuellen Zentren Europas gerade einmal zwischen 5.000 und 10.000 Bänden. Ebenso wurde das überwiegend mündlich weitergegebene Wissen von Frauen, indigenen Bevölkerungen und afrikanischen Gemeinschaften einfach „vernichtet" (Hall & Tandon 2017, 11–12). Dekoloniale Epistemologie ist also immer auch ein Suchen und Wiederherstellen der intellektuellen Traditionen, die durch Kolonialisierung und Genozid verloren gegangen sind respektive vernichtet wurden.[19]

Tatsächlich ist die eurozentristische Wissensgeschichte aber nicht nur eine Geschichte des Ausschlusses, sondern ebenso der problematischen Verzerrung geschichtlicher Ereignisse. So schreibt de Sousa Santos:

> Aus der Perspektive der Ausgegrenzten und Diskriminierten betrachtet, ist die Geschichte des globalen Kapitalismus, des Kolonialismus und des Patriarchats voll von institutionellen, schädlichen Lügen. Es ist eine Geschichte der sozialen Regulierung im Namen der sozialen Emanzipation, der Aneignung im Namen der Befreiung, der Gewalt im Namen des Friedens, der Zerstörung von Leben im Namen der Heiligkeit des Lebens, der Verletzung von Menschenrechten im Namen der Menschenrechte [...]. (de Sousa Santos 2014, viii; eigene Übersetzung)

Und immer so weiter, die Liste scheint endlos. Diese epistemischen Verzerrungen zu verstehen, ist der erste Schritt zu einer Epistemologie, die sich von der eurozentristischen Tradition abwendet und nicht-eurozentristische Perspektiven aufwertet. Das eurozentristische Framework hat allerdings dafür gesorgt, dass dieser Wandel der Perspektive nicht nur mit strukturellen und institutionellen Hürden konfrontiert ist, sondern auch dadurch erschwert wird, dass er alternative Epistemologien und widerständige Narrative systematisch entwertet und vernichtet hat: „Das epistemische Privileg der modernen Wissenschaft, das es sich selbst gewährt, ist also das Ergebnis der Zerstörung aller alternativen Wissensformen, die dieses

---

[19] Siehe hierzu Lebakeng, Phalane & Dalindjebo (2006), Wangoola (2002), Ezeanya (2011).

Privileg eventuell in Frage stellen könnten" (de Sousa Santos 2014, 153; eigene Übersetzung).

Epistemizid nach de Sousa Santos bezeichnet die massive Zerstörung von Wissenspraktiken, die sich nicht im dominanten epistemischen Kanon der eurozentristischen Tradition einordnen ließen, was wiederum zur Zerstörung sozialer Erfahrungen geführt hat, die – und dieser Schritt sollte uns mittlerweile bekannt vorkommen – innerhalb der dominanten Intelligibilitäts-Frameworks nicht mehr verständlich zu machen sind. Dies bürgt aber, so de Sousa Santos, auch ein emanzipatorisches Potenzial, da alle wiederbelebten und neu-entstehenden marginalisierten Wissenspraktiken als Kritik und Widerstand zum eurozentristischen Framework zu sehen sind und somit ein reflektierendes Moment innehaben: Sie zu verstehen, heißt nicht nur, die eigene Perspektive zu verstehen, sondern auch die eurozentristische, der es zu widerstehen gilt (vgl. de Sousa Santos 2014, 238; Posholi 2020; Ruíz (im Erscheinen)).[20]

Dekoloniale Epistemologie ist zudem immer eine Verknüpfung geografischer, verkörperter und epistemischer Überlegungen. Walter Mignolo (2002, 2008) betrachtet die Epistemologie als eine *Geopolitik des Wissens*[21]; nach Andrea Pitts (2017, 150; eigene Übersetzung) bedeutet dies, dass (a) die Wissensproduktion „eine materiell eingebettete Reihe von sozialen und historischen Phänomenen ist" und (b) „an verschiedenen politischen und kulturellen Orten der Verkündigung angesiedelt ist, die jeweils unterschiedliche Beziehungen zu den Geschichten und Realitäten von Kolonialismus, Imperialismus und Kapitalismus aufweisen". In ähnlicher Weise stellt de Sousa Santos eine *Ökologie des Wissens* vor, in der die „lange historische Dauer von Kapitalismus, Kolonialismus und Patriarchat einen Teil der ungleichen Beziehungen zwischen den Wissenschaften verdeutlicht" (2014, 209; eigene Übersetzung). In vielen Fällen führen diese ungleichen Beziehungen letztlich zum Epistemizid, d.h. zur „massiven Zerstörung von Wissensformen, die nicht in den dominanten epistemischen Kanon passen" (de Sousa Santos 2014, 238; eigene Übersetzung).

Dekoloniale Epistemologie lässt sich daher nicht nur in der akademischen Wissenschaft beobachten, sondern ist gleichzeitig auch eine politisch-emanzipatorische Praxis, die in unterschiedlichen Kontexten zu Widerstand gegenüber dem weißen und eurozentristischen Wissenssystem führt. Zwei Beispiele sollen helfen, dies zu zeigen:

---

[20] Siehe auch Berenstain (2020), Mitova (2020), Mungwini (2019) für Ansätze zu dekolonialer Epistemologie sowie Nwosimiri (2022) und Wiredu (1995) für epistemische Dekolonisierung und Afrikanische Epistemologie und Botha, Griffiths & Prozesky (2021) für Dekolonisierung und indigene Epistemologie.

[21] Siehe auch Mignolo & Tlostanova (2006).

Honey Bee Knowledge Network: Dieses Netzwerk entstand in den späten 1980er Jahren in Gujarat in Indien, um der dort verbreiteten Wissensasymmetrie zu begegnen; eine Asymmetrie, die dazu führte, dass jene, die Wissen bereitstellten, selbst nicht von diesem profitierten. Das Netzwerk benannte sich nach den Honigbienen, die gegensätzlich zu solchen Asymmetrien arbeiten: Die Honigbiene sammelt Pollen von Blumen, ohne diese dabei auszubeuten oder zu verletzen, und verbindet durch das Bestäuben die einzelnen Blumen miteinander. Das Honigbienen-Netzwerk sammelt Wissen über Agrarkultur und Tierhaltungspraktiken von und für Bauern.

Mpumalanga Traditional Knowledge Commons: Zu Beginn des 20. Jahrhunderts schlossen sich 80 traditionelle Heiler*innen zusammen, um ihr Wissen über Gesundheit und Medizin untereinander zu teilen und so besser auf die Bedürfnisse der Bewohner*innen ihrer Provinzen reagieren zu können. Wissen wird hier – ähnlich zu den Beispielen in Kapitel 6.3 – als „[e]in Ergebnis tugendhafter Beziehungen mit dem Land, den Pflanzen und den Tieren [beschrieben]. [Wissen] ist kein Eigentum, das man kaufen und verkaufen kann. Es ist gleichzeitig kulturell und spirituell und seine Bewegung und Anwendung fördert eine Art tugendhaften Zusammenhalt" (Abrell et al. 2009, 12)[22].

Dieser nicht-ideale und stark kontextuale Zugang spiegelt sich auch in vielen wissenschaftlichen Arbeiten, die sich im Bereich der dekolonialen Epistemologie verorten lassen; so geht es beispielsweise um epistemische Gewalt in spezifischen kolonialen Kontexten (vgl. Ruíz 2020b, 2020b), um testimoniale Ungerechtigkeiten und Unterdrückung indigener Völker sowie deren deliberative Strategien, sich zu widersetzen (vgl. Pitasse Fragoso 2022; Kogel 2018; Townsend (im Erscheinen); Townsend & Townsend 2021 und 2020), um die Verbindung globaler Gerechtigkeit und lokaler Wissenspraktiken (vgl. Masaka 2017) und eben um intellektuelle widerständige Gemeinschaften (vgl. Koskinen & Rolin 2019; Gallegos & Quinn 2017). Was wir hier also sehen, ist die Verknüpfung von komplexer lokaler Handlungsfähigkeit und kommunalem Widerstand auf der Grundlage einer detaillierten kritischen Reflexion der Historizität sozialer Strukturen und Institutionen – ein Zusammenspiel von zwei Dimensionen, die so auch in den Texten zu epistemischer Unterdrückung zu finden sind.

---

[22] Beide Beispiele zusammengefasst und übersetzt aus Hall & Tandon (2017, 9-10). Für das erste Beispiel, siehe auch Honey Bee 2016, für das zweite Beispiel, siehe Abrell et al. 2009, 12.

7 Fragile epistemische Subjekte

In diesem abschließenden Kapitel sollen einige der bereits besprochenen Aspekte sozialer Epistemologie zusammengeführt und eine Theorie fragiler epistemischer Subjekte vorgestellt werden; wobei die Theorie vor allem auf standpunkttheoretische Überlegungen sowie die Verknüpfung von epistemischer Handlungsfähigkeit in Verbindung mit problematischem epistemischem Unwissen zurückgreift. Grob gesagt sind fragile epistemische Subjekte marginalisierte Wissende, die sich in einem dialektischen Spannungsfeld befinden, in dem sie einerseits wenig zu den dominanten Wissensressourcen beitragen können, weil ihnen testimoniale Aufmerksamkeit fehlt, und andererseits (zumindest potentiell) eine epistemisch fruchtbare Position besetzen, die es ihnen erlaubt, strukturelle Ungerechtigkeiten zu hinterfragen. Eine Theorie *fragiler epistemischer Subjekte* soll diese dialektische Position beschreiben und ausloten, inwieweit von fragilen epistemischen Subjekten generiertes Wissen tatsächlich ein komplexeres Bild der mit Ungerechtigkeiten durchsetzten Gesellschaft liefern kann – wobei der Fokus hierbei auf systematischen Ungerechtigkeiten liegt, die vielfach bereits im Design bestimmter sozialer Prozesse oder der Infrastruktur unserer Gesellschaft angelegt sind.

Auf der Theorie fragiler epistemischer Subjekte aufbauend wird am Beispiel von Aspekten im Gesundheitswesen und in der Migrationspolitik abschließend gezeigt werden, inwieweit Wissen von fragilen epistemischen Subjekten besonders in Hinblick auf institutionelle Probleme hilfreich sein und zu gerechteren Prozessen und Praktiken innerhalb demokratischer Institutionen beitragen kann. Es soll hierbei für die folgenden zwei Thesen argumentiert werden: Die epistemische These ist, dass fragile epistemische Subjekte einen besonderen epistemischen Standpunkt vertreten. Die politische These ist, dass demokratische Institutionen nur dann ihren demokratischen Anspruch konsequent vertreten, wenn sie fragile epistemische Subjekte als vollwertige Wissende in ihre Prozesse mit einbeziehen können. Was zu Beginn bereits vorgeschlagen wurde – die Idee, dass Auseinandersetzungen mit epistemischen Ungerechtigkeiten Teil der Politischen Epistemologie sein müssen – wird hier also explizit umgesetzt.

Nach einer noch nicht abgeschlossenen Untersuchung des #AbleismusTötet-Projekts gab es seit 2010 mindestens 180 Betroffene von Gewalttaten in vollstationären Wohneinrichtungen für behinderte Personen und 222 Täter*innen in insgesamt 37 untersuchten Einrichtungen. Die erfassten Gewalthandlungen reichen von Mord wie im Oberlinhaus in Potsdam (Brandenburg) im Jahr 2021 über sexuellen Missbrauch durch Pfleger bis zu systematischer körperlicher Gewalt wie im Wittekindshof in Bad Oeynhausen (Nordrhein-Westfalen); hier mussten mindestens 32 Bewohner*innen mit Behinderungen Misshandlungen – wie zum Beispiel den

Einsatz von Reizgas, Schläge, Tritte sowie Einsperren und Fixieren – durch mindestens 165 Mitarbeiter*innen der Einrichtung in dem dokumentierten Zeitraum 2014 bis 2021 erleben.

Gewalterfahrungen von behinderten Personen im Erwachsenenalter sind in unserer Gesellschaft alltäglich, besonders in Wohneinrichtungen, die den Schutz dieser sozialen Gruppe zum Ziel hat. So ergibt eine Studie im Auftrag des Bundesministeriums für Familie, dass 68 bis 90 Prozent aller behinderten Frauen im Erwachsenenalter von psychischer Gewalt und psychisch verletzenden Handlungen im Erwachsenenleben berichten (im Vergleich zu 45 Prozent der Frauen im Bevölkerungsdurchschnitt); hier geht es überwiegend um verbale Beleidigungen und Demütigungen, aber auch Benachteiligung, Ausgrenzung und Unterdrückung, Drohung, Erpressung und Psychoterror. 58 bis 75 Prozent der behinderten Frauen berichten von körperlicher Gewalt im Erwachsenenleben (im Vergleich zu 35 Prozent der Frauen im Bevölkerungsdurchschnitt) und 21 bis 43 Prozent der behinderten Frauen berichten von erzwungenen sexuellen Handlungen im Erwachsenenalter; sie sind damit zwei- bis dreimal häufiger von sexueller Gewalt betroffen als Frauen im Bevölkerungsdurchschnitt.[1]

Hierbei ist hervorzuheben, dass die Zahl derjenigen die von diesen unterschiedlichen Gewalttaten betroffen sind, bei denen am höchsten ist, die in Wohneinrichtungen für behinderte Personen leben; so erleben 90 Prozent der befragten Frauen dort psychische Gewalt, 73 Prozent körperliche und mindestens 38 Prozent auch sexuelle Gewalt; die Täter*innen kommen überwiegend aus dem nahen Umfeld oder den Einrichtungen selbst (vgl. Schröttle et al. 2012) – also größtenteils aus einem Umfeld, das den Auftrag hat, die ihnen anvertrauten Personen zu schützen.

Für die Theorie fragiler epistemischer Subjekte ist dabei vor allem interessant, inwieweit die institutionellen Strukturen diese Gewalt verschleiern und den Betroffenen Widerstand erschweren – und welche epistemisch wertvollen Standpunkte sich auf Grundlage von solchen problematischen Untersuchungen erörtern lassen; die Idee ist, dass eine Theorie fragiler epistemischer Subjekte dazu beitragen kann, einen Perspektivenwechsel zu erreichen, der gefestigte institutionelle Strukturen hinterfragt, Probleme erkennt und Lösungsvorschläge für eine demokratischere Teilhabe fragiler epistemischer Subjekte anbietet. Interessanterweise benennen viele der befragten behinderten Frauen explizite Probleme in den Wohneinrichtungen und benennen gleichzeitig damit in Verbindung stehende Lösungen, die ihnen bessere Schutzräume ermöglichen würden; einem Fünftel der in Einrichtungen lebenden Frauen (20 %) stand kein eigenes Zimmer zur Verfügung, die meisten von ihnen hatten zudem kein Mitbestimmungsrecht, mit wem sie die

---

1 Alle statistischen Zahlen aus Schröttle et al. (2012).

Zimmer teilten, und äußerten den Wunsch nach mehr Alleinsein. Einem Fünftel der überwiegend psychisch erkrankten Frauen und zwei Fünftel der Frauen mit sogenannten geistigen Behinderungen stehen in dem Einrichtungen keine abschließbaren Wasch- oder Toilettenräume zur Verfügung, und viele Frauen in Einrichtungen beschrieben die Lebenssituation in der Einrichtung als belastend, zum Beispiel aufgrund von Reglementierungen durch die Einrichtung, Lärm, psychisch-verbalen sowie auch körperlichen Übergriffen von Mitbewohnern und Mitbewohnerinnen (vgl. Schröttle et al. 2012). Bevor dieses Beispiel noch einmal aufgegriffen wird, sollen zunächst die Aspekte aus den bereits diskutierten Theorien, die hier zum Tragen kommen, miteinander in Verbindung gebracht werden.

7.1 Dialektische Positionierung

Fragile epistemische Subjekte zeichnen sich einerseits durch ihre dialektische Positionierung als marginalisierte wissende Subjekte aus – sie sind in Bezug auf einen Wissensgewinn sowohl vorteilhaft als auch nachteilig positioniert (vgl. Kapitel 2) – und andererseits durch die Aspekte der Vulnerabilität und Handlungsfähigkeit. Es soll zunächst die dialektische Positionierung erörtert und dabei vor allem auf standpunkttheoretische Überlegungen zurückgegriffen werden – an dieser Stelle wird sich zudem eine interessante Verbindung zwischen testimonialen und hermeneutischen Ungerechtigkeiten zeigen –, bevor im nächsten Abschnitt die Aspekte der Vulnerabilität und Handlungsfähigkeit im Fokus stehen, welche besonders durch die Überlegungen Schwarzer Philosophinnen gekennzeichnet sind (vgl. Kapitel 6).

Eine kurze Zusammenfassung von Frickers Theorie[2] ist an dieser Stelle hilfreich: Nach Fricker zeichnen sich epistemische Ungerechtigkeiten dadurch aus, dass sie Personen *als wissende Subjekte* moralisch falsch behandeln. Das lässt sich durch zwei Formen dieser Ungerechtigkeit illustrieren: Fälle testimonialer Ungerechtigkeit und Fälle hermeneutischer Ungerechtigkeit. Unter testimonialer Ungerechtigkeit versteht Fricker Fälle, in denen die testimoniale Aussage einer Person aufgrund ihrer Zugehörigkeit zu einer bestimmten sozialen Gruppe aufgrund von Identitätsvorurteilen zu Unrecht nicht berücksichtigt wird; so berücksichtigt beispielsweise ein Arzt nicht die Aussage einer Frau, die über Schmerzen klagt (vgl. Davis 2021; Freeman 2015) oder ein Polizist nicht die Zeugenaussage einer Schwarzen Person (vgl. Catala 2015, 425). Testimoniale Ungerechtigkeit ist also durch ein Glaubwürdigkeitsdefizit gekennzeichnet, das einer Sprecherin oder einem Sprecher

---

2 Für eine detaillierte Diskussion von Frickers Theorie, siehe Kapitel 3.

von einer zuhörenden Person ungerechtfertigterweise zugeschrieben wird, weil diese Person Vorurteile gegenüber der sozialen Gruppe hat, der die sprechende Person angehört.

Unter hermeneutischer Ungerechtigkeit versteht Fricker Fälle, in denen Sprechende aufgrund der hermeneutischen Marginalisierung ihrer sozialen Gruppe unter einem problematischen Verständlichkeitsdefizit leiden. Zum Verständnis hermeneutischer Ungerechtigkeit sind zwei verwandte Begriffe von besonderer Bedeutung: Erstens gibt es sogenannte *kollektive hermeneutische Ressourcen* in Gesellschaften³, die den Pool an Verständnissen oder verfügbaren Begriffen bezeichnen, aus dem Individuen schöpfen und den sie zur Beschreibung sozialer Praktiken oder Erfahrungen verwenden. Zweitens wird eine soziale Gruppe *hermeneutisch marginalisiert*, wenn sie in ungleicher Weise an der Produktion der beschreibenden epistemischen Ressourcen teilnimmt, die die kollektiven hermeneutischen Ressourcen der Gesellschaft ausmachen.⁴ Im Fall von hermeneutischer Ungerechtigkeit wird die soziale Erfahrung oder Interpretation eines Individuums aufgrund der hermeneutischen Marginalisierung von dessen sozialer Gruppe zu Unrecht missverstanden. Für Fricker findet hermeneutische Ungerechtigkeit also vor dem kommunikativen Versuch der sprechenden Person statt und wird durch den gescheiterten kommunikativen Versuch manifest.

Ebenso wie unsere Gesellschaft von mannigfaltigen sozialen Ungerechtigkeiten durchsetzt ist, so ist dies auch der Fall im Hinblick auf epistemische Ungerechtigkeiten, wobei testimoniale und hermeneutische Ungerechtigkeiten hier eng miteinander verknüpft sind. Wer testimoniale Ungerechtigkeit auf einer strukturellen Ebene erfährt, ist hermeneutisch marginalisiert, da die Möglichkeit, zum hermeneutischen Fundus beizutragen, erschwert oder sogar gänzlich verhindert wird. Und hermeneutische Marginalisierung führt wiederum zu hermeneutischer Ungerechtigkeit, weil die Möglichkeit erschwert wird, marginalisierte Erfahrungen adäquat zu verstehen und zu kommunizieren. Hier lässt sich der Kreis schließen, denn wenn die hermeneutischen Ressourcen für einige Erfahrungen nicht vorhanden sind, führt dies unweigerlich zu testimonialer Ungerechtigkeit, da marginalisierte soziale Gruppen weiter epistemisch an den Rand gedrängt werden und vorhandene Vorurteile somit einen besonders guten Nährboden erfahren. Dies ist insofern wichtig, als es zeigt, dass epistemische Ungerechtigkeiten und strukturelle soziale Ungerechtigkeiten in einem permanenten Kreislauf ineinandergreifen; wo

---

3 Siehe Kapitel 3.2.4 für eine kritische Beleuchtung des Begriffs der kollektiven hermeneutischen Ressource.
4 Für eine detaillierte Diskussion sowie Kritik dieser Begrifflichkeiten siehe Kapitel 3.2.4.

wir strukturelle Ungerechtigkeiten vorfinden, lassen sich in den meisten Fällen also auch epistemische Ungerechtigkeiten finden und *vice versa*.

Hier lässt sich ein wichtiger Aspekt von Standpunkttheoretischen Überlegungen finden: Die grundlegende Idee, dass externe Faktoren einen Einfluss auf unsere Wissensproduktion haben und dass unterschiedliche soziale Positionen – und die daran anknüpfende Möglichkeit, epistemische Standpunkte zu generieren – einen unterschiedlichen epistemischen Einfluss haben (deskriptiv gesprochen) und haben sollten (normativ gesprochen). Während deskriptive Analysen hier aufzeigen, inwiefern Machtverhältnisse sich auch in der Wissensproduktion widerspiegeln und Wissensproduktion zumeist ein nur unzureichendes Bild der Welt gibt, verweist die normative Analyse auf die potentiellen epistemischen Standpunkte, die in der Lage sind, dieses unzureichende Bild zu vervollständigen.

Nach Gaile Pohlhaus (2012) lässt sich diese dialektische Situation einerseits durch unsere Situiertheit und andererseits durch unsere Relationalität zeigen: Situationen, die sich aus der eigenen sozialen Positionierung ergeben, schaffen „gemeinsame Herausforderungen" (vgl. Alcoff 2000 und 2006; Collins 2000), die in die gelebte Erfahrung der wissenden Person eingehen und so Teil des Frameworks werden, mit dem die Person sich selbst und anderen die Welt erklärt. Wenn diese Herausforderungen rituell wiederholt werden, können sie zu Erwartungs- und Aufmerksamkeitsgewohnheiten führen und tragen so dazu bei, was man in der Welt wahrnimmt und als Gegenstand in der Wissensproduktion verfolgt (Pohlhaus 2012, 716–7; vgl auch Alcoff 2006, 91).

Darüber hinaus haben feministische Standpunkttheoretikerinnen analysiert, wie nicht nur soziale Positionierung, sondern auch Macht innerhalb bestimmter sozialer Positionen in einer Weise wirkt, die epistemisch bedeutsam ist; zum Beispiel sind die epistemischen Ressourcen, die von vielen Wissenden in der Gesellschaft verwendet werden, um die Welt intelligible zu machen, weniger geeignet für die Situationen, in denen sich marginal positionierte Wissende befinden. Tatsächlich ist es folgendermaßen:

> Erkenntnistheoretische Ressourcen […] werden in Bezug auf die Welt entwickelt und müssen geeignet sein, die Welt zu erklären. Diese Ressourcen helfen uns jedoch nicht, alle Teile der Welt gleichermaßen zu kennen oder alle Aspekte eines bestimmten Teils der Welt gleichermaßen zu erklären. Vielmehr helfen uns bestimmte Ressourcen dabei, bestimmte Teile und Aspekte der Welt zu verstehen, zu erforschen und zu kennen. Daraus folgt, dass diejenigen, die nicht gut positioniert sind, um epistemische Ressourcen zu beeinflussen, feststellen werden, dass die dominanten Ressourcen für das Wissen weniger geeignet sind, um die Teile der Welt zu kennen, auf die ihre Situiertheit sie ausrichtet. (Pohlhaus 2012, 717; eigene Übersetzung)

Wir sind aber nicht nur situiert, sondern in unseren epistemischen Praktiken – und natürlich darüber hinaus – relational mit anderen verbunden. Standpunkttheoretische Überlegungen fokussieren daher nicht nur darauf, inwieweit unsere sozialen Relationen beeinflussen, *was* wir wissen (können), sondern auch *wie* wir wissen (können). Wissende Subjekte sind voneinander abhängig, insofern als die epistemischen Ressourcen und Werkzeuge, mit denen wir wissen, kollektive Ressourcen und Werkzeuge sind (vgl. Pohlhaus 2012, 718). Um etwas zu wissen, brauchen wir Sprache, Begriffe, kognitive Prozesse sowie Maßstäbe, um bestimmte Narrative und Theorien zu bewerten. Lynn Nelson (1990, 138–9) spricht daher davon, dass es kein „unmittelbares Erleben" gibt; unsere gelebten Erfahrungen sind immer durch kollektive Theorien, Methoden und Praktiken gefiltert. Aber nicht alle epistemischen Ressourcen und Werkzeuge sind gleichermaßen gut entwickelt, um unsere spezifischen Erfahrungen intelligible zu machen, weil nicht alle Wissenden gleichermaßen gut zu den epistemischen Ressourcen und Werkzeugen beitragen können – und hier sehen wir die Verknüpfung zwischen unserer Situiertheit und unserer Relationalität. Mit Pohlhaus (2012, 719) lässt sich das Problem also folgendermaßen beschreiben: Auf der einen Seite, müssen Wissende auf kollektive epistemische Ressourcen und Werkzeuge zurückgreifen, um ihre eigenen Erfahrungen und die Welt zu verstehen – und sind so von anderen abhängig. Auf der anderen Seite sind kollektive epistemische Ressourcen und Werkzeuge nicht notwendigerweise adäquat oder gut geeignet, um bestimmte Erfahrungen verständlich zu machen, da sie ja an die Welt angepasst sein müssen.[5]

Hieraus ergibt sich eine dialektische Situation, in der sich fragile epistemische Subjekte befinden: Auf der einen Seite können fragile epistemische Subjekte aufgrund ihrer sozialen Positionierung potentiell einen epistemischen Standpunkt erarbeiten, der es ihnen ermöglicht, ein komplexeres Bild der Welt zu entwickeln. Auf der anderen Seite fehlt ihnen oftmals die soziale Macht, diesen epistemischen Standpunkt zu artikulieren; sie sind, nach Fricker, hermeneutisch marginalisiert. Matthew Congdon illustriert dies für Kontexte, in denen eine moralisch verletzte Person versucht, ihre Verletzung zu artikulieren und von der Gemeinschaft, in der sie sich befindet, Zurückweisung erfährt: „Ihre Situation hat die Form eines Dilemmas: Sie muss ihre Beschwerde artikulieren, indem sie entweder auf autoritative, aber unzureichende begriffliche Ressourcen oder auf adäquate, aber nicht autoritative begriffliche Ressourcen zurückgreift" (Congdon 2016, 820; eigene Übersetzung). Und dieses Dilemma wird von sehr praktischen Konsequenzen be-

---

5 Pohlhaus identifiziert dieses Problem als dialektisch; dies ist aber nicht zu verwechseln mit der dialektischen Situation fragiler epistemischer Subjekte an der ich im Folgenden interessiert bin. Tatsächlich wird das Problem bei Pohlhaus erst zu einem Problem oder einer dialektischen Situation, wenn die gegebenen epistemischen Ressourcen und Werkzeuge nicht geeignet sind, um spezifische Erfahrungen adäquat abzubilden; also hauptsächlich im Falle marginalisierter Personen – worauf die im Folgenden von mir ausbuchstabierte dialektische Situation explizit eingeht.

gleitet insofern als „[i]n beiden Fällen [...] der Adressat die Existenz eines Schadens leugnen [kann], da die Bedingungen der begrifflichen Angemessenheit und der normativen Autorität nicht gleichzeitig erfüllt sind" (ibd.; eigene Übersetzung).

Sowohl Pohlhaus als auch Congdon machen aber zugleich darauf aufmerksam, dass diese Dilemmata emanzipatorisches Potential haben. Einige subjektive Urteile über Leid und Unrecht sind eindeutig und lassen sich in konkrete Worte fassen, während es sich in anderen Fällen eher um ein unbestimmtes Gefühl handelt. Das, was wir als moralisch falsch ansehen, und damit auch unser Gefühl, moralisch verletzt worden zu sein, ist jedoch immer auch gesellschaftlich gekennzeichnet. Dies kann zu einem moralischen Bruch führen – eine innere Spannung zwischen unserer Erfahrung, Unrecht erlebt zu haben, und dem moralischen Narrativ der breiteren Gemeinschaft. Das ein Unrecht durch das bestehende, vorherrschende moralische Narrativ unterdrückt wird, verbietet zwar, dass das Unrecht direkt zum Ausdruck kommt, hindert aber nicht daran, es zu fühlen. Dieses dann empfundene Leiden geht oftmals besonders tief, da es an unserer Würde, unserer Anerkennung, unserer Identität und unserer Selbstachtung kratzt. Der moralische Bruch kann wiederum dazu führen, dass wir unser persönliches Leiden als moralische Verletzung identifizieren; dieser Schritt ist wichtig, weil er unser Leiden als von jemand anderem verursacht begreift.

Die *Consciousness Raising Groups* der 1970er Jahre sind paradigmatisch für diese veränderte Sichtweise; sie halfen dabei, die strukturellen und systematischen Elemente des Leidens von Frauen zu verstehen, und ermöglichten es so, diese als moralische Verletzung zu identifizieren. Ähnlich verhält es sich auch mit der #MeToo-Bewegung (oder anderen emanzipatorischen sozialen Bewegungen[6]): Wenn man andere Narrative über sexuelle Gewalt sieht, die sich zumindest stellenweise mit den eigenen Erfahrungen überschneiden und zugleich das vorherrschende, aber verzerrte Bild von sexueller Gewalt in Frage stellen, kann der strukturelle Charakter des eigenen Leidens erkannt und artikulierbar werden. Erfahrungen sexueller Gewalt sind nicht nur subjektiv, sondern immer auch intersubjektiv; unser Verständnis unserer Erfahrungen ist geprägt von gesellschaftlichen und kollektiven Begriffen, Theorien, Erzählungen und Normen. Erst wenn wir den moralischen Bruch erfahren zwischen unserem Gefühl des Leidens und dem, was wir zu fühlen konditioniert sind – d. h. wie der moralische Rahmen den fraglichen Vorfall interpretiert –, können wir beginnen, das Leiden als eine Verletzung und somit als moralisch problematisch zu sehen, trotz des vorherrschenden, aber eben verzerrten moralischen Rahmens. Individuen haben daher einen legitimen Anspruch darauf, sich moralisch ungerecht behandelt zu fühlen, selbst

---

6 Siehe auch Hull (2017).

wenn ihre Aussage nicht in die gegenwärtige Vorstellung von dem passt, was moralisch ungerecht ist. Dies ist eine wichtige Lektion: Betroffene verfügen sowohl Wissen über ihr eigenes Leiden als auch über die Diskrepanz zwischen diesem und dem vorherrschenden moralischen Narrativ; ein Narrativ, das auch dazu dient, den Übergang vom Leiden zur moralischen Verletzung zu verschleiern. So gesehen erstreckt sich das emanzipatorische Potenzial nicht nur auf moralische Narrative von Verletzbarkeit, sondern kann auch auf begrifflicher Ebene fruchtbar sein.[7]

Der Übergang von einer Leidenserfahrung zu einer Erfahrung moralischer Verletzung ist immer auch ein Übergang von einem unbestimmten Leiden zu einer Forderung nach Verantwortlichkeit einer bestimmten Gruppe oder eines schuldigen Akteurs – schließlich wird uns *von anderen* Unrecht zugefügt. Und, wie Congdon betont, wird uns „auf *eine bestimmte Art und Weise* Unrecht zugefügt" (2016, 817; eigene Übersetzung und Hervorhebung). Dies bedeutet keinesfalls, dass die von einer moralischen Verletzung betroffene Person über die notwendigen Ausdrucksmittel verfügt, um die besondere Art der Verletzung in Worte zu fassen, oder dass die Ausdrucksmittel, über die die Person verfügt, anderen verständlich gemacht werden können; es zeigt allerdings, dass die betroffene Person einen emanzipatorischen Reflexionsprozess begonnen hat, an dessen Ende auch begriffliche Veränderungen stehen können.

Zusammenfassend kann also gesagt werden, wenn uns ein moralischer Bruch – eine Diskrepanz zwischen unserer moralischen Erfahrung und dem vorherrschenden moralischen Narrativ – dazu bringt, das vorherrschende moralische Narrativ in Frage zu stellen und stattdessen unser eigenes Gefühl, moralisch verletzt worden zu sein, zu untersuchen, treten wir in einen komplexen Dialog (mit uns und anderen) über den fraglichen Vorfall ein. Und mit Hilfe anderer können wir nicht nur zu einer Erkenntnis über das richtige moralische Urteil kommen, sondern auch über die angemessene Kategorie, unter die der Vorfall fallen sollte, sowie die bestehenden Hintergrundbedingungen, die die moralische Verletzung und die bezeugte und hermeneutische Ungerechtigkeit überhaupt erst möglich gemacht haben. Verallgemeinert bedeutet das, dass die Brüche des hegemonialen Diskurses Raum für alternative Diskurse schaffen, die als „epistemische Basis oder Autorität für Ideologiekritik" (Hennessy 1993, 23; eigene Übersetzung) genutzt werden können.

---

7 Vergleiche hierzu meine Ausführungen in Hänel (2022).

7.2 Vulnerabilität und Handlungsfähigkeit fragiler epistemischer Subjekte

Wir haben gesehen, dass die dialektische Positionierung von fragilen epistemischen Subjekten diese notwendigerweise in eine vulnerable Situation bringt. Fragile epistemische Subjekte können zwar einerseits epistemische Privilegien erreichen, sind aber andererseits epistemisch und sozial marginalisiert, so dass sie es schwerer haben – und es ihnen in manchen Fällen sogar unmöglich ist, zu den Wissensressourcen und epistemischen Werkzeugen beizutragen oder diese zu verändern. Diese epistemische Marginalisierung macht fragile epistemische Subjekte häufig abhängig von dominanten Wissensressourcen und von Personen und sozialen Gruppen, die nicht epistemisch marginalisiert sind; das wiederum führt dazu, dass die eigenen marginalisierten Erfahrungen weniger gut repräsentiert und weniger gut artikulierbar sind – zumindest außerhalb der eigenen marginalisierten Gemeinschaft.

Fragile epistemische Subjekte befinden sich aber nicht nur in *epistemischer* Abhängigkeit, sondern sind oftmals auch in anderen Dimensionen verletzlich; zum Beispiel sind sie sozial, rechtlich oder ökonomisch abhängig, denn – wie Fricker gezeigt hat – systematische epistemische Ungerechtigkeit verfolgt Subjekte durch die unterschiedlichen Dimensionen ihres Lebens. Diese Formen der Abhängigkeit und Verletzlichkeit können allerdings epistemisch vorteilhaft sein; so müssen fragile epistemische Subjekte beispielsweise nicht nur ihre eigenen Erfahrungen, Interessen und Bedürfnisse verstehen, sondern oftmals auch die von den Personen, denen gegenüber sie verletzlich sind. Ein Beispiel: Als Frau ist es von Vorteil, nicht nur zu wissen, wie sie unter Alkoholeinfluss reagiert, sondern auch, wie sich das männliche Gegenüber bei Alkoholkonsum verändert, so dass sie sich vor ungewollten Situationen wie aufdringlichem oder aggressivem Verhalten schützen kann. Anders herum ist dies allerdings nicht der Fall – das männliche Gegenüber ist nicht (oder selten) in einer besonderen vulnerablen Situation und es ist daher nicht notwendigerweise in seinem Interesse das Verhalten der Frau unter Alkoholeinfluss einschätzen zu können. Die Verletzlichkeit trägt also zu einer Vergrößerung der Sichtweise auf die Welt bei; ich entwickle ein Verständnis sowohl eigener Handlungen als auch der Handlungen (oder zu erwartenden Handlungen) meines Gegenübers. Zudem eröffnet dies die Möglichkeit, strukturelle Aspekte greifbar zu machen; die Tatsache, dass es im Interesse der Frau ist, nicht nur das (zu erwartende) Verhalten der Männer zu verstehen, die sich im direkten Umfeld befinden, sondern auch das Verhalten aller anderen Männer, erlaubt es *qua meiner sozialen Positionierung als Frau, die mich in eine vulnerable Situation bringt*, strukturelle Rückschlüsse zu ziehen.

Fragile epistemische Subjekte lassen sich also durch die folgenden drei Aspekte charakterisieren:

(1) Dialektische Positionierung: Aufgrund ihrer marginalisierten sozialen Positionierung sind fragile epistemische Subjekte in einer dialektischen Situation. Um die Welt und ihre gelebten Erfahrungen in dieser Welt zu verstehen, sind wissende Subjekte auf voneinander abhängige epistemische Ressourcen angewiesen. Diese Ressourcen und epistemischen Werkzeuge sind aber eingebettet in unsere sozialen Machtstrukturen und repräsentieren so einige Erfahrungen besser als andere. Fragile epistemische Subjekte sind daher einerseits in der problematischen Situation, dass ihre gelebten Erfahrungen nur unzureichend von den dominanten epistemischen Ressourcen gespiegelt werden, sie aber dadurch häufiger auf sogenannte moralische und begriffliche Brüche stoßen und aufgrund ihrer besonderen Verletzlichkeit oftmals ein komplexeres Verständnis der Welt entwickeln können.

(2) Verletzlichkeit: Fragile epistemische Subjekte sind besonders verletzlich gegenüber anderen Personen, die in weniger marginalisierten sozialen Positionen situiert sind. Dies bedeutet, dass sie die Welt einerseits so verstehen müssen, wie sie ist, um ihre eigenen gelebten Erfahrungen greifbar zu machen, andererseits aber so, wie sie aus der Perspektive derer, die in privilegierten und machtvollen Positionen situiert sind, zu sein scheint. Dies kann – in Kombination mit einer ideologiekritischen Reflexion – zu einer komplexeren Sicht auf die Welt und ihre sozialen Strukturen führen.

(3) Handlungsfähigkeit: Begriffliche und moralische Brüche, die aus der dialektischen und besonders vulnerablen Situation fragiler epistemischer Subjekte entstehen, und die Reflexion dieser Brüche können helfen, eine besondere Form der Handlungsfähigkeit zu entwickeln; diese ist vor allem dadurch charakterisiert, dass fragile epistemische Subjekte epistemischen Widerstand leisten müssen, um sich verzerrten epistemischen Ressourcen und Werkzeugen zu widersetzen, und epistemische Kämpfe führen müssen, um neue epistemische Ressourcen und Werkzeuge in unsere alltäglichen Praktiken einzubringen.

Nach der Beschreibung der dialektischen Positionierung und der damit verbundenen Verletzlichkeit soll im Folgenden herausgearbeitet werden, wie sich aus diesen zwei Aspekten Folgerungen über die Handlungsfähigkeit ableiten lassen.

Wie bereits in Kapitel 6.5 gezeigt wurde, ist eine wichtige Frage in der gegenwärtigen analytischen Philosophie um Handlungsfähigkeit, wie autonome oder selbstbestimmte Handlungen in Kontexten der Unterdrückung charakterisiert werden sollen: Wie lässt sich eine bestimmte intentionale Handlung einem handelnden Subjekt zuweisen, um sagen zu können, dass die Handlung tatsächlich *dessen* Handlung ist – trotz der gegebenen Einschränkungen, denen die Person ausgesetzt ist? An dieser Stelle ist kein Platz, um die gesamte Debatte abzubilden, aber für die Erklärungen zu der voraussstehend erwähnten besonderen Handlungsfähigkeit, die sich aus der dialektischen Positionierung und Verletzlichkeit ergibt, reicht ein knapper Überblick, der sich auf einen bestimmten Aspekt von Handlungsfähigkeit beschränkt: Eine Charakterisierung von selbstbestimmter Handlung sollte einerseits in der Lage sein zu erklären, wie Unterdrückung Handlungsfähigkeit einschränken kann, und andererseits zeigen, dass Handlungsfähigkeit trotz Unterdrückung möglich ist; eine komplexe Situation, die von Serene Khader als „Handlungsfähigkeits-Dilemma" (2011, 30; im Englischen: *agency dilemma*) beschrieben wird.

Dabei stellt sich jedoch heraus, dass es gar nicht so einfach ist, dieses Dilemma aufzulösen. So beschränken sich viele Theorien darauf, nur eine der beiden Erklärungen zu liefern oder Unterdrückung gänzlich auszuschließen. James Taylor (2009, 71) argumentiert beispielsweise, dass adaptive Präferenzen, die sich in Kontexten von Unterdrückung formen, und die Handlungen, die sich aus diesen Präferenzen ergeben, paradigmatische Fälle von nicht-selbstbestimmter Handlung sind. Aber obwohl viele marginalisierte soziale Gruppen in Kontexten von Unterdrückung leben, lässt sich beobachten, dass auch hier selbstbestimmte Handlungsfähigkeit möglich ist (vgl. Schwartz 2007, 455 und Veltman & Piper 2014, 5). Aus diesem Grund argumentieren andere, dass – unabhängig vom Prozess, in dem sich die Präferenzen formen –, jegliche Präferenzen für übermäßige Ehrerbietung, Unterwürfigkeit oder Servilität an sich schon nicht selbstbestimmt sind (vgl. Oshana 2006 und Khader 2011). Wieder andere begegnen dem Handlungsfähigkeits-Dilemma, indem sie argumentieren, dass Unterdrückung unsere Handlungsfähigkeit zwar in einigen Kontexten einschränkt, aber nicht in allen (vgl. Charles 2010, 426) oder, indem sie zeigen, dass es eine minimale Beschreibung von Handlungsfähigkeit gibt, die nicht von Unterdrückung beeinflusst wird. Die Frage bleibt aber bestehen, ob eine robuste Form der Handlungsfähigkeit innerhalb von Kontexten der Unterdrückung existiert, die über die minimale Beschreibung hinausgeht?

Wie in Kapitel 6.5 diskutiert, nehmen viele Theorien in der Debatte um Handlungsfähigkeit und Autonomie an, dass diese dann gegeben ist, wenn die handelnde Person unabhängig und intentional agiert. Hiernach kann das Selbstverständnis einer Person beispielsweise sozial beeinflusst sein, muss aber ohne Rückgriff auf andere Personen oder die Sozialstruktur entwickelt worden sein – sonst würde die Unterscheidung zwischen Selbstverständnis und von anderen gelesener Identität, wie Thomason (2018) argumentiert, keinen Sinn ergeben. Genauso ergibt die Idee kohärenter eigener Projekte (vgl. Christman 1991) oder Willensäußerungen zweiter Ordnung (Frankfurt 1971) nur dann wirklich Sinn, wenn angenommen wird, dass das handelnde Subjekt möglichst unabhängig von sozialen Relationen ist. Das scheint jedoch angesichts von Theorien, die Geschlechteridentität als sozial konstruiert entlarven, zumindest fragwürdig. Sally Haslanger zeigt zum Beispiel, dass eine Frau zu sein bedeutet, von anderen als Person mit bestimmten weiblichen Geschlechtsmerkmalen gelesen oder imaginiert zu werden, aufgrund derer sie in sozialer, politischer, wirtschaftlicher und rechtlicher Hinsicht systematisch untergeordnet wird (vgl. 2000, 42). Diese konstitutive soziale Konstruktion lässt sich insofern verallgemeinern, als Identität hiernach sozial konstituiert ist; etwas ist nur dann konstitutiv sozial konstruiert, wenn dafür soziale Faktoren eine notwendige Rolle spielen.[8]

Und welche Identität wir haben, wie wir von anderen gelesen werden und wie wir uns innerhalb der Sozialstruktur und unserer sozialen Relationen bewegen, hat Auswirkungen auf unsere Handlungsfähigkeit. Patricia Hill Collins (2000) spricht in ihren Texten von sogenannten „kontrollierenden Bildern": Indem Afro-Amerikanische Frauen stereotypisch als Mammies, Matriachen oder Sozialhilfe-Mütter oder -Königinnen imaginiert werden, kann die Unterdrückung von Schwarzen Frauen in den USA gerechtfertigt werden. Während diesen Bildern gemeinsam ist, dass sie Schwarze Frauen als die „Anderen" identifizieren und so die Grundlage schaffen, um Schwarze Frauen zu objektifizieren und zu manipulieren, bieten die Bilder im Einzelnen jeweils neue Möglichkeiten, strukturelle Probleme in der Gesellschaft zu verschleiern und die Unterdrückung von Schwarzen Frauen zu rechtfertigen oder als natürlich darzustellen. So ist das Bild der Sozialhilfe-Mutter und Sozialhilfe-Königin (in Englisch: *welfare mother* und *welfare queen*) beispielsweise entstanden, um ökonomische Schieflagen in der Gesellschaft zu erklären; Schwarze Mütter werden hier dargestellt als Sozialhilfe ausbeutend.

Darüber hinaus können Schwarze Personen ganz allgemein als faul imaginiert werden, weil die Sozialhilfe-Königinnen ihrer Rolle als Mutter nicht nachkommen und kein adäquates Arbeitsethos an ihre Kinder weitergeben. Über das Bild der Faulheit können zugleich auch traditionelle Geschlechterrelationen gerechtfertigt werden – weil die Sozialhilfe-Königin nicht verheiratet ist, gibt es keine männliche Autorität, die Frau und Faulheit zur Ordnung bringt (Collins 2000, 69–80). Besonders verhängnisvoll werden diese Bilder, weil sie keinerlei Ausweg lassen; Schwarze Frauen, die das Bild der Sozialhilfe-Mutter oder Königin hinter sich lassen, werden automatisch mit der Schablone eines anderen kontrollierenden Bildes gelesen. Eine Identität außerhalb dieser kontrollierenden Bilder ist somit kaum erreichbar, und entsprechend dem Bild, nach welchem eine Person gelesen wird, bleiben nur eingeschränkte Handlungsmöglichkeiten übrig, die Sozialhilfe-Mutter kann keine respektierlichen Berufe ergreifen, weil sie als Sozialhilfe-Mutter kategorisiert und dementsprechend diskriminiert wird.

Wie bereits diskutiert (vgl. Kapitel 6.5) lässt sich dies gut mit Bierrias Unterscheidung einfangen: Wenn eine Handlung *gelesen* wird, dann wird ihre existierende Bedeutung verstanden. Wenn eine Handlung aber *geschrieben* wird, dann wird eine völlig neue Bedeutung für diese Handlung erschaffen. Handlungen werden gelesen und geschrieben innerhalb der sozialen Strukturen, die ihnen Be-

---

[8] Siehe Haslanger (2012, 87) für eine Unterscheidung zwischen kausaler Konstruktion und konstitutiver Konstruktion.

deutung verschaffen; das bedeutet erstens, dass die Handlungen mancher Personen nicht (korrekt) gelesen werden und dass nicht alle Personen gleichermaßen soziale Autorenschaft genießen, und zweitens, dass soziale Autorenschaft dazu dienen kann, strukturelle Unterdrückung zu reproduzieren und zu rechtfertigen (vgl. Bierria 2014, 130).

Ein Beispiel hilft, diese komplexe Unterscheidung zu verdeutlichen: 2010 rief die damals 57-jährige Schwarze Lehrerin Janice Wells im ländlichen Georgia, USA, die Polizei, um einen potenziellen Eindringling in der Nähe ihres Hauses zu melden.

> Aus unbekannten Gründen stufte der antwortende weiße Beamte, Tim Murphy, Wells als Opfer häuslicher Gewalt ein und nicht als Opfer eines möglichen Einbruchs in ihr Haus. Seinem offiziellen Bericht zufolge verlangte Murphy den Namen eines Gastes, der sich in Wells' Wohnung aufgehalten hatte, inzwischen aber – als Murphy eintraf – abgereist war. Der Polizist behauptete, er sei verpflichtet, diese Information zu erhalten, da er den Fall als häusliche Gewalt einschätzte. Wells weigerte sich, [vermutlich zum Schutz der Person aus Angst vor Konsequenzen für diese], den Namen der Person mitzuteilen und wollte zurück in ihr Haus. Laut seinem Polizeibericht drohte Murphy ihr daraufhin, sie ins Gefängnis zu bringen, verfolgte sie, legte ihr Handschellen an, sprühte ihr Pfefferspray ins Gesicht und rief Verstärkung. Officer Ryan Smith, ebenfalls weiß, traf kurz darauf am Tatort ein. Eine Video- und Tonaufnahme, die von einer Kamera in Smiths Polizeiauto gemacht wurde, zeigt, dass er, als er aus seinem Auto ausstieg, nichts sagte und nichts fragte. Stattdessen setzte er sofort und wiederholt seinen Taser gegen Janice Wells ein. Smith schrieb in seinem Bericht, dass Wells, bevor er sie taserte, „in einer Ballposition mit dem Gesicht zum Boden" lag. In der Aufzeichnung von Smiths Angriff kann man hören, wie Wells Smith anfleht aufzuhören, während er sie weiter taserte. Wells erzählte: „Ich fiel zu Boden. Ich war zusammengeballt und flehte ihn an, mich in Ruhe zu lassen" (Cook 2010).[9]

Während Wells trotz ihrer durch die ungerechte Sozialstruktur begrenzten Möglichkeiten Handlungsfähigkeit zeigt – indem sie wegen eines potentiellen Eindringlings die Polizei ruft oder sich weigert, den Namen ihres Bekannten preiszugeben –, wird die von ihr intendierte Handlung, also die Handlung, die eigentlich gelesen werden sollte, von den gerufenen Polizisten umgeschrieben und Wells selbst erst als Opfer häuslicher Gewalt und dann als kriminell gelesen.[10] Mit die-

---

9 Sinngemäß übersetzt aus Bierria (2014, 133).
10 Es lässt sich hier die Frage stellen, ob Autonomie überhaupt erst möglich wird durch den Kontrollverlust innerhalb einer Situation, in der die eigene Intention in Konflikt tritt mit der durch andere gelesenen Handlungsabsicht und der damit verbundenen Identität. Ein ähnlicher Gedanke findet sich in Autonomietheorien, die Behinderung als Ausgangspunkt nehmen; Wendell (1989) fokussiert auf die Anstrengung, eine intendierte Handlung zu erreichen, und Lugones (2003) reflektiert Elemente der Improvisation, wenn unser eigentlicher Plan zusammenbricht. Auch Webster (2021, unten im Detail) untersucht die Möglichkeiten, die Unterdrückung in Bezug auf Autonomie und Handlungsfähigkeit öffnet statt schließt.

ser Unterscheidung schafft Bierria den Spagat zwischen dem Kontrollverlust über die eigenen Handlungen unterdrückter sozialer Gruppen und der verfolgten Handlungsfähigkeit eben dieser – was Khader als Handlungsfähigkeits-Dilemma betitelt. Schwarze Frauen – und andere unterdrückte soziale Gruppen – intendieren bestimmte Handlungen, die ihnen vor dem Hintergrund einer ungerechten Sozialstruktur genommen und neu definiert werden. Hierbei helfen die von Collins analysierten kontrollierenden Bilder, die Schwarze Frauen als beispielsweise stereotypisch kriminell abspeichern.

Einen ähnlichen Spagat vollzieht die Theorie von Aness Webster (2021) nach der Handlungsfähigkeit notwendigerweise als sozial und relational definiert wird. Webster beginnt ihre Theorie mit zwei wichtigen Annahmen:

(1) Viele Mitglieder marginalisierter oder unterdrückter sozialer Gruppen entwickeln ein sogenanntes doppeltes Bewusstsein (in Englisch: *double consciousness*). Nach Du Bois (2007) etablieren Afro-Amerikanische Personen und andere von Rassismus betroffene Personen ein doppeltes Bewusstsein, da sie sich immer auch durch die Augen anderer betrachten und sich in diesen widersprüchlichen Perspektiven situieren müssen; dafür bedarf es aber notwendigerweise einer bestimmten Reflexion über die problematischen – in diesem Fall: rassistischen – Perspektiven der anderen innerhalb einer ungerechten Sozialstruktur. Während dieses erlangte Wissen über die ungerechten Strukturen aber hilfreich sein kann für Autonomie und Handlungsfähigkeit – im Beispiel oben erahnte Wells sowohl mögliche Konsequenzen für ihren Bekannten, wenn sie seinen Namen verrät, als auch für sich selbst, wenn sie den Namen nicht preisgibt. Das kann aber nicht hinreichend sein für Autonomie – schließlich verändern sich die unterdrückenden Strukturen, die unsere Handlungsfähigkeit beschränken, nicht automatisch dadurch, dass wir ein besseres Verständnis dieser Strukturen aus einer unterdrückten Perspektive entwickeln (vgl. Webster 2021, 114).

(2) Marginalisierte oder unterdrückte Subjekte erfahren häufig einen tiefen Konflikt zwischen den (internalisierten) Normen und Praktiken und den eigenen Bedürfnissen und Wünschen; zum Beispiel zwischen dem Wunsch, feministisch und emanzipiert zu handeln, und den sexistischen Schönheitsnormen, nach denen Frauen möglichst keine Körperbehaarung haben und möglichst schlank sein sollen (vgl. Webster 2021, 115–6). Für Subjekte, die intersektional von Marginalisierung und Unterdrückung betroffen sind, offenbart sich hier zudem oft auch ein Spannungsverhältnis zwischen den unterschiedlichen Normen, die an sie als Mitglieder verschiedener sozialer Gruppen gestellt werden, und den Entscheidungen, gegen welche Normen man sich primär richtet – schließlich fehlt oftmals sowohl die Energie als auch die Zeit, sich gegen alle problematischen Normen gleichzeitig zu stellen. Schwarze Frauen finden sich so immer wieder in Situationen, in denen sie die Wahl haben, entweder gegen sexistische oder gegen rassistische Strukturen zu kämpfen; zum Beispiel wenn es um sexualisierte oder häusliche Gewalt in Afro-Amerikanischen Gemeinschaften geht und ein Anzeigen dieser problematischen Strukturen rassistische Vorurteile gegenüber Schwarzen Männern als aggressiv und gewalttätig zementiert, ein Verschweigen der Strukturen aber die Reproduktion sexistischer Normen bedeutet (vgl. Crenshaw 1989, 1991). Patricia Marino beschreibt diese Spannungen als „Wertungsinkonsistent", die betroffenen Subjekte werden von unterschiedlichen Werten (oder Normen) in unterschiedliche Richtungen gezogen.

Webster nimmt diese zwei Annahmen als Einstieg für ihre Theorie, indem sie zeigt, dass die hier gezeigten Konflikte und Spannungen häufig keine passiven Vorkommnisse sind, sondern vielmehr die Grundlage, auf der marginalisierte und unterdrückte Subjekte Entscheidungen treffen und Handlungen aushandeln; mit anderen Worten, Entscheidungen werden hier nicht *trotz* der ungerechten Sozialstruktur getroffen, sondern gerade *wegen* dieser. Marginalisierte und unterdrückte Subjekte vermissen also Handlungsfähigkeit aufgrund der problematischen Sozialstruktur, leben aber gleichzeitig eine bestimmte Form der Handlungsfähigkeit, die wir in anderen Fällen nicht finden können. Internalisierte Normen und Praktiken beschneiden Handlungsfähigkeit zwar, öffnen aber auch Möglichkeiten für kritische und reflektierte autonome Entscheidungen. Gesellschaftlich oder sozial eingebettete Handlungsfähigkeit ist nach Webster also Handlungsfähigkeit, die dann ausgeübt wird, wenn sie zwischen unterschiedlichen sozialen Bedingungen ausgehandelt wird; also zwischen unseren Bedürfnissen und den Normen, die uns die Sozialstruktur auferlegt (vgl. Webster 2021, 117–8).

Dies kann vor allem wichtig sein, weil es uns eine Möglichkeit gibt, den kontrollierenden Bildern zu entfliehen, indem diese entweder – trotz aller Konsequenzen – rigoros abgelehnt werden und sich die Subjekte in selbstorganisierten oder widerständigen Gemeinschaften zusammentun, indem die von außen zugeschriebene Identität übernommen und neu gedeutet wird, wie zum Beispiel häufig im Fall von trans oder queeren Personen, oder indem eine Identität ausgehandelt wird, die als Brücke zwischen der eigenen Selbstzuschreibung und der von anderen gelesenen Identität oder Mitgliedschaft in einer sozialen Gruppe funktioniert.[11]

An dieser Stelle lässt sich zudem auch klar die Verbindung zu standpunkttheoretischen Überlegungen der dialektischen Positionierung fragiler epistemischer Subjekte ausmachen. Die Aushandlung der eigenen Handlungsfähigkeit und der damit verbundenen Identität – wie von Webster beschrieben – setzt die Reflexion der eigenen Position und der damit verbundenen Zuschreibungen und Erwartungen innerhalb der ungerechten Sozialstruktur voraus. Nur nach kritischer Reflexion dieser Strukturen ergibt sich die Spannung zwischen den eigenen Werten und den von der Gesellschaft vorgegebenen Werten als Konflikt, der neue Möglichkeiten der subversiven Entscheidungen aufmacht – wie es sich auch in vielen Zitaten Schwarzer Intellektueller, Philosophinnen und Feministinnen finden lässt:

---

11 Vergleiche Dembroff und Saint-Croix (2019) Argumentation zu *agential identities*; Identitäten, die ausgehandelt werden als Brücken zwischen der selbstgewählten Identität und der Identität, die andere in ein Subjekt hineinlesen.

> „Wir waren schon immer die besten Schauspieler der Welt [...]. Ich glaube, dass wir viel klüger sind als sie, weil wir wissen, dass wir das Spiel spielen müssen. Wir mussten immer zwei Leben führen – eines für sie und eines für uns selbst."[12]

Oder:

> „Für diejenigen von uns, die an der Küstenlinie leben / die an den ständigen Rändern der Entscheidung stehen / entscheidend und allein / für diejenigen von uns, die sich nicht hingeben können / den vergänglichen Träumen der Wahl / [...] / Für uns alle / dieser Augenblick und dieser Triumph / Wir waren nie zum Überleben bestimmt."[13]

Oder:

> „Dieses ‚Beobachten' erzeugt bei Afro-Amerikanischen Frauen ein doppeltes Bewusstsein, eines, in dem Schwarze Frauen ‚mit der Sprache und den Umgangsformen des Unterdrückers vertraut werden [...]', während sie einen selbst definierten Standpunkt vor den neugierigen Blicken der dominanten Gruppen verbergen."[14]

Nach Collins haben Intellektuelle der US-amerikanischen Schwarzen Frauenbewegung die im privaten und somit verborgenen liegenden Orte des kritischen Bewusstseins Schwarzer Frauen untersucht, die es ihnen erlauben, die einschränkenden Unterdrückungsstrukturen (in diesem Fall: race, Klasse und Geschlecht) zu bewältigen und zumindest teilweise zu überwinden (vgl. Collins 2000, 99–100). Das ist vor allem deswegen bemerkenswert, weil die tiefsitzenden Strukturen von Sexismus, Rassismus und Klassismus und die damit einhergehende Internalisierung nach Haslanger (2012) klebrige und maskierte Strukturen sind, die sich nur schwer identifizieren und noch schwerer verändern lassen. Wenn Collins also die geheimen Orte Schwarzer Frauen hervorhebt, macht sie einen wichtigen verallgemeinerbaren Punkt: Kritisch-reflexive Standpunkte, die von Autonomie und Handlungsfähigkeit zeugen und emanzipatorischen Widerstand möglich machen, sind Formen kollektiver Anstrengung. Und ebenso lassen sich nicht nur epistemische Voraussetzungen für Handlungsfähigkeit und Autonomie artikulieren, sondern epistemische Handlungsfähigkeit selbst kann beschrieben werden. Während häufig angenommen wird, dass epistemische Handlungsfähigkeit eine bestimmte Fähigkeit eines Individuums ist, Wissen zu produzieren, zu benutzen und zu teilen, sollte epistemische Handlungsfähigkeit stattdessen vor dem Hintergrund der gegebenen Sozialstruktur als ein „fundamental dynamisch und relationaler Pro-

---

12 Übersetzt aus Gwaltney (1980, 238 und 240).
13 Übersetzt aus Audre Lordes Gedicht „A Litany for Survival".
14 Übersetzt aus Collins (2000, 97); der zitierte Teil stammt aus Lorde (1984, 114).

zess zwischen einem Individuum, anderen Personen und der sozialen, kulturellen oder institutionellen Umgebung" (Catala et al. 2021, 3; eigene Übersetzung) verstanden werden. Der Fokus auf kritisch-reflexive Standpunkte, die in Relationen und Praktiken eingebunden sind, als notwendiger Bestandteil von (epistemischer) Handlungsfähigkeit hat den wichtigen Vorteil, ignorante und unwissende Personen – wie in Kapitel 4 diskutiert – als nicht epistemisch handlungsfähig beschreiben zu können, kognitiv eingeschränkte oder behinderte Personen aber trotz allem – und im Gegensatz zu vielen Theorien (epistemischer) Handlungsfähigkeit – als voll (epistemisch) handlungsfähig (vgl. Catala 2020).

7.3 Epistemische Ungerechtigkeit und Anerkennungsbrüche

Oftmals wird angenommen, dass verbale oder affektive respektlose Handlungen einer Person keinen großen Schaden zufügen, ganz nach der Redewendung *„sticks and stones may break my bones, but words will never break me."* Was aber feministische Sprachphilosophinnen wie Rae Langton mit dem Argument gezeigt haben, dass sprachliche Aussagen nicht nur lokutionäre, sondern auch perlokutionäre und illokutionäre Handlungen sein können, gilt ebenso für epistemische Handlungen (vgl. Langton 1993; zur Einführung in Perlokutionen und Illokutionen, siehe Austin 1962). Sprachliche Aussagen können spezifische und teilweise problematische Konsequenzen haben – wenn ein Befehl zum Erschießen einer Person führt (das lässt sich als perlokutionäre Dimension beschreiben) – und können konstitutives Potential besitzen – wenn bestimmte Formen der Hassrede selbst abwertend sind (die illokutionäre Dimension). Ebenso können auch epistemische Ungerechtigkeiten Konsequenzen haben, die über den epistemischen Gehalt hinausgehen, sowie selbst missachtend oder abwertend sein. Epistemische Ungerechtigkeiten und Missachtung oder schlicht das Fehlen von Anerkennung sind also auf signifikante Weise miteinander verknüpft.

Dina Nayeri (2019) erzählt die Geschichte eines Mannes, der sich am 6. April 2011 in Amsterdam angezündet hat, um Suizid zu begehen; nach mehreren Jahren, in denen er versucht hatte, Asyl in den Niederlanden zu bekommen und immer wieder abgewiesen wurde. Kambiz kam aus dem Iran, schlussendlich war er für fast ein Jahr im Schiphol Detention Center inhaftiert, ohne Besucher, Kontakte oder der Chance auf irgendeine Tätigkeit. Nach seiner Inhaftierung versuchte Kambiz ein letztes Mal einen Asylantrag zu stellen, ohne selbst noch daran zu glauben:

„Was kann ich tun?" fragte er. „Sie sperrten mich in einen Käfig wie ein Tier." [...] „Es war ein Jahr der Hölle." Er sprach jetzt mit sich selbst. „Du sitzt und denkst nach, und die Antworten kommen nicht." [...] Er war einfach vergessen worden.[15]

Teil des Problems für Kambiz war, dass ihm nicht geglaubt wurde; die Geschichte, warum er vor dem Islamischen Staat geschützt werden muss und somit Anrecht auf Asyl hat, wurde vom Niederländischen Asylsystem abgelehnt beziehungsweise der subjektive Anspruch auf Schutz nicht anerkannt. Diese Ablehnung ist aber nicht nur das *Nicht-Akzeptieren* einer testimonialen Erzählung (so wie man mir glauben oder eben nicht glauben kann, dass ich in Berlin wohne) oder das *nicht*-Akzeptieren von Kambiz' Schutzbedürftigkeit, da die Geschichte selbst Teil der Identität von Kambiz ist, wird ihm auch ein Teil seiner Identität abgesprochen, indem ihm nicht geglaubt wird. Und weiterhin bedeutet testimoniale Ungerechtigkeit in diesem Fall auch ein Aberkennen von Kambiz als rationalem Menschen; als jemandem, der seine eigene Geschichte und Identität kennt und eine Einschätzung darüber gewinnen kann, wann sein Leben in Gefahr ist.

Wie in Kapitel 3 angeschnitten, sind strukturelle epistemische Ungerechtigkeiten notwendigerweise Anerkennungsbrüche. Zudem erwachsen aus ihnen sekundäre Schäden, die immer auch in signifikanter Weise mit unserer sozialen Identität zusammenhängen und uns anfällig machen für weitere Anerkennungsbrüche und Situationen epistemischer Ungerechtigkeit. Es soll zunächst etwas zu den sekundären Schäden gesagt werden, bevor mit Hilfe von Frickers Theorie und einigen Ausführungen von Congdon gezeigt wird, dass strukturelle (nicht aber zufällige) epistemische Ungerechtigkeiten notwendigerweise auch Anerkennungsbrüche darstellen.

Sekundäre Schäden sind solche, die kausal verknüpft sind. So sind Fälle von hermeneutischer Ungerechtigkeit das Resultat einer Geschichte der Anerkennungsbrüche und können Personen zudem angreifbar für weitere Anerkennungsbrüche machen (vgl. Hänel 2020). Theorien der Anerkennung und der Anerkennungsbrüche sind vor allem im deutschen Idealismus artikuliert worden. Sowohl Fichte als auch Hegel beschäftigen sich mit Strukturen der Intersubjektivität und der intersubjektiven Anerkennung (vgl. Blumenfeld 2024), und diese Theorien wurden dann wiederum von Marx aufgegriffen, der darauf seine Analyse kapitalistischer Deformationen und die Idee der Entfremdung aufbaute (vgl. Zurn 2010, 2). Der grundlegende Gedanke ist, dass unsere Identität – wer wir sind und was für Pläne wir formen – durch Anerkennungsbeziehungen konstituiert ist (Taylor 1994, 25; vgl. Neuhouser 2000; Pippin 2008; Honneth 1995 und 2011; Fanon 1952/2008). Dies bedeutet aber auch:

---

15 Übersetzt aus Nayeri (2019, 224–7).

> Eine Person oder eine Gruppe von Menschen kann einen echten Schaden erleiden, eine echte Verzerrung, wenn die Menschen oder die Gesellschaft um sie herum ihnen ein einschränkendes, erniedrigendes oder verachtendes Bild von sich selbst widerspiegeln. Nicht-Anerkennung oder falsche Anerkennung kann Schaden anrichten, kann eine Form der Unterdrückung sein, die jemanden in einer falschen, verzerrten und reduzierten Seinsweise gefangen hält. (Taylor 1994, 25)

Zur Illustration kann man sich die Situation von Frauen innerhalb patriarchaler Strukturen vergegenwärtigen: Frauen, die in diesen Strukturen aufwachsen und leben, entwickeln oftmals ein verzerrtes Bild von sich selbst, entweder weil sie davon ausgehen, dass sie zum Muttersein bestimmt sind, oder weil sie sich selbst sexuell objektifizieren. So oder so sehen sie sich als minderwertig oder als Objekte, deren Aufgabe es ist, andere zu bedienen oder sich zu unterwerfen. Da es sich hierbei um eine Internalisierung schädlicher Werte und Normen handelt, verändert sich dieses eigene verzerrte Bild nicht automatisch, wenn sich die externen Strukturen verändern; anders ausgedrückt, eine Abschaffung der patriarchalen Strukturen führt nicht notwendigerweise zu einer sofortigen Änderung des Selbstbildes von Frauen. Brüche der Anerkennung sind also mehr als nur Respektlosigkeit, denn Anerkennung ist ein menschliches Bedürfnis, ohne das wir uns nicht zu vollwertigen Personen entwickeln können (vgl. Taylor 1994, 26). Und Anerkennung kann in verschiedenen Facetten auftreten: durch Liebe und funktionierende Fürsorgebeziehungen, durch Respekt und institutionalisierte Rechte oder durch Wertschätzung der individuellen Fähigkeiten (vgl. Honneth 1995).

Die kausale Verknüpfung von Anerkennungsbrüchen und hermeneutischer Ungerechtigkeit (und wir haben gesehen, dass hermeneutische und testimoniale Ungerechtigkeit eng verzahnt sind) lässt sich nun also folgendermaßen beschreiben: Das Vermögen, sich selbst anzuerkennen (oder wertzuschätzen) ist durch die Anerkennung anderer konstituiert, so dass die eigene Anerkennung durch Anerkennungsbrüche anderer gefährdet sein kann. Hermeneutische Ungerechtigkeit ist das Resultat früherer Anerkennungsbrüche, insofern als der Zustand der hermeneutischen Marginalisierung – eine Voraussetzung für hermeneutische Ungerechtigkeit – zurückzuführen ist auf die Abwesenheit von Respekt und Wertschätzung. Tatsächlich zeigt Fricker selbst auch, dass epistemische Ungerechtigkeit uns im Kern unseres Personseins trifft, da Rationalität und die Fähigkeit, Wissen akkumulieren und weitergeben zu können, ein essentieller Teil des moralischen Personenstatus ist (vgl. Fricker 2007, 163–9). Je stärker wir von hermeneutischer Marginalisierung betroffen sind, desto einfacher ist es zudem für andere, uns Anerkennung und somit unseren Personenstatus gänzlich abzusprechen. Hermeneutische Ungerechtigkeit und Anerkennungsbrüche bilden demnach also einen kausalen Kreislauf.

Nun könnte man aber auch argumentieren, dass es eine stärkere Verknüpfung gibt zwischen epistemischer Ungerechtigkeit und Anerkennungsbrüchen. Wie wir bereits gesehen haben, sind vor allem marginalisierte Subjekte besonders verletzlich in Wissenspraktiken. Dies erstreckt sich außerdem auf kommunikative Praktiken. Wenn wir beispielsweise versuchen, eine verletzende Erfahrung zu kommunizieren, so sind wir auf das Wohlwollen unseres Gegenübers angewiesen – was uns wiederum in eine explizit verletzliche Situation bringt. So würden wir wahrscheinlich gar nicht erst versuchen, unsere Erfahrung mitzuteilen, wenn wir wüssten, dass unser Gegenüber nicht gewillt ist, unseren kommunikativen Versuch anzuerkennen (vgl. Dotson 2011). Ein solches nicht vorhandenes Wohlwollen bedeutet aber nicht nur die Abwesenheit von kommunikativen Normen und Regeln, sondern rechtfertigt die Annahme, dass unser Gegenüber uns nicht als Person mit rationalen Fähigkeiten und einem bestimmten moralischen Status sieht. Und genau hierin liegt ein Anerkennungsbruch. Das tritt vor allem dann ein, wenn es sich bei meinem kommunikativen Versuch um einen Fall handelt, in dem mir nur verzerrte hermeneutische Ressourcen zur Verfügung stehen, gerade in solchen Fällen bin ich von dem Wohlwollen meines Gegenübers abhängig, meine epistemische Leistung anzuerkennen. Wenn wir dies nun mit der Annahme verbinden, dass Anerkennungsbrüche immer auch – zumindest potenziell – Brüche in unserem Selbstbild zur Folge haben können, sehen wir, dass Fälle epistemischer Ungerechtigkeit weitgehende und problematische Konsequenzen für unser Leben haben.

Dieser Gedanke wurde unter anderem von Matthew Congdon (2018; vgl. auch Giladi 2018) aufgegriffen. Nach Congdon ist der Begriff „Wissende*r" eine ethische Beschreibung, insofern es ein nicht reduzierbarer normativer und sozialer Begriff ist – und dies wiederum bedeutet, dass Wissende Forderungen in Anerkennungsbeziehungen stellen können. Bei dieser spezifisch konstitutiven Relation von Anerkennungsbrüchen und epistemischen Ungerechtigkeiten bezieht sich Congdon auf Wilfried Sellars (1997). Nach Sellars machen wir keine rein deskriptive Beschreibung, wenn wir eine Person in epistemischer Weise bezeichnen, vielmehr geben wir der Person normativen Status (Congdon 2018, 3; vgl. auch Kukla 2000). Eine wissende Person mit normativem Status hat einerseits Handlungsfähigkeit und ist andererseits in sozialen Praktiken situiert, die es ihr möglich machen, innerhalb dieser Praktiken nach Erklärungen und Gründen zu fragen. Wir sind daher als wissende Subjekte auch verantwortlich für unsere epistemischen Praktiken und verletzlich in Bezug auf problematische epistemische Praktiken. Und das wiederum impliziert bestimmte normative Erwartungen, die wir an das wissende Subjekt stellen können. Congdon argumentiert nun für die folgenden zwei Thesen:

> (i) Erstens, wenn „Wissende*r" ein normativer Begriff ist, dann ist die Vorstellung von sich selbst als Wissende*r eine besondere Art von positiver Selbstbeziehung, denn sie beinhaltet, dass man sich selbst eine normative Stellung in Bezug auf andere zuschreibt – eine Stellung, die bestimmte normative Befugnisse und Verantwortlichkeiten im Kontext von Praktiken der

Rechtfertigung bezeichnet. Indem man sich als Wissende*r begreift, nimmt man eine komplexe praktische Identität an, weil man sich selbst als eine Person betrachtet, die bestimmte Arten der Behandlung verdient, die sich aus ihrer rechtmäßigen Einbeziehung in sozio-epistemische Praktiken ergeben.

(ii) Der zweite Punkt ist eng damit verbunden. Wenn „Wissende*r" ein normativer Begriff im oben skizzierten Sinne ist, dann bedeutet, eine andere Person als Wissende zu betrachten, ihr gegenüber eine bestimmte normative Haltung einzunehmen, eine Haltung, die ihr Ziel als angemessenes Subjekt einer bestimmten Art von Kritik und als Träger der gerade beschriebenen positiven Selbstbeziehung begreift. Wir können das noch weiter denken, wenn ein Wissender nicht nur als Gegenstand einer normativen Bewertung angesehen wird, sondern auch als jemand, der in der Lage ist, andere Wissende der gleichen Art von normativer Bewertung zu unterziehen.[16]

Und hier lässt sich der Zusammenhang zu Anerkennung bereits erahnen. Nach Honneth ist Anerkennung sowohl durch eine praktische Einstellung als auch einen expressiven kommunikativen Akt markiert. Die praktische Einstellung bezieht sich darauf, eine andere Person als jemanden mit normativem Status anzuerkennen, der expressive kommunikative Akt bedeutet, diese Einstellung auch öffentlich zu kommunizieren (Congdon 2018, 8; vgl. Honneth 1995, 95). Hieraus folgt, dass wir einer wissenden Person den normativen Status aberkennen, wenn wir sie aus epistemischen Praktiken ausschließen oder – und das ist eine interessante Konsequenz, die bislang nur wenig Aufmerksamkeit bekommen hat – auf testimoniale Äußerungen oder hermeneutische Inputs mit Schweigen reagieren.

Die Verbindung von epistemischen Ungerechtigkeiten und Anerkennungsbrüchen ist an dieser Stelle vor allem aus zweierlei Gründen von Interesse: Erstens lenkt sie unsere Aufmerksamkeit auf den moralischen Schaden, der durch epistemische Ungerechtigkeit entstehen kann. Wenn epistemische Ungerechtigkeit als Anerkennungsbruch verstanden wird, dann negiert sie das menschliche Bedürfnis auf eine positive Beziehung zu sich selbst, das Entwickeln von Projekten und ein lebenswertes Sein. Hierbei ist allerdings wichtig, dass dies keinesfalls bedeuten muss, dass marginalisierte Subjekte notwendigerweise die Anerkennung von machtvoll situierten Personen brauchen; vielmehr hat sich in Kapitel 3.2.4 gezeigt, dass marginalisierte Gemeinschaften untereinander wertvolle (widerständige) Ressourcen bereithalten und in der Lage sind, gut funktionierende gegenseitige Anerkennungsbeziehungen aufzubauen, die die notwendige Voraussetzung für (reflexive und widerständige) Handlungsfähigkeit sind (vgl. auch Coulthard 2014).

Allerdings erstrecken sich Anerkennungsbeziehungen auch auf andere Bereiche, abseits der interpersonalen und familiären Beziehungen innerhalb von Gemeinschaften. Wenn wir Honneth folgen, bedarf es zumindest einer grundlegenden

---

16 Beide Thesen übersetzt aus Congdon (2018, 6–7).

Basis an Rechten und Respekt, die allen Personen innerhalb einer Gesellschaft zustehen (sollten). Weiterhin zeigt es, dass epistemische Ungerechtigkeiten in unterschiedlichen Kontexten unterschiedlich zum Tragen kommen in Bezug auf die Anerkennungsbrüche, die sie darstellen. So können wir mit Hilfe der Anerkennungstheorie sowohl interpersonale Konflikte analysieren als auch strukturelle Probleme; es gibt zahlreiche Kontexte, in denen unterdrückte Subjekte zwar Anerkennung innerhalb ihrer interpersonalen Beziehungen in (marginalisierten) Gemeinschaften erhalten, ihnen aber grundsätzliche Rechte – wie politische Partizipation oder das Recht auf Bildung – verwehrt sind. Und dies wiederum legt nahe, dass epistemische Praktiken besonders auch auf der institutionellen Ebene untersucht werden müssen.

7.4 Institutionelle Epistemologie: Andersons institutionelle epistemische Ungerechtigkeit

Innerhalb von liberalen demokratischen Gesellschaften spielen Institutionen eine unentbehrliche Rolle im politischen, sozialen und epistemischen Leben von Bürgern. So schreibt Ezgi Sertler beispielsweise, dass administrative Vorschriften die moderne Form von Regierung sind, wobei Gerechtigkeitsfragen de-politisiert und technisiert sind – das heißt, dass jene, die ihnen ausgesetzt sind, ausschließlich nach administrativen Regeln von Bürokraten behandelt werden (Sertler 2023, 171; vgl. Rajaram 2015, 24). Tatsächlich, so Dean Spade (2015, 73), spielt sich ein Großteil staatlicher Handlungen in Verwaltungssystemen zur Organisation und Verteilung von Lebenschancen ab – zum Beispiel Gesundheitsversorgung, Bildung, Einwanderungsmanagement oder Identitätsdokumentation – was wiederum bedeutet, dass die meisten Interaktionen zwischen einzelnen Personen oder Personengruppen und dem Staat innerhalb von staatlichen Institutionen und nach administrativen Regeln stattfinden und es daher signifikant ist, wie diese (epistemisch) organisiert sind und wie Anerkennung hier verteilt ist (vgl. Sertler 2023, 171).

Institutionelle Epistemologie als Teil der Politischen Epistemologie befasst sich also nicht nur im engen Sinn mit epistemischen Institutionen – Universitäten und anderen Bildungseinrichtungen, Think Tanks oder Medienunternehmen und Presseorganen –, sondern vielmehr mit Institutionen im Allgemeinen. Die Idee ist, dass soziale und politische Institutionen beeinflussen, was wir wissen, wie wir uns Wissen aneignen und wie wir mit diesem Wissen handeln – oftmals in impliziter Art und Weise, also durch das Implementieren von Gesetzen, Normen und Richtlinien, die wiederum bestimmte soziale und politische Umgangsformen fördern. Des Weiteren befinden sich viele Personen in direkten Abhängigkeitsverhältnissen zu Institutionen wie medizinischen und gesundheitsversorgende oder Asyleinrichtungen; diese Institutionen sind aber nicht für alle Personen gleichermaßen epistemisch zugänglich.

Elizabeth Anderson befasst sich mit strukturellen Formen von testimonialer Ungerechtigkeit, die insbesondere in institutionellen Kontexten auftreten. Während Frickers Darstellung von testimonialer Ungerechtigkeit sich insbesondere auf zwischenmenschliche bzw. interpersonelle Situationen konzentriert, argumentiert Anderson, dass der testimoniale Ausschluss strukturell werden kann, wenn Institutionen so eingerichtet sind, dass sie Menschen ausschließen, ohne dass dafür eine direkte Entscheidung einer Person vorliegt (vgl. Anderson 2012, 166). Sie nennt zwei Beispiele:

> 1. Nehmen wir an, es gibt einen Ausschluss, der ständig auf eine veraltete und voreingenommene Liste von Zeugen zurückgreift. Nehmen wir weiter an, dass diejenigen, die die Liste jetzt verwenden, sich des voreingenommenen Charakters dieser Liste nicht bewusst sind. In diesem Fall schließt die Institution einige Personen von der Aussage aus, aber nicht in einer Weise, die auf die Handlungen oder voreingenommenen Fehler einer einzelnen Person zurückgeführt werden könnte.
>
> 2. Stellen wir uns ein Bildungssystem vor, das einen differenzierten Zugang zu Glaubwürdigkeitsmerkmalen bietet, zum Beispiel eine standardisierte Grammatik. Stellen wir uns weiter einen Kontext vor, in dem die standardisierte Grammatik ein legitimes Zeichen für Glaubwürdigkeit ist. In einem solchen Kontext kann ein Sprecher aus einer benachteiligten sozialen Gruppe ein Glaubwürdigkeitsdefizit erleiden, aber nicht aufgrund eines Identitätsvorurteils des Zuhörers, sondern weil die Bildungseinrichtungen dem Sprecher keinen fairen Zugang zu diesem Glaubwürdigkeitsmerkmal verschafft haben.[17]

Testimoniale Ungerechtigkeit kann also sowohl in zwischenmenschlichen als auch in institutionellen Kontexten auftreten und entweder auf persönlichen Vorurteilen beruhen (die höchstwahrscheinlich aus der sozialen Struktur stammen, der ein Individuum angehört) oder vollständig strukturell bedingt sein. Häufig ist testimoniale Ungerechtigkeit das Ergebnis einer Mischung aus individuellen und strukturellen Faktoren.

Während Anderson darauf fokussiert zu zeigen, dass bestimmte epistemische Ungerechtigkeiten einen starken strukturellen Charakter haben und in dieser Form vor allem in Öffentlichkeitspolitik und institutionellen Praktiken zu finden sind, argumentiert Amandine Catala (2015), dass es innerhalb von politischer (und demokratischer) Partizipation zu *hermeneutischer Herrschaft* kommen kann. Hermeneutische Herrschaft tritt in Kontexten auf, in denen eine dominante Gruppe die vorgeblich kollektiv und durch den Input anderer Gruppen entstandenen Narrative und epistemischen Ressourcen kultiviert, und kann folgendermaßen

---

17 Beide Beispiele stammen aus Anderson (2012, 166).

charakterisiert werden[18]: Erstens, eine dominante Gruppe lehnt den testimonialen Input einer marginalisierten Gruppe fälschlicherweise ab; zum Beispiel den Versuch der marginalisierten Gruppe, einen Beitrag zum kollektiven hermeneutischen Fundus zu leisten, indem sie ein alternatives Verständnis oder eine alternative Beschreibung einer bestimmten sozialen Praxis oder Erfahrung liefert. Durch diese Ablehnung behandelt die dominante Gruppe die marginalisierte Gruppe als epistemisch ungleich und den testimonialen Input als unglaubwürdig (sprich: testimoniale Ungerechtigkeit). Zweitens, infolge dieser Verweigerung eines gleichberechtigten epistemischen Status oder eines Glaubwürdigkeitsdefizits wird die marginalisierte Gruppe der Möglichkeit beraubt, einen Beitrag zu den kollektiven hermeneutischen Ressourcen oder zum Fundus der beschreibenden Begriffe zu leisten, die zur Charakterisierung oder zum Verständnis dieser sozialen Praxis oder Erfahrung verwendet werden. Ihre Erfahrung oder Beschreibung der Praxis bleibt somit kollektiv missverstanden (sprich: hermeneutische Ungerechtigkeit).

Folglich ist die marginalisierte Gruppe einem öffentlichen Diskurs über diese soziale Praxis oder Erfahrung ausgesetzt, der von vermeintlich kollektiven Auffassungen geprägt ist, die in Wirklichkeit vollständig von der dominanten Gruppe formuliert und aufgezwungen werden (sprich: hermeneutische Herrschaft). Hermeneutische Herrschaft, wie von Catala beschrieben, unterläuft politische Partizipation und Strukturen demokratischer Institutionen, indem fehlerhafte Ressourcen und Erklärungen der Praktiken existierender Institutionen als vorgeblich demokratisch und kollektiv beschrieben werden; so wird der Widerstand oder die Kritik an diesen Institutionen erschwert.

Elena Ruíz und Ezgi Sertler (Manuskript) nehmen bei ihrer Untersuchung problematischer epistemischer Praktiken innerhalb von administrativen und institutionellen Kontexten noch einen weiteren Aspekt hinzu: Institutionen sind häufig *nach dem Design* epistemisch ungerecht und unterdrückend. So erklären Ruíz und Sertler, dass problematische epistemische Praktiken eine bestimmte Funktion innerhalb von einem breiteren Netzwerk kolonialer epistemologischer Praktiken und Beziehungen haben, die dazu beitragen, strukturelle Gewalt im Design von Institutionen zu verankern. Und Sertler (2023) zeigt, inwieweit institutionalisierte Bedeutungsrahmen Personen daran hindern können, an diesen Institutionen zu partizipieren, so zum Beispiel – und mehr dazu in den folgenden Abschnitten – in institutionalisierten Praktiken innerhalb des Asylprozesses. Nach Sertler beschreibt administrative Gewalt (2023, 171–2; im Original: *administrative violence*) das Geflecht von Verletzlichkeit und Prekarität, dass durch die regulären Abläufe in Administrationssystemen geschaffen und erhalten wird. Hier sieht man

---

[18] Die folgende Charakterisierung ist übersetzt aus Catala (2015, 427–8).

deutlich die Parallelen zu Dotsons unterschiedlichen epistemischen Ebenen (siehe Kapitel 3.5), wobei auf der dritten Ebene gilt, dass es nicht reicht, Abläufe innerhalb des Systems zu verändern und zu verbessern, um weniger problematische epistemische Praktiken zu erzeugen, sondern das System an sich das Problem ist (vgl. Dotson 2014a).

Um zu verstehen, inwieweit administrative Systeme *nach dem Design* epistemisch unterdrückend sind, fehlt allerdings ein wichtiger Zwischenschritt, der zwar bereits angeschnitten, aber noch nicht ausgeführt wurde. Nach Dotson (2021, 291) können epistemische Systeme eine Art „böse Magie" ausüben und zwar genau dann, wenn sie keine epistemische Reflexivität fördern (also das Bewusstsein, dass die eigenen Erkenntnisse signifikante Grenzen haben). Böse Magie bezeichnet Praktiken epistemischer Unterdrückung, in denen es um „die Kultivierung, Instandhaltung und den Schutz alltäglicher Praktiken" (Dotson 2021, 291) geht. Epistemologie, so Dotson, ist oft Magie, insofern als Epistemologie an kollektive Forderungen geknüpft ist; hier werden unsere epistemische Landschaft, unsere Beziehungen und unsere Zukunft geformt. Und Epistemologie als Magie bezeichnet dabei nicht einfach abstraktes Wissen, sondern *macht Dinge so, wie sie sind* – eine Idee, die uns von Catharine MacKinnons oder Sally Haslangers Texten bekannt ist.[19] Aber Epistemologie schafft auch nicht nur Welten, sondern stellt diese als unveränderbar dar – die Idee ist uns aus der Ideologiekritik bekannt. Epistemische – und somit auch institutionelle – Systeme sind also nicht nur Gedankenspiele, sondern können ganz real beeinflussen, was wir tun können und wer wir sind; so wie beispielsweise das Asylsystem bestimmte Personen aufgrund von gesetzten Kategorien erst „erfindet". Um diese komplexen Gedankengänge genauer zu verstehen, sollen im Folgenden zwei Kontexte genauer betrachtet werden.

7.5 Zwei Beispiele fragiler epistemischer Subjekte

Wenn sich Handlungsfähigkeit wie oben beschreiben als sozial und relational ausbuchstabieren lässt, können wir somit auch sehen, wie die aus Unterdrückungsverhältnissen entstehende emanzipative und reflexive Handlungsfähigkeit mit Anerkennungskämpfen verknüpft ist. Anerkennungskämpfe im Rahmen epistemischer Missachtung und sozialer Identität können dabei vor allem als soziale Bewegungen für gleiche Rechte und gegen Unterdrückung verstanden werden – Tatsache ist jedoch, dass viele Formen der Unterdrückung heutzutage nicht in interpersonalen Kontexten auftreten, sondern primär mit den Strukturen und vor-

---

[19] Siehe beispielsweise MacKinnon (1987, 1989) und Haslanger (2012).

geblich demokratischen Institutionen fest verwachsen sind. Emanzipative Kämpfe für Handlungsfähigkeit und Anerkennung fokussieren also vor allem auf ungerechten Strukturen, die nicht durch die Handlungen einzelner Personen entstehen oder entstanden sind. So verfehlen viele philosophische Debatten über Gleichheit (oder eben Ungleichheit) den eigentlichen Kern des Problems, weil sie sich auf Individuen als Ziel der Überlegungen beziehen. Dabei erlaubt gerade der Blick auf soziale Gruppen im Kontext von administrativer Gewalt das Identifizieren struktureller Ungleichheiten, die einige – abhängig von ihrer jeweiligen Gruppenzugehörigkeit – privilegieren und andere benachteiligen; diese Analysen sind notwendig für eine akkurate Beschreibung von Problemen in bestimmten Kontexten und somit auch, um eine wirkungsvolle Öffentlichkeitspolitik zu leisten, die demokratisch und gerecht gestaltet ist (vgl. Young 2001, 1–2 sowie 1990, 3).

Tatsächlich kann dieser Punkt nicht stark genug hervorgehoben werden, denn viele der strukturellen Ungerechtigkeiten, die tagtäglich in unseren demokratischen Gesellschaften passieren, können nur durch die Veränderung der demokratischen Institutionen verbessert werden, die unser politisches Leben und unsere politische Teilhabe strukturieren (vgl. Young 1990, 14). Aber um diese Ungerechtigkeiten zu sehen, braucht es eine robuste normative Analyse, die – so habe ich argumentiert – die Perspektive derer voraussetzt, die unter diesen Ungerechtigkeiten leiden; zugleich – und ich werde das im Folgenden anhand von zwei Beispielen zeigen – können Veränderungen in administrativen Systemen, welche die Amelioration bestehender Ungleichheiten und anderer Probleme zum Ziel hat, nicht ohne den expliziten Input fragiler epistemischer Subjekte auskommen.[20]

María Lugones unterstützt diesen Punkt, indem sie argumentiert, dass nur freie und mit Rechten versehende Akteur*innen „in einer Welt der Bedeutung und innerhalb sozialer, politischer und wirtschaftlicher Institutionen, die sie stützen und den Rahmen für ihre Gestaltungsabsichten bilden" (2003, 211; eigene Übersetzung), vernünftig handeln können. Hiernach sind manche sozialen Akteur*innen „Aktionäre" der sozialen und institutionellen Macht, die in direkter Relation zum epistemischen Framework stehen, welches Handlungen und Praktiken Bedeutung gibt – und auf welches andere zurückgreifen (müssen), um ihre Handlungen und Erfahrungen zu verstehen (vgl. Lugones 2003, 2011). Soziale, politische und wirtschaftliche Institutionen sind also viel enger mit epistemischen Ungerechtigkeiten verbunden, indem sie dazu beitragen, epistemische Narrative und Ressourcen zu reproduzieren und unsere tagtäglichen Handlungen und Praktiken intelligible zu machen; Prak-

---

20 Ich werde in diesem Buch die Frage, wer konkret für die existierenden Ungerechtigkeiten und die damit verbundenen angestrebten institutionellen Veränderungen Verantwortung trägt und in welchem Maße, außen vor lassen; eine gute Argumentation für Verantwortlichkeiten in Hinblick auf strukturelle Ungerechtigkeiten findet sich in Young (2003 sowie 2011).

tiken und Handlungen, die existierende Ungerechtigkeiten und soziale Ausschlüsse reproduzieren. Es ist also weder verwunderlich, dass epistemische Ungerechtigkeiten auch Einzug in demokratische Institutionen gehalten haben, noch dass fragile epistemische Subjekte bislang von der kritischen Reflexion und Verbesserung dieser Institutionen weitestgehend ausgeschlossen waren.

Die zwei Kontexte, auf die im Folgenden fokussiert wird, sind institutionelle Praktiken innerhalb des Asylsystems sowie des Gesundheitssystems – wobei ich hier primär die Unterbringung von behinderten Personen thematisiere. An diesen Beispielen lässt sich zeigen, welche enorme Wichtigkeit ein adäquates Verständnis fragiler epistemischer Subjekte für das gerechte Funktionieren demokratischer Institutionen hat, und inwieweit es da nicht um kleine Verbesserungen innerhalb eines funktionierenden Systems geht, sondern um die Umwandlung eines Systems an sich, das in der Anlage eben gerade jene Personen ausschließt, deren Wissen für die gerechte Gestaltung der jeweiligen Institution signifikant ist. Beiden Beispielen ist also gemein, dass die gegebenen institutionellen Strukturen den Großteil des Problems bilden sowie dass diese von der Institution selbst generierten Probleme verschleiert werden.

So gibt es scheinbar gute Gründe für die epistemischen Hierarchien. Ärzt*innen haben aus gutem Grund epistemische Autorität über ihre Patient*innen, schließlich sollen sie Symptome beurteilen und verfügen über das nötige Fachwissen, dies zu tun. Lehrer*innen haben aus gutem Grund epistemische Autorität über Schüler*innen, sie sollen ihnen Wissen beibringen und sind dafür ausgebildet. Sachbearbeiter*innen und Anwält*innen haben aus gutem Grund epistemische Autorität über Asylbewerber*innen, sie kennen die Abläufe des Asylantrags und sollen entscheiden, bei welchen Bewerber*innen Schutzwürdigkeit gegeben ist. Die asymmetrische Beziehung jedoch hat wichtige Konsequenzen – so ist sie beispielsweise zwischen Ärzt*innen und Patient*innen nicht nur aufgrund des Fachwissens notwendigerweise gegeben, sondern sollte auch die Grundlage dafür liefern, dass Patient*innen gut informierte Entscheidungen über die ihnen zur Verfügung stehenden Behandlungsmöglichkeiten treffen können. Es gibt jedoch identitätsbedingte und strukturelle Vorurteile gegenüber Patient*innen, die dazu führen, dass Patient*innen missverstanden werden, dass man ihnen nicht zuhört oder dass ihnen eine angemessene medizinische Versorgung verweigert wird. Zudem arbeitet die institutionelle Struktur auf besondere Weise gegen die hier diskutierten fragilen epistemischen Subjekte in Kontexten, in denen diese besonders abhängig und verletzlich sind.

7.5.1 Behinderung und epistemische Ungerechtigkeit

Wie voranstehend beschrieben, sind behinderte Personen, die in Wohneinrichtungen für behinderte Personen leben, nicht sicher vor psychischer, körperlicher oder sexueller Gewalt. Um es noch einmal zu wiederholen: 90 Prozent der befragten Frauen erleben psychische Gewalt, 73 Prozent körperliche Gewalt und mindestens 38 Prozent sexuelle Gewalt (vgl. Schröttle et al. 2012). Das ist vor allem deshalb interessant, weil es diese Einrichtungen ja primär gibt – so lautet zumindest die offizielle Beschreibung vieler Einrichtungen –, um behinderten Personen einen geschützten Raum zu bieten, in denen sie versorgt werden und ihnen die Teilhabe am sozialen Leben möglich gemacht werden soll. Mehr noch, oftmals werben diese Einrichtung damit, dass sie behinderten Personen ein selbstständiges Leben ermöglichen können. Und Artikel 19 der UN-Behindertenrechtskonvention sichert behinderten Personen zu, dass alles ermöglicht werden muss, um die Bedürfnisse von behinderten Personen auf ein selbstbestimmtes Leben realisieren zu können. Hierzu gehört auch, dass behinderte Personen nicht in besonderen Wohnformen – wie eben Wohneinrichtungen für behinderte Personen – leben müssen, wenn sie dies nicht selbst wünschen. So kann man beispielsweise auf der Internetseits der „Stiftung Wohnstätten für Menschen mit Behinderung" lesen, dass „Wohnung" auch bedeutet, einen Raum zu haben, in dem man Geborgenheit, Schutz und Sicherheit erfährt und sich selbst verwirklichen kann, das „WohnProjekt MitLeben" in Gießen erklärt, dass dort selbstständiges Leben möglich ist, und die „Wohnstätte Wieschermühlenstraße" der Lebenshilfe Bochum spricht von einem Wohnkonzept, in dem die eigene Individualität entfaltet werden kann (um nur drei Beispiele zu nennen).

Die Realität sieht leider oft ganz anders aus. Weder gibt es ausreichende Möglichkeiten für behinderte Personen, sich selbstständig dafür zu entscheiden, außerhalb von Wohneinrichtungen zu leben, noch bieten viele Wohneinrichtungen die Möglichkeit zur individuellen Entfaltung, zur Selbstbestimmtheit oder zur Teilhabe am gesellschaftlichen Leben – so dass behinderte Personen auch oftmals nur geringe Möglichkeiten haben, sich gegen gewalttätige Übergriffe innerhalb und außerhalb der Einrichtung zu schützen. Das ist teilweise ein materielles Problem, da es nicht genügend Möglichkeiten zum Wohnen außerhalb solcher Einrichtungen gibt – was aber wiederum auch mit den unzureichenden politischen Bestrebungen zu tun hat, solche Möglichkeiten zu entwickeln oder innerhalb gegebener Möglichkeiten zumindest auf eine adäquate Ausbildung und Gewaltprävention derjenigen Personen zu achten, die sowohl innerhalb sowie außerhalb von Einrichtungen für behinderte Personen tätig sind. Es ist aber auch ein epistemisches Problem, wie ich im Folgenden zeigen möchte.

Tatsächlich ist es erstaunlich, dass diese Diskrepanz zwischen den Selbst-Beschreibungen von Wohneinrichtungen für behinderte Personen und den tatsächlichen Gewalterfahrungen der Personen besteht, schließlich gibt es genügend testimoniale Aussagen von behinderten Personen, welche Möglichkeiten zu ihrem Schutz beitragen würden. So kritisieren viele von Gewalt betroffene Frauen, dass ihnen kein eigenes Zimmer zur Verfügung steht und sie keinerlei Mitbestimmungsrecht darüber haben, mit wem sie sich das Zimmer teilen. Viele der Frauen mit sogenannten geistigen Behinderungen kritisieren außerdem das Fehlen von abschließbaren Wasch- oder Toilettenräumen (vgl. Schröttle et al 2012).

In einer Untersuchung von Raùl Krauthausen werden ähnliche Probleme beschrieben, so ist es den behinderten Personen in vielen Wohneinrichtungen nicht möglich, die Toilettentüren zu schließen, so dass andere Bewohner*innen, Betreuungspersonal oder Besucher*innen ihnen vom Flur aus auf der Toilette zusehen können, auch die Zimmertüren sind nicht von innen abschließbar. Dies sind klarerweise eklatante Verstöße gegen die Selbstbestimmung und das Recht auf Privatsphäre. Des weiteren sind die Tagesabläufe in Wohneinrichtungen so strukturiert, dass den Bewohner*innen eben keine Möglichkeit auf Selbstbestimmung und Entfaltung bleibt, weil es ihnen schlicht nicht möglich ist, zu entscheiden, wann und was sie frühstücken wollen oder wann sie gerne das Haus verlassen würden. Und zu guter Letzt berichtet Krauthausen, dass es in vielen Wohneinrichtungen keine Beschwerdestellen oder -möglichkeiten gibt und die Bewohner*innen auch nicht darüber informiert werden, dass sie überhaupt Beschwerdemöglichkeiten bei offiziellen Stellen haben.[21]

Diese Situation lässt sich auf zwei unterschiedliche Weisen interpretieren: Man kann argumentieren, dass es sich hierbei um klassische Fälle testimonialer Ungerechtigkeit handelt, insofern als behinderten Personen aufgrund ableistischer Identitätsvorurteile nicht genügend Glaubwürdigkeit zukommt in Bezug auf ihre eigenen Bedürfnisse. Tatsächlich gibt es hierfür eine ganze Reihe an Studien, die zeigen, dass dies zumindest im medizinischen Kontext häufig der Fall ist. Ärzt*innen und medizinisches Personal geben behinderten Personen nur wenig Glaubwürdigkeit, wenn diese über Schmerzen oder Probleme berichten – dabei wissen gerade behinderte Personen und Personen mit chronischen Erkrankungen sehr genau über ihre Krankheitsgeschichte und ihre medizinischen Bedürfnisse Be-

---

[21] Siehe hierzu: Die Neue Norm; Folge Behindertenwohnheime, https://dieneuenorm.de/podcast/behindertenwohnheime/, letzter Abruf 15.12.2023.

scheid (vgl. Scully 2018; Peña-Guzmán & Reynolds 2019; Trang Pham, Storch & Lázaro-Muñoz 2021; Li 2016; Wardrope 2015; Carel, Blease & Geraghty 2017).[22]

Die Situation lässt sich aber auch analog zu Pohlhaus, Interpretation von Tom Robinson erklären: Dann ist es nicht nur so, dass behinderten Personen aufgrund von Identitätsvorurteilen weniger Glaubwürdigkeit zugesprochen wird – ihnen also schlicht nicht geglaubt wird, dass sie selbstständig agieren können –, sondern dass tiefgreifende ableistische Frameworks dazu führen, dass die testimonialen Aussagen von behinderten Personen nicht intelligibel gemacht werden können. Hierfür spricht, dass die Wohneinrichtungen sich selbst dazu verpflichten, behinderten Personen ein selbstbestimmtes Leben in einem geschützten Raum zu ermöglichen. Hier werden die Aussagen von behinderten Personen, was für Bedürfnisse sie haben, durch ableistische Annahmen darüber, was zum Beispiel „Schutz" für behinderte Personen bedeutet, überschrieben; Schutz wird hier vor allem als *Schutz vor sich selbst* und nicht als Schutz vor anderen verstanden. Hierbei haben wir es also weniger mit Glaubwürdigkeitsproblemen zu tun, als vielmehr mit aktiven Praktiken der Ignoranz, die ein ableistisches Framework sowohl auf der Bedeutungsebene als auch auf der materiellen Ebene manifestieren. Und hier lässt sich bereits erahnen, welche Rolle epistemische Systeme bei der epistemischen Unterdrückung von marginalisierten sozialen Gruppen spielen – das System, das behinderte Personen in Wohneinrichtungen unterbringt, resultiert aus ableistischen Strukturen und ist nicht durch kleine Veränderungen innerhalb des Systems selbst zu lösen.

7.5.2 Migration und Epistemische Unterdrückung

Im zweiten Fall geht es um Asylprozesse, wobei der Fokus hierbei noch stärker auf der Art und Weise liegen soll, in der das System selbst *durch das eigene Design* epistemisch problematisch ist. Bevor ich darlege, wie Befragungen innerhalb von Asylprozessen strukturiert sind, möchte ich einen kurzen Überblick über das Verfahren der Asylbeantragung geben, um den Kontext für die folgenden Beispiele zu verdeutlichen. Asylbewerber*innen müssen sich bei der Einreise in das jeweilige Land melden; entweder sofort bei Erreichen der Grenze, indem sie sich an die Grenzbehörde wenden, die den oder die Asylbewerber*in dann in das nächstgelegene Erstaufnahmezentrum schickt, oder später innerhalb des Landes bei der Polizei oder den Einwanderungsbehörden wie Aufnahmeeinrichtungen oder An-

---

22 Ähnliche Studien gibt es zu testimonialer Ungerechtigkeit im Kontext von Medizin, von der vor allem Frauen überproportional betroffen sind; siehe zum Beispiel Gallagher, Miles Little & Hooker (2021), Freeman & Stewart (2019), Cohen Shabot (2021). In Bezug auf testimoniale Ungerechtigkeit im Kontext von Medizin und trans Personen siehe Freeman (2018) und Freeman & Ayala López (2018).

kunftszentren. Sie werden registriert und ihre persönlichen Daten werden aufgenommen, während dieses Prozesses werden sie auch fotografiert und ihre Fingerabdrücke genommen. Diese Daten werden gespeichert, und jede Behörde, die mit dem Asylantrag befasst ist, hat Zugriff auf die Daten.

In Großbritannien – und ähnlich auch in Deutschland – müssen sich Asylbewerber*innen nach erfolgreicher Registrierung in zwei Asylanhörungen äußern, um ihren Antrag zu begründen. Oft gibt es keine ausreichenden Unterlagen, die als Beweismittel für einen Antrag dienen könnten – da die Beschaffung solchen Materials gefährlich ist und es sich um eine Flucht handelt –, so dass die (eigenen) Zeugenaussagen die einzige Grundlage für die Beurteilung der Glaubwürdigkeit und letztlich für die Asylentscheidung sind. Aber auch wenn die Zeugenaussage selbst nahelegt, dass der oder die Antragsteller*in die Kriterien erfüllt, kann die antragstellende Person dennoch als nicht glaubwürdig eingestuft und der Fall abgelehnt werden. Letztlich liegt die Entscheidung über die Annahme oder Ablehnung eines bestimmten Asylantrags bei einzelnen Sachbearbeiter*innen des Innenministeriums, die angewiesen sind, sich bei der Entscheidung erstens auf die Glaubwürdigkeit der Aussagen und zweitens auf die persönliche Glaubwürdigkeit der Antragstellenden zu konzentrieren. Dabei ist der Beweisstandard relativ niedrig, der vorgeschriebene „angemessene Grad an Wahrscheinlichkeit" (Home Office 2015, 11–12) bedeutet nicht, dass die Sachbearbeiter*innen vom Wahrheitsgehalt der Aussage überzeugt sein müssen, vielmehr reicht es aus, wenn der Antrag akzeptiert werden kann (vgl. Home Office 2015, 11–12) – was definitiv der Fall ist, wenn die Aussage ausreichend detailliert und spezifisch und in sich konsistent und kohärent ist (in einem angemessenen Grad), und mit spezifischen und allgemeinen Informationen über das Herkunftsland sowie anderen Beweisen übereinstimmt (wieder in einem angemessenen Grad).

In Großbritannien endet das Asylverfahren aber noch nicht zwangsläufig mit einer ersten (ablehnenden) Entscheidung am Ende der beiden Anhörungen. Antragsteller*innen, deren Asylantrag zunächst abgelehnt wird, können bei einem unabhängigen Tribunal Berufung einlegen. Hier wird jede Berufung von einem oder einer Einwanderungsrichter*in geprüft, der oder die entweder die Entscheidung des Innenministeriums bestätigt oder der Berufung stattgibt und das Innenministerium zur erneuten Prüfung auffordert. Interessanterweise ist die Erfolgsquote bei Berufungen hoch. Laut einem aktuellen Informationspapier des britischen Unterhauses, in dem Asylverfahren im Zeitraum von 2004 bis 2019 untersucht wurden, wurden drei Viertel der Antragsteller*innen zunächst abgelehnt, legten dann aber Berufung ein, und fast einem Drittel dieser Berufungen wurde stattgegeben (Sturge 2021, 5). In vielen Fällen wurde den Einsprüchen stattgegeben, weil die ursprüngliche Entscheidung eine falsche Einschätzung der Glaubwürdigkeit enthielt. Untersuchungen von Amnesty International und Still Human Still Here ergaben, dass „[in] 42 der 50 zufällig ausgewählten Fälle, die wir analysierten (84 Prozent der Untersuchungsstichprobe), der Einwanderungsrichter angab, dass der Hauptgrund für die Aufhebung einer ursprünglichen Entscheidung darin bestand, dass der Fallverantwortliche der UKBA [UK Border Agency] die Glaubwürdigkeit des Antragstellers fälschlicherweise negativ beurteilt hatte" (Shaw und Kaye 2013, 4; eigene Übersetzung).

Hier kann nun zwischen zwei Schäden unterschieden werden, die sich aus der Ungerechtigkeit von Zeugenaussagen in Fällen von Asylentscheidungen des britischen Innenministeriums ergeben. Erstens sind fehlerhafte Beurteilungen der Glaubwürdigkeit ein häufiger Grund, warum Asylanträge fälschlicherweise abgelehnt werden. In diesen Fällen liegt der Schaden für die Asylsuchenden in den problematischen Folgen der Ungerechtigkeit von Zeugenaussagen, da diese wesentlich zur Ablehnung von Asylanträgen beiträgt. Zweitens kann in diesen Fällen die Ungerechtigkeit von Zeugenaussagen selbst sehr schädlich sein, da die Offenlegung der eigenen traumatischen Erfahrungen und als Resultat die Tatsache, dass das auf Unglauben stößt, das epistemische Selbstvertrauen einer Person (Fricker 2007; vgl. Kapitel 3) und ihre Fähigkeit, sich selbst anzuerkennen (Hänel 2020) oder ein positives Selbstverhältnis zu entwickeln (Congdon 2018), stark beeinträchtigen kann.

Entsprechend zeigt eine aktuelle Studie, dass „[ein] zentraler traumatisierender Faktor die ständige Ungläubigkeit war, der sich die Befragten ausgesetzt sahen, wenn sie von traumatischen Ereignissen berichteten" (Jannesari, Molyneaux und Lawrence 2019, 10; eigene Übersetzung). In einem anderen Bericht heißt es, dass „[die] Erfahrung, dass der eigenen Schilderung nicht geglaubt und das eigene Leiden für ungültig erklärt wird, zu Gefühlen der Ohnmacht, Demütigung, Hilflosigkeit und Angst führen kann, die möglicherweise zu verstärktem Eindringen in die Privatsphäre führen", was „mit erheblicher psychischer Belastung verbunden ist" (Schock, Rosner und Knaevelsrud 2015, 7; eigene Übersetzung). Glaubwürdigkeit zugesprochen zu bekommen ist eine Schlüsselkomponente dessen, was es bedeutet, ein erfülltes Leben zu führen (vgl. Fricker 2007; Congdon 2018). Es überrascht nicht, dass dies vor allem ein Hauptanliegen derjenigen ist, denen oft Glaubwürdigkeit entzogen wird, darunter auch Asylbewerber*innen. Deborah Singer von Asylum Aid weist auf dieses Problem hin, wenn sie schreibt:

> Wenn man Frauen, die das Asylverfahren durchlaufen haben, fragt: Was ist das wichtigste Thema? Worüber machen Sie sich am meisten Sorgen? So werden sie *Glaubwürdigkeit* sagen. Es ist die Sorge, dass man ihnen nicht glaubt, wenn sie Asyl beantragen. (Samuels 2017, 108; eigene Übersetzung)

Das Bedürfnis, Glaubwürdigkeit zu erfahren, wird in diesen Fällen sogar noch dringlicher, weil Unglauben nicht nur ein positives Verhältnis zu sich selbst und damit die Fähigkeit, ein erfülltes Leben zu führen, bedroht, sondern weil Glaubwürdigkeit im Asylverfahren buchstäblich darüber entscheidet, ob Asylsuchende Zuflucht finden oder nicht.

Ein weiterer problematischer Aspekt dieses Problems wird von Sanjana Govindarajan (Manuskript) hervorgehoben, wenn sie argumentiert, dass Traumata im Kontext von Asylanhörungen eine besondere Herausforderung darstellen. Laut Govindarajan hängt ein erfolgreicher Asylantrag – das heißt die erfolgreiche Kommunikation einer Verfolgungsgeschichte – von der Fähigkeit der antragstellenden Person ab, eine einigermaßen kohärente Zeugenaussage zu übermitteln, sowie von der Fähigkeit und Bereitschaft der Sachbearbeiter*innen, testimoniale Kompetenz (siehe dazu Kapitel 3.1.1) zu zeigen. Viele der epistemischen und körperlichen Merkmale, die wir verwenden, um zu beurteilen, ob eine Person lügt, sind jedoch auch Merkmale, die traumatisierte Personen aufweisen – zum Beispiel das verspätete Ausführen von Details, mangelnde Kohärenz, Schwitzen und Nervosität oder die Vermeidung von Blickkontakt. Clara Sandelind und Katherine Puddifoot (Manuskript) ergänzen dies, indem sie zeigen, wie Traumata bei Asylbewerber*innen zu Gedächtnisverlust oder Unstimmigkeiten in der Gesamterzählung führen können (vgl. Saadi et al. 2021; Rogers et al. 2015; Memon 2012; Herlihy et al. 2012).

Mit anderen Worten, Traumata können bestimmte Erinnerungen verschwinden lassen oder chronologische Diskrepanzen verursachen. Traumatisierte Personen, die unter diesen Gedächtnisverlusten leiden, sind jedoch nicht generell unzuverlässige Wissensquellen, wir müssen aber die Tatsache akzeptieren, dass sich ihre Berichte von normalen autobiografischen Erzählungen unterscheiden. Es kann hinzugefügt werden, dass die allgemeine Gestaltung des Asylinterviews besonders schädlich für Bewerber*innen ist, die traumatisiert sind – aus dem einfachen Grund, dass sie in eine Situation gebracht werden, in der sie auf der Grundlage von eben jenen Merkmalen beurteilt werden, die Teil der Traumatisierung sind.

Diese Probleme lassen sich aber auch in einem größeren Kontext betrachten, der auf die Funktion des Systems an sich fokussiert. Hier ist zu erkennen, dass die Strukturen des Asylinterviews so angelegt sind, dass Lügen als eine rationale Entscheidung von Asylbewerber*innen gesehen werden kann. Wie oben beschrieben, ist die Annahme von Unglaubwürdigkeit das entscheidende Kriterium für die Ablehnung von Asylbewerbungen; für Asylbewerber*innen gilt also eben nicht, dass ihnen nachgewiesen werden muss, dass sie lügen, sondern sie müssen nachweisen, dass sie es nicht tun. Die grundlegende Idee ist nun, dass die Institutionalisierung der politischen Kategorien von Glaubwürdigkeit und die damit verbundenen Anforderungen an Glaubwürdigkeit, Anreize liefern zu lügen. Glaubwürdigkeitsstandards sind vor allem deshalb kaum erfüllbar, weil sie auf ganz bestimmte epistemische Ressourcen angewiesen sind, die Asylbewerber*innen oftmals nicht zur

Verfügung stehen oder die inadäquat sind, um die tatsächlichen Erlebnisse zu schildern. Dadurch wird es „rational", sich auf eine Geschichte zu berufen, die ausgedacht ist, aber den Standards der Institution entspricht; so „erfinden" Asylbewerber*innen zum Beispiel eine Geschichte über Homosexualität, obwohl sie eigentlich als Kommunist*innen verfolgt werden – oder tatsächlich homosexuelle Asylbewerber*innen erfinden eine Geschichte über marginalisierte Glaubensbekenntnisse. Interessant ist hierbei vor allem, dass die tatsächlich gelebten Geschichten das Kriterium auf Schutz durchaus erfüllen würden, aber nicht in das vorgegebene epistemische Framework passen (vgl. Nayeri 2019; Herlihy et al. 2012; Scouter 2016). Nach Sertler und Ruíz ist dies ein Fall von struktureller Vorauswahl (2019; im Original: *structural pre-screening*); die Möglichkeit, Asylbewerber*innen mit einem legitimen Anspruch mit Hilfe von Kategorisierung auszuschließen – und hier zeigt sich, dass das System dafür geschaffen wurde, Personen auszuschließen und nicht, „schutzwürdigen" Personen auch tatsächlich Schutz zu geben (vgl. auch Mayblin 2017).

Ein Fokus auf die Perspektive fragiler epistemischer Subjekte verspricht in diesem Kontext zwei wichtige Erkenntnisse: Zum einen sind Asylbewerber*innen nicht nur in einer besonderen epistemischen Situation aufgrund ihrer eigenen Fluchtgeschichte, sondern auch bedingt durch die institutionellen Prozesse – zum Beispiel der Asylinterviews – im Rahmen von Asyl. Zum anderen müssen institutionelle Prozesse an die jeweiligen spezifischen Situationen fragiler epistemischer Subjekte angepasst werden; Interviewsituationen, die in anderen Kontexten – zum Beispiel im Falle eines Jobinterviews oder einer schulischen Prüfung – gute oder zumindest faire Ergebnisse liefern, können bei (a) traumatisierten Personen, bei denen (b) ihre Zukunft von dem Verlauf des Interviews abhängt, problematisch werden.

Das zeigt auch, wie wichtig es ist, die interpersonale Ebene testimonialer Ungerechtigkeit auf demokratische Strukturen zu erweitern; die hier besprochenen Phänomene treten weder (ausschließlich) aufgrund der Vorurteile und darauf abgestimmter Handlungen einzelner Personen auf, noch verspricht eine Veränderung der interpersonalen Situation allein die strukturelle Verbesserung des Problems. Vielmehr lassen die hier diskutierten Probleme darauf schließen, dass der Asylprozess, bei dem das Interview eine zentrale Rolle spielt, selbst institutionell überarbeitet werden muss. Und dafür muss das spezifische Wissen, das aus der vulnerablen Position der Asylbewerber*innen generiert werden kann, eine wichtige Rolle spielen.

8 Schlusswort: Für andere sprechen?

Viele der diskutierten Ansätze zielen darauf, dass wir unsere Intelligibilitäts-Frameworks hinterfragen, unsere notwendigerweise eingeschränkte Perspektive verbessern und epistemische Imagination entwickeln müssen – im Austausch mit anderen. Manchmal ist es allerdings gar nicht so einfach, wissenschaftliche Forschung oder auch nur alltägliche epistemische Praktiken mit einer möglichst heterogenen Gruppe zu teilen, schließlich sind wir alle eingebunden in ungerechte Strukturen, die mit ihren institutionellen und sozialen Ausschlüssen dafür sorgen, dass wir uns relativ konstant in homogenen Gruppen wiederfinden. Hier stellt sich also die ganz pragmatische Frage, was wir tun können, wenn wir Forschung – oftmals gezwungenermaßen – aus überwiegend homogenen sozialen Gemeinschaften heraus betreiben. Wie lassen sich strukturelle Ausschlüsse und verzerrte epistemische Systeme verbessern? Diese metaphilosophische Frage stellt sich gerade auch bezogen auf dieses Buch – tatsächlich bewege ich mich als weiße Philosophin hier auf einem schmalen Grat: Biete ich einen Raum für marginalisierte Theorien, um ihrem problematischen Ausschluss aus akademischen Kontexten und den dadurch notwendigerweise verzerrten epistemischen Systemen etwas entgegenzusetzen oder bediene ich mich auf epistemisch ausbeuterische Art und Weise Erkenntnissen, die mir so nicht zustehen und die ich damit von ihrem eigentlichen emanzipativem Anspruch bereits zu weit entferne?

In einem für die feministische Philosophie einflussreichen Aufsatz erörtert Linda Alcoff (1991–92) die zahlreichen Probleme, die damit verbunden sind, für andere zu sprechen; vor allem, wenn wir versuchen, für eine andere soziale Gruppe einzutreten, manchmal jedoch auch, wenn wir für eine Gruppe sprechen, der wir selbst angehören. Dass es hierbei Probleme gibt, ist weithin anerkannt, nicht nur in der feministischen Philosophie, sondern beispielsweise auch in der Anthropologie. Trinh T. Minh-ha spricht diese Bedenken an, wenn sie schreibt, die Anthropologie sei „hauptsächlich ein Gespräch von ‚uns' mit ‚uns' über ‚sie', vom weißen Mann mit dem weißen Mann über den primitiven Naturmenschen [...], in dem ‚sie' zum Schweigen gebracht werden" (1989, 65 und 67; vgl. Alcoff 1991–92, 6; eigene Übersetzung). Problematisch am Sprechen für andere ist (oder kann zumindest sein) nach Alcoff erstens die Tatsache, dass die soziale Position der Sprechenden epistemisch so bedeutsam ist, dass sie sich auf den Inhalt der Rede dieser Person auswirkt – und dass zweitens einige privilegierte soziale Positionen diskursiv gefährlich sein können, da sie die Unterdrückung oder Marginalisierung, unter der die andere Gruppe bereits leidet, möglicherweise verstärken.

Daher ist vor allem die Rede privilegierter Autor*innen im Namen unterdrückter oder marginalisierter Gruppen problematisch. So argumentiert Alcoff auch, dass wir uns als Philosoph*innen und Gesellschaftstheoretiker*innen fragen sollten, ob allein die Tatsache, dass wir Wissenschaftler*innen sind, uns tatsächlich dazu berechtigt, die Ideen und Bedürfnisse anderer zum Ausdruck zu bringen, wie es oft aufgrund unserer akademischen Position angenommen wird. Alcoff verweist dann auf Gayatri Chakravorty Spivaks aufschlussreichen Essay „Can the Subaltern Speak?" und zeigt, dass es besser ist, *zu* anderen zu sprechen, als *für* andere – oder auch nur für sich selbst (was als eine willkommene Lösung erscheinen mag). Das „Sprechen zu" ist nicht mit den oben genannten Problemen konfrontiert, sondern nutzt die eigene privilegierte Stimme, um für andere in weniger privilegierten Positionen in einer Weise einzutreten, die es ihnen ermöglicht, „einen Gegensatz zu produzieren, der dann eine neue historische Erzählung vorschlagen kann" (Alcoff 1991–92, 23; eigene Übersetzung). Was wir brauchen, sind also Kontexte, in denen eine Diskussion möglich ist. Dazu gehört meines Erachtens auch, anderen Gruppen mit anderen Perspektiven und anderen epistemischen Ressourcen und Werkzeugen zuzuhören, unsere gegebenen Intelligibilitäts-Frameworks zu hinterfragen – insbesondere dann, wenn diese die Sprache anderer als nicht-intelligibel darstellen – und ihre Stimmen und Zeugnisse in unsere Forschung einzubeziehen; beispielsweise indem wir Situationen und Räume schaffen, in denen eine solche Diskussion überhaupt erst umgesetzt werden kann.

In der Tat könnte man das Sprechen *für* andere – anstatt *zu* anderen – als epistemisch ungerechte Praktik bezeichnen. In diesem Kontext bietet sich zunächst Frickers enge Definition testimonialer Ungerechtigkeit an: Eine Sprecherin leidet dann und nur dann unter einer ungerechten testimonialen Aussage, wenn „Vorurteile auf Seiten der Zuhörenden sie dazu veranlassen, den Sprechenden weniger Glaubwürdigkeit zu schenken, als sie es sonst getan hätten" (Fricker 2007, 4; eigene Übersetzung). Vorurteile gelangen über die soziale Vorstellungskraft in die verzerrten Glaubwürdigkeitsurteile der Zuhörer. Der entscheidende Mechanismus, durch den Vorurteile die Beurteilung der Glaubwürdigkeit eines Sprechenden verzerren, ist die Verwendung von Stereotypen als Heuristik für Glaubwürdigkeitsurteile. Nach Fricker ist ein Stereotyp eine weit verbreitete Assoziation zwischen einer sozialen Gruppe und bestimmten Eigenschaften, die ihr zugeschrieben werden (Fricker 2007, 30).

Das heißt noch nicht, dass Stereotype zwangsläufig problematisch sind, vielmehr können sie ebenso empirisch zuverlässige wie unzuverlässige Verallgemeinerungen über eine bestimmte soziale Gruppe sein. Es geht darum, dass wir uns in Situationen, in denen wir ein schnelles Glaubwürdigkeitsurteil fällen müssen, oft auf Stereotype verlassen, um einen Hinweis darauf zu erhalten, ob die soziale Gruppe, der die Sprechenden angehören, zuverlässig ist oder nicht. Wenn ich zum Beispiel mehr über eine bestimmte mathematische Formel wissen möchte und meine dreijährige Tochter bereit ist, sie mir zu erklären, schätze ich schnell ein, dass die soziale Gruppe der Kleinkinder in Sachen Mathematik nicht sehr zuverlässig ist. Stereotype sind heuristische Hilfsmittel für spontane und schnelle Reaktionen im Alltag. Daran ist nichts auszusetzen. Doch viele Stereotype über (historisch) unterdrückte und marginalisierte soziale Gruppen sind empirisch unzuverlässig und zutiefst problematisch; vorurteilsbehaftete Stereotype sind unzuverlässige empirische Verallgemeinerungen mit oft negativer Valenz, die resistent gegen Gegenbeweise sind.

Wie im Kontext der sozialen Macht findet eine besonders problematische Form der Ungerechtigkeit von Zeugenaussagen statt, wenn es sich bei den Vorurteilen um Identitätsvorurteile handelt. In diesen Fällen richtet sich das Vorurteil, das die verminderte Glaubwürdigkeit verursacht, gegen eine Person qua ihres sozialen Typus. Ein Beispiel dafür ist das Identitätsvorurteil, dass Frauen hysterisch sind. Der zentrale Fall von testimonialer Ungerechtigkeit ist nach Fricker also das identitätsvorurteilsbehaftete Glaubwürdigkeitsdefizit; eben die Art testimonialer Ungerechtigkeit, bei der eine Sprecherin „aufgrund von Identitätsvorurteilen seitens des Hörers eine verminderte Glaubwürdigkeit vom Hörer erhält" (2007, 4; eigene Übersetzung). Dieser Fall ist deshalb besonders problematisch, weil es sich um eine Art von Ungerechtigkeit handelt, die das Subjekt wahrscheinlich auch in anderen Kontexten und anderen Formen sozialer Ungerechtigkeit erfährt. Women of Color zum Beispiel leiden nicht nur an einem bestimmten Ort unter testimonialer Ungerechtigkeit, sondern sind sowohl testimonialer wie auch anderen Formen sozialer Ungerechtigkeit in verschiedenen Kontexten ausgesetzt. Wir können sagen, dass testimoniale Ungerechtigkeiten andere Ungerechtigkeiten verstärken, die durch Identitätsvorurteile verursacht werden. Hinzu kommt – und hier weitet sich das Bild von Fricker bereits –, dass *inter alia* dominante Intelligibilitäts-Frameworks dazu beitragen, dass marginalisierte Erfahrungen schlicht *nicht verständlich* sind, was die Glaubwürdigkeitsdefizite weiter verschärft.

In unserem Fall des Sprechens für andere ist eine besondere Form der Identitätsmacht im Spiel. Alcoff fordert, dass wir die Vorstellung überdenken sollten, nach der wir als Akademiker*innen die Autorität haben, im Namen anderer zu sprechen oder eine objektive Haltung gegenüber dem Leiden anderer einzunehmen – wir haben ja außerdem bereits gesehen, dass Objektivität alleine unmöglich ist (vgl. Kapitel 5). Wenn wir über das Leiden anderer sprechen und damit ihre epistemischen Werkzeuge und Ressourcen verzerren, gehen wir nicht nur davon aus, dass wir in ihrem Namen sprechen können, sondern auch, dass wir es besser wissen und daher ihre Stimmen nicht in unsere Forschung einbeziehen müssen. Hier machen wir von unserer Macht als privilegierte westliche Wissenschaftler*innen Gebrauch, während wir gleichzeitig auf problematische Identitätsvorurteile zurückgreifen: „wir" als rational und objektiv versus „sie" als emotional, verängstigt, hysterisch oder anderweitig unfähig, die eigene Situation richtig einzuschätzen oder zu artikulieren. Mit anderen Worten: Wir versagen anderen die Glaubwürdigkeit, die sie verdienen. Und das tun wir nicht, weil wir ihnen die Glaubwürdigkeit absprechen, wenn sie sich äußern, sondern weil wir ihnen gar nicht erst zuhören und uns stattdessen ihre epistemischen Werkzeuge und Ressourcen zu eigen machen und solange verzerren, bis sie in unsere dominanten Intelligibilitäts-Frameworks passen – nur dass sie dann eben nicht mehr das verständlich machen, was sie eigentlich verständlich machen sollten.

Mein Ziel in diesem Buch war es daher, andere sprechen zu lassen und einen Raum zu öffnen, der zeigen soll, dass die Debatte um epistemische Ungerechtigkeit viel umfassender ist, als es Frickers Theorie an verschiedenen Stellen nahelegt. Meine Hoffnung ist dabei, dass dieses Buch hilft, einen Überblick zu erhalten – der selbstverständlich, und das möchte ich nochmals betonen, von meinen Interessen und meiner Perspektive gefärbt ist, der dazu anregen soll, weiterzudenken. Der also im besten Fall dazu beiträgt, die epistemischen Praktiken, Muster und Frameworks, derer wir uns bedienen, auf ihre Funktion und ihren Nutzen innerhalb strukturell verzerrter epistemischer Systeme zu überprüfen.

Bibliographie

Abrell, E., K. Bavikatte, G. Cocchiaro, H. Jones & A. Rens. 2009. *Imagining a Traditional Knowledge Commons: A Community Approach to Sharing Traditional Knowledge for Non-Commercial Research.* Rome: International Development Law Organization.
Abu-Lughod, Lila. 2002. „Do Muslim Women Really Need Saving?" *American Anthropologist* 104(3): 783–90.
Abu-Lughod, Lila. 2013. *Do Muslim Women Need Saving?* Cambridge, MA: Harvard University Press.
Adorno, Theodor. W. 1974. „Ideologie," *Soziologische Exkurse*, Frankfurt a. M.: Europäische Verlagsanstalt.
Ahmed, Sara. 2012. *On Being Included: Racism and Diversity in Institutional Life.* Duke University Press.
Alcoff, Linda M. 1991. „The Problem of Speaking for Others," *Cultural Critique* 20: 5–32.
Alcoff, Linda M. 1996. *Real Knowing: New Versions of the Coherence Theory.* Ithaca: Cornell University Press.
Alcoff, Linda M. 2000. „On Judging Epistemic Credibility: Is Social Identity Relevant?" in: *Women of Color and Philosophy*, herausgegeben von Naomi Zack, Malden, Mass.: Blackwell Publishers.
Alcoff, Linda M. 2006. *Visible Identities: Race, Gender, and the Self.* New York: Oxford University Press.
Alcoff, Linda M. 2007. „Epistemologies of Ignorance: Three Types," in: *Race and Epistemologies of Ignorance*, herausgegeben von S. Sullivan & N. Tuana. Albany: State University of New York Press.
Alston, William. 1985. „Concepts of Epistemic Justification," *Monist* 68(1): 57–89.
Alston, William. 1988. „The Deontological Conception of Epistemic Justification," *Philosophical Perspectives* 2: 257–99.
Altanian, Melanie. 2021a. „Genocide Denial as Testimonial Oppression," *Social Epistemology* 35(2): 133–46.
Altanian, Melanie. 2021b. „Remembrance and Denial of Genocide: On the Interrelations of Testimonial and Hermeneutical Injustice," *International Journal of Philosophical Studies* 29(4): 595–612.
Altanian, Melanie. 2022a. „Rethinking the Right to Know and the Case for Restorative Epistemic Reparation," *Journal of Social Philosophy*, online first.
Altanian, Melanie. 2022b. „Genozidleugnung: Organisiertes Vergessen oder Substanzielle Erkenntnispraxis?" *Zeitschrift für Praktische Philosophie* 9(1): 251–78.
Alvarez, C. & S. Farugi (Hrsg.) 2012. *Decolonizing the University: The Emerging Quest for Non-Eurocentric Paradigms.* Pulau Pinang: Penerbit Universiti Sains Malaysia.
Amlinger, Carolin & Oliver Nachtwey. 2022. *Gekränkte Freiheit: Aspekte des Libertären Autoritarismus.* Berlin: Suhrkamp.
Anderson, Elizabeth. 2014. „Social Movements, Experiments in Living, and Moral Progress: Case Studies from Britain's Abolition of Slavery," Lindley Lecture 52, University of Kansas.
Anderson, Elizabeth. 2012. „Epistemic Justice as a Virtue of Social Institutions," *Social Epistemology: A Journal of Knowledge, Culture and Policy:* 163–73.
Anderson, Elizabeth. 2004. „Uses of Value Judgements in Science: A General Argument, with Lessons from a Case Study of Feminist Research on Divorce," *Hypatia* 19(1): 1–24.
Anderson, Elizabeth. 1995a. „Feminist Epistemology: An Interpretation and a Defense," *Hypatia* 10(3): 50–84.
Anderson, Elizabeth. 1995b. „Knowledge, Human Interests, and Objectivity in Feminist Epistemology," *Philosophical Topics* 23(2): 27–58.
Anderson, Elizabeth. 1999c. „What Is the Point of Equality?" *Ethics* 109: 287–337.

Anderson, Kim, Elena Ruíz, Georgina Tuari Steward & Madina Tlostanova. 2019. „Symposium: What Can Indigenous Feminist Knowledge and Practices Bring to ‚Indigenizing' the Academy?" *Journal of World Philosophies* 4(1): 121–55.

Antkowiak, T.M. 2013. „Rights, Ressources, and Rhetoric: Indigenous Peoples and the Inter-American Court," *University of Pennsylvania Journal of International Law* 35: 113–88.

Antony, Louise. 1993. „Quine as Feminist: The Radical Import of Naturalized Epistemology," in: *A Mind of One's Own*, herausgegeben von Louise Antony & Charlotte Witt, Boulder: Westview Press.

Antony, Louise. 2006. „The Socialization of Epistemology," in: *The Oxford Handbook of Contextual Political Analysis*, herausgegeben von R.E. Goodin & C. Tilly, Oxford: Oxford University Press.

Anzaldúa, Gloria. 1999. *Borderland/La Frontera: The New Mestiza.* San Francisco: Aunt Lute Books.

Anzaldúa, Gloria. 2009. „Let us be the healing of the wound: The Coyolxauhqui imperative—la sombra y el sueño," in: *This Bridge We Call Home*, herausgegeben von Gloria Anzaldúa & AnaLouise Keating. New York: Routledge.

Appiah, Kwame Anthony. 2020. „The Case for Capitalizing the *B* in Black," *The Atlantic;* https://www.theatlantic.com/ideas/archive/2020/06/time-to-capitalize-blackand-white/613159/, letzter Abruf 15.12.2023.

Arendt, Hannah. 1967. „Truth and Politics." The New Yorker, 25 February 1967: 49–88.

Arpaly, Nomy. 2003. *Unprincipled Virtue: An Inquiry into Moral Agency.* Oxford: Oxford University Press.

Arruzza, Cinzia, Tithi Bhattacharya und Nancy Fraser. 2019. *Feminism for the 99%: A Manifesto.* Verso.

Asante, Molefi Kete. 2006. „The Rhetoric of Globalisation: The Europeanisation of Human Ideas," *Journal of Multicultural Discourses* 1: 152–8.

Austin, John. 1962. *How to Do Things with Words.* Oxford: Clarendon Press.

Bailey, Alison. 2021. *The Weight of Whiteness: A Feminist Engagement with Privilege, Race, and Ignorance.* Lanham: Rowman & Littlefield.

Bailey, Alison. 2007. „Strategic Ignorance," in: *Race and Epistemologies of Ignorance*, herausgegeben von S. Sullivan & N. Tuana. Albany: State University of New York Press.

Baldwin, James. 1993. *The Fire Next Time.* New York: Random House.

Ball, Derek. 2020. „Metasemantic Ethics," *Ratio* 33(4): 206–19

Beckles-Raymond, Gabriella. 2019. „Implicit Bias, (Global) White Ignorance, and Bad Faith: The Problem of Whiteness and Anti-Black Racism," *Journal of Applied Philosophy* 37(2): 169–89.

Beeby, Laura. 2011. „A Critique of Hermeneutical Injustice," *Proceedings of the Aristotelian Society* 111(3): 479–86.

Berenstain, Nora. 2016. „Epistemic Exploitation," *Ergo* 3(22): 569–90.

Berenstain, Nora. 2020. „White Feminist Gaslighting," *Hypatia* 35(4): 733–58.

Berenstain, Nora, Kristie Dotson, Julia Paredes, Elena Ruíz & Noenoe K. Silva. 2022. „Epistemic Oppression, Resistance, and Resurgence," *Contemporary Political Theory* 21.

Bernecker, Sven, Amy Flowerree & Thomas Grundmann (Hrsg.). 2021. *The Epistemology of Fake News.* Oxford: Oxford University Press.

Bhabha, Homi. 2012. *The Location of Culture.* New York: Routledge.

Bierria, Alisa. 2014. „Missing in Action: Violence, Power, and Discerning Agency," *Journal of Social Philosophy* 29(1): 129–45.

Bierria, Alisa. 2020. „Racial Conflation: Agency, Black Action, and Criminal Intent," *Journal of Social Philosophy* 4: 575–94.

Blomfield, Megan. 2019. *Global Justice, Natural Resources, and Climate Change.* Oxford: Oxford University Press.

Blumenfeld, Jacob. 2024. *The Concept of Property in Kant, Fichte, and Hegel: Freedom, Right, and Recognition*. New York: Routledge.
BonJour, Laurence. 1985. *The Structure of Empirical Knowledge*. Cambridge, Mass.: Harvard University Press.
Bordo, Susan. 1987. *The Flight to Objectivity: Essays on Cartesianism and Culture*, Albany: State University of New York Press.
Botha, L., D. Griffiths und M. Prozesky. 2021. „Epistemological Decolonization through a Relational Knowledge-Making Model," *Africa Today* 67(4): 50–72.
Bratman, Michael. 1987. *Intention, Plans, and Practical Reason*. Cambridge, MA: Harvard University Press.
Bratu, Christine und Hilkje Hänel. 2021. „Varieties of Hermeneutical Injustice: A Blueprint," *Moral Philosophy and Politics* 8(2): 331–50.
Brownstein, Michael. 2017. „Implicit Bias," *Standford Encyclopedia of Philosophy*.
Brunner, Claudia. 2020. *Epistemische Gewalt: Wissen und Herrschaft in der kolonialen Moderne*. Bielefeld: transcript Verlag.
Byrne, Alex. 2020. „Are Women Adult Human Females?" *Philosophical Studies* 177(12): 3783–803.
Caney, Simon. 2016. „The Struggle for Climate Justice in a Non-Ideal World," *Midwest Studies of Philosophy* 40(1): 9–26.
Caney, Simon. 2005. „Cosmopolitan Justice, Responsibility, and Global Climate Change," *Leiden Journal of International Law* 18(4): 747–75.
Carby, Hazel. 1987. *Reconstructing Womanhood: The Emergence of Afro-American Woman Novelist*. New York: Oxford University Press.
Carby, Hazel. 1992. „The Multicultural Wars," *Radical History Review* 54: 7–18.
Carel, Havi, Charlotte Blease & Keith Geraghty. 2017. „Epistemic Injustice in Healthcare Encounters: Evidence from Chronic Fatigue Syndrome," *Journal of Medical Ethics* 43(8): 549–57.
Carpan, Catalina. 2022. „The Adultification of Black Girls as Identity-Prejudicial Credibility Excess," *Ethical Theory and Moral Practice* 25(5): 793–807.
Case, Anne & Angus Deaton. 2020. *Deaths of Despair and the Future of Capitalism*. Princeton: Princeton University Press.
Castoriadis, C. 1997. *World in Fragments: Writings on Politics, Psychoanalysis and the Imagination*. Palo Alto, CA: Stanford University Press.
Castoriadis, C. 1998. *The Imaginary Institution of Society*. Cambridge, MA: MIT Press.
Castoriadis, C. 2007. *Figures of the Unthinkable*. Palo Alto, CA: Stanford University Press.
Catala, Amandine. 2015. „Democracy, Trust, and Epistemic Justice," *The Monist* 98: 424–40.
Catala, Amandine. 2020. „Metaepistemic Injustice and Intellectual Disability: A Pluralist Account of Epistemic Agency," *Ethical Theory and Moral Practice* 23(5): 755–76.
Catala, Amandine, Luc Faucher & Pierre Poirier. 2021. „Autism, Epistemic Injustice, and Epistemic Disablement: A Relational Account of Epistemic Agency," *Synthese* 199: 9013–39.
Charles, Sonya. 2010. „How Should Feminist Autonomy Theorists Respond to the Problem of Internalized Oppression?" *Social Theory and Practice* 36(3): 409–28.
Chisholm, Roderick. 1966/1977. *Theory of Knowledge*. Englewoof Cliffs, NJ: Prentice-Hall.
Coady, C. 1992. *Testimony: A Philosophical Study*. Oxford: Clarendon Press.
Code, Lorraine. 1981. „Is the Sex of the Knower Epistemologically Significant?" *Metaphilosophy* 12: 267–75.
Code, Lorraine. 1987. *Epistemic Responsibility*. Hanover, NH: University Press of New England.

Code, Lorraine. 1991. *What Can She Know? Feminist Theory and Construction of Knowledge.* Ithaca, NY: Cornell University Press.
Code, Lorraine. 1995. *Rhetorical Spaces: Essays on Gendered Locations.* London: Routledge.
Code, Lorraine. 2006. *Ecological Thinking: The Politics of Epistemic Location.* Oxford: Oxford University Press.
Code, Lorraine. 2020. *Epistemic Responsibility.* Second Edition. Albany: State University of New York Press.
Cohen, G.A. 1978. *Karl Marx's Theory of History: A Defence.* Princeton: Princeton University Press.
Cohen, G.A. 1995. *Self-Ownership, Freedom, and Equality.* Cambridge: Cambridge University Press.
Cohen, Joshua. 1986. „An Epistemic Conception of Democracy." *Ethics* 97(1): 26–38.
Cohen Shabot, Sara. 2021. „,You are not qualified – leave it to us': Obstetric Violence as Testimonial Injustice," *Human Studies* 44(4): 635–53.
The Combahee River Collective. 1979. „A Black Feminist Statement," *WSQ: Women's Studies Quarterly* 42(3–4): 271–80.
Conee, Earl & Richard Feldman. 2008. „Evidence," in: *Epistemology: New Essays,* herausgegeben von Quentin Smith, Oxford: Oxford University Press.
Congdon, Matthew. 2016. „Wronged Beyond Words: On the Publicity and Repression of Moral Injury," *Philosophy and Social Criticism* 42(8): 815–34.
Congdon, Matthew. 2017. „What's Wrong with Epistemic Injustice? Harm, Vice, Objectification, Misrecognition," in: *Routledge Handbook of Epistemic Injustice,* herausgegeben von I.J. Kidd, J. Medina & G. Pohlhaus, New York: Routledge.
Congdon, Matthew. 2018. „,Knower' as an Ethical Concept: From Epistemic Agency to Mutual Recognition," *Feminist Philosophy Quarterly* 4(4): Article 2.
Cook, Rhonda. 2010. „2 officers out of jobs in wake of repeated tasering of woman," *The Atlanta Journal Constitution,* July 13; http://www.ajc.com/news/2-officers-out-of-568967.html, letzter Abruf 12.02.2024.
Coulthard, Glen. 2014. *Red Skin, White Masks: Rejecting the Colonial Politics of Recognition.* Minneapolis: University of Minnesota Press.
Craig, Edward. 1990. *Knowledge and the State of Nature: An Essay in Conceptual Synthesis.* Oxford: Clarendon Press.
Crenshaw, Kimberlé. 1989. „Demarginalizing the Intersection of Race and Sex: A Black Feminist Critique of Antidiscrimination Doctrine, Feminist Theory and Antiracist Politics," *University of Chicago Legal Forum* 1: Article 8.
Crenshaw, Kimberlé. 1991. „Mapping the Margins: Intersectionality, Identity Politics, and Violence Against Women of Color," *Stanford Law Review* 43: 1241–99.
Crenshaw, Kimberlé. 1992. „Whose Story Is It Anyway? Feminist and Anti-Racist Appropriations of Anita Hill," in: *Race-ing Justice, En-gendering Power,* herausgegeben von Toni Morrison. New York: Pantheon.
Crerar, Charlie. 2016. „Taboo, Hermeneutical Injustice, and Expressively Free Environments," *Episteme* 13(2): 195–207.
Cudd, Ann. 2006. *Analyzing Oppression.* New York: Oxford University Press.
Cuomo, Chris. 2011. „Climate Change, Vulnerability, and Responsibility," *Hypatia* 26(4): 690–714.
Curry, Tommy. 2017a. *The Man-Not: Race, Class, Genre, and the Dilemmas of Black Manhood.* Philadelphia: Temple University Press.

Curry, Tommy. 2017b. „This Nigger's Broken: Hyper-masculinity, the Buck, and the Role of Physical Disability in White Anxiety Toward the Black Male Body," *Journal of Social Philosophy* 48(3): 321–43.

Daston, Lorraine. 1992. „Objectivity and the Escape from Perspective," *Social Studies of Science* 22(4): 597–618.

Davis, Angela. 2003. *Are Prisons Obsolete?* New York: Seven Stories Press.

Davis, Emmalon. 2016. „Typecasts, Tokens, and Spokespersons: A Case for Credibility Excess as Testimonial Injustice," *Hypatia* 31(3): 485–501.

Davis, Emmalon. 2018. „On Epistemic Appropriation," *Ethics* 128: 702–27.

Davis, Emmalon. 2021. „A Tale of Two Injustices: Epistemic Injustice in Philosophy," in: *Applied Epistemology*, herausgegeben von Jennifer Lackey, New York: Oxford University Press.

Davis, Mike. 2020. „Mike Davis on Coronavirus Politics," Interview von Daniel Denvir, *Jacobin:* https://www.thedigradio.com/podcast/mike-davis-on-coronavirus-politics/ (1:58:25), letzter Abruf 15.12.2023.

Dembroff, Robin. 2021. „Escaping the Natural Attitude About Gender," *Philosophical Studies* 178(3): 983–1003.

Dembroff, Robin und Catharine Saint-Croix. 2019. „Yep, I'm Gay: Understanding Agential Identity," *Ergo: An Open Access Journal of Philosophy* 6: 571–99.

Dembroff, Robin und Dennis Whitcomb. (2022). „Content Focused Epistemic Injustice," *Oxford Studies in Epistemology*, Volume 7, herausgegeben von T.S. Gendler, J. Hawthorne & J. Chang. Oxford: Oxford University Press.

DeRose, Keith. 1992. „Contextualism and Knowledge Attributions," *Philosophical and Phenomenological Research* 52(4): 913–29.

DeRose, Keith. 2002. „Assertion, Knowledge, and Context," *Philosophical Review* 11(2): 167–203.

Descartes, René. 1637. *Discours de la Méthode Pour bien conduire sa raison, et chercher la verité dans les sciences.* Leiden: Jan Maire.

Dewey, John. 1927. *The Public and Its Problems.* New York: Henry Holt.

Dotson, Kristie. 2011. „Tracking Epistemic Violence, Tracking Practices of Silencing," *Hypatia* 26(2): 236–57.

Dotson, Kristie. 2012. „A Cautionary Tale: On Limiting Epistemic Oppression," *Frontiers: A Journal of Women Studies* 33: 24–47.

Dotson, Kristie. 2014a. „Conceptualizing Epistemic Oppression," *Social Epistemology* 28(2): 115–38.

Dotson, Kristie. 2014b. „Making Sense: The Multistability of Oppression and the Importance of Intersectionality," in: *Why Race and Gender Still Matter*, herausgegeben von Namita Goswami, Maeve O'Donovan & Lisa Yount. Pickering & Chatto.

Dretske, Fred. 1971. „Conclusive Reasons," *Australasian Journal of Philosophy* 49(1): 1–22.

Dror, Lidal. 2022. „Is there an Epistemic Advantage to Being Oppressed?" *Noûs* 57(3): 618–40.

Du Bois, W.E.B. 2007. *The Souls of Black Folk.* New York: Oxford University Press.

Edenberg, Elizabeth & Michael Hannon (Hrsg.) 2021. *Political Epistemology.* Oxford: Oxford University Press.

El Kassar, Nadja. 2018. „What Ignorance Really Is: Examining the Foundations of Epistemology of Ignorance," *Social Epistemology*, online first.

Elster, Jon. 1983. *Making Sense of Marx.* Cambridge: Cambridge University Press.

Engels, Frederick. 1969. *The Principles of Communism.* In: *Marx-Engels Selected Works*, vol. 1. Moskow: Progress Publishers.

Estlund, David. 1993. „Making Truth Safe for Democracy," in: *The Idea of Democracy*, herausgegeben von David Copp, Jean Hampton, and John Roemer. Cambridge, UK: Cambridge University Press.
Ezeanya, C. 2011. *Education and Indigenous Knowledge in Africa: Traditional Bonesetting and Orthopaedic Medicine in West Africa*. Washington, DC: Howard University.
Fanon, Frantz. 1952/2008. *Black Skin, White Masks*. New York: Grove Press.
Fields, Barbara. 1990. „Slavery, Race and Ideology in the United States of America," *New Left Review* 1(181): 95–118.
Fiske, Susan & Laura Stevens. 1993. *What's so special about sex? Gender stereotyping and discrimination*. Thousand Oaks, CA: Sage Publications.
Faulkner, Paul. 2018. „Collective Testimony and Collective Knowledge," *Ergo* 5(4).
Foucault, Michel. 1969. *L'archéologie du savoir*. Paris: Gallimard.
Foucault, Michel. 1975. *Surveiller et punir: Naissance de la prison*. Paris: Gallimard.
Foucault, Michel. 1980. *Power/Knowledge: Selected Interviews and Other Writings 1972–1977*. Vintage.
Frankfurt, Harry. 1971. „Freedom of the Will and the Concept of a Person," *The Journal of Philosophy* 68(1): 5.
Frankfurt, Harry. 1988. *The Importance of What We Care About: Philosophical Essays*. Cambridge: Cambridge University Press.
Freeman, Lauren. 2015. „Confronting Diminished Epistemic Privilege and Epistemic Injustice in Pregnancy by Challenging a ‚Panoptics of the Womb'," *Journal of Medicine and Philosophy* 40(1): 44–68.
Freeman, Lauren. 2018. „Micro Interactions, Macro Harms: Some Thoughts on Improving Health Care for Transgender and Gender Nonbinary Folks," *International Journal of Feminist Approaches to Bioethics* 11(2): 157–65.
Freeman, Lauren & Saray Ayala López. 2018. „Sex Categorization in Medical Contexts: A Cautionary Tale," *Kennedy Institute of Ethics Journal* 28(3): 243–80.
Freeman, Lauren & Heather Steward. 2019. „Epistemic Microaggressions and Epistemic Injustices in Clinical Medicine," in: *Overcoming Epistemic Injustice: Social and Psychological Perspectives*, herausgegeben von Benjamin Sherman & Stacey Goguen. Rowman & Littlefield International.
Fricker, Miranda. 1999. „Epistemic Oppression and Epistemic Privilege," *Canadian Journal of Philosophy* 29(1): 191–210.
Fricker, Miranda. 2007. *Epistemic Injustice: The Ethics and Power of Knowing*. Oxford: Oxford University Press.
Fricker, Miranda. 2012. „Group Testimony? The Making of a Collective Good Informant," *Philosophy and Phenomenological Research* 84(2): 249–76.
Fricker, Miranda. 2013. „Epistemic Justice as a Condition of Political Freedom?" *Synthese* 190: 1317–32.
Fricker, Miranda. 2015. „Epistemic Contribution as a Central Human Capability," in: *The Equal Society: Essays on Equality in Theory and Practice*, 73–90.
Fricker, Miranda. 2016. „Epistemic Injustice and the Preservation of Ignorance," in: *The Epistemic Dimensions of Ignorance*, herausgegeben von Rik Peels and Martijn Blaauw. Cambridge: Cambridge University Press.
Fricker, Miranda. 2023[2007]. *Epistemische Ungerechtigkeit: Macht und die Ethik des Wissens*. Übersetzt von Antje Korsmeier. München: C.H. Beck.
Friedman, Marilyn. 2003. *Autonomy, Gender, Politics*. New York: Oxford University Press.
Frye, Marilyn. 1983. *The Politics of Reality: Essays in Feminist Theory*. Freedom, CA: Crossing Press.
Frye, Marilyn. 2011. „Metaphors of Being a Phi," in: *Feminist Metaphysics*, herausgegeben von Charlotte Witt. Dordrecht: Springer.

Fuller, Steve. 1988. *Social Epistemology*. Bloomington: Indiana University Press.
Gallagher, Siun, John Miles Little & Claire Hooker. 2021. „Testimonial Injustice: Discounting Women's Voices in Health Care Priority Setting," *Journal of Medical Ethics* 47(11): 744–47.
Gallegos, Sergio und Carol Quinn. 2017. „Epistemic Injustice and Resistance in the Chiapas Highlands: The Zapatista Case," *Hypatia* 32(2): 247–62.
García-Portela, Laura. 2023. „Backward-Looking Principles of Climate Justice: The Unjustified Move from the Polluter Pays Principle to the Beneficiary Pays Principle," *Res Publica* 29(3): 367–84.
Gatens, Moira. 1995. *Imaginary Bodies: Ethics, Power and Corporeality*. New York: Routldge.
Gatens, Moira & Genevieve Lloyd. 1999. *Collective Imaginings: Spinoza, Past and Present*. New York: Routledge.
Gaus, Gerald. 1996. *Justificatory Liberalism: An Essay on Epistemology and Political Theory*. Oxford: Oxford University Press.
Gettier, Edmund. 1963. „Is Justified True Belief Knowledge?" *Analysis* 23(6): 121–23.
Gewirth, Alan. 1981. „Are There Any Absolute Rights?" *The Philosophical Quarterly* 31(122): 1–16.
Giladi, Paul. 2018. „Epistemic Injustice: A Role for Recognition," *Philosophy and Social Criticism* 44(2): 141–58.
Gilbert, Margaret. 1989. *On Social Facts*. New York: Routledge.
Gines, Kathryn. 2011. „Black Feminism and Intersectional Analyses," *Philosophy Today* 55: 275–84.
Giraldo, Isis. 2016. „Coloniality at Work," *Feminist Theory* 17(2): 157–73.
Goetze, Trystan. 2018. „Hermeneutical Dissent and the Species of Hermeneutical Injustice," *Hypatia* 33: 73–90.
Goldberg, Sanford. 2010. *Relying on Others: An Essay in Epistemology*. Oxford: Oxford University Press.
Goldman, Alvin. 1976. „Discrimination and Perceptual Knowledge," *The Journal of Philosophy* 73(20): 771–91.
Goldman, Alvin. 1986. *Epistemology and Cognition*. Cambridge, Mass.: Harvard University Press.
Goldman, Alvin. 1999a. *Knowledge in a Social World*. Oxford: Oxford University Press.
Goldman, Alvin. 1999b. „Internalism Exposed," *Journal of Philosophy* 96(6): 271–93.
Goldman, Alvin. 2001. „Experts: Which Ones Should You Trust?", *Philosophy and Phenomenological Research* 63(1): 85–110.
Goodin, Robert. 1986. *Protecting the Vulnerable*. Chicago: University of Chicago Press.
Grasswick, Heidi. 2004. „Individuals-in-Communities: The Search for a Feminist Model of Epistemic Subjects," *Hypatia* 19(3): 85–120.
Grasswick, Heidi. 2018. „Feminist Social Epistemology," *The Stanford Encyclopedia of Philosophy*, herausgegeben von Edward N. Zalta; https://plato.stanford.edu/archives/fall2018/entries/feminist-social-epistemology/, letzter Abruf 15.12.2023.
Greco, John & Richard Feldman. 2005. „Is Justification Internal?" in: *Contemporary Debates in Epistemology* (1. Auflage), herausgegeben von Matthias Steup & Ernest Sosa, Malden, Mass.: Blackwell.
Grosfoguel, R. 2013. „The Structure of Knowledge in Westernized Universities: Epistemic Racism/Sexism and the Four Genocides/Epistemicides of the Long 16th Century," *Human Architecture: Journal of the Sociology of Self-Knowledge* 11(1): 73–90.
Gwaltney, John Langston. 1980. *Drylongo: A Self-Portrait of Black America*. New York: Vintage.
Hacking, Ian. 1999. *The Social Construction of What?* Cambridge, Mass.: Harvard University Press.
Hänel, Hilkje. 2018. *What is Rape? Social Theory and Conceptual Analysis*. Bielefeld: Transcript Publishers.
Hänel, Hilkje. 2020. „Hermeneutical Injustice, (Self-)Recognition, and Academia," *Hypatia* 35(2): 1–19.

Hänel, Hilkje. 2021. „Who's to Blame? Hermeneutical Misfire, Forward-Looking Responsibility, and Collective Accountability," *Social Epistemology* 35(2): 173–84.
Hänel, Hilkje. 2022. „#MeToo and Testimonial Injustice: An Investigation of Moral and Conceptual Knowledge," *Philosophy and Social Criticism* 48(6): 833–59.
Hänel, Hilkje. 2024. „Willful Testimonial Injustice as a Form of Epistemic Injustice," *European Journal of Philosophy*, online first.
Hänel, Hilkje & Johanna Müller. 2022. „Non-Ideal Philosophy as Methodology: The Case of Feminist Philosophy," *Theoria* 172(69.3): 32–59.
Hall, Budd L. & Rajesh Tandon. 2017. „Decolonization of Knowledge, Epistemicide, Participatory Research and Higher Education," *Research for All* 1(1): 6–19.
Hamad, Ruby. 2020. *White Tears/Brown Scars: How White Feminism Betrays Women of Color.* Catapult.
Hannon, Michael & Jeroen de Ridder (Hrsg.) 2021. *The Routledge Handbook of Political Epistemology.* London & New York: Routledge.
Haraway, Donna. 1988. „Situated Knowledges: The Science Question in Feminism and Privilege of Partial Perspective," *Feminist Studies* 14(3): 575–99.
Haraway, Donna. 1989. *Primate Visions: Gender, Race, and Nature in the World of Modern Science.* New York: Routledge.
Haraway, Donna. 1991. *Simians, Cyborg, and Women: The Reinvention of Nature.* New York: Routledge.
Harding, Sandra. 1982. „Is Gender a Variable in Conceptions of Rationality: A Survey of Issues," *Dialectica* 36(2–3): 225–42.
Harding, Sandra. 1986. *The Science Question in Feminism.* Ithaca: Cornell University Press.
Harding, Sandra. 1991. *Whose Science? Whose Knowledge?: Thinking from Women's Lives.* Ithaca, NY: Cornell University Press.
Harding, Sandra. 1998. *Is Science Multicultural? Postcolonialisms, Feminisms, and Epistemologies.* Bloomington: Indiana University Press.
Harding, Sandra. 2003. *The Feminist Standpoint Theory Reader: Intellectual and Political Controversies.* New York: Routledge.
Harding, Sandra. 2006. „Two Influential Theories of Ignorance and Philosophy's Interests in Ignoring Them," *Hypatia* 21(3): 20–36.
Harding, Sandra und Merrill Hintikka (Hrsg.). 1983. *Discovering Reality: Feminist Perspectives on Epistemology, Metaphysics, Methodology, and the Philosophy of Science.* Dordrecht: D. Reidel.
Hartsock, Nancy. 1983a. „The Feminist Standpoint: Developing the Ground for a Specifically Feminist Historical Materialism," in: *Discovering Reality: Feminist Perspectives on Epistemology, Metaphysics, Methodology, and the Philosophy of Science*, herausgegeben von Sanda Harding und Merrill Hintikka, Dordrecht: D. Reidel.
Hartsock, Nancy. 1983b. *Money, Sex and Power: Toward a Feminist Historical Materialism.* New York: Longman.
Harvey, D. 2004. „The New Imperialism: Accumulation by Dispossession," *Socialist Register* 40: 63–87.
Harvin, Cassandra Byers. 1996. „Conversations I Can't Have," *On the Issues: The Progressive Woman's Quarterly* 5(2): 15–16.
Haslanger, Sally. 1993. „On Being Objective and Being Objectified," in: *A Mind of One's Own*, herausgegeben von Louise Antony & Charlotte Witt, Boulder: Westview Press.
Haslanger, Sally. 1995. „Ontology and Social Construction," *Philosophical Topics* 23: 95–125.
Haslanger, Sally. 2000. „Gender and Race: (What) Are They? (What) Do We Want Them to Be?" *Noûs* 34(1): 31–55.
Haslanger, Sally. 2012. *Resisting Reality.* New York: Oxford University Press.

Hayek, Friedrich. 1951. *John Stuart Mill and Harriet Taylor: Their Correspondence and Subsequent Marriage.* Chicago: University of Chicago Press.

Heilman, Madeline. 2001. „Description and Prescription: How gender stereotypes prevent women's ascent up the organizational ladder," *Journal of Social Issues* 57(4): 657–74.

Hennessy, Rosemary. 1993. „Women's Lives/Feminist Knowledge: Feminist Standpoint as Ideology Critique," *Hypatia* 8(1): 14–34.

Herlihy, J., L. Jobson & S. Turner. 2012. „Just Tell Us What Happened to You: Autobiographical Memory and Seeking Asylum," *Applied Cognitive Psychology* 26: 661–76.

Herzog, Lisa. 2023. *Citizen Knowledge: Markets, Experts, and the Infrastructure of Democracy.* Oxford: Oxford University Press.

Herzog, Lisa & Robert Lepenies. 2022. „Citizen Science in Deliberative Systems: Participation, Epistemic Injustice, and Civic Empowerment," *Minerva* 60: 489–508.

Heyer, Julia & Martin Knobbe. 2020. „Brechen Entwicklungsländer zusammen, gibt es Chaos, Unruhen und Bürgerkrieg," Interview von Gerd Müller, *Der Spiegel:* https://www.spiegel.de/politik/deutschland/gerd-mueller-im-interview-corona-besiegen-wir-nur-gemeinsam-in-der-welt-oder-nicht-a-a84f1727-c2bd-4087-849b-2f06a6a4adcf, letzter Abruf 15.12.2023.

Heyward, Clare & Dominic Roser (Hrsg.) 2016. *Climate Justice in a Non-Ideal World.* Oxford: Oxford University Press.

Hill Collins, Patricia. 1986. „Learning from the Outsider Within: The Sociological Significance of Black Feminist Thought," *Social Problems* 33(6): 14–32.

Hill Collins, Patricia. 1998. *Fighting Words: Black Women and the Search for Justice.* Minneapolis: University of Minnesota Press.

Hill Collins, Patricia. 2000/2008. *Black Feminist Thought: Knowledge, Consciousness, and the Politics of Empowerment* (zweite Ausgabe/dritte Ausgabe), New York: Routledge.

Hill Collins, Patricia. 2004. *Black Sexual Politics: African Americans, Gender, and the New Racism.* New York & London: Routledge.

Hoagland, Sarah L. 2007. „Denying Relationality: Epistemology and Ethics and Ignorance," in *Race and Epistemologies of Ignorance*, herausgegeben von S. Sullivan & N. Tuana. Albany: State University of New York Press.

Hodgson, Marshall. 1993. *Rethinking World History: Essays on Europe, Islam, and World History.* Herausgegeben von Edmund Burke. New York: Cambridge University Press.

Holmstrom, Nancy. 1977. „Exploitation," *Canadian Journal of Philosophy* 7: 353–69.

Home Office. 2015. „Asylum Policy Instructions: Assessing Credibility and Refugee Status (Version 9.0)," Home Office, 6. Januar.

Honey Bee 2016. „Genesis: How Did It All Begin?", www.sristi.org/hbnew/genesis.php, letzter Abruf 15.12.2023.

Honneth, Axel. 1995. *The Struggle for Recognition: The Moral Grammar of Social Conflicts.* Cambridge, Mass.: MIT Press.

Honneth, Axel. 2011. *Das Recht der Freiheit: Grundriss einer Demokratischen Sittlichkeit.* Berlin: Suhrkamp.

hooks, bell. 1982. *Ain't I a Woman: Black Women and Feminism.* Boston: South End.

hooks, bell. 1990. *Yearning: Race, Gender and Cultural Politics.* Boston: South End Press.

Hookway, Christopher. 2010. „Some Varieties of Epistemic Injustice: Reflections on Fricker," *Episteme* 7(2): 151–63.

Hull, George. 2017. „Black Consciousness as Overcoming Hermeneutical Injustice," *Journal of Applied Philosophy* 34(4): 573–92.

Hyde, Krista. 2016. „Testimonial Injustice and Mindreading," *Hypatia* 31(4): 858–73.
Intemann, Kristen. 2010. „25 Years of Feminist Empiricism and Standpoint Theory: Where Are We Now?" *Hypatia* 25(4): 778–96.
Irigaray, L. 1977. „Women's Exile," *Ideology and Consciousness* 1.
Irigaray, L. 1985. *Speculum of the Other Woman*. Ithaca: Cornell University Press.
Jaeggi, Rahel. 2009. „Rethinking Ideology," in: *New Waves in Political Philosophy*, herausgegeben von B. de Bruin und C.F. Zurn. New York: Palgrave Macmillan.
Jaggar, Alison. 1983. *Feminist Politics and Human Nature*. Totowa: Rowan and Allenheld.
Jannesari, Sohail, Emma Molyneaux & Vanessa Lawrence. 2019. „What affects the mental health of people seeking asylum in the UK? A narrative analysis of migration stories," *Qualitative Research in Psychology:* 1–21.
Jaster, Romy und David Lanius. 2019. *Die Wahrheit schafft sich ab: Wie Fake News Politik machen*. Ditzingen: Reclam.
Jenkins, Katharine. 2016. „Rape Myths and Domestic Abuse Myths as Hermeneutical Injustices," *Journal of Applied Philosophy* 34(2): 191–205.
Kauanui, J.K. 2018. *Paradoxes of Hawaiian Sovereignty: Land, Sex, and the Colonial Politics of State Nationalism*. Durham: Duke University Press.
Kay, Aaron, Martin Day, Mark Zanna & David Nussbaum. 2013. „The insidious (and ironic) effects of positive stereotypes," *Journal of Experimental Psychology* 49(2): 287–91.
Keller, Evelyn Fox. 1983. *A Feeling for the Organism*. San Francisco: W.H. Freeman.
Keller, Evelyn Fox. 1985. *Reflections on Gender and Science*. New Haven: Yale University Press.
Khader, Serene. 2011. *Adaptive Preferences and Women's Empowerment*. Oxford/New York: Oxford University Press.
Khader, Serene. 2019. *Decolonizing Universalism: A Transnational Feminist Ethic*. New York: Oxford University Press.
Kimmerer, Robin Wall. 2013. *Braiding Sweetgrass: Indigenous Wisdom, Scientific Knowledge, and the Teaching of Plants*. Minneapolis: Milkweed Editions.
King, Mae. 1973. „The Politics of Sexual Stereotypes," *Black Scholar* 4(6–7): 12–23.
Kitcher, Philip. 1990. „The Division of Cognitive Labor," *Journal of Philosophy* 87(1): 5–22.
Kitcher, Philip. 1995. *The Advancement of Science: Science Without Legend, Objectivity Without Illusions*. Oxford: Oxford University Press.
Koggel, Christine. 2018. „Epistemic Injustice in a Settler Nation: Canada's History of Erasing, Silencing, Marginalizing," *Journal of Global Ethics* 14(2): 240–51.
Kornblith, Hilary. 1999. „In Defense of a Naturalized Epistemology," in: *The Blackwell Guide to Epistemology*, herausgegeben von John Greco & Ernest Sosa, Oxford: Blackwell.
Kornblith, Hilary (Hrsg.). 2001. *Epistemology: Internalism and Externalism*. Malden, Mass.: Blackwell Publishers.
Koskinen, Inkeri und Kristina Rolin. 2019. „Scientific/Intellectual Movements Remedying Epistemic Injustice: The Case of Indigenous Studies," *Philosophy of Science* 86(5): 1052–63.
Kuhn, Thomas. 1962. *The Structure of Scientific Revolutions*. Chicago: University of Chicago Press.
Kuhn, Thomas. 1977. *The Essential Rension: Selected Studies in Scientific Tradition and Change*. Chicago: Chicago University Press.
Kuhn, Thomas. 2000. *The Road Science Structure*. Chicago: Chicago University Press.
Kukla, Rebecca. 2000. „Myth, Memory, and Misrecognition in Sellars' Empiricism and the Philosophy of Mind," *Philosophical Studies* 101(2/3): 161–211.
Kukla, Rebecca. 2006. „Objectivity and Perspective in Empirical Knowledge," *Episteme* 3(1): 80–95.

Kurtulmus, Faik. 2020. „The Epistemic Basic Structure," *Journal of Applied Philosophy* 37(5): 818–35.
Lackey, Jennifer. 2008. *Learning from Words: Testimony as a Source of Knowledge.* Oxford: Oxford University Press.
Lackey, Jennifer (Hrsg.). 2014. *Essays in Collective Epistemology.* Oxford: Oxford University Press.
Lackey, Jennifer. 2016. „What Is Justified Group Belief," *Philosophical Review Recent Issues* 125(3): 341–96.
Lackey, Jennifer. 2020a. „False Confessions and Testimonial Injustice," *Journal of Criminal Law and Criminology* 110(1): 43–68.
Lackey, Jennifer. 2020b. *The Epistemology of Groups.* Oxford: Oxford University Press.
Lackey, Jennifer. 2021b. „False Confessions and Subverted Agency," *Royal Institute of Philosophy Supplement* 89: 11–35.
Lackey, Jennifer. 2021c. „Eyewitness Testimony and Epistemic Agency," *Noûs* 56(3): 696–715.
Lackey, Jennifer. 2023. *Criminal Testimonial Injustice.* Oxford: Oxford University Press.
Lackey, Jennifer und Ernest Sosa (Hrsg.). 2006. *The Epistemology of Testimony.* New York: Oxford University Press.
Lambert, Alan, Saera Khan, Brian Lickel & Katja Fricke. 1997. „Mood and the Correction of Positive Versus Negative Stereotypes," *Journal of Personality and Social Psychology* 72(5): 1002–16.
Langton, Rae. 1993. „Speech Acts and Unspeakable Acts," *Philosophy and Public Affairs* 22(4): 293–330.
Lebakeng, J., M. Phalane & N. Dalindjebo. 2006. „Epistemicide, Institutional Cultures and the Imperative for the Africanisation of Universities in South Africa," *Alternation* 13(1): 70–87.
Le Dœuff, M. 1989. *The Philosophical Imaginary,* übersetzt von C. Gordon. London: Anthlone.
Lehrer, Keith & Steward Cohen. 1983. „Justification, Truth, and Coherence," *Synthese* 55(2): 191–207.
Lembke, Anna. 2016. *Drug Dealer, MD: How Doctors Were Duped, Patients Got Hooked, and Why It's so Hard to Stop.* Johns Hopkins University Press.
Li, Yi. 2016. „Testimonial Injustice without Prejudice: Considering Cases of Cognitive or Psychological Impairment," *Journal of Social Philosophy* 47(4): 457–69.
Locke, John. 1960. *An Essay Concerning Human Understanding.* London.
Longino, Helen. 1990. *Science as Social Knowledge: Values and Objectivity in Scientific Inquiry.* Princeton: Princeton University Press.
Longino, Helen. 1999. „Feminist Epistemology," in: *Blackwell Guide to Epistemology,* herausgegeben von John Greco und Ernest Sosa. Malden: Blackwell.
Longino, Helen. 2002. *The Fate of Knowledge.* Princeton: Princeton University Press.
Lorde, Audre. 1977. „The Transformation of Silence into Language and Action," Vortrag am 28. Dez: Modern Language Association's Lesbian and Literature Panel, Chicago.
Lorde, Audre. 1978. „A Litany for Survival," in: *The Collected Poems of Audre Lorde.* W.W. Norton & Company Inc.
Lorde, Audre. 1981. „The Uses of Anger," *Women's Studies Quarterly* 9(3): 7–10.
Lorde, Audre. 1984. *Sister Outsider.* Trumansberg, NY: Crossing Press.
Lorde, Audre. 1995. „Age, Race, Class, and Sex: Women Redefining Difference," in: *Words on Fire: An Anthology of African American Feminist Thought,* herausgegeben von Beverly Guy-Sheftal. The New Press.
Lorde, Audre. 2007. „The Master's Tools Will Never Dismantle the Master's House," in: *Sister Outsider: Essays and Speeches.* Crossing Press.
Lugones, María. 1987. „Playfulness, ‚World'-Travelling, and Loving Perception," *Hypatia* 2(2): 3–19.
Lugones, María. 2003. *Pilgrimages/peregrinajes: Theorizing coalition against multiple oppressions.* Lanham, Md.: Rowman and Littlefield Publishers.

Lugones, María. 2006. „On Complex Communication," *Hypatia* 21(3): 75–85.
Lugones, María & Elizabeth Spelman. 1983. „Have We Got a Theory for You! Feminist Theory, Cultural Imperialism and the Demand for ‚the Woman's Voice'," *Women's Studies International Forum* 6(6): 573–81.
MacKinnon, Catharine. 1989. *Toward a Feminist Theory of the State.* Cambridge, Mass.: Harvard University Press.
MacKinnon, Catharine. 1987. *Feminism Unmodified: Discourses on Life and Law.* Cambridge, Mass.: Harvard University Press.
Macy, Beth. 2018. *Dopesick: Dealers, Doctors, and the Drug Company that Addicted America.* New York: Little, Brown and Company.
Mae, Lynda & Donal Carlston. 2005. „Hoist on your own petard: When prejudiced remarks are recognized and backfire on speakers," *Journal of Experimental Social Psychology* 41(3): 240–55.
Mannheim, Karl. 1936. *Ideology and Utopia: An Introduction to the Sociology of Knowledge.* New York: Harcourt, Brace & Co.
Maracle, L. 2015. *Memory Serves: Oratories.* Edmonton: NeWest Press.
Marcuse, Herbert. 1964. *One-Dimensional Man.* London: Routledge and Kegan Paul.
Marx, Karl. 1962. *Das Kapital*, Band 1. Berlin/DDR: Dietz Verlag.
Marx, Karl. 2006. *Wage-Labour and Capital.* New York: International Publishers.
Masaka, Dennis. 2017. „‚Global Justice' and the Suppressed Epistemologies of the Indigenous People of Africa," *Philosophical Papers* 46(1): 59–84.
Mason, Rebecca. 2011. „Two Kinds of Unknowing," *Hypatia* 26(2): 294–307.
Matolino, B. 2020. „Whither Epistemic Decolonization," *Philosophical Papers* (online first).
Mayblin, Lucy. 2017. *Asylum after Empire: Colonial Legacies in the Politics of Asylum Seeking.* New York: Rowman & Littlefield.
McCain, Kevin. 2014. *Evidentialism and Epistemic Justification.* New York: Routledge.
McGlynn, Aidan. 2021. „Epistemic Objectification as the Primary Harm of Testimonial Injustice," *Episteme* 18(2): 160–76.
McGlynn, Aidan. 2020. „Object or Others? Epistemic Agency and the Primary Harm of Testimonial Injustice," *Ethical Theory and Moral Practice* 23: 831–45.
McGlynn, Aidan. im Erscheinen. *Introduction to Epistemic Injustice.* Routledge.
McKenna, Robin. 2022. „Is Knowledge a Social Phenomenon?" *Inquiry*, online first.
McKenna, Robin. 2023. *Non-Ideal Epistemology.* Oxford: Oxford University Press.
McKinney, Rachel. 2016. „Extracted Speech," *Social Theory and Practice* 42(2): 258–84.
Medina, José. 2008. „Race and Epistemologies of Ignorance (review)," *The Journal of Speculative Philosophy* 22(4): 313–316.
Medina, José. 2011. „The Relevance of Credibility Excess in a Proportional View of Epistemic Injustice: Differential Epistemic Authority and the Social Imaginary," *Social Epistemology* 25(1): 15–35.
Medina, José. 2012. „Hermeneutical Injustice and Polyphonic Contextualism: Social Silences and Shared Hermeneutical Responsibilities," *Social Epistemology* 26(2).
Medina, José. 2013. *The Epistemology of Resistance: Gender and Racial Oppression, Epistemic Injustice, and the Social Imagination.* Oxford: Oxford University Press.
Medina, José. 2018. „Misrecognition and Epistemic Injustice," *Feminist Philosophy Quarterly* 4(4): 1–16.
Medina, José. 2022. „Group Agential Epistemic Injustice: Epistemic Disempowerment and Critical Defanging of Group Epistemic Agency," *Philosophical Issues* 32: 320–34.
Meier, Barry. 2018. *Pain Killer: An Empire of Deceit and the Origin of America's Opioid Epidemic.* New York: Random House.

Memon, A. 2012. „Credibility of Asylum Claims: Consistency and Accuracy of Autobiographical Memory Reports Following Trauma," *Applied Cognitive Psychology* 26: 677–9.

Mendoza, Breny. 2022. „The Epistemology of the South, Coloniality of Gender, and Latin American Feminism," *Hypatia* 37: 510–22.

Meyers, Diana Tietjens. 1987. „Personal Autonomy and the Paradox of Feminine Socialization," *Journal of Philosophy* 84(11): 619–28.

Meyers, Diana Tietjens. 2004. „Decentralizing Autonomy: Five Faces of Selfhood," in: *Being Yourself: Essays on Identity, Action, and Social Life*, herausgegeben von Diana T. Meyers. Lanham, MD: Rowman & Littlefield Publishers.

Meyerson, Denise. 1991. *False Consciousness*. Oxford: Oxford University Press.

Migolo, Walter. 2008. „The Geopolitics of Knowledge and the Colonial Difference," in: *Coloniality at Large: Latin America and the Postcolonial Debate*, herausgegeben von M. Monaña, E. Dussel & C. Jáuregui. Durham: Duke University Press.

Migolo, Walter. 2002. „The Geopolitics of Knowledge and the Colonial Difference." *South Atlantic Quarterly* 10 (1): 56–96.

Mignolo, Walter, and Madina Tlostanova. 2006. „Theorizing from the Borders: Shifting to Geo- and Body-Politics of Knowledge." *European Journal of Social Theory* 9 (2): 205–221.

Mill, John Stuart. 1991. *On Liberty and Other Essays*. Oxford: Oxford University Press.

Mills, Charles. 1997. *The Racial Contract*. Ithaca, NY: Cornell University Press.

Mills, Charles. 1998. *Blackness Visible: Essays on Philosophy and Race*. Ithaca, NY: Cornell University Press.

Mills, Charles. 2003. *From Class to Race: Essays in White Marxism and Black Radicalism*. Rowman & Littlefield Publishers.

Mills, Charles. 2007. „White Ignorance," in: *Race and Epistemologies of Ignorance*, herausgegeben von S. Sullivan & N. Tuana. Albany: State University of New York Press.

Mills, Charles. 2015. „Global White Ignorance," in: *Routledge International Handbook of Ignorance Studies*, ed. M. Gross & L. McGoey. London/New York: Routledge.

Mills, Charles. 2017. *Black Rights/White Wrongs: The Critique of Racial Liberalism*. New York: Oxford University Press.

Minghella, Anthony. 2000. *The Talented Mr. Ripley—Based on Patricia Highsmith's Novel*. London: Methuen.

Mitova, Veli. 2020a. „Explanatory Injustice and Epistemic Agency," *Ethical Theory and Moral Practice* 23(5): 707–22.

Mitova, Veli 2020b. „Decolonizing Knowledge Here and Now (Introduction to Special Issue)," *Philosophical Papers*, online first.

Mohanty, Chandra Talpade. 1988. „Under Western Eyes: Feminist Scholarship and Colonial Discourses," *Feminist Review* 30: 61–88.

Moody-Adams, Michelle. 1994. „Culture, Responsibility, and Affected Ignorance," *Ethics* 104, 291–309.

Moraga, Cherríe & Gloria Anzaldúa (Hrsg.) 1981. *This Bridge Called My Back*. New York: SUNY Press.

Morris, Rosalind. 2010. „Introduction," in: *Can the Subaltern Speak? Reflections on the History of an Idea*, herausgegeben von Rosalind Morris. New York: Columbia University Press.

Morrison, Toni. 1975. „A Humanistic View," in: *Public Dialogue on the American Dream Theme, Part 2*, Portland State Black Studies Center, 30. Veranstaltung am 30. Mai 1975.

Morton, Patricia. 1991. *Disfigured Images: The Historical Assault on Afro-American Women*. New York: Praeger.

Mungwini, P. 2019. „Symposium: Why Epistemic Decolonization?" *Journal of World Philosophies* 4: 70–150.
Munroe, Wade. 2016. „Testimonial Injustice and Prescriptive Credibility Deficits," *Canadian Journal of Philosophy* 46(6): 924–47.
Murdoch, Iris. 1970/2014. *The Sovereignty of Good.* London/New York: Routledge.
Naples, Nancy. 2007. „Feminist Standpoint Theory," in: *The Blackwell Encyclopedia of Sociology*, herausgegeben von George Ritzer, New York: John Wiley & Sons.
Narayan, Uma. 1997. *Dislocating Cultures: Identities, Traditions, and Third-World Feminism.* New York: Routledge.
Nayeri, Dina. 2019. *The Ungrateful Refugee: What Immigrants Never Tell You.* Edinburgh: Canongate.
Nelson, Lynn H. 1990. *Who Knows? From Quine to a Feminist Empiricism.* Philadelphia: Temple University Press.
Nelson, Lynn H. 1993. „Epistemological Communities," in: *Feminist Epistemologies*, herausgegeben von Linda Alcoff & Elizabeth Potter, New York: Routledge.
Neuhouser, Fred. 2000. *Foundations of Hegel's Social Theory: Actualizing Freedom.* Cambridge, Mass.: Harvard University Press.
Nozick, Robert. 1981. *Philosophical Explanations.* Boston, Mass.: Harvard University Press.
Nussbaum, Martha. 1995. „Objectification," *Philosophy and Public Affairs* 24(4): 249–91.
Nwosimiri, O. 2022. „Engaging in African Epistemology as a Form of Epistemic Decolonization," *Filosofia Theoretica: Journal of African Philosophy, Culture and Religion* 11(2).
Omodeo, Pietro Daniel. 2019. *Political Epistemology: The Problem of Ideology in Science Studies.* Springer.
Oranli, Imge. 2021a. „Epistemic Injustice *from Afar:* Rethinking the Denial of Armenian Genocide," *Social Epistemology* 35(2): 120–32.
Oranli, Imge. 2021b. „Decentering Europe in the Thinking of Evil," *Philosophy World Democracy*, online first.
Ortega, Mariana. 2006. „Being Lovingly, Knowingly Ignorant: White Feminism and Women of Color," *Hypatia* 21(3): 56–74.
Oshana, Marina. 2006. *Personal Autonomy in Society.* Farnham: Ashgate Publishing.
Oshana, Marina (Hrsg.) 2015. *Personal Autonomy and Social Oppression: Philosophical Perspectives.* New York & London: Routledge.
Parekh, Serena. 2020a. „Reframing the Refugee Crisis: From Rescue to Interconnection," *Ethics & Global Politics* 13(1): 21–32.
Parekh, Serena. 2020b. *No Refuge: Ethics and the Global Refugee Crisis.* New York: Oxford University Press.
Peirce, Charles. 1905. „Issues in Pragmaticism," *The Monist* 15: 481–99.
Peña-Guzmán, David & Joel Michael Reynolds. 2019. „The Harm of Ableism: Medical Error and Epistemic Injustice," *Kennedy Institute of Ethics Journal* 29(3): 205–42.
Peschel, Keewaydinoquay. 1978. *Puhpohwee for the People: A Narrative Account of Some Use of Fungi among the Ahnishinaubeg.* Cambridge: Botanical Museum of Harvard University.
Peterson, Zoë & Charlene Muehlenhard. 2004. „Was It Rape? The Function of Women's Rape Myth Acceptance and Definitions of Sex in Labeling Their Own Experiences," *Sex Roles* 52(3/4): 129–44.
Pettit, Philip. 1997. *Republicanism: A Theory of Freedom and Government.* New York: Oxford University Press.
Pettit, Philip. 2001. *A Theory of Freedom.* Oxford: Oxford University Press.
Piovarchy, Adam. 2021. „Responsibility for Testimonial Injustice," *Philosophical Studies* 178(2): 597–615.

Pippin, Robert. 2008. *Hegel's Practical Philosophy: Rational Agency as Ethical Life.* Cambridge, UK: Cambridge University Press.
Pitasse Fragoso, Katarina. 2022. „Telling a Story in a Deliberation: Addressing Epistemic Injustice and the Exclusion of Indigenous Groups in Public Decision-Making," *Journal of Global Ethics* 18(3): 368 – 85.
Pitts, Andrea. 2017. „Decolonial Praxis and Epistemic Injustice," in: *The Routledge Handbook of Epistemic Injustice*, herausgegeben von I. Kidd, J. Medina & G. Pohlhaus. New York: Routledge.
Pitts, Andrea. 2016. „Gloria E. Anzaldúa's *Autohistoria-teoría* as an Epistemology of Self-Knowledge/Ignorance," *Hypatia* 31(2): 352 – 69.
Pitts, Andrea. 2021. *Nos / Otras: Gloria E. Anzaldúa, Multiplicitous Agency, and Resistance.* New York: State University of New York.
Pohlhaus, Gaile Jr. 2012. „Relational Knowing and Epistemic Injustice: Toward a Theory of *Willful Hermeneutical Ignorance*," *Hypatia* 27(4): 715 – 35.
Pohlhaus, Gaile Jr. 2020. „Epistemic Agency under Oppression," *Philosophical Papers* 49(2): 233 – 51.
Pohlhaus, Gaile Jr. 2014. „Discerning the Primary Epistemic Harm in Cases of Testimonial Injustice," *Social Epistemology* 28(2): 99 – 114.
Posholi, L. 2020. „Epistemic Decolonization as Overcoming Hermeneutical Injustice of Eurocentrism," *Philosophical Papers* (online first).
Potter, Elizabeth. 1993. „Gender and Epistemic Negotiation," in: *Feminist Epistemologies*, herausgegeben von Linda Alcoff & Elizabeth Potter, New York: Routledge.
Quinones, Sam. 2015. *Dreamland: The True Tale of America's Opiate Epidemic.* New York: Bloomsbury Publishing.
Radoilska, Lubomira. 2020. „Revisiting Epistemic Injustice in the Context of Agency," *Ethical Theory and Moral Practice* 23: 703 – 6.
Rajaram, P.K. 2015. *Ruling the Margins: Colonial Power and Administrative Rule in the Past and Present.* New York: Routledge.
Reich, Wilhelm. 1971[1933]. *Die Massenpsychologie des Faschismus.* Köln: Kiepenheuer & Witsch.
Reider, Patrick (Hrsg.). 2016. *Social Epistemology and Epistemic Agency: Decentralizing Epistemic Agency.* London/New York: Rowman & Littlefield.
Rich, Adrienne. 1980. „Compulsory Heterosexuality and Lesbian Existence," *Signs* 5(4): 631 – 60.
Rogers, H., S. Fox & J. Herlihy. 2015. „The Importance of Looking Credible: The Impact of the Behavioural Sequelae of Post-Traumatic Stress Disorder on the Credibility of Asylum Seekers," *Psychology, Crime & Law* 21(2): 139 – 55.
Rogers, T. 2021. „Knowing How to Feel: Racism, Resilience, and Affective Resistance," *Hypatia* 36(4): 725 – 47.
Rolin, Kristina. 2020. „The Epistemic Significance of Diversity," in: *The Routledge Handbook of Social Epistemology*, herausgegeben von Miranda Fricker, Peter Graham, David Henderson & Nikolaj Pedersen, New York: Routledge.
Rorty, Richard. 1979. *Philosophy and the Mirror of Nature.* Princeton, NJ: Princeton University Press.
Rosen, Gideon. 2003. „Culpability and Ignorance," *Proceedings of the Aristotelian Society* 103(1): 61 – 84.
Rosen, Michael. 1996. *On Voluntary Servitude: False Consciousness and the Theory of Ideology.* Cambridge: Polity Press.
Rosenberg, Jay. 2009. *Philosophieren: Ein Handbuch für Anfänger.* Frankfurt a. M.: Klostermann.
Roufos, Pavlos. 2020. „A Disaster Foretold," *The Brooklyn Rail:* https://brooklynrail.org/2020/05/field-notes/A-Disaster-Foretold, letzter Abruf 15.12.2023.

Ruetsche, Laura. 2004. „Virtue and Contingent History: Possibilities for Feminist Epistemology," *Hypatia* 19(1): 73–101.
Ruíz, Elena. 2012. „Theorizing Multiple Oppressions Through Colinial History: Cultural Alterity and Latin American Feminisms," *APA Newsletter on Hispanic/Latino Issues in Philosophy* 2(11): 5–9.
Ruíz, Elena. 2014. „Musing: Spectral Phenomenologies: Dwelling Poetically in Professional Philosophy," *Hypatia* 29(1): 196–204.
Ruíz, Elena. 2020a. „Between Hermeneutic Violence and Alphabets of Survival," in: *Theories of the Flesh: Latinx and Latin American Feminisms, Transformation, and Resistance*, herausgegeben von Andrea Pitts, Mariana Ortega & José Medina. New York: Oxford University Press.
Ruíz, Elena. 2020b. „Cultural Gaslighting," *Hypatia* 5(4): 687–713.
Ruíz, Elena. 2021. „Postcolonial and Decolonial Feminisms," in: *The Oxford Handbook of Feminist Philosophy*, herausgegeben von Kim Hall & Ásta. New York: Oxford University Press.
Ruíz, Elena. im Erscheinen. „Structural Trauma," *Meridians: Feminism, Race, Transnationalism* 22(2).
Ruíz, Elena & Kristie Dotson. 2017. „On the Politics of Coalition," *Feminist Philosophy Quarterly* 3(2): 1–16.
Ruíz, Elena & Ezgi Sertler. 2019. „Asylum, Credible Fear Tests, and Colonial Violence," *Biopolitical Philosophy*, October 11, 2019.
Saadi, A., K. Hampton, M. Vassimon de Assis, R. Mishori, H. Habbach & R.J. Haar. 2021. „Associations between memory loss and trauma in US asylum seekers: A retrospective review of medico-legal affidavits," *PLoS ONE* 16(3).
Said, Edward. 1978. *Orientalism.* New York: Pantheon.
Sandoval, Chela. 2000. *Methodology of the Oppressed.* St. Paul: University of Minnesota Press.
Samuels, Harriet. 2017. „Women Asylum Seekers in the Current Crisis: A Conversation," *Feminist Legal Studies* 25: 99–122.
Scheman, Naomi. 1995. „Symposium: Feminist Epistemology," *Metaphilosophy* 26(3): 177–90.
Schmitt, Frederick. 1994. *Sozializing Epistemology: The Social Dimensions of Knowledge.* Lanham, MD: Rowman & Littlefield Publishers.
Schock, Katrin, Rita Rosner & Christine Knaevelsrud. 2015. „Impact of asylum interviews on the mental health of traumatized asylum seekers," *European Journal of Psychotraumatology* 6(1): 1–9.
Schröttle, M., C. Hornberg, S. Glammeier, B. Sellach, B. Kavemann, H. Puhe & J. Zinsmeier. 2012. „Lebenssituationen und Belastungen von Frauen mit Beeinträchtigungen und Behinderungen in Deutschland," Bericht vom Bundesministerium für Familie, Senioren, Frauen und Jugend.
Schuppert, Fabian & Ivo Wallimann-Helmer. 2014. „Environmental Inequalities and Democratic Citizenship: Linking Normative Theory with Empirical ResearchI," *Analyse & Kritik* 36(2): 345–66.
Schwartz, Andrew. 2007. „Autonomy and Oppression: Beyond the Substantive and Content-Neutral Debate," *The Journal of Value Inquiry* 39(3–4): 443–57.
Schwartz, Julianna Britto. 2014. „An Open Letter to Privileged People who Play Devil's Advocate," *Feministing*; http://feministing.com/2014/05/30/an-open-letter-to-privileged-people-who-play-devils-advocate/, letzter Abruf 15.12.2023.
Scouter, James. 2016. „'Bogus' Asylum Seekers? The Ethics of Truth-Telling in the Asylum System," *Open Democracy*, October 26, 2016.
Scully, Jackie L. 2018. „Epistemic Exclusion, Injustice, and Disability," in: *The Oxford Handbook of Philosophy and Disability*, herausgegeben von Adam Cureton & David Wasserman. Oxford University Press.
Segal, Aliza. 2013. „Schooling a Minority: The Case of Havruta Paired Learning," *Diaspora, Indigenous, and Minority Education* 7: 149–63.

Sellars, Wilfrid. 1962. „Philosophy and the Scientific Image of Man," in: *Frontiers of Science and Philosophy*, herausgegeben von Robert Colodny. University of Pittsburgh Press.
Sellars, Wilfrid. 1997. *Empiricism and the Philosophy of Mind*. Cambridge, MA: Harvard University Press.
Sen, Amartya. 2009. *The Idea of Justice*. Cambridge, MA: The Belknap Press.
Sertler, Ezgi. 2018. „The Institution of Gender-Based Asylum and Epistemic Injustice: A Structural Limit," *Feminist Philosophy Quarterly* 4(3): Article 2.
Sertler, Ezgi. 2022. „Epistemic Dependence and Oppression: A Telling Relationship," *Episteme* 19(3): 394–408.
Sertler, Ezgi. 2023. „Calling Recognition Bluffs: Structural Epistemic Injustice and Administrative Violence," in: *Epistemic Injustice and the Philosophy of Recognition*, herausgegeben von Paul Giladi & Nicola McMillan. Routledge Taylor & Francis Group.
Sertler, Ezgi & Elena Ruíz. (Manuskript). „Asylum, Credible Fear Tests, and Colonial Violence"
Setiya, Kieran. 2013. „Epistemic Agency: Some Doubts," *Philosophical Issues* 23(1): 179–98.
Shaw, Jan & Mike Kaye. 2013. „A question of credibility: Why so many initial asylum decisions are overturned on appeal in the UK," Amnesty International & Still Human Still Here, April.
Shelby, Tommie. 2016. *Dark Ghettos: Injustice, Dissent, and Reform*. Cambridge, MA: Harvard University Press.
Shklar, Judith. 1990. *The Faces of Injustice*. Yale University Press.
Sider, Gerald. 2014. *Skin for Skin: Death and Life for Inuit and Innu*. Durham/London: Duke University Press.
Silva, Noenoe K. 2004. *Aloha Betrayed: Native Hawaiian Resistance to American Colonialism*. Durham: Duke University Press.
Simmel, Georg. 1921. „The Sociological Significance of the ‚Stranger'," in: *Introduction to the Science of Sociology*, herausgegeben von Robert Park und Ernest Burgess. Chicago: University of Chicago Press.
Skyrms, Brian. 1967. „The Explication of ‚X knows that p'," *The Journal of Philosophy* 64(12): 373–89.
Smith, Barbara (Hrsg.). 1983. *Home Girls: A Black Feminist Anthology*. New York: Kitchen Table, Women of Color Press.
Smith, Dorothy. 1974. „Women's Perspective as a Radical Critique of Sociology," *Sociological Inquiry* 44: 7–13.
de Sousa Santos, Boaventura. 2014. *Epistemologies of the South: Justice against Epistemicide*. London & New York: Routledge.
Spade, D. 2015. *Normal Life: Administrative Violence, Critical Trans Politics, and the Limits of Law*. Durham, NC: Duke University Press.
Spelman, Elizabeth. 1990. *Inessential Women: Problems of Exclusion in Feminist Thought*. Boston: Beacon Press.
Spelman, Elizabeth. 2007. „Managing Ignorance," in: *Race and Epistemologies of Ignorance*, herausgegeben von S. Sullivan & N. Tuana. New York: State University of New York Press.
Spivak, Gayatri Chakravorty. 1999. *A Critique of Postcolonial Reason: Toward a History of the Vanishing Present*. Cambridge, MA: Harvard University Press.
Spivak, Gayatri Chakravorty. 2010. „Can the Subaltern Speak?" in: *Can the Subaltern Speak? Reflections on the History of an Idea*, herausgegeben von Rosalind Morris. New York: Columbia University Press.
Srinivasan, Amia. 2020. „Radical Externalism," *Philosophical Review* 129(3): 395–431.
Stanley, Jason. 2005. *Knowledge and Practical Interests*. Oxford: Oxford University Press.

Steward, Maria. 1987. „An Address Delivered at the African Masonic Hall," in: *Maria W. Steward: America's First Black Women Political Writer, Essays and Speeches*, herausgegeben von Marilyn Richardson. Bloomington: Indiana University Press.
Sturge, Georgina. 2021. „Asylum Statistics," Briefing Paper Number SN01403. London: House of Commons Library, 1. Juli.
Sullivan, Shannon und Nancy Tuana. 2007. *Race and Epistemologies of Ignorance*. Albany: State University of New York Press.
Tanesini, Alessandra. 2016. „'Calm Down, Dear': Intellectual Arrogance, Silencing and Ignorance," *Aristotelian Society Supplement* XC.
Tanesini, Alessandra. 2018. „Intellectual Servility and Timidity," *Journal of Philosophical Research* 43: 21–41.
Tanesini, Alessandra. 2021. „Epistemic Autonomy and Its Vices," in: *Epistemic Autonomy*, herausgegeben von Kirk Lougheed & Jonathan Matheson. New York & London: Routledge.
Tanesini, Alessandra. 2023. „Intellectual Arrogance: Individual, Group-Based, and Corporate," *Synthese* 202(1): 1–20.
Taylor, Charles. 1994. „The Politics of Recognition," in: *Multiculturalism*, herausgegeben von C. Taylor. Princeton: Princeton University Press.
Taylor, James. 2009. *Practical Autonomy and Bioethics*. New York: Routledge.
Thomason, Krista. 2018. *Naked: The Dark Side of Shame and Moral Life*. New York: Oxford University Press.
Toole, Briana. 2019. „From Standpoint Epistemology to Epistemic Oppression," *Hypatia* 34(4): 598–618.
Toole, Briana. 2022a. „Demarginalizing Standpoint Epistemology," *Episteme* 19(1): 47–65.
Toole, Briana. 2022b. „Objectivity in Feminist Epistemology," *Philosophy Compass*, online first.
Townley, Cynthia. 2006. „Toward a Revaluation of Ignorance," *Hypatia* 21(3): 37–55.
Townsend, Leo. (im Erscheinen). „Discursive Injustice and the Speech of Indigenous Communities," in: *The Social Institution of Discursive Norms*, herausgegeben von L. Townsend, P. Stovall & H.B. Schmidt. New York.
Townsend, Leo. 2021. „The Epistemology of Collective Testimony," *Journal of Social Ontology*, online first.
Townsend, Dina & Leo Townsend. 2020. „Consultation, Consent, and the Silencing of Indigenous Communities," *Journal of Applied Philosophy* 37(5): 781–98.
Townsend, Leo. 2021. „Epistemic Injustice and Indigenous Peoples in the Inter-American Human Rights System," *Social Epistemology* 35(2): 147–59.
Trang Pham, Michelle, Eric Storch & Gabriel Lázaro-Muñoz. 2021. „Testimonial Injustice: Considering Caregivers in Paediatric Behavioural Healthcare," *Journal of Medical Ethics* 47(11): 738–9.
Tremain, Shelley. 2019. „Feminist Philosophy of Disability: A Genealogical Intervention," *Southern Journal of Philosophy* 57(1): 132–58.
Tremain, Shelley. 2017. „Knowing Disability, Differently," in: *The Routledge Handbook of Epistemic Injustice*, herausgegeben von Kidd, I.J. Medina & G. Pohlhaus. Oxford: Routledge.
Tremain, Shelley. 2013. „Introducing Feminist Philosophy of Disability," *Disability Studies Quarterly* 33(4).
Trinh T. Minh-ha. 1989. *Women, Native, Other: Writing Postcoloniality and Feminism*. Bloomington: Indiana University Press.
Tuana, Nancy. 2004. „Coming to Understand: Orgasm and the Epistemology of Ignorance," *Hypatia* 19(1): 194–232.

Tuana, Nancy. 2006. „The Speculum of Ignorance: The Women's Health Movement and Epistemologies of Ignorance," *Hypatia* 21(3): 1–19.

Tuck, Eve & K. Wayne Yang. 2012. „Decolonization is Not a Metaphor," *Decolonization: Indigeneity, Education, and Society* 1(1): 1–40.

Velleman, David. 1989. *Practical Reflection*. Princeton: Princeton University Press.

Veltman, Andrea & Mark Piper. 2014. „Introduction," in: *Autonomy, Oppression, and Gender*, herausgegeben von Andrea Veltman & Mark Piper. New York: Oxford University Press.

Vogelmann, Frieder. 2022. *Die Wirksamkeit des Wissens: Eine politische Epistemologie*. Berlin: Suhrkamp.

Voigt, Kristin. 2017. „Testimonial Injustice and Speaker's Duties," *Journal of Social Philosophy* 48(4): 402–20.

Walker, Alice. 1983. *In Search of Our Mother's Gardens*. New York: Harcourt Brace Jovanovich.

Wallimann-Helmer, Ivo. 2019. „Common but Differentiated Responsibilities: Agency in Climate Justice," *A Research Agenda for Climate Justice:* 27–37.

Wanderer, Jeremy. 2012. „Addressing Testimonial Injustice: Being Ignored and Being Rejected," *Philosophical Quarterly* 62(246): 148–69.

Wangoola, P. 2002. „Mpambo, the African Multiversity: A Philosophy to Rekindle the African Spirit," in: *Indigenous Knowledges in Global Contexts: Multiple Readings of Our World*, herausgegeben von G. Dei, B. Hall & D. Rosenberg. Toronto: University of Toronto Press.

Wardrope, Alistair. 2015. „Medicalization and Epistemic Injustice," *Medicine, Health Care, and Philosophy* 18(3): 341–52.

Watson, Lani. 2021. *The Right to Know: Epistemic Rights and Why We Need Them*. London/New York: Routledge.

Webster, Aness Kim. 2021. „Socially Embedded Agency: Lessons from Marginalized Identities," in: *Oxford Studies in Agency and Responsibility*, Ausgabe 7, herausgegeben von David Shoemaker, Oxford: Oxford University Press.

Wendell, Susan. 1989. „Toward a Feminist Theory of Disability," *Hypatia* 4(2): 104–24.

Wendell, Susan. 1996. *The Rejected Body: Feminist Philosophical Reflections on Disability*. London & New York: Routledge.

White, Deborah Gray. 1985. *Ar'n't I a Woman? Female Slaves in the Plantation South*. New York: W.W. Norton.

Whitford, M. 1991. *Luce Irigaray: Philosophy in the Feminine*. London: Routledge.

Whyte, Kyle. 2018. „What Do Indigenous Knowledges Do for Indigenous Peoples?" in: *Traditional Ecological Knowledge: Learning from Indigenous Practices for Environmental Sustainability*, herausgegeben von M.K. Nelson & D. Shilling. Cambridge: Cambridge University Press.

Wieland, Jan Willem. 2016. „Responsibility for Strategic Ignorance," *Synthese* 194(11): 4477–97.

Wieland, Jan Willem. 2017. „Willful Ignorance," *Ethical Theory and Moral Practice* 20: 105–19.

Wiredu, K. 1995. *Conceptual Decolonization in African Philosophy*. Ibadan: Hope Publications.

Wolff, Jonathan. 1998. „Marx and Exploitation," *Journal of Ethics* 3: 105–20.

Wood, Allen. 1995. „Exploitation," *Social Philosophy and Policy* 12: 136–58.

Wylie, Alison. 1996. „The Constitution of Archaeological Evidence: Gender Politics and Science," in: *The Disunity of Science*, herausgegeben von P. Galison & D. Stump, Stanford: Stanford University Press.

Wylie, Alison. 2003. „Why Standpoint Matters," in: *Science and Other Cultures: Issues in Philosophies of Science and Technology*, herausgegeben von Robert Figueroa und Sandra Harding, New York: Routledge.

Yancy, George. 2008a. „Introduction: Situated Voices: Black Women in/on the Profession of Philosophy," *Hypatia* 32(2).
Yancy, George. 2008b. „Situated Voices: Black Women in/on the Profession of Philosophy," *Hypatia* 32(2).
Yap, Audrey. 2016. „Feminist Radical Empiricism, Values, and Evidence," *Hypatia* 31(1): 58–73.
Yap, Audrey. 2017. „Credibility Excess and the Social Imaginary in Cases of Sexual Assault," *Feminist Philosophy Quarterly* 3(4): 1–24.
Young, Iris Marion. 1990a. *Justice and the Politics of Difference*. Princeton: Princeton University Press.
Young, Iris Marion. 1990b. *Throwing Like a Girl and Other Essays in Feminist Political Theory*. Bloomington: Indiana University Press.
Young, Iris Marion. 2001. „Equality of Whom? Social Groups and Judgements of Injustice," *The Journal of Political Philosophy* 9(1): 1–18.
Young, Iris Marion. 2003. „Political Responsibility and Structural Injustice," Lindley Lecture, University of Kansas.
Young, Iris Marion. 2011. *Responsibility for Justice*. New York: Oxford University Press.
Zack, Naomi. 2005. *Inclusive Feminism: A Third World Theory of Women's Commonality*. Oxford: Rowman & Littlefield Publishers.
Zack, Naomi. 2007. „Can Third Wave Feminism Be Inclusive? Intersectionality, its Problems, and New Directions," in: *The Blackwell Guide to Feminist Philosophy*, herausgegeben von Linda Alcoff und Eva Feder Kittay, New York: Blackwell.
Zagzebski, Linda. 1994. „The Inescapability of Gettier Problems," *The Philosophical Quarterly* 44(174): 65–73.
Zagzebski, Linda. 2003. „Epistemic Trust," *Philosophy in the Contemporary World* 10(2): 113–7.
Zheng, Robin. 2022. „Theorizing Social Change," *Philosophy Compass* 17(4).
Zurn, Christopher. 2010. „Introduction," in: *The Philosophy of Recognition: Historical and Contemporary Perspectives*, herausgegeben von H.-C. Schmidt am Busch und C. Zurn. Plymouth, UK: Lexington Books.

Register

#AbleismusTötet 176
Abu-Lughod, Lila 168
administrative Gewalt 199, 201
Adorno, Theodor W. 43 f., 134
Afrozentrische Philosophie 147
Alcoff, Linda 6 – 8, 26, 29, 38, 69, 112 – 118, 130, 135, 180, 210 – 212
Allen, Anita 1, 60, 67, 72, 74 f., 83, 118, 126 f., 145 f., 161, 166, 169, 172, 186, 197
allgemeingültige Definition 3, 11, 67, 167
Altanian, Melanie 52
Althusser, Louis 44
Anderson, Elizabeth 6 f., 11, 20, 25, 29, 40, 53 f., 56, 74, 140 – 142, 158, 169, 172, 197 f.
Aneignung 96, 153, 155, 173
– epistemische Aneignung 95 f., 153, 155 f.
– kulturelle Aneignung 155 f.
Anerkennung 5, 29, 33, 43, 68, 72, 124, 134, 159, 182, 192 – 194, 196 f., 201
– Anerkennungsbeziehung 193, 195 f.
– Anerkennungsbrüche 192 – 197
– Anerkennungskämpfe 200
– Theorien der Anerkennung 72, 193, 197
Angewandte Epistemologie 18, 21, 37
Anscombe, G.E.M. 99
Anthropologie 159, 210
Antirassismus 42
Anzaldúa, Gloria 42
Aperspektivität 139
Armut 57
Arpaly, Nomy 77, 136
Arroganz 117, 127 f., 136
Asylsystem 53, 193, 200, 202
atomistische Epistemologie 18
Ausbeutung 39, 43, 65, 116, 136, 153
– epistemische Ausbeutung 64, 72, 95, 153 – 155
Außenseiter*in 128 f.
Autonomie 20, 163, 170, 186, 188 f., 191
Soziale Autorenschaft 61 f., 162 f., 188

Baldwin, James 108

Begriff 2, 4 – 6, 8 f., 12, 20, 22 f., 27 f., 30, 40, 45 f., 49, 60, 63 – 65, 73 – 75, 79, 82, 85, 93, 96, 101, 103, 105, 107, 110, 118, 120 – 123, 131, 137, 143 – 145, 150, 153 – 155, 157, 159 f., 167 f., 171, 179, 181 f., 195 f., 199
– Begrifflichkeit 103 f., 116, 179
Behinderung 60, 91, 118, 176, 178, 188, 203 f.
– Philosophie der Behinderung 91
Berenstain, Nora 8, 56, 64, 144, 153 – 155, 174
Bewusstsein 43 f., 46, 89 f., 101, 108 f., 132 – 134, 137, 151, 191, 200
– falsches Bewusstsein 43 f., 134
– kritisches Bewusstsein 118, 132
Bierria, Alisa 61 f., 161 f., 170, 187 – 189
Bildungsinstitution 171 f.
#BlackLivesMatter 3
Bratu, Christine 6, 59, 93, 103
Brecht, Bertolt 164
Brown, Elaine 2, 45
Burge, Tyler 45

Catala, Amandine 8, 54 f., 92, 178, 192, 198 f.
Christman, John 161, 186
Cisgender 26
– Cis-Männer 26, 66, 115
Citizen Potawatomi Nation 157
Code, Lorraine 5 – 7, 16, 20, 25, 29 f., 40, 112 – 115, 139
Congdon, Matthew 5 f., 59, 68, 70 – 72, 83, 181 – 183, 193, 195 f., 207
Consciousness Raising Group 41, 182
Crenshaw, Kimberlé Williams 6, 166, 168, 189
Crerar, Charlie 6, 93 f.
Critical Race Studies 108
Cudd, Ann 143

Daston, Lorraine 17
Davis, Emmalon 1 f., 51, 62, 80 – 82, 86, 94 – 98, 101, 155 – 157, 170, 178
de Beauvoir, Simone 12 f.
Dekoloniale Epistemologie 171, 173 – 175
Dekolonialismus 6, 9, 108, 168, 171
Dembroff, Robin 97 f., 140, 190

demokratische Institutionen 9, 176, 197, 199, 201 f.
– administrative Regeln 197
Descartes, René 15
de Sousa Santos, Boaventura 8, 171, 173 f.
Dialektik 72
– dialektische Beziehung 31, 87
– dialektische Positionierung 178, 184 f., 190
Dichotomie 139
– Dichotomie subjektiver Erfahrungen und objektiver Untersuchungen 148
– Dichotomie zwischen Rationalität und Sozialem 143
– Subjekt-Objekt-Dichotomie 139
Diskurs 5, 44, 55, 107, 110, 129, 133, 171, 183, 199
Doppeltes Bewusstsein 40, 90, 148 f., 189, 191
Dotson, Kristie 3, 5 f., 8 f., 53, 56, 84 f., 90, 97, 100, 103 – 106, 109, 111, 144 f., 165 f., 168, 195, 200
du Bois, W.E.B. 40, 90, 108, 118, 189

Einsicht 9, 12, 16, 38, 49
El Kassar, Nadja 116 – 118
Emanzipation 11, 168, 173
– emanzipatorische Leistung 39
– emanzipatorisches Interesse 11
Entfremdung 147, 193
epistemic Othering 72
epistemische Abhängigkeit 9, 184
epistemische Autorität 20, 51 f., 202
epistemische Distanzierung 96, 156
epistemische Gewalt 3, 6, 9, 144, 150, 171, 175
epistemische Infrastruktur 171
epistemische Irreführung 95 f., 156
epistemische Landschaft 200
epistemische Ökonomie 28, 31 – 33, 46, 68 – 70, 97 f., 105, 110, 119, 121, 124, 165 f., 169 f.
epistemische Praktiken 2 – 4, 9 f., 35 f., 46, 53 f., 56 f., 59, 66, 69, 84, 92, 95, 100, 102 – 105, 109 – 113, 115, 119, 125, 134, 136, 139, 147, 150, 167 – 170, 180, 195 – 197, 199 f., 210, 213
– im Design ungerecht 56
– interpersonale epistemische Praktiken 104
– politische Instrumentalisierung epistemischer Praktiken 52
epistemische Reflexivität 200

epistemische Reibung 123 f.
epistemisches Privileg 40
epistemische Rechte 50 – 52
epistemische Tugend 103, 122, 170
epistemische Ungerechtigkeit 2 – 4, 6, 8 – 12, 37, 46, 52 – 55, 57 – 60, 63, 66, 68 – 74, 82 – 84, 86 f., 90, 92 f., 97 f., 103 f., 106, 109 – 111, 119, 122 f., 144 f., 157 f., 165, 167 – 170, 176, 178 – 180, 184, 192 – 198, 201 – 203, 213
– Dekolonialisierung epistemischer Ungerechtigkeit 170
– Inhalts-bezogene epistemische Ungerechtigkeit 6, 92 f., 98, 101 f., 159
– moralische Falschheit epistemischer Ungerechtigkeit 66, 72
– vorsätzliche testimoniale Ungerechtigkeit 98 f., 102
epistemische Unterdrückung 3, 6, 10, 57, 94 f., 103 f., 106, 135, 143 f., 147, 153, 158, 167, 170, 175, 200, 205
epistemische Werkzeuge 20, 27 – 30, 57, 103, 108, 133, 137, 144 – 146, 157, 160, 167, 184 f., 212 f.
Epistemizid 8, 158, 171 f., 174
Epistemologie 2 f., 6 – 8, 12 f., 15, 17 f., 20, 25, 30, 35, 47, 52 f., 56, 92, 109, 116, 130, 171, 173 f., 200
– alternative Epistemologie 173
– widerständige Epistemologie 85, 170
Erfahrung 1, 4 – 6, 11, 20, 24 – 29, 31 f., 34, 38 – 42, 45 f., 55, 60, 62 – 67, 79 – 81, 83, 85 f., 88, 90 – 93, 95 f., 100, 110, 114 f., 118, 123, 125 – 127, 140, 142, 145, 147 – 150, 152, 174, 179, 181 – 185, 195, 199, 201, 207, 212
– gelebte Erfahrung 26, 31 f., 38, 41, 93, 100, 147, 180 f., 185
– Unterdrückungserfahrung 11, 86 f., 149, 151, 155, 168
Erinnerungspolitik 52
Erkenntnis 3, 12, 44, 63, 110 f., 113, 131, 164, 169, 183
Ethnozentrismus 168

Fake News 23, 36, 47, 49
Faktenwissen 13, 48
Faktoren 15, 17 f., 21, 23 f., 63, 96, 180, 198
– nicht-epistemische Faktoren 17 f.

– soziale Faktoren   17, 19, 39, 45, 187
Feminismus   20 f., 42, 45, 63, 143, 152, 171
Feministische Epistemologie   7, 9, 12, 16, 18 – 22, 24, 35, 46, 48, 57 f.
Feministische Philosophie   19 f., 143, 147, 167 f., 210
Feministische Wissenschaftskritik   21
Feministische Wissenschaftstheorie   21
Fichte, Johann G.   193
Fields, Barbara   135
Foucault, Michel   19, 79, 133
Fragile epistemische Subjekte   176 – 178, 181, 184 f., 190, 200 – 202, 209
Frankfurt, Harry   109, 160, 163, 186
French, Howard   52
Fricker, Miranda   3 – 6, 8 – 10, 29, 31, 46, 53 – 56, 59 – 80, 82 f., 85 – 90, 92 – 94, 99 f., 103 – 105, 109 – 112, 121 f., 133, 144, 158, 167, 169 f., 178 f., 181, 184, 193 f., 198, 207, 211 – 213
Friedman, Marilyn   161
Frye, Marilyn   11, 109, 127, 151 f., 167

Gatens, Moira   121
Genozid   52, 56, 172 f.
– Genozidleugnung   52
Geopolitik des Wissens   174
Gerechtigkeitsmonismus   168
Geschlecht   2, 20, 24 – 26, 40, 67, 75, 114, 126, 129, 140, 148, 167, 191
Gesundheitssystem   52, 176, 202
Gettier, Edmund   14 f.
– *Gettier-Fälle*   14
Glaubwürdigkeit   4, 51, 53 f., 60, 62, 66, 69 – 71, 76 – 78, 88 f., 95 – 98, 105, 110, 114, 133, 198, 204 – 208, 211 – 213
– Glaubwürdigkeitsdefizit   59, 62 f., 83, 89, 94 f., 97, 99, 178, 198 f., 212
– Identitätsvorurteil-belastetes Glaubwürdigkeitsdefizit   60
– Glaubwürdigkeitsüberschuss   51, 62, 96 f.
Goldman, Alvin   15, 19 – 21, 132
Gramsci, Antonio   44
Grasswick, Heidi   6 – 8, 16, 34 f., 37 f., 141
Grosfoguel, Ramán   172 f.

Hall, Budd   6, 8, 171 – 173, 175

Handlungsfähigkeit   3, 9, 16, 29, 35, 84 f., 95, 103 – 105, 136, 151, 157, 159 – 164, 166 f., 169 f., 175, 178, 184 – 192, 195 f., 200 f.
– epistemische Handlungsfähigkeit   4, 37, 59, 71, 87, 90, 92, 95, 105, 160, 171, 176, 191
– Handlungsfähigkeits-Dilemma   186, 189
Haraway, Donna   29, 38, 140 – 142
Harding, Sandra   6 f., 16, 20, 25, 38, 41, 45, 113 – 115, 135, 140, 142
Hartsock, Nancy   7, 20, 38, 40, 142
Harvey, David   96, 171
Haslanger, Sally   24, 93, 139 f., 143, 169, 186 f., 191, 200
Hegel, G.W.F.   72, 193
Hennessy, Rosemary   41, 43 f., 183
Herausforderung   26, 150, 180, 208
– gemeinsame Herausforderung   26 f., 38, 100, 180
hermeneutische Herrschaft   55, 198 f.
hermeneutische Ignoranz   132
– vorsätzliche hermeneutische Ignoranz   33, 84, 88 f., 99, 133
hermeneutische Leerstelle   66, 85, 93
hermeneutische Marginalisierung   29, 32, 55 f., 66 f., 73, 79 f., 82, 84, 94, 110 – 112, 179, 194
hermeneutische Ressource   4 f., 59, 68, 70, 82 – 86, 89, 93, 105, 110 f., 120 f., 179, 195
– dominante hermeneutische Ressource   4 f., 29, 31, 47, 84 – 86, 90, 92, 98, 100, 105, 185
– kollektive hermeneutische Ressource   4, 55, 63 – 66, 73, 79, 82 – 85, 179, 199
– interkommunale und intrakommunale kollektive hermeneutische Ressource   82
hermeneutische Ungerechtigkeit   3 f., 6, 8 f., 29, 59 f., 63 – 67, 72 f., 79 f., 82, 84, 86, 90, 93, 102 f., 105, 110 f., 119 – 122, 144, 178 f., 183, 193 f., 199
– zufällige hermeneutische Ungerechtigkeit   67
Herrschaft   8, 19, 55, 108
Hill Collins, Patricia   38, 40, 42, 45, 57, 147, 161, 187
Hodgson, Marshall   131
Honneth, Axel   193 f., 196
hooks, bell   40 – 42, 45, 145, 163 f.
Hookway, Chris   6, 104 f., 110

Idealismus   193

Identität 1, 7f., 22, 24, 29, 34, 38, 42f., 57, 62, 66f., 72f., 75, 95, 97f., 113, 115, 117f., 120f., 126, 129, 134, 148, 150, 161, 182, 186–188, 190, 193, 196
- soziale Identität 4, 18, 24, 59, 66f., 73–75, 112, 114f., 118, 193, 200
Identitätsmacht 4, 73–75, 99, 212
Identitätsvorurteil 4, 56, 61–63, 67, 70f., 73, 76–78, 87f., 94f., 97, 99f., 178, 198, 204f., 212
- negatives Identitätsvorurteil 77
Ideologie 40f., 43f., 133–136, 148, 151, 153, 160
- Ideologiekritik 44, 109, 133f., 137, 183, 200
Ignoranz 9, 42, 52, 59, 71, 83f., 86, 90, 106–119, 121, 123–125, 130, 132f., 135–138, 144, 152f., 155, 165–167, 205
- aktive Ignoranz 117
- Epistemologie der Ignoranz 40, 108f., 112, 127, 130, 132, 134f., 137
- schädliche Ignoranz 166
- strategische Ignoranz 111, 137f., 166
- verlässliche Ignoranz 165
Imagination 75, 121f., 125, 210
- kollektive soziale Imagination 75
Imperialismus 23, 104, 147, 158, 167, 174
Indigene Epistemologie 56, 174
Indigene Sprache 158
Indigenes Wissen 9, 157
Individualismus 7
- Individualistische Epistemologie 15–17, 19, 30
- Individualistische Handlungstheorie 163f.
Information 21f., 25, 50–52, 71, 76, 112, 188, 206
- Informant 71, 159
- Informationsquelle 71, 95
Inklusion 86, 92, 158
Institutionelle Epistemologie 197
Intellektualismus 17f.
Intelligibilität 119–122
- Intelligibilitätsframeworks 10, 46, 121f., 133, 135f., 174, 210–213
- Intelligibilitätsprobleme 112
- Verständlichkeitsrahmen 134f.
Intention 50, 86, 145, 162f., 188
Interamerikanische Kommission für Menschenrecht 119

Interesse 11, 20, 23–25, 27f., 36f., 39f., 43, 47–49, 52, 65, 78f., 85, 87, 90, 92, 105, 108, 111f., 114f., 120, 123, 126, 128f., 131–134, 137, 140, 143f., 148, 151–153, 156, 166, 168–170, 184, 196, 213
Internalisierung 25, 160, 191, 194
interpersonale Konflikte 29, 197
Intersektionalität 6, 45, 148, 168
Intersubjektivität 193
Irrtum 62, 77
- ehrlicher Irrtum 77

Jaeggi, Rahel 134
James, William 3, 18, 97f., 125, 186
Jenkins, Katharine 6, 61f., 93f., 100

Kambiz 192f.
Kant, Immanuel 71
Kapitalismus 23, 148, 173f.
- kapitalistische Gesellschaft 39
- kapitalistische Logik 52, 160
Keewaydinoquay 157
Khader, Serene 21, 161, 168f., 186, 189
Kimmerer, Robin Wall 157–159
Klasse 24, 39, 67, 112, 129, 148, 191
klassische Epistemologie 16, 112
- Kritik an klassischer Epistemologie 12
- lokale und globale kognitive Fehlfunktion 117
Kohärenz 114, 161, 208
Kolonialismus 23, 52f., 104, 147, 150, 158, 167, 173f.
Kontrollierende Bilder 57, 131, 146, 148, 161–163, 165, 187, 189f.
Krauthausen, Raùl 204
Krise 2f., 112, 148
Kritische Theorie 2, 10f., 39, 42, 133–135, 147, 153
- Kritische Theorie der Frankfurter Schule 22
Kuhn, Thomas 19, 141

Lackey, Jennifer 31, 37, 51, 62, 69, 92, 94, 96
Langton, Rae 192
Lee, Harper 11, 18, 61, 83, 87f., 133, 163, 205
Lesen 162, 203
Liebe 126–128, 151, 163, 194
Locke, John 15
Longino, Helen 7, 20, 140f., 143

Lorde, Audre 6, 42, 137, 145, 148 f., 151, 154 f., 163–165, 191
Lugones, María 40, 42, 81, 92, 97, 106, 122, 125–129, 132, 137, 152, 188, 201
Lukács, Georg 39, 44

Macht 3, 7, 10 f., 13, 17, 19–21, 27–29, 32, 50, 55–57, 61 f., 64 f., 68, 72–75, 83, 85–87, 97 f., 100, 104, 107, 118, 120, 134 f., 141, 150, 153, 161, 163, 167, 172 f., 180, 184, 191, 200 f., 212
– Handlungsmacht 73 f.
– Machtgefüge 27, 109
– Machthierarchie 36, 53, 73
– Machtstruktur 22, 33, 57, 63, 79, 87, 96 f., 185
– soziale Macht 4 f., 47, 73–75, 181, 212
MacKinnon, Catharine 25, 41, 140, 200
Maitra, Ishani 6
Mann, Anika 18, 61, 63 f., 67, 74 f., 87–89, 145, 166, 192, 210
Mannheim, Karl 129
Marcano, Donna 145
Inklusion marginalisierten Wissens 82
Marginalisierung 59, 80 f., 171, 184, 189, 210
Marxismus 39, 41, 43 f., 147, 153
Mason, Rebecca 4–6, 83, 85, 100
McKinney, Rachel 96
Medina, José 3–6, 51, 62, 83–87, 89, 92, 94–97, 100, 102, 108 f., 111, 117 f., 121–125, 170
#MeToo 3, 95 f., 182
Meyers, Diana T. 161
Mignolo, Walter 174
Migrationspolitik 176
Mill, Harriet Taylor 1, 47, 70, 156, 156 f.
Mill, John Stuart 1, 47, 70, 156, 156 f.
Mills, Charles 1 f., 8, 40, 82, 107, 109–113, 115–118, 123, 130–133, 135, 137, 156, 170
Minh-ha, Trinh T. 210
Moody-Adams, Michelle 136 f., 145
moralischer Bruch 183
Morrison, Toni 154

Narayan, Uma 168
Narrativ 2, 93, 121, 146, 149, 162, 173, 181–183, 198, 201
– Gegennarrativ 52, 85

Nayeri, Dina 192 f., 209
Nelson, Lynn Hankinson 7, 16, 28 f., 33 f., 141, 181
nicht-ideale Theorie 9, 57
– nicht-ideale Epistemologie 46, 48, 58
– nicht-ideale Methodologien 57
Normen 11, 20, 24 f., 29, 33, 43, 126 f., 134, 160, 182, 189 f., 194 f., 197
– moralische Normen 29
– Normen und Erwartungen 24
– sexistische Normen 26, 189
– soziale Normen 24

Objektifizierung 68, 95, 140
– epistemische Objektifizierung 71 f.
Objektivität 7, 9, 30, 33, 129, 138 f., 141–143, 212
– Objektivitätsansprüche 30 f., 138
– schwache Objektivität 142
– starke Objektivität 7, 45, 142 f.
– Verkörperte Objektivität 141
Ökologie des Wissens 174
Orange is the New Black 80 f.
Orchester der Beobachtung 143
Ortega, Mariana 8, 42, 132, 151–153
Oshana, Marina 162, 170, 186

Pettit, Philip 55 f., 153
Philosophie 1, 6, 8, 11 f., 45, 47, 50, 53, 59, 107 f., 143–146, 167, 185
– akademische Philosophie 108, 145 f.
Pitts, Andrea 6, 174
Pohlhaus, Gaile 3, 8, 26 f., 31–33, 38, 40, 62, 72, 87–91, 99 f., 109, 116, 133, 137, 144, 167, 170 f., 180–182, 205
Politische Epistemologie 9, 18, 21 f., 24, 46–48, 50, 53, 58, 176, 197
Polyphone Perspektive 86
Postmoderne Theorie 147
Pragmatic Encroachment 17, 23
Pragmatismus 11
Protest 47, 56 f.
Putnam, Hilary 45

race 2, 24, 45, 116, 148, 191
Rassismus 42, 46, 57, 84, 126, 129–131, 147, 154, 164, 189, 191

Rationalität   143, 194
- postkoloniale Kritiken von Rationalität   109
Reich, Wilhelm   22, 43, 133, 176
Relationalität   9, 180 f.
Relativismus   12, 125, 139, 141
Reproduktionsarbeit   162
Rogers, Taylor   95 f., 208
Rorty, Richard   19
Rosen, Gideon   43, 134, 136
Ruíz, Elena   56, 145, 158, 174 f., 199, 209
Ryle, Gilbert   13

Scheman, Naomi   7, 16, 30, 33
Schwartz, Julianna Britto   154, 186
Schwarze Philosophinnen   9, 147, 154, 161, 178
Schweigen   4, 59, 65, 75, 83, 124, 150, 159 f., 163–166, 196, 210
- Erzwungenes Schweigen   166
- Fälle von Schweigen   165
- Praktiken des Schweigens   8, 165
- Transformation des Schweigens   165
- zum Schweigen bringen   9, 104, 165
Scott, Jaqueline   145
Sellars, Wilfried   195
Sertler, Ezgi   53, 170, 197, 199, 209
Settler Moves to Innocence   171
Sexismus   22, 42, 45, 57, 143, 147, 191
sexuelle Gewalt   5, 101, 177, 182, 203
sexuelle Orientierung   24
Sider, Gerald   159 f.
Simmel, Georg   129
Situiertheit   9, 23, 40, 88, 100, 114 f., 139, 142, 180 f.
- situiertes Wissen   141
- situierte Wissende   6 f., 23, 32 f., 40, 53, 88, 113
Smith, Dorothy   14, 20, 40, 188
Soziale Epistemologie   6, 8 f., 12, 16 f., 19–22, 47, 176
soziale Gruppe   4 f., 8, 20, 25, 38, 41, 47, 52, 54, 56, 60, 63, 65, 69, 73, 76, 78, 81–83, 86, 91, 95, 105, 108, 110, 115 f., 142, 145, 147, 150 f., 168, 170, 177–179, 184, 186, 189 f., 198, 201, 205, 210–212
- Mitgliedschaft in sozialen Gruppen   24
soziale Positionierung   7, 17, 38, 59, 100, 180 f., 184 f.
- machtvolle Position   137, 140, 185
- marginalisierte Position   27
- privilegierte Position   28, 88, 164, 211
- soziale Position   1, 5, 10 f., 18, 21 f., 24–28, 32, 38 f., 41, 43, 45 f., 57, 60, 73, 87, 91, 97, 100, 107, 113 f., 118, 123, 129, 139–142, 153, 164, 169, 180, 185, 210
soziale Relationen   10, 15, 19, 24, 33, 35, 160, 181, 186 f.
Soziales Modell   9
Sozialkritik   2, 10 f.
- materialistische Sozialkritik   10
Soziologie des Wissens   147
Spade, Dean   197
Spelman, Elizabeth   6, 42, 81, 108
Spivak, Gayatri Chakravorty   6, 150 f., 153, 211
Standpunkt   16 f., 20 f., 24–27, 38, 41 f., 44–46, 49, 58, 81 f., 87, 90, 99, 110, 113, 123 f., 128 f., 131 f., 137, 139–143, 149–151, 158 f., 168, 171, 173 f., 176 f., 180 f., 185, 189, 191 f., 201, 209–211, 213
- emotional distanzierter Standpunkt   140
- kritischer Standpunkt   41
Standpunkt-Epistemologie   7, 16–18, 38, 43 f., 46
Standpunkt-Theorie   37
Stanley, Jason   13, 16–18, 39
Stereotyp   54, 75–78, 99, 101, 128, 146, 155, 166, 211 f.
Struktur   27, 41, 44, 46, 71, 79, 104, 112 f., 116, 123, 128–130, 132, 135, 166, 169, 189–191, 193 f., 199 f., 205, 208 f.
- institutionelle Struktur   46, 118, 177, 202
- Sozialstruktur   2 f., 5, 10, 43, 132, 146, 148, 150, 161–163, 167, 175, 185–191, 198
- ungerechte Struktur   31 f., 133, 156, 189, 201, 210
Subalternität   150 f., 211
System   10, 22, 28, 34, 43, 46, 53 f., 57, 74, 84, 101, 104–106, 109 f., 113, 115 f., 124, 133–135, 137, 171, 200–202, 205, 208–210, 213
- epistemisches System   110, 112
- Dysfunktion des epistemischen Systems   70
- Design institutioneller Systeme   176, 199 f., 205
- Institutionelle Probleme   176

Tandon, Rajesh   8, 171–173, 175
Tate, Henry W.   159
testimoniales Ersticken   166
testimoniale Ungerechtigkeit   4, 60, 62 f., 66 f., 69–75, 78, 82, 84, 88 f., 94–99, 101–104, 110, 133, 158, 175, 178 f., 193 f., 198 f., 204 f., 209, 211 f.
– systematische testimoniale Ungerechtigkeit   66, 99
Theorien des Unwissens und der Ignoranz   7–9, 17, 49, 52, 71, 84–86, 99, 105–109, 112–116, 119, 130, 144, 176
– Epistemologie des Unwissens   107
Theorien des Unwissens und der Ignoranz   9, 42, 52, 59, 71, 83 f., 86, 90, 106–119, 121, 123–125, 130, 132 f., 135–138, 144, 152 f., 155, 165–167, 205
Thomason, Krista   161, 186
Toole, Briana   17 f., 39, 41, 139, 143
Townley, Cynthia   8, 107, 109
Townsend, Dina und Leo   31, 119–121, 175
Tuana, Nancy   8, 35, 109, 132
Tuck, Eve   171 f.

Überleben   121, 155, 158, 160, 163 f., 191
Übersetzung   1–5, 7, 11, 14, 17 f., 20, 30, 33 f., 38–40, 42–45, 51, 53 f., 56, 60 f., 69, 71 f., 81, 84, 86, 88 f., 91, 94, 98 f., 102, 105, 108–110, 113, 115–117, 120 f., 125 f., 128, 130 f., 134–137, 139, 143, 146, 148 f., 152–159, 163 f., 166–168, 172–174, 180–183, 192, 201, 207, 210–212
– Übersetzungsverlust   158
Überzeugung   13–15, 17, 19, 23, 34, 37, 43 f., 51, 76–79, 100 f., 108, 115, 117 f., 123 f., 131, 134, 136, 139, 143, 161 f.
– gerechtfertigte Überzeugung   13–15, 17, 19, 52 f., 56 f., 99–101, 169, 196
– Überzeugung von Gruppen   37
Ungerechtigkeit   3 f., 6, 8, 42, 52, 57–60, 62 f., 66 f., 80, 84, 98 f., 103–106, 119, 130, 149, 158 f., 169, 176, 178, 201 f., 207, 212
– mitwirkende Ungerechtigkeit   84 f., 105
– ontologische Ungerechtigkeit   61
– rassifizierte Ungerechtigkeit   110, 130
– sozial ausgedehnte Ungerechtigkeit   83

– soziale Ungerechtigkeit   37, 55, 57, 63, 83, 179, 212
– strukturelle Ungerechtigkeit   2, 10, 33, 54, 56, 59, 84, 89, 130, 136 f., 176, 180, 201
– zeitlich ausgedehnte Ungerechtigkeit   83
universelle Kategorie   168
Unterbestimmungsthese   140
Unterdrückung   2 f., 9, 11, 20, 41 f., 52, 56, 70, 80, 90, 104, 116, 119, 123, 135 f., 144, 147–151, 154 f., 159–161, 163, 166, 169 f., 175, 177, 185–189, 194, 200, 210
– historische Unterdrückung   52
– Komplizenschaft mit (eigener) Unterdrückung   41
– patriarchale Unterdrückung   140, 155
– Unterdrückung   150

Verschwörungstheorie   23, 36, 47, 54, 142
Verständnis   3 f., 6, 12, 23, 30, 40, 43 f., 48, 50, 53, 55 f., 63, 67, 86, 93, 103, 106, 115, 117 f., 125, 130, 139, 141, 144, 151, 159, 166, 179, 182, 184 f., 189, 199, 202
Verteilungsgerechtigkeit   62
Vogelmann, Frieder   48 f.
Vorherrschaft   110
– patriarchale Vorherrschaft   89 f.
– weiße Vorherrschaft   130–133, 135
Vorstellung   4, 38, 46, 74 f., 78 f., 102, 117, 121 f., 125 f., 143, 167, 183, 195, 212
– epistemische Vorstellungskraft   119, 121 f.
– soziale Vorstellungswelten   121 f.
– sozio-politische Vorstellung   29
– widerständige Imagination   125
Vorurteil   4, 21 f., 33, 60–63, 66, 72, 76–79, 84, 87, 94 f., 97–102, 105, 110, 122 f., 131, 133, 136, 139, 141, 145, 179, 189, 198, 202, 209, 211 f.
Vulnerabilität   9, 178, 184

Wahrheit   13–15, 17, 19, 48 f., 61, 133, 139, 143–146, 165
Wahrnehmung   27, 42, 67, 70 f., 78, 99, 125, 131, 133, 151–153, 166
– liebende, arrogante Wahrnehmung   42, 132, 151–153
Watson, Lani   48, 50 f.
Webster, Aness   188–190

weiße Ignoranz 107, 110 f., 117, 130 – 132
- rassifizierte Ignoranz 108
Weltenreise 106, 125 – 128
Whitcomb, Dennis
Widerstand 5, 43, 45, 86, 123 – 125, 155, 160 – 164, 170, 174 f., 177, 185, 191, 199
- epistemischer Widerstand 123 f., 171
- Horizontale Praktiken des Widerstands 92
- Ort des Widerstands 41, 163
- widerständige Handlungen 86, 163
- widerständige Koalitionen 129
Wissensansprüche 23 f., 29 f., 33, 36, 39, 121, 124, 129, 153
Wissenschaft 3, 6, 34, 53, 129, 140 f., 143, 158, 172 – 174
Wissenserwerb 42 f., 149
Wissensgemeinschaft 33 f.
- Wissensgemeinschaft 5, 7 f., 29, 31 – 37, 53 – 57, 69, 71, 81 – 87, 91 f., 94, 98, 101 f., 105, 111 f., 119 f., 123, 126, 136, 148 f., 159 f., 163, 166, 172 f., 175, 181 f., 184, 189 f., 196 f., 210
eurozentristische Wissensgeschichte 173
Wissenspraktiken 15, 17, 20, 35, 43, 45, 49, 69, 87, 125, 132, 170, 174 f., 195
- Wissenspraktiken 48
Wissensproduktion 2, 6 – 8, 31, 174, 180
- kollektive Wissensproduktion 31
Wissenssystem 171, 174
- Ausgrenzung marginalisierter Wissenssysteme 171
Wissenstransfer 21, 35
Wittgenstein 28

Yancy, George 145 – 147
Yang, K. Wayne 171 f.
Yap, Audrey 51, 141
Young, Iris Marion 11, 25, 136, 169, 201

www.ingramcontent.com/pod-product-compliance
Lightning Source LLC
Chambersburg PA
CBHW060600230426
43670CB00011B/1901